한국과 독일의 과거청산과 기억문화

Vergangenheitsbewältigung und Erinnerungskultur in Deutschland und Korea

한국과 독일의 과거청산과 기억문화

Vergangenheitsbewältigung und Erinnerungskultur in Deutschland und Korea

알렉산더 렌너 · 최광준
ALEXANDER RENNER · KWANG-JUN TSCHE

경희대학교 출판문화원

"과거청산의 진정한 의미는 잊지 않고 기억한다는 것입니다."

_ 한명숙(전 국무총리)

"화해의 비밀은 기억에 있습니다. 유대인의 지혜는 그렇게 말하고 있습니다.
독일인은 아픔의 기억이 화해의 기초가 되었을 때
어떻게 해방적인 것이 되는지 배웠습니다."

_ 엔노 아우프데어하이데(독일 알렉산더 폰 훔볼트 재단 사무총장)

"진실을 밝혀 정의를 세우는 것이 진정한 과거청산입니다."

_ 안진(전 광주 인권증진시민위원회 위원장/전남대학교 교수)

"기억문화는 계속 발전해나가고 있습니다. 동시대의 증언자는 언젠가
모두 사라지겠지만, 현재와 미래를 형성하기 위해 필요한 교훈을 역사에서
이끌어내는 것은 후속세대의 책임입니다."

_ 크리스티안 탁스(독일 프리드리히 나우만 재단 전 한국사무소장)

Der wahre Sinn der Vergangenheitsbewältigung besteht darin, sich zu erinnern, ohne zu vergessen.

_ Han, Myeong-Sook (former Prime Minister, Republic of Korea)

Das Geheimnis der Versöhnung heißt Erinnerung, sagt eine jüdische Weisheit. Wir in Deutschland haben gelernt, wie befreiend das schmerzliche Erinnern sein kann, wenn es die Grundlage der Versöhnung wird.

_ Enno Aufderheide (Secretary General of Alexander von Humboldt Foundation)

Die wahre Aufarbeitung der Vergangenheit heißt, die Wahrheit aufzudecken und für Gerechtigkeit einzutreten.

_ Ahn, Jin (former Chairperson of Gwangju Human Rights Commission/Professor, Chonnam University)

Erinnerungskultur entwickelt sich immer weiter: Zeitzeugen gibt es irgendwann nicht mehr, doch es bleibt die Verantwortung nachfolgender Generationen, für die Gestaltung von Gegenwart und Zukunft die notwendigen Lehren aus der Geschichte zu ziehen.

_ Christian Taaks (former Head of Korea Office, Friedrich Naumann Foundation)

인사말

한국과 독일은 139년 전 최초로 외교관계를 수립했습니다. 양국과 양국 국민은 분단을 경험했다는 특별한 역사적 유대감으로 연결되어 있습니다. 독일은 동서로, 한국은 남북으로, 서로 분단의 경험을 공유하고 있습니다. 독일은 평화통일이라는 행운을 누렸지만, 한반도에서는 여전히 평화협정 대신 분단 상태가 지속되고 있습니다. 양국에는 매우 깊은 의미를 지니는 또 다른 역사도 있습니다. 한국은 일본의 식민 통치와 한국전쟁을 겪었습니다. 이후 한국에서는 독재가 이어지다가 국민이 용감히 싸워 마침내 얻어낸 생생한 민주주의가 구현되었습니다. 이는 이 근방에서 유일무이한 일입니다. 반면 북한은 여전히 전체주의 통치체제를 고수하고 있습니다. 한편 독일은 나치에 의한 유례없는 잔혹 행위를 경험했고 신생 독일연방공화국은 힘겨운 과거청산의 과정을 겪었습니다. 그다음으로 민주주의가 안정되고 견고하게 뿌리내려 성숙하는 과정이 있었습니다.

우리는 과거를 어떻게 대해야 할까요? 과거 사건에 대한 책임이 있는 자들을 대하는 올바른 방법은 무엇일까요? 폭정의 희생자들을 어떻게 추모해야 할까요?

2020년 10월 주한독일대사관의 후원으로 개최된 '한국과 독일의 과거청산과 기억문화' 학술회의에서는 이런 문제들이 논의되었습니다. 롤란트 얀 전 슈타지문서기록소장이 영상 축사에서 "역사를 책임감 있게 다루어야 한다"라고 지적한 데는 중요한 의미가 있습니다. 당시 학술회의 논의를 토대로 출간된 이 책의 내용이 한국어와 독일어 양국 언어로 수록된 데에도 큰 의미가 있습니다. 그래야만 양측이 서로 배울 수 있고, 지식과 경험의 전달이 일방통행이 되지 않기 때문입니다.

과거청산이라는 주제는 양국 모두에서 중요합니다. 이 자료집에 수록된 글들은 분명 양국의 교류 지속에 기여할 것입니다. 양측이 미래의 변화와 발전을 공유하고 함께 토론할 좋은 기회들이 앞으로도 많이 생기리라 확신합니다.

미하엘 라이펜슈툴 (주한독일대사관 대사)

Korea und Deutschland haben vor 139 Jahren erstmals diplomatische Beziehungen aufgenommen und unsere beiden Länder und Menschen verbindet ein besonderes historisches Band: Die Erfahrung der Teilung: Deutschlands in Ost und West und Koreas in Süd- und Nordkorea. Während Deutschland den historischen Glücksfall der friedlichen Wiedervereinigung erleben durfte, steht ein Friedensvertrag auf der koreanische Halbinsel weiterhin aus und die Teilung besteht fort. Aber es gibt weitere prägende historische Erfahrungen, sowohl in Korea wie auch in Deutschland: In Korea die koloniale Fremdherrschaft durch Japan und der Koreakrieg. In Südkorea die anschließenden Jahre der Diktatur und schließlich der mutig erkämpfte Übergang zu einer in der Region einmalig lebendigen Demokratie, während Nordkorea weiterhin totalitär regiert wird. In Deutschland die beispiellosen Greueltaten des Nationalsozialistischen Deutschland, der mühevolle Weg der Aufarbeitung der Geschichte in der jungen Bundesrepublik und der Reifungsprozess zu einer stabilen und in sich gefestigten Demokratie.

Wie soll man mit der Vergangenheit umgehen? Was ist der richtige Umgang mit Menschen, die sich schuldig gemacht haben? Wie erinnern wir adäquat an die Opfer von Gewaltherrschaft?

Mit diesen Fragen hat sich im Oktober 2020 eine Konferenz auseinandergesetzt, die mit Unterstützung der Deutschen Botschaft Seoul organisiert wurde. Es war ein gewichtiges Zeichen, dass der damalige Bundesbeauftragte für die Unterlagen des Staatssicherheitsdienstes der ehemaligen Deutschen Demokratischen Republik (BStU) Roland Jahn in einem Videogrußwort auf einen Verantwortungsbewussten Umgang mit der Geschichte hingewiesen hat. Auf der Grundlage der dort geführten Diskussion wird nun dieser Band veröffentlicht. Ich halte es für sehr wichtig, dass dies sowohl in koreanischer als auch in deutscher Sprache geschieht. So wird sichergestellt, dass beide Seiten voneinander lernen können; dass die Wissens-und Erfahrungsvermittlung keine Einbahnstraße ist.

Das Thema Vergangenheitsbewältigung spielt in beiden Ländern eine große Rolle. Ich bin zuversichtlich, dass die Beiträge dieses Bandes eine Weiterführung des Austauschs anregen und wir auch zukünftig gute Gelegenheiten finden über die Entwicklungen in unseren Ländern zu berichten und gemeinsam zu diskutieren.

Michael Reiffenstuel (Deutscher Botschafter in der Republik Korea)

최광준 교수가 주한독일대사관 학술부에 '한국과 독일의 과거청산과 기억문화'를 주제로 하는 학술회의에 참여할 의사가 있는지 물었을 때 나는 즉시 매료되었다. 과거청산 문제에 관한 학술 교류는 한국과 독일의 협력 분야에서도 꼭 필요하다. 이러한 시도는 다양한 학문과 연구 분야와의 바람직한 접점을 제공하며, 우리가 오늘날 '학술 외교(Science Diplomacy)'라고 부르는 외교의 가능성을 모범적으로 잘 보여준다.

물론 실제로 학술회의를 조직하다 보면 많은 일이 애초에 생각했던 것처럼 명확하지만은 않다는 것을 깨닫게 된다. 역사의 기준점 선택부터 쉽지 않다. 우리는 과거에 대한 어떤 기억을 논하고자 했을까?

한국에서는 독일이 나치즘을 다루고 기억하는 태도를 높이 평가한다. 한국의 기억문화가 이를 기준으로 해야 한다고 촉구하기도 한다. 그러나 독일의 관점에서 볼 때 나치 범죄는 여타 독재 정권의 범죄와 비교할 수 없다. 어쩌면 구동독의 희생자 기억 방식과 가해자를 다루는 방식이 한국에 더 나은 참조가 되지 않을까?

북한을 다루는 데도 명확하지 않은 점이 있다. 한반도가 통일되면, 가해자와 희생자 기억에 대한 논의에 독일 통일 이후 경험이 활용될 수 있을까? 청산과 기억을 미리 준비하는 것이 가능할까, 이런 일이 오히려 방해되지는 않을까?

학술회의에서는 '코리아협의회'의 주관으로 독일 당국의 허가하에 베를린 모아빗 지구에 설치되어, 일본의 격렬한 항의를 불러온 〈평화의 소녀상〉에 대한 논의도 있었다. 이에 대한 독일 내 논의는 오늘날 기억문화가 어느 한 지역에 국한될 수 없다는 것을 보여주었다. 원래 성폭력에 희생된 한국 소녀와 여성을 기리는 동상이 곧 많은 베를린 시민에게 전쟁에서의 성폭력에 반대하는 보편적 상징이 되었다. '코리아협의회'도 소통에서 바로 이 점에 집중했다.

겨우 반나절 동안 열린 회의였지만, 많은 문제가 논의되었다. 이 책에 수록된 글들에서도 알 수 있듯이 발제자들은 문제에 서로 다른 관점에서 접근하며, 각기 다른 방법론을 보여주었다. 그러나 공통적으로 죄를 대하는 올바른 방식을 찾기 위한 노력과 그 죄를 어떻게 기억할 것인가를 다루고 있다. 같은 문제를 마주한 두 나라의 서로 다른 시선은 흥미로운 새로운 관점들을 열어주고, 국제 교류의 가치를 잘 보여준다.

Als Prof. Kwang-Jun Tsche mich ansprach und fragte, ob sich das Wissenschaftsreferat der Deutschen Botschaft Seoul an einer Tagung mit dem Thema „Vergangenheitsbewältigung und Erinnerungskultur in Korea und Deutschland" beteiligen möchte, war ich sofort Feuer und Flamme. Ein wissenschaftsbasierter Austausch über Fragen des Umgangs mit der Vergangenheit drängt sich grade auch im Feld der deutsch-koreanischen Zusammenarbeit regelrecht auf. Er bittet wissenschaftlich gute Anknüpfungspunkte an viele Fächer und Disziplinen und ist ein gutes Beispiel für die Möglichkeiten dessen, was wir heute Science Diplomacy nennen.

Natürlich zeigt sich spätestens bei der Organisation einer Tagung, dass viele Dinge nicht so eindeutig sind, wie sie anfangs erscheinen. Das fängt schon bei der Auswahl historischer Bezugspunkte an. Über die Erinnerung an welche Vergangenheit wollen wir reden?

Von vielen Koreaner*innen wird Deutschland viel Respekt für den Umgang und die Erinnerung an den Nationalsozialismus entgegengebracht. Sie fordern eine südkoreanische Erinnerungskultur, die sich hieran orientiert. Aus deutscher Sicht hingegen sind die Verbrechen des Nationalsozialismus nicht vergleichbar mit denen anderen Diktaturen; wäre vielleicht der Umgang mit der Erinnerung an Opfer und den Umgang mit Täter*innen aus der DDR ein besserer Bezugspunkt?

Auch der Umgang mit Nordkorea ist nicht eindeutig. Sollte man die deutschen Erfahrungen nach der Vereinigung Deutschlands für eine Diskussion nutzen, wie mit Täter*innen und der Erinnerung an Opfer nach einer potenziellen koreanischen Wiedervereinigung umzugehen ist? Kann man eine solche Aufarbeitung und Erinnerung schon vorbereiten oder führt dies eher zu Blockaden?

Schließlich kam auch noch die Diskussion um die Friedens- oder auch Trostfrauenstatue hinzu, die im Berliner Stadtteil Moabit vom Korea-Verband e. V. mit Genehmigung der Behörden errichtet wurde, was zu wütenden japanischen Protesten führte. Die hierüber in Deutschland geführten Diskussionen zeigten, dass sich Erinnerungskultur heutzutage kaum noch regional einhegen lässt. Die Statue, die ursprünglich an koreanische Mädchen und Frauen erinnert, die Opfer sexualisierter Gewalt waren, wurde für viele Berliner*innen schnell zu einem universellen Symbol gegen sexualisierte Gewalt in Kriegen. Der Korea-Verband hatte seine Kommunikation auch genau darauf angelegt.

Die nur halbtägige Tagung hatte also viele lose Enden aufzugreifen. Die in diesem Buch versammelten Beiträge zeigen, dass dies aus sehr unterschiedlichen Blickwinkeln und mit unterschiedlichen Ansätzen und Methoden geschehen ist. Gemeinsam ist aber allen Beiträgen das Ringen um den richtigen Umgang mit Schuld und die Frage, wie man an sie erinnern soll. Der Blick aus zwei Ländern auf diese Fragen eröffnet

책을 펴내면서 학술회의를 공동으로 주최하며 더할 나위 없이 협력해준 모든 분께 감사드린다. 주한독일대사관 외에 서울대학교 법학연구소, 한국학중앙연구원, 형사정책연구원, 경희대학교 법학연구소가 공동주최자로 애써주셨다. 모든 발제자에게도 감사를 드린다. 특히 정근식 교수님이 한국에서 새롭게 출범한 '진실·화해를위한과거사정리위원회' 초대 위원장이 되었다는 점을 특별히 말씀드리고 싶다.

마지막으로 학술회의 장소에 대해 말씀드리자면, 학술회의는 서울대학교 최종길홀에서 개최되었다. 저명한 서울대학교 법과대학 교수였던 최종길 교수님은, 1961년 한국인 최초로 쾰른대학교 게르하르트 케겔 교수 밑에서 알렉산더 폰 훔볼트 재단 장학생으로 박사학위를 취득했고 1970년대 초 하버드 옌칭연구소에서 객원 교수로 활동했다. 1973년 군사 독재 정권의 탄압으로부터 학생들을 보호하려 했던 그는 중앙정보부에 의해 체포, 고문, 살해당했다. 그가 국가공권력에 의해 살해되었다는 사실은 거의 30년이 지난 후에야 대통령소속의문사진상규명위원회(2000년 설립)에 의해 밝혀졌다. 서울대학교 법과대학은 2003년, 최종길 교수님께 기념홀을 헌정했다. 최종길 교수는 나의 친구 최광준 교수의 선친이다.

알렉산더 렌너 (전 주한독일대사관 과학부 참사관, 2018.8~2022.7)

dabei interessante Perspektiven, die zeigen, dass internationaler Austausch zu einem Mehrwert führt.

Ich möchte mich bei allen Mitveranstaltern der Konferenz für die gute Zusammenarbeit bedanken. Neben der Deutschen Botschaft Seoul waren dies das Forschungsinstitut für Rechtswissenschaft der Seoul National University (SNU), The Academy of Korean Studies, das Korean Institute of Criminology sowie das Forschungsinstitut für Rechtswissenschaft der Kyung Hee Universitat. Bedanken mochte ich mich natürlich auch bei allen Vortragenden. Besonders hinweisen möchte ich darauf, dass Prof Keun-Sik Jung erster Präsident der neuen Wahrheits- und Versöhnungskommission Südkoreas geworden ist.

Schließen möchte ich mit einem Hinweis auf den Tagungsort: die Konferenz fand in dem Professor Chong-Kil Tsche Hörsaal der SNU statt. Chong-Kil Tsche war ein bedeutender Jura-Professor an der SNU, der im Jahr 1961 als erster Koreaner an der Universität zu Köln als Doktorand von Prof. Gerhard Kegel und Stipendiat der Alexander-von-Humboldt-Stiftung promoviert wurde und Anfang der 70er-Jahre auch in Harvard Yenching Institut als Gastforscher tätig war. 1973 wurde er vom Geheimdienst festgenommen, gefoltert und getötet, weil er seine Studierenden vor Übergriffen der Militärdiktatur schützen wollte. Seine Ermordung durch das Regime wurde erst fast 30 Jahre später von der ersten koreanischen Wahrheitskommission (gegründet 2000) aufgeklärt. 2003 hat die Rechtswissenschaftliche Fakultät der SNU ihrem früheren Fakultätsmitglied den Hörsaal gewidmet. Professor Chong-Kil Tsche war der Vater meines Freundes Kwang-Jun.

Alexander Renner (Leiter des Wissenschaftsreferats der Deutschen Botschaft Seoul, August 2018 bis Juli 2022)

머리말

한국의 역사를 돌이켜보면, 오늘날 길거리를 지나는 사람들의 화사한 웃음이 믿기지 않을 정도로 한국인에게는 많은 아픔과 슬픔이 있었다. 한국전쟁의 참화 속에서 수많은 민간인이 죽임을 당했고 수십 년간 지속된 혹독한 독재 정권의 탄압에 시달려야 했으며, 이 과정에서 자유와 인간의 존엄을 외치던 많은 젊은이가 억울하게 죽었다. 오늘날까지도 유가족을 비롯한 많은 이들이 그 어려운 시절의 상처를 끌어안고 살아가고 있다.

한국 사회에서 과거의 인권침해 사건들에 대한 진실규명과 배·보상의 문제는 아직 진행 중이다. 우리에게는 진실규명의 과제 외에도 희생자들을 잊지 않고 기억해야 할 책무가 있다. 그렇다면 이러한 과제를 우리는 어떻게 실현해나가야 할까? 이러한 고민은 한국뿐만 아니라 독일에서도 마찬가지로 존재할 것이다.

한국에서는 독일을 과거청산에 있어 가장 모범적인 국가로 인식하고 있다. 희생자들에 대한 기억과 관련하여 독일 사회에 정착된 '기억문화'라는 용어는 독일에서는 매우 일반화되어 있지만, 한국에서는 아직 생소한 개념이다. 주한독일대사관의 렌너 참사관과 나는 과거청산과 관련하여 한국과 독일이 서로의 경험과 과제를 공유하는 학술적인 논의가 필요하다는 점에 동의하였고 이를 추진하기로 하였다.

나는 한독 학술회의를 열어 결과물을 책으로 엮으려는 계획을 세우고, 학술회의의 개최에 대해 한국학중앙연구원의 안병욱 원장님과 한국형사·법무정책연구원의 한인섭 원장님께 상의를 드렸다. 두 분은 흔쾌히 내 계획을 반겨주셨고 전폭적인 지원을 약속해주셨다. 서울대학교 법학연구소의 정긍식 소장님도 동참해주셨고, 개최지는 서울대학교 근대법학교육백주년기념관 최종길홀로 결정되었다.

2020년 10월 28일, 49통일평화재단의 안경호 사무국장이 전체사회를 맡아준 가운데, 서울대학교 법학연구소의 정긍식 소장과 주한독일대사관의 렌너 참사관, 한인섭 원장의 인사말이 있었다. 게르하르트 슈뢰더 전 총리와 한명숙 전 총리, 독일 훔볼트 재단의 엔노 아우프데어하이데 사무총장과 슈타지문서기록소 롤란트 얀 당시 소장은 영상 축사를 보내주셨다. 첫 번째 학술발표는 사비네 하이저 박사가, 사회는 성공회대학교의 김창남 교수가 맡아주셨으며, 경희대학교의 박신의 교수가 토론을 해주셨다. 두 번째 발표는 현재 '진실·화해를위한

Blickt man auf die jüngere Geschichte Koreas, bietet sich das Bild einer Nation, die in den wenigen Jahrzehnten nach dem Zweiten Weltkrieg so viel Schmerz und Leid hat durchleben müssen, dass es einem fast schwerfallen mag, die Menschen heute unbeschwert und mit einem strahlenden Lächeln durch die Straßen gehen zu sehen.

Unzählige Menschen wurden in den Schrecken des Koreakrieges getötet, viele Menschen litten unter der jahrzehntelangen Unterdrückung durch eine unbarmherzige Diktatur und viele, vor allem junge Menschen kamen bei ihrem Kampf für mehr Freiheit und Würde ums Leben. Viele Menschen und Familien, tragen noch heute die Narben dieser schweren Jahre.

Die Verantwortung, der Opfer zu gedenken und das Bemühen um Wahrheitsfindung und Entschädigung für die begangenen Menschenrechtsverletzungen bleiben der koreanischen Gesellschaft weiterhin aufgegeben.

In Korea wird Deutschland als ein Land betrachtet, das sich der großen und herausfordernden Aufgabe der Vergangenheitsbewältigung vorbildlich gestellt hat. Dabei ist der Begriff der „Erinnerungskultur" als eine zentrale Errungenschaft in Deutschland ein allgemein gebräuchlicher Begriff, der sich in Korea in vergleichbarer Weise noch nicht hat durchsetzen können.

Herr Alexander Renner, Leiter des Wissenschaftsreferats der Deutschen Botschaft Seoul, und ich waren uns einig, dass es notwendig ist, wissenschaftliche Diskussionen zu führen, in denen Korea und Deutschland ihre Erfahrungen und Herausforderungen im Zusammenhang mit der Vergangenheitsbewältigung austauschen, und beschlossen, hierzu beizutragen.

Im Zusammenhang mit der Vorbereitung der akademischen Konferenz, deren Ergebnisse in diesem Band einer breiteren Öffentlichkeit zugänglich gemacht werden sollen, beriet ich mich mit Herrn Professor Ahn Byung-Wook, dem damaligen Direktor der Akademie für Koreastudien, und Herrn Professor Han In-Sup, dem damaligen Direktor des Korean Institute of Criminology. Sie begrüßten das Vorhaben mit Freude und sagten ihre volle Unterstützung zu. Zu ihnen gesellte sich auch Herr Professor Jung Geung-shik, Direktor des Instituts für Rechtswissenschaften der Seoul National University, durch den es möglich wurde, die Konferenz an einem symbolträchtigen Ort, der Professor Tsche Chong-Kil Halle der Seoul National University, zu veranstalten.

Am 28. Oktober 2020 fand die Konferenz dann schließlich unter der Leitung von Herrn Ahn Kyungho, Generalsekretär der 49 Foundation for Peace and Reunification, statt. Grußworte und Einführungsreden wurden gehalten von Herrn Professor Jung Geung-Shik, Herrn Alexander Renner und Herrn Professor Han In-Sup. Auch der ehemalige Bundeskanzler der Bundesrepublik Deutschland,

과거사정리위원회' 위원장인 서울대학교의 정근식 교수가, 사회는 프리드리히 나우만 재단 한국사무소의 크리스티안 탁스 소장이 맡아주셨으며, 주한독일문화원의 멜라니 보노 동아시아문화부 부장과 한국형사·법무정책연구원의 박학모 박사가 토론을 해주셨다. 세 번째 발표는 뒤스부르크-에센대학교의 하네스 모슬러 교수가, 한국예술종합학교의 정원옥 교수와 DAAD 한국사무소의 라스 베르크마이어 소장이 토론을 해주셨으며, 사회는 연세대학교의 백영서 교수가 맡아주셨다. 네 번째 발표는 한국형사·법무정책연구원의 박경규 박사가, 사회는 렌너 참사관이 맡아주셨으며, 태국 탐마삿대학교의 헤닝 글라저 교수와 전남대학교의 안진 교수가 토론을 해주셨다.

학술회의를 공동 주최해주시고 책의 출판을 지원해주신 라이펜슈튤 주한독일대사께 깊은 감사를 드린다. 또한 학술회의에 참가해주신 모든 분께 깊은 감사의 마음을 전한다.

지금 출간하는《과거청산과 기억문화》에 당시 학술회의에서의 논의를 다 담아내지는 못했지만, 논의의 주요한 내용을 싣고자 노력하였다. 한국어와 독일어로 동시에 내용을 수록한 이 책이 한국과 독일의 과거청산과 기억문화의 정립에 조금이나마 기여할 수 있기를 바란다.

최광준 (진실·화해를위한과거사정리위원회 위원/경희대학교 법학전문대학원 교수)

Herr Gerhard Schröder, die ehemalige Premierministerin der Republik Korea, Frau Han Myeong-Sook, Herr Dr. Enno Aufderheide, Generalsekretär der Alexander v. Humboldt Stiftung, und Herr Roland Jahn, seinerzeit Bundesbeauftragter für die Unterlagen des Staatssicherheitsdienstes der ehemaligen Deutschen Demokratischen Republik (BStU), bereicherten die Konferenz mit über Video beigesteuerten Grußworten.

Der erste Vortrag der Konferenz von Frau Dr. Sabine Heiser wurde durch Herrn Professor Kim Chang Nam von der Sungkonghoe University moderiert und von Herrn Professor Park Shin-Eui von der Kyung Hee University diskutiert. Der zweite Vortrag, von Herrn Professor Jung Keun-Sik von der Seoul National University, Vorsitzender der koreanischen Kommission für Wahrheit und Versöhnung, wurde von Herrn Dr. Christian Taaks, dem damaligen Direktor der Friedrich-Naumann-Stiftung in Korea, moderiert, und durch Frau Melanie Bono, Leiterin der Abteilung Ostasiatische Kultur des Goethe-Instituts in Seoul, sowie Herrn Dr. Park Hark-Mo vom Korean Institute of Criminology diskutiert. Der dritte Vortrag wurde von Herrn Professor Hannes Mosler von der Universität Duisburg-Essen über Video gehalten, von Herrn Professor Baik Young-Seo von der Yonsei University moderiert und von Herrn Professor Jung Weon-Ok von der Korea National University of the Arts sowie Herrn Lars Bergmeyer, dem damaligen Leiter des DAAD-Informationszentrums Seoul diskutiert. Der vierte und letzte Vortrag wurde von Herrn Dr. Park Kyeong-kyu vom Korean Institute of Criminology gehalten, von Herrn Alexander Renner moderiert und Herrn Professor Ahn Jin von der Chonnam National University sowie Herrn Henning Glaser, Direktor des German-Southeast Asian Center of Excellence for Public Policy and Good Governance per Videoübertragung diskutiert.

Bei seiner Exzellenz, Herrn Botschafter Michael Reiffenstuel von der Deutschen Botschaft Seoul, darf ich mich für die Mitorganisation der Konferenz und die Unterstützung bei der Veröffentlichung des vorliegenden Bandes sehr herzlich bedanken. Auch allen Beitragenden und Teilnehmern der Konferenz möchte ich meinen tiefsten Dank aussprechen.

Obwohl es nicht möglich war, alle Diskussionen zu den auf der Konferenz aufgeworfenen Fragen und Perspektiven in dieses Buch aufzunehmen, haben wir versucht, die wichtigsten Inhalte der Diskussionen wiederzugeben. Ich hoffe, dass dieses in koreanischer und deutscher Sprache erscheinende Buch einen kleinen Beitrag zur Vergangenheitsbewältigung und nicht zuletzt der Erinnerungskultur in Korea und Deutschland leisten wird.

Seoul, im November 2022

Tsche, Kwang-Jun

(Commissioner, Truth and Reconciliation Commission, Republic of Korea / Professor Dr. iur., Kyung Hee University Law School)

목차

Inhaltsverzeichnis

* 이 책은 주한독일대사관의 지원을 받아 출판되었습니다.
Dieses Buch wurde durch einen Publikationsfond der Deutschen Botschaft Seoul unterstützt.

한국과 독일의

과거청산과 기억문화

사비네 하이저 박사
(미술사학자)

축적과 단편

- 기억으로 얽힌 도시

과거로의 잠수

"과거라는 우물은 매우 깊다."

작가 토마스 만(Thomas Mann)이 고령의 나이에 완성한 기념비적 작품인《요셉과 그 형제들》, 장장 네 권에 걸친 구약성경의 영웅 요셉에 관한 이야기의 서막에 나오는 첫 문장이다. 이 토마스 만의 대작은 그가 미국 캘리포니아주 산타 모니카로 망명을 가 있던 시절 모국어인 독일어로 집필되었다. 토마스 만은 이 작품에서 이집트 방언이나 히타이트어를 활용하기도 했고 각 등장인물을 위한 고유의 방언을 개발하기도 하였다.

토마스 만은 (나치즘의 "부당한 요구"로부터 탈출하기 위해 떠나올 수밖에 없었던) 유럽에서 멀리 떨어진 곳으로 망명 간 후 (구[舊]세계의 가장 오래된 이야깃거리 중 하나에 해당되는) 야곱과 라헬의 아들 요셉의 이야기, 즉 히브리 성경에서 가장 오래되었으며 모세오경 첫 번째 권에서 시작되는 이야기를 모국어인 독일어로 써내려 갔던 것이다. 앞서 말한 첫 문장에서 작가는 이야기의 시작과 함께 이야기를 쓰게 된 의도를 명확히 드러낸다. 그것은 과거의 깊이, 이루 헤아릴 수 없는 과거의 의미, 영웅이 처한 극한 운명, 오디세우스의 귀향길을 닮은 근동 및 중동에서의 고행길, 너무 멀어 닿을 수 없는 고향과 고향의 상실, 모국어권에서의 퇴출, 이집트 파라오 조언자로서의 직업적 신분 상승, 자신의 원칙과 신앙에 반하는 행위에 대한 저항 등이다.

해당 작품의 일부분은 토마스 만의 숨겨진 자서전으로도 이해될 수 있다. 토마스 만 또한 망명지를 이리저리 옮겨다니면서 자기에게 익숙한 모국어적 환경을 포기할 수 밖에 없었으며, 무엇보다도 창세기 유대 문학이라는 위대한 유산의 기념비를 세계에 전파하여 수천 년이 지난 현재까지 보전될 수 있도록 기여했기 때문이다.

토마스 만의 이러한 '신화에 대한 작업(*Arbeit am Mythos*)'[1]은 강제수용소에서 죽임을 당한 후손들과 그들의 종교를 위한 거대한 추모 프로젝트로서의 의미를 지니고 있다. 이는 하나의 추모비로서 자기 자신을 서유럽 문화 속의 유대교 및 고대 구조에서 파생된 존재로 이해하는 사람들의 집단적 지식체에 깊게 자리 잡고 있다. 그들의 선조들이 그들에게 약속된 땅에 도달하기 위해 40년에 걸쳐 사막을 가로질렀던 것과 같이 (책이라는 매체를 통해) 어디든지 이동이 가능한 추모비라고 할 수 있다.

시인 하인리히 하이네(Heinrich Heine) 또한 문학 세계가 자신만의 "이동성 있는 조국"이라고 하였다. 독일계 유대인인 하이네는 토마스 만과 마찬가지로 정치적 이유로 독일을 떠나 프랑스의 망명지에서 언어권역을 바꿔야 했다. 그는 고향에서 멀리 떨어진 곳에서 라인강에 대한 최고의 시를 탄생시켰다. 토마스 만과 하인리히 하이네는 본래의 거주지를 박탈당한 "다른 장소에 놓여진 인간(displaced persons)"으로서 작품에서 고향을 묘사하고 시의 주제로 삼아 자신의 출신을 재확인하였다.

기억하고 계승하며 기억을 지속 가능한 체계로 변화시키는 기념비의 하나인 문학은 망각을 방지하기 위한 수단 중에서 어쩌면 가장 오래되었다. 그리고 인간이 기억을 시작한 이래로 전 세계 모든 문화권에서 사용되고 있는 기억의 방식이라고 할 수 있을 것이다.

수사학과 재앙

고대 로마의 웅변가이며 체계적 기억 이론의 아버지인 쿠인틸리아누스(Quintilianus)는 기억술의 탄생은 파괴와 상실의 정신에서 비롯되었다고 설명한 바 있다.[2]

글을 통한 계승에서는 대부분 독자들이 고유의 방식으로 혼자 해석하는 반면, 연설은 대중을 대상으로 하기 때문에 대중이 내용을 동시에 인지한다. 전통적인 연설가 교육에는 기억술이 포함되는데, 그 이유는 소재를 발견(inventio), 배열(dispositio), 표현(elocutio)한 후에는 연설을 매끄럽고 인상적으로 발표하기 위해 기억(memoria) 단계로 이어져야 하기 때문이다.[3] 이에 있어 연설가는 기억에 남는 그림(imagines)과 "고정된 형태로 공간을 구조화하는 위치(loci)"[4]를 참고해야 한다.

쿠인틸리아누스는 저서 《수사학 강론(instutio oratoria)》에서 이러한 기억술의 창시자로 그리스의 웅변가 케오스의 시모니데스(Simonides of Ceos)를 지목한다. 어느 날 시모니데스는 온전히 받지 못한 보수를 받아내려고 채무자인 격투가를 찾아간다. 시모니데스에게 연설을 부탁한 격투가는 만찬에서 손님들과 함께 식사를 즐기고 있었다. 그런데 시모니데스가 밖으로 나오자마자 뒤편에서 건물이 무너져내려 만찬을 즐기던 모든 사람을 파묻어버리면서 비단 건물뿐만 아니라 사체까지 신원을 확인할 수 없을 만큼 훼손되었다.

잔해더미에서 사체를 찾아 장례를 치르려면 친인척들이 신원을 확인해야 했는데, 오로지 시모니데스만이 만찬 당시 좌석 배치와 붕괴 후 시신의 위치를 비탕으로 신원을 밝혀낼 수 있었다. 즉, 시모니데스는 공간적 차원에서 확정된 이미지로부터 기억 보조 도구(hypomnemata)인 기억술(ars memoriae)을 창출하기 위한 일종의 지도체계를 개발하였던 것이다. 특정한 장소를 그에 속하는 이미지(loci et imagines)와 연계시킬 때 기억할 만한 일들(memorabilia)을 머릿속에 각인시키는 능력이 향상된다. 이 과정에서 역할이 교체되면서 시인은 기록원으로, 예술가는 단편 해석가로 거듭난다.

그러나 시모니데스에게 있어 기억할 만한 일이란 생기를 느낄 수 없는 사체들과 무너져버린 궁전의 잔해가 아니라 인간 그 자체였다. 다만 형체를 알아볼 수 없게 되어 기억술 없이는 신원 확인이 불가능했을 뿐이다.

기억을 하나의 기술(techné)로, 즉 훈련이 가능한 예술(ars)이라는 본디의 의미로 해석하는 일이 계몽시대까지 이어져왔다. 이러한 개념은 지형학적 이미지에 따라 분류 및 저장된 내용을 활용하는 저장 모델이 존재하는 것으로 본다. 개별적인 기억들은 각 기억 내용에 따라 분류된 장소에 의해 상기될 수 있다.

따라서 시모니데스가 발명한 기억술은 수사학을 벗어나는 범위에서도 실존적으로 활용된다. 이를 비유적으로 설명하자면 재앙에 대한 기억술뿐만 아니라 재앙의 희생자에게 신원을 부여하는 역할도 하게 된다. 이 과정에서 기억(memory)이 기념(mnemonic and recollection)이 된다.

말, 그리고 말의 운명

독일어에서 말하는 '기억'의 두 가지 개념, 즉 'Gedächtnis'과 'Erinnern'는 한편으로는 서로 매우 유사하지만 다른 한편으로는 명확히 구분되는 개념들이다. 'Gedächtnis(memory, memorial)'는 예컨대 소수가 있는 숫자나 전화번호 전체, 시(詩), 학급의 명칭 등을 머릿속에 빠르게 새길 수 있는 개인의 능력을 의미한다. 이에 반해 'Erinnerung(recall, to remember)'은 주체나 대상, 즉 과거의 대상이나 일에 대한 기억을 뜻한다. 물론 'Gedächtnis'에서도 특정한 사물이나 일이 기억되긴 하지만, 대부분의 경우 사회적 차원에서 합의된 공공 행위나 해당 기억을 위한 기념일(예: 한글날, 제헌절)의 형태를 띤다.

영어의 'rememberance(추모, 추억)'를 말 그대로 해석하면 각각의 구성요소를 다시 합하여 복합적인 구조를 형성하는 것을 의미한다. 'recollection(기억)' 또한 이와 유사한 개념에 해당된다고 볼 수 있으나 이 경우 수집 행위, 즉 각 객체를 공통의 문맥으로 결속시키는 것을 중점에 둔다. 'commemoration(기념)'에서는 기억의 집단적 관점이 반영된다.

독자적 기념비 - 무릎 꿇은 연방총리

엄밀하게 따지자면 동상이나 석비 등의 형태를 띠는 기념비라고는 할 수 없지만, 1970년 12월 7일 바르샤바에서는 빌리 브란트(Willy Brandt) 연방총리에 의해 서독 기억문화의 기념비가 세워졌다. 당시 독일연방공화국의 첫 사회민주주의당 총리는 긴장완화 정책의 일환으로 폴란드를 방문하였고, 억류되어 있던 유대인들이 강제수용소로 추방되지 않기 위해 필사적으로 저항하던 바르샤바 게토에서의 봉기(1943)를 추모하는 기념비를 찾았다.

[1-1] 1970년 서독의 빌리 브란트 총리는 폴란드 바르샤바를 찾아 게토 기념비 앞에서 비를 맞으며 무릎을 꿇고 나치 독일이 2차 세계대전 중 저지른 과오에 대해 사죄했다. 이를 "바르샤바에서의 무릎꿇기(Kniefall von Warschau)"라고 부른다.

브란트 총리는 초반에는 정해진 의전에 따르며 꽃장식의 리본을 가다듬고 묵념을 올리다가 갑자기 돌발 제스처로 대중이 술렁이게 만들었다. 무릎을 꿇고 해당 장소가 기념하고자 하는 당시의 고통과 희생에 대한 겸허한 마음을 강력한 방식으로 표출한 것이다. 연방독일 역사에 길이 남을 이 순간은 경탄과 동시에 날카로운 비판에도 직면하게 했다. 회한, 겸허함, 기억에 대한 이러한 언행일치의 행위는 독일연방공화국의 집단기억에 있어 깊은 흔적을 남겼다. 이 순간은 이어지는 내용에서 다뤄질 독일의 새로운 기억문화 형태에 반드시 필요한 것이었다.

뿐만 아니라 이는 당시 사회에 내재되어 있던 집단 망각 및 회피 현상에 대한 초기 대응 중 하나에 해당되기도 한다. 이를 통해 "이쯤 되면 그만할 때도 되었다", "우리는 과거의 '종결'을 원한다"라는 의미의 '과거청산'이 보다 숙고된 형태의 '기억문화'로 발전할 수 있었다.

흔적

기억은 흔적을 남긴다. 기억은 개인뿐만 아니라 그룹, 집단, 국가에 흔적을 남긴다. 흔적의 잔해는 공공 장소, 광장, 도시 구조물, 기념비, 기록실이나 박물관처럼 오로지 기억이라는 목적만을 위해 마련된 공간에 충분히 스며들어 있다.

이어지는 내용에서는 도시 공간 내에서 기억 조직의 흔적을 추적하고 이를 묘사하며 축적되는 부분도 발견하는 데 중점을 두고자 한다. 그 첫 번째 대상은 필자의 고향이자 30년 전부터 다시 독일연방공화국의 수도로 기능하고 있는 베를린이다. 이 글의 논제는 주제 저장소(loci)가 말 그대로 공공 공간에서 이미지 형태로, 실제로 재현되며 도시가 하나의 기억문화 콘셉트로 이해되고 읽힐 수 있다는 것이다.

베를린에 남아 있는 흔적들은 매우 뚜렷한 편에 속하기 때문에 여러모로 볼 때 기억 구역에서 산책을 하기에 특히 적합한 도시이다. 20세기 독일에 일어난 많은 트라우마 사건이 베를린의 도시 경관에 그대로 새겨져 있다. 예컨대 제1차 세계대전, 나치 시대, 제2차 세계대전, 홀로코스트, 전쟁이 종료된 후 1945-1989년 동안 지속된 분단, 두 개의 지역으로 완전히 분리한 1961년의 베를린 장벽 건설로 인한 치명적인 사건들이 도시 곳곳에 흔적을 남겼다.

흔적에 반대되는 개념에는 맹점, 페이드아웃, 부정 등이 있다. 이러한 방식은 '미지의 땅(terra incognita)'이 표시된 근대 지도처럼, 서베를린 지역이 흰색 공백으로 처리되어 있는 동베를린 지도 등에서 확인이 된다. 동시에 이러한 공백은 여백이나 틈과 같이 기억문화의 또 다른 측면에 속한다. 즉, 결여된 것 또는 고의적인 망각으로 넘어가야 하는 것에 대한 표시이다. 사회적 측면에서 볼 때 이는 집단 침묵이나 망각으로 볼 수 있다.

기억의 길을 걷다

지난 2020년 9월 22일, 필자가 1983년부터 2007년까지 24년 동안 거주했던 주소가 베를린 지역 조간지 〈타게스슈피겔(Tagesspiegel)〉에서 언급되었다.

해당 신문은 시내 곳곳에 설치되어 있는 일명 "슈톨퍼슈타인(Stolperstein)"에 새겨지는 짧은 전기(傳記)를 매일 하나씩 소개하며 나치 시대에 박해당한 사람들(대부분의 경우 유대인)을 기린다.

'슈톨퍼슈타인 프로젝트(Rememberance Stones, 단어 그대로 직역한다면 stumble-stones[걸림돌])'는 1996년 예술가 군터 뎀니히(Gunter Demnig)에 의해 베를린에서 시작되었다. 뎀니히는 나치 정권으로부터 박해 및 추방당한 사람들이 살았던 마지막 자발적 거주지 앞 노면에 정육면체 모양의 황동을 도로 포장석 사이에 고정된 형태로 설치한다. 그 표면에는 그곳에 거주했던 사람들의 이름과 삶에 대한 정보 그리고 추방일과 추방 목적지가 새겨진다.

'슈톨퍼슈타인 프로젝트'는 "이름이 잊힐 때 비로소 사람도 잊힌다"라는 탈무드의 격언을 바탕으로 한다.[5]

뎀니히의 작업은 능동적 기억문화에 대한 독특한 기록이며, 이는 단 한 명의 예술

[1-2] 군터 뎀니히, '슈톨퍼슈타인 프로젝트', 〈Salinger〉, 독일 베를린, 2013.

가가 추진하여 시작된 것이다. 그가 프로젝트를 시작하게 된 계기는 기념비 제작에 대한 공공 의뢰 등이 아니라 현재의 주택 거주자들뿐만 아니라 거리를 지나는 모든 사람을 대상으로 하는 지극히 개인적인 흔적 찾기였다. 슈톨퍼슈타인은 마치 다른 시대 기억의 지도처럼 도로를 따라 설치되어 있다. 이는 현재 그곳에 거주하는 사람들이 감내해야 할 비석과 같은 추모비를 장소에 통합시키는 것이다.

뎀니히는 말 그대로 독일의 강제수용소에서 화장된 무명의 희생자들의 신원을 되찾아주고, 그들의 삶이 존재했으나 비석은 존재하지 않는 장소를 표시해준다. 그는 시모니데스와 유사한 방식으로 전기와 개인의 특성을 장소(loci), 즉 그들의 삶이 있었던 장소와 연계하여 신원이 확인될 수 있도록 하는 것이다. 이는 '기억(rememberance)'과 '기념(recollection)', 즉 사라져버린 관계들과 말소된 생애를 한데 모으는 것이다.

슈톨퍼슈타인에 따르면 1942년까지 카롤리네 바이스바르트(Karoline Weisbart)

와 이지도르 바이스바르트(Isidor Weisbart), 메타 슐레징거(Meta Schlesinger)가 살았던 집에, 이후 필자가 24년 동안 살았다는 말인가? 신문에 소개된 내용에 따르면 이들은 필자가 태어나기 약 100년 전에 태어났으며, 현재 카를-막스 슈트라세로 불리는 베르트슈트라세에서 1905년 완공된 중산층 다세대 주택에 (어쩌면 완공 이후 첫 번째 거주자로) 입주하였다. 당시 해당 지역에는 고급스러운 상점들이 즐비했으며 릭스도르프의 노동자 거주 지역에서는 좋은 동네에 속했다.

그들에 대한 질문은 점점 구체적인 형태를 띠게 되었다. 처음 나는 해당 건물에 5층 방이 두 개이며 아주 넓진 않지만 근사한 발코니가 있는 집에서 살았다. 1991년부터 2007년까지는 한 층 아래의 매우 큰 집에서 남편과 함께 살았다. 여기서 실로 고통스러운 의문은 그 일이 있었던 1942년 8월 31일이나 9월 5일, 내가 살면서 그리도 익숙해진 바로 그 집 현관문에서 벨이 울리고 세 명이 마지막 길을 나서게 된 것이었나 하는 점이다. 내게 일상적이기 그지없던 공동 계단과 공동 복도의 인조석 바닥을 지나 도로에서 그들을 기다리고 있는 트럭으로 향했던, 바로 그 마지막 길 말이다. 그때 건물 내에서 엄청난 소란이 있었을 텐데 다른 세대에 거주하는 사람들은 그동안 뭘 하고 있었던 걸까?

현재 내가 거주 중인 프리드리히스하인의 프랑크푸르터 토어 근처 주택에도 집에서 끌려나가 죽음을 맞이한 사람들이 살았다. 다만, 앞서 말한 노이쾰른 주택과의 상황과는 다소 차이가 있다. 이전 주택은 그들의 추방 40년 후 내가 동일한 건물에 입주하였으며 그 세 명과 어쩌면 동일한 집에 살았을 가능성이 있다. 하지만 동베를린 지역에 속했던 현재의 거주지에는 본래의 건물이 더는 존재하지 않는다. 이곳은 제2차 세계대전 중 폭격을 맞은 후 폐허가 되었다. 동독 초기에 일종의 고급형 재건 프로젝트가 계획 및 진행되면서, 폭격 맞은 건물의 잔해로 당시 스탈린 알레로 불리던 거리가 상상을 초월하는 규모로 재건되었다.

슈톨퍼슈타인에 따르면 바로 이 위치에 아버지 막스(Max), 어머니 요하나(Johanna), 딸 아델레(Adele)로 구성되는 야콥존(Jacobsohn) 일가가 살고 일했다. 그러니까 이 경우는 앞서 말한 사례와는 또 다른 유형으로, 한때 존재했던 장소와 거주자들을 기리는 기념석은 존재하지만 그 껍데기, 즉 삶이 진행되던 본래의 장소는 파괴된 경우이다. 도시 전체에 걸쳐 구축되어 있는 슈톨퍼슈타인 구조는 살해된 베를린 유대인들을 기리는 분산형 추모비에 해당된다. 이는 희생자의 이름뿐만 아니라 장소(loci)도 되찾아주는 역할을 한다. 관련 홈페이지에는 베를린의 슈톨퍼슈타인들이 기록되어 있으며 주소 확인이 가능한 도로 등록 시스템도 제공된다.

그 누구도 피해 갈 수 없는, 언제 어디에서든 존재하는 기억의 지도가 이렇게 형성되었다.

공백으로서의 단편 – 존재하지 않는 자의 대변인?

> "일부가 있는 곳에 전체가 있다."
>
> _ 성 빅트리치오

기억망을 구축하기 위해 파편, 단편, 잔해를 모으는 것은 이미 오래전부터 적용되어온 기법이다. 종교에서는 성유물이 그 예에 해당된다. 다만 성유물은 한때의 세속적인 문맥으로부터 분리되어 입증성과 진실성의 영역으로 변형되었다. 이에 있어 유물이 반드시 그 장소에서 유지될 필요는 없다. 오히려 본래의 영향력을 새로운 장소에서 보다 큰 의미로 행사하여 해당 장소(loci)의 새로운 조직이 구축될 수 있도록 하는 잠재력을 가진다. 잔해를 조립하고 재수집함으로써 과거의 형상이 재현되며 성유물은 과거를 전달하는 운반차의 역할을 한다.

하지만 슈톨퍼슈타인의 경우 '걸림돌'이라는 의미에서 이미 볼 수 있듯이 이러한 유물은 '평화를 교란하는' 역할을 하기도 한다. '기억(remembering)'과 '기념(recollection)'의 차원에서는 사람들을 통합시키지만 서로에 대한 낯설음을 새로운 문

[1-3] 아비 바르부르크, 〈므네모시네 이미지 지도(Mnemosyne-Atlas)〉(복제품), 스페인 레이나 소피아 국립미술센터, 2011.

맥에서 드러내기도 하기 때문이다.

이러한 해석은 1929년 독일의 문화학자 아비 바르부르크(Aby Warburg)가 여러 시대에 걸쳐 나타나는 주요 모티브들의 전환과 이행(移行)을 추적하고, '기억'이라는 의미의 '기념(recollection)' 차원에서 이를 배치 및 연출한 〈므네모시네 이미지 지도(Mnemosyne-Atlas)〉에서도 나타난다. 바르부르크는 해당 연출 콘셉트에 기억의 여신이자 아홉 뮤즈의 어머니 이름을 붙였다.

복원은 이러한 예술적 전용(轉用) 및 변형과 겉으로 보기에만 상반되는 특징을 보이는데, 예컨대 기념비를 어떠한 방식으로 관리하는지 보면 그렇다. 해당 절차가 흔적과 잔해를 바탕으로 과거와 역사를 다시 구축하는 데 목적을 두는 경우 이에 주어지는 틀과 기준은 다시 단편으로부터 창출된 역사적 배경이 전부인 경우가 많다. 나아가 단편은 영적 및 감정적 콘셉트를 전달하는 역할을 할 수 있다.

갖가지 원인, 본질, 기원으로부터 발생한 단편, 파편, 잔해는 어디에든 존재하며 항상 우리를 둘러싸고 있다. 우리가 과하게 주의를 기울여 이를 인식하지 못한다 하더라도 충분한 빈도로 존재한다. 폐허 및 폐기물과 단편 간의 경계는 매끄러운 형태를 띤다. 단편의 다른 면에는 속인(俗人)들 사이에서 두드러지는 성질, 어느 정도의 부가적인 가치가 부여됨으로써 확보되는 우월성, 그리고 단편이 기억매체로 분류될 수 있도록 하는 다양한 형태의 특징이 속하는 경우가 많다. 단편은 신성한 십자가의 파편이 될 수도 있고 아이의 첫 번째 유치가 될 수도 있다. 두 대상 모두 기념품에 해당된다. 다만 십자가의 파편은 집단 차원의 공감대를 형성하며 시간이 지나도 헤아릴 수 없을 만큼의 가치를 지니는 것으로 평가받는 기억의 징표이자 기념품인 반면, 유치가 누군가에게 깊은 인상을 남기거나 감동을 줄 수 있는 대상이라고 해봤자 아기의 할머니와 할아버지밖에는 없을 것이다. 단편은 한때 온전했던 물건의 기본적인 특징을 넘어서는 메시지를 전달한다. 뿐만 아니라 이러한 유물은 해당 유물이 기록되고 명확성을 드러낼 수 있도록 하는, 당시의 파괴 또는 파괴된 상태를 목격한 증인으로 볼 수 있다.

이에 반해 약탈품은 단어 그대로 해석했을 때 강탈, 이를 통해 손에 넣은 물건을 의미한다. 예컨대 전장에서 적에게 빼앗은 무기가 이에 해당된다. 즉, 이에 있어서는 한때 온전한 상태였을 대상의 잔해가 핵심이 아니다. 해당 물건을 강제로 끌고 가고 다른 위치로 옮겨 새로운 맥락으로 통합시키는 행위가 추가된다.

나아가 단편에 있어서는 항상 (그것이 기념비, 감정, 문학 등 어떤 유형에 속하는 단편이든) 폐기, 고의적 행위로서의 망각, 기억 잠재력의 의도적인 부정 등의 선택 사항도 존재한다. 이에 있어 언제나 중요한 것은 단편이 형성되도록 한 파괴 현상의 방식과 원인이다.

단편과 유사하게 폐허 또한 절대적인 메타포로 이해될 수 있다. 아리스토텔레스(Aristoteles)가 〈시학(poetics)〉에서 낯선 명사를 새로운 의미로 나타내는 것을 '메타포(은유)'로 정의한 이후부터 언어와 예술에서는 특정 개념을 새로운 비유적인 이해 문맥으로 전환하는 방식이 적용되고 있다. 이러한 파괴는 예컨대 구조물 내 연결고리와 같은 일종의 표시물을 의미할 수 있다. 사고와 기억의 걸림돌과 같이 말이다.

폐허가 된 도시

일반적으로 이미지, 건축물, 기념비뿐만 아니라 텍스트 또한 시간과 그에 따른 파괴성으로 인한 대가를 치른다. 당연히 기후 조건이나 그 외 거의 자연적인 분해 과정에 노출되기도 하지만 기타 상황, 심지어 체계적인 공격에 의한 파괴도 존재한다. 이에 있어 중요한 역할을 하는 것은 기억 및 인지 콘셉트의 방식과 '잔해'가 미디어에 의해 연출되는 방식이다. 각 방식에서 추구되는 '부가적인 가치'는 매우 상이하다. 잔해로부터 새로운 기념비적인 대상을 창출하는 데 있어서는 상상과 파괴가 많은 경우에서 동일한 기여를 한다.

모리스 알박스(Maurice Halbwachs)가 설명한, 사회적 차원에서 형성되는 인지의 틀인 "기억의 사회적 틀(cadres sociaux de la mémoire)"은 이 문맥에서도 경험이 개인적 집단적 지식 베이스에 기록되는 방식에 영향을 미친다.

하지만 특정한 일이나 상황 또한 관련 유물이나 묘사물이 기념비가 되면서 기존의 역사적 구속성으로부터 분리될 수 있다. 모든 기억 행위는 다른 기억의 배출을 전제로 하는 선택 행위이다.

문화학자 토마스 마호(Thomas Macho)의 기념비에 대한 정의는 다음 해석과 상통한다.

> 기념비는 타임머신이다. 기념비는 요구사항, 즉 살아 있는 세대와 죽은 세대 간의 심연을 지속적으로 극복하고자 하는 개인 또는 집단의 희망을 형상화한다. 기념비를 세우는 자는 지속을 희망한다. 기념비를 통해 중요한 사람이나 일이 '불멸하는 데' 목적을 두는 것이다. …기념비는 기억 또

는 감사의 표시이다. 이는 신이나 영웅, 승리뿐만 아니라 역병의 극복이 나 실패로 돌아간 황제 암살 시도 등도 기념한다. 기념비는 우연을 극복 하는 데 목표를 두는 문화적 기술의 침전물이다.
즉, 기원과 몰락에 대한 경험이 다뤄지는 과정을 지켜본, 화석이 된 증인 인 동시에 돌발적이고 갑작스러우며 설명이 불가능한 어떤 것과 연결이 되어야 하는 상징적 관계에 대한 흔적이다. 기념비는 과거에 대한 경험과 불멸에 대한 희망을 이야기하는 임시적인 경계 표시, 즉 묘비이자 부활비 이다.

폐허 더미가 기념비에 해당되는가? - 드레스덴 프라우엔 교회에 대한 문제

1945년 2월 냉혹한 신 크로노스(Cronos)의 이빨은 소이탄의 형태로 드레스덴을 덮쳤고 도시의 중심지를 초토화시켰다.

1722년부터 1743년까지 게오르게 베르(George Bähr)가 설계 및 건축한 바로크 양식의 드레스덴 프라우엔 교회(Dresdener Frauenkirche)는 제2차 세계대전에서 독일제국의 군사적 패배에 대한 상징과 영국 항공 유격대가 민간인들을 대상으로 자행한 무의미하며 부당했던 것으로 평가되는 난폭 행위를 보여주는 본보기가 되었다. 드레스덴을 사로잡은 불길은 독일의 관점에서 볼 때 끝이 다가오고 있는 세계 전쟁의 트라우마인 동시에 현실에 매우 가까운 기억 패러다임으로 통한다. 영국의 경우에는 코번트리, 미국은 펄하버, 일본은 히로시마와 나가사키가 이와 유사하게 강렬한 이미지를 연상시킨다.

이러한 기억의 장소(loci memoriae)는 지난 70년에 걸쳐 각기 다른 방식으로 성찰되었다. 독일에서는 자연스럽게 추모의 적절한 형태에 대해서 대립이 발생하였다. 이에 더해 (형태뿐만 아니라) 추모의 준칙 또한 독일민주공화국과 독일연방공화국에서 상이하게 지정되었다.

예컨대 서베를린 영토에 위치하는 카이저 빌헬름 기념 교회(Kaiser Wilhem Memorial Church)는 폐허로 보호되는 동시에 에곤 아이어만(Egon Eiermann)이 설계한 새로운 교회 건물이 추가되었다.

이에 반해 동독에서는 독일이 통일될 때까지 도시 한가운데에 덩그러니 놓여 있던 프라우엔 교회의 잔해가 어느새 익숙한 광경이 되었으나 그럼에도 불구하고 매우 큰 방해 요소로 작용했다. 민간 차원의 이니셔티브에서는 폐허 더미를 보호하기 위해 장미 울타리를 세우고 이를 추모의 장소로 표시하는 등, 한때 웅장함을 자랑하던 교회의 잔해가 시민 차원에서 은밀한 기념비 관리 방식을 통해 관리되었다. 스스로에게 기념비 관리 책임을 부여한 사람들은 기억을 보장하고 단편을 보전하기 위해 자연스럽게 통상적인 묘비 관리 레퍼토리를 시행하였다.

의도되었던 것이든 아니든 이로 인해 발생한 부작용을 이 시점에서 짚고 넘어가겠다. 그 주변에 식물을, 그것도 장미까지 심는 것은 은폐 행위이기도 하다. 아름다운 식물이 폐허를 뒤덮게 하는 것은 감추는 행위이자 정기적 관점에서 볼 때 폐허가 된 광경을 제거하는 행위이다. 결국 폐허는 시간이 흐르면서 도시가 미처 알아채지 못하는 사이에 장미 언덕 아래에 파묻혀 잠자는 숲 속의 미녀처럼 긴 잠에 빠져버렸을지도 모른다.

드레스덴 시민의 정체성에 있어 핵심적인 역할을 하던 프라우엔 교회가 무너져내린 후 기억의 사회적 틀은 교회가 서 있던 광장 및 잔해와 연계되었다. 나아가 교회뿐만 아니라 한밤중의 폭격에 대한 트라우마를 상기시키는 이러한 기억 유물은 한때 관리가 잘된 재해 더미를 사용하여 언젠가는 프라우엔 교회를 다시 건설하고자 하는 희망과도 연관이 있었다. 물론 독일민주공화국 시대에는 이러한 목표를 달성하기가 현실적으로 불가능했던 것이 사명하다. 하지만 이러한 꿈은 1990년 가을, 독일이 통일되면서 구체화되었다.

당시 기념비 관리를 우려하는 측면에서도 이의를 제기할 수 없을 합의가 만장일치로 도출되었는데, 바로 방해가 되며 흉측한 폐허 더미로부터 드레스덴 중심지를 자유롭게 하고 이를 프라우엔 교회를 새롭게 건설하는 데 활용하여 이제 그

[1-4] 폐허가 된 드레스덴 프라우엔 교회(왼쪽)를 개조하는 모습, 1994(오른쪽).

만 치욕을 매듭짓자는 것이었다. 그리고 반구형 지붕의 건설은 "엘베강의 피렌체"로서의 도시 실루엣을 역사적으로 재건하는 목표에 부합한다는 사회적 합의도 존재하였다. 프라우엔 교회를 재건하지 않는 것은 일차적으로 반교회적 사회주의통일당 정권의 행동 패턴으로 공공연하게 이해되었다.

프라우엔 교회의 재건이 어떠한 기억층에 추가적으로 영향을 미치는지에 대해서는 극히 드물게만 논의가 되었는데 그마저도 전문가 집단 외에는 도시 중심부에 위치하는 폐허 더미가 이제는 기념비적 가치를 자체적으로 확보하게 된 건 아닌지에 대한 문제를 전혀 다루지 않았다. 이처럼 도시라는 전체 구조물 내에서 걸림돌, 파괴, 방해 요소의 지점에 기억과 관련된 자체적인 부가가치를 부여한 것은 바로 시간(1945년부터 1990년에 걸친 45년)이다.

폐허는 자기성찰의 차원에서 파괴되기 전의 모습, 즉 기념비적인 개신교 교회였을 한때를 상기시켜줄 뿐만 아니라, 1945년 2월의 어느 날 밤 민간인으로 가득 찬 도시에 상상도 할 수 없을 정도로 끔찍한 폭격이 있었다는 사실도 기억하도록 한다.

항공 유격대에 의해 행해진 성상 파괴 행위는 도시를 대상으로 한 것(폭격과 불기둥으로 인해 살해된 사람들의 잔해는 흔적을 남기지 않았다)이었으며, 드레스덴의 경우에는 피해자들의 신원을 확인해줄 수 있는 시모니데스도 존재하지 않았다. 성상 파괴의 흔적은 정확히 프라우엔 교회의 폐허 더미에 새겨졌으며 이는 파괴된 도시와 그 주민들을 위한 비석이 되었다. 폐허 더미는 누가 봐도 전쟁, 전쟁에 대한 책임, 전쟁으로 인한 고통을 가리키고 있었다. 상처 입은 도시의 재건과 '치유'로 불리며 다양한 사람들의 축하를 받았던 일은 동시에 새로운 성상 파괴 행위, 철저한 기념비 제거 행위이기도 했다. 즉, 복합적인 기념비를 지워버리는 일이었다. 트라우마에 대한 기억이 삭제되거나 상처가 아문다고 해서 그 근본이 되었던 일을 없었던 것으로 할 수는 없다. 물론 새로운 기억 틀을 상황에 맞게 조정하거나 구축하기로 결정한 것은 사회 공동체이기도 하며 그에 대한 유일한 대가는 어쩌면 보다 복합적인 의미를 내포하고 있는 다른 대상을 제거하는 것이었다. 이 경우에서 다른 대상이란 그 형상을 통해 "파괴와 기억을 하나로 엮을 뿐만 아니라 기억의 시간축을 분명히 나타내는" 폐허이다. 이에 따른 결과는 "기념 속에서의 기억의 망각"을 변환시켜 나타내며 전리품과 단편의 연출을 없었던 것으로 되돌려놓는 행위이다.

대리석, 돌, 철은 부서질 수 있다. 하지만 기억은 부서지지 않는다…? - 알베르트 슈페어의 신 총통 관저 내 대리석

이제 전리품에 대한 마지막 예를 설명하기 위해, 묘한 잔류물들이 여러 공공 장소에 흩어져 있는 도시인 베를린으로 돌아가보겠다. 이 예시에서는 소재의 성상, 잔류물의 활용 그리고 붉은 대리석이 얼마나 많은 기억의 물질을 저장할 수 있는지에 대한 문제가 다뤄진다.

열린 시각으로 전후 도시로서의 베를린을 거닐다가도 대표적인 시설에서 붉은 대리석이 압도적인 비중을 차지하는 장소를 방문하게 되면 항상 보편적인 의심을 어느 정도 품게 되고 심기가 불편해진다. 붉은 대리석은 어쩌면 오염되었을 수도 있는 물질, 즉 기억에 의해 오염된 물질이다. 카를 마르크스가 사망한 이후 유령이 온 유럽을 휘젓고 다니는 것에 더해 베를린은 붉은 대리석 파편으로 만들어

[1-5] 훔볼트대학교 본관 로비의 금속 레터링

진 망령의 습격을 받게 되었다.

베를린 훔볼트대학교의 본관 로비에는 카를 마르크스의 〈포이어바흐에 대한 11번째 테제(11. Feuerbach-These)〉에서 중간에 의미를 왜곡하는 '그러나(aber)'가 삽입된 부분 인용구가 금속 레터링으로 설치되어 1950년대부터 사람들의 시선을 끌고 있다.

"이제까지 철학자들은 세계를 다양하게 해석해왔는데, 중요한 것은 세계를 바꾸는 일이다(Die Philosophen haben die Welt nur verschieden interpretiert, es kommt darauf an, sie zu verändern)."

마치 베를린 한가운데 거대한 채석장이 존재해서 매끄럽게 광을 낸 붉은 대리석을 어마어마한 양으로 공급하고 있는 듯하다. 이러한 저장소, 즉 값비싼 붉은 대리석이 보관되는 장소는 실제로도 존재했는데, 바로 1938년 슈페어에 의해 완성되어 베를린 미테 지역에서 거대한 면적을 독차지하였던 신 총통 관저이다.

[1-6] 신 총통 관저(Neue Reichskanzlei) 내 붉은 대리석

건물 내부의 대표적인 공간 중 대부분에는 붉은 대리석으로 제작된 벽 패널이 설치되었다. 건물이 파괴되기 전까지 히틀러의 위압적인 집무 공간에서 보호받고 있던 붉은 대리석은 오늘날 베를린의 도시 광경 속 다양한 맥락에서 또는 지정된 기억 풍경을 조성하기 위한 연출 도구로서 전리품과 같은 분위기를 풍기며 마치 저승에서 돌아온 망령처럼 모습을 드러낸다. 베를린 트렙토브의 소련군 전승 기념비에 있어서는 붉은 대리석이 명확하게 군사적 승리의 상징물로 기능한다.

야코프 보리소비치 빌로폴스키와 예브게니 빅토로비치 부체티치가 전사한 소련 군인들을 기리기 위하여 전쟁 직후 1946년-1949년에 걸쳐 구상 및 설립한 이 기념비는 전통적 의미의 기념비라고 할 수 있다. 경사가 가파른 램프 형태로 시설의 양옆에 우뚝 서 있는 구조물은 매끄러운 적색 대리석 플레이트로 장식되어 있다. 그 출처가 신 총통 관저라는 사실은 이미 잘 알려져 있었으며 이는 전승 기념비가 내뿜는 기운에 힘을 실어주는 역할을 하였다. 적을 제압했다는 사실은 매끄러운 표면의 요새로부터 분리되어 이제는 '기념비 프로파간다'로 활용되고 있는, 기념비를 둘러싸고 있는 (무자비하게 단단한) 석재에서도 명확히 드러난다. 아이를 안은 포즈로 헤라클레스를 연상시키는 붉은 군대 병사 동상의 반대편에 위치한 언덕은 총통 관저의 잔해로 쌓아올린 것이다. 승전비의 토대와 빛나는 껍데기는 피정복자가 한때 소유했던 돌의 굴복이라고 할 수 있다. 영웅적으로 연출된 기억 장치의 기반은 몰락한 제국이 한때 보유했던 상징적인 건물의 잔해로 만들어졌다. 새롭게 세워진 기념비에 전리품을 사용하는 것만큼이나 기억 단편의 직관적 결합을 보다 명확하게 보여줄 수 있는 사례는 없다.

그러나 오염된 물질, 즉 붉은 대리석은 기능 중심의 일상적인 도시계획 환경에서도 볼 수 있다. 다름 아닌 지하에서 말이다. 1950년대에 현재의 모렌슈트라세역이 텔만플라츠역으로 변경되었다. 사람들은 (1906-1908년) 알프레드 그레난더(Alfred Grenander)의 설계를 통해 전쟁의 피해를 입은 역의 구조를 변경하는 기회를 놓치지 않으며 새로운 수호자의 위상에 걸맞게 보다 화려하게 탈바꿈시키기로 결정하였다.

다만 이 사례는 소비에트 승전비처럼 새로운 맥락으로 통합되어야 하는 피정복자에 대한 기억의 메시지를 (지하에서) 전달하는 데 목적을 두지 않는다. 뿐만 아니라 지하철역을 리뉴얼하는 작업은 트렙토브 시민 공원에 위치하는 기념 시설처럼 열정이 가득한 프로젝트도 아니다. 그럼에도 불구하고 해당 소재가 선택되는 데 한몫을 한 것은 고급스러움과 특권을 의미하는 소재의 상징성이다.

이에 반해 훔볼트대학교의 로비에 대한 논의는 마치 '총통 관저에서 나온 대리석'을 주제로 하는 희극과도 같다. 대학교에 설치된 붉은 대리석도 알 만한 사람은 다 안다는 빌헬름슈트라세에서 온 것이라는 소문이 주기적으로 돌았고 사람들끼리 수근거리는 소리가 들렸다. 리하르트 슈뢰더(Richard Schröder)는 1990년대 초반 총장 연설에서 "본관 로비에는 국가 문화재 보호 대상에 해당되는, 총통 관저의 폐허에서 가져온 붉은색 대리석 바탕에 금색 레터링으로 제작된 그 유명한

[1-7] 텔만플라츠역

11번째 포이어바흐 테제가 눈부시게 빛나고 있습니다"라고 언급한 바 있다. 슈뢰더가 로비 장식과 관련하여 취한 태도의 방향성은 "국가 문화재 보호 대상에 해당되는"이라는 표현에서 나타나는데, 이는 이의제기가 불가능한 영역에 해당된다. 즉, 해당 장식은 국가에서 인증하였으며 문화적 차원에서 중요한 의미를 지니는 전통이라는 의미이다. (비록 일차적으로는 마르크스의 인용구에 대한 것이긴 하나) 로비의 장식에 대한 우회적인 비판과 이를 수긍하지 않는 태도는 그 글귀를 지탱하고 있는 물체의 출처에 대한 언급, 즉 "총통 관저의 폐허에서 가져온"을 통해 전달된다. 이는 잊혀야 하고 근절되어야 하는 악한 것, 불쾌한 장소를 상징한다. 이 과정에서 붉은 대리석의 추정 출처에 대한 기억은 글귀와 벽장식 전체를 강력하게 거부하는 도구로 활용된다. 나치 시대의 유물에는 존립 보호의 특권, 즉 기념비로서의 가치를 부여해서는 안 된다. 시간이 흐른 뒤 대학교 기록 보관실에서 해당 대리석이 로비 장식을 위해 보헤미아의 채석장에서 채석 및 공급되었다는 사실을 입증하는 영수증이 발견되었다.

기록말살형(damnation memoriae), 즉 기억을 완전히 지우는 행위와 이에 따른 기억문화의 부정적인 면이 실제 도시 경관에서 어떻게 나타나는지는 독일민주공화국 시절 총통 관저가 있던 곳에 프리패브 공법(현장에서 조립하는 방식)으로 지어진 아파트 건물에서 엿볼 수 있다.

도시의 상처 - 베를린 장벽

1961년부터 1989년까지 베를린은 금이 간 상태로 있었다. 도로는 중간에서 끊겨버렸고 감시타워 및 저격병이 배치된 극복이 불가능한 장벽이 건설되었으며 도시계획적 맥락들은 가차없이 중절되었다. 무엇보다 베를린의 정치적 중심지인 브란덴부르크 문 인근 지역에서는 도시에 그어진 선이 아물지 않는 상처가 되었다. 하지만 1989년 11월에 일어난 경사가 이러한 상황에 변화를 가져다주었다.

먼저 "장벽 딱따구리(Mauerspecht)"들이 각자의 개인적인 기념품을 장벽으로부터 채취(바로 이것이 능동적인, 자기결정적인 기억문화라고 할 수 있다!)한 후에는 도시 경관에서 장벽이 눈에 띄는 흔적을 남기게 될 것이라는 사실이 금세 명백해졌다. 베를린 상원이 수립한 계획은 공공 도로 면적에서 장벽의 흔적을 따라 특수한 도로 포장석을 두 열로 나란히 설치하는 것이었다. 이에 더해 안내 표시판과 건축가 콜호프(Kohlhoff)가 설계한 베를린 장벽 기념 공원 기록 센터도 설치되었다. 베를린 장벽 구간 중에서도 가장 문제가 많았던 지점은 베르나우어 슈트라세[6]이다. 이는 동베를린 영역에 속했는데, "죽음의 지대(Todesstreifen)"라 불리던 바로 그 중심에 개신교 화해의 교회가 자리하고 있었다. 그런데 1985년 장벽 지대를 강화하는 과정에서 동독이 교회를 폭파시키는 사건이 발생하였다. 모두의 눈에 띄지만 아무도 범접할 수 없었던, 도시 공간의 파괴를 상징하던 건물이 흔적도 없이 말끔히 제거되어버린 것이다. 이로 인한 상처를 아물게 하는 동시에 해당 교구에 교회를 돌려주기 위해 건축가 루돌프 라이터만(Rudolf Reitermann), 피터 자센로트(Peter

[1-8] 베르나우어 슈트라세의 베를린 장벽 기념관 부지 내의 '화해의 교회'

Sassenroth), 마르틴 라우흐(Martin Rauch)는 2000년 새로운 화해의 교회를 설계 및 건설하였다. 도심 인근의 해당 위치에 새롭게 지어진 건물에 있어 교구의 옛 명칭인 '화해(Versöhnung)'보다 잘 어울리는 이름은 찾기 힘들었을 것이다.

"실제와 동떨어진" - 베를린 미테의 살해당한 유럽의 유대인들을 위한 기념비

도시계획의 맥락에서 자주 언급되는 또 다른 유명한 기념비에는 가해자의 장소인 베를린 미테에 설치된 〈살해당한 유럽의 유대인들을 위한 기념비〉가 있다. 해당 지역에는 나치 정권의 권력 중심지인 총통 청사가 있었고 이후에 독일민주공화국의 도시 지도에서는 장벽과 인접해 있으며 건축물이 존재하지 않는 녹지로 표시되어 있었다. 즉, 독일 역사의 끔찍한 장소에 관용구의 표현 그대로 '풀'이 자라나게 내버려둔 것이다. 시간이 흘러 기념비 설립을 위한 첫 번째 공모전이 진행되었으나 두루 만족스러운 작품이 탄생하지 않았고, 1997년 두 번째 공모전에서

[1-9] 피터 아이젠만, <살해당한 유럽인들을 위한 기념비>, 2005.

가장 높은 점수를 받은 뉴욕 출신 건축가 피터 아이젠만(Peter Eisenman)이 2003년에 기념비 시설을 건설하기 시작하여 2005년에 완공하였다.

기념비 시설은 각기 다른 높이가 적용된 총 2,711개의 정사각형 콘크리트비로 구성되며 브란덴부르크 문과 인접해 있는 남쪽 지역, 즉 통일 베를린의 최고 위치에 있었던 옛 '장관 정원(Ministergärten)'의 자리에서 총 19,000제곱미터에 걸쳐 펼쳐져 있다. 기념비들 사이로는 통행이 가능하며 건축가의 설명에 따르면 개별 기념비의 수나 디자인은 상징적인 의미를 내포하고 있지 않다. 아이젠만의 의도는 "아무런 의미가 없는 장소(a place of no meaning)"를 만드는 것이었다고 한다.[7]

그럼에도 불구하고 관찰자나 기념비 "이용자"는 무의식적으로 특정한 이미지를 떠올리게 되는데, 바로 비석, 위령비, 추모비이다. 해당 시설에는 기억문화 차원에서 지정된 대표적인 상징들이 거의 완벽한 레퍼토리로 재현되어 있다. 앞선 내용에서 자세히 다뤄진 흔적 및 단편의 기억 저장 잠재력은 여기서도 모습을 드러낸다.

강제수용소 기념관의 관계자들은 독일 수도의 한가운데 위치한 해당 기념비가 기념 행위를 공간적 차원에서 중앙화하여 희생자의 고통과 죽음으로 점철된 실제 현장이 외면받게 된다고 설명하면서 이에 대한 반감을 드러냈다. 이들은 "기념의 중앙화"로 인해 평준화의 위험이 발생한다고 보았다. 동시에 기념비 시설의 방문객들은 강제수용소의 감옥, 울타리, 시체 소각장에서 직접적으로 체험할 수 있는 두려움과 공포의 흔적을 베를린의 기념비 시설에서는 느껴볼 수 없다는 점을 지적하였다. 베를린 기념 시설에서는 분명 의도되지 않았을 방식으로 기념비가 사용되고 있는 것을 매일 볼 수 있는데, 그곳에서 해맑게 '숨바꼭질'을 하고 있는 관광객들에게 있어서는 기념비들이 여가 시설로 전락해버린 것이다. 해당 장소의 순수 기념비적 의미는 의도된 기대를 충족시키기에 부족해 보인다.

마지막으로, "기억 매체로서의 단편"이 다뤄진 1993년 작품을 소개하고자 한다. 예술가 라파엘 라인스베르크(Raffael Rheinsberg)는 동베를린의 손상된 도로 표지판을 전통적인 '분실물 보관소(objets trouvés)' 방식으로 수집하여 약 900개의 파편으로 구성되는 3×5미터 크기의 사각형 작품을 바닥에 설치하였다. 라인스베르크는 해당 프로젝트를 위해 고의로 도로 표지판을 훼손하지는 않았으며 통일 이후 베를린에서 도로 개명과 도로표지판 리뉴얼 과정에서 발생한 표지판을 사용하였다. 작품에 사용된 재료 중 일부는 확실히 "기록말살형(damnatio memoriae)"을 연상시키는 행위 덕분에 조달이 가능했고 다른 일부는 동베를린과 서베를린의 도시 경관을 통일하기 위한 교류 차원의 리뉴얼 과정에서 발생한 것이다. 라인스베르크는 이 작품을 〈깨진(엉성한) 독일어(Gebrochen Deutsch)〉라고 명명하였으며 이를 통해 단편이라는 토포스를 직접적으로 표현해냈다.

깨진 도로 표지판 사이로 유달리 눈에 띄는 도로명이 있는데, 바로 디미트로프 슈트라세이다. 이는 1874년까지 코무니카치온스벡으로 불리다가 1950년까지는 단치기 및 엘빙기 슈드라세, 그리고 1950년부터 1995년까지 불가리아의 저항운동가 디미트로프(Dimitroff)의 이름을 따르게 되었다. 라인스베르크에게 있어 도로 표지판의 파편들은 원동력을 제공하는 역할을 하였다. 예컨대 베를린 지역을 잘 알지 못하는 사람에게는 함축적으로 기억을 상기시켜주는 역할은 못하겠지만 여러 단편이 하나로 설치되면서 단편이 가지는 본래의 기능을 발휘하게 된다.

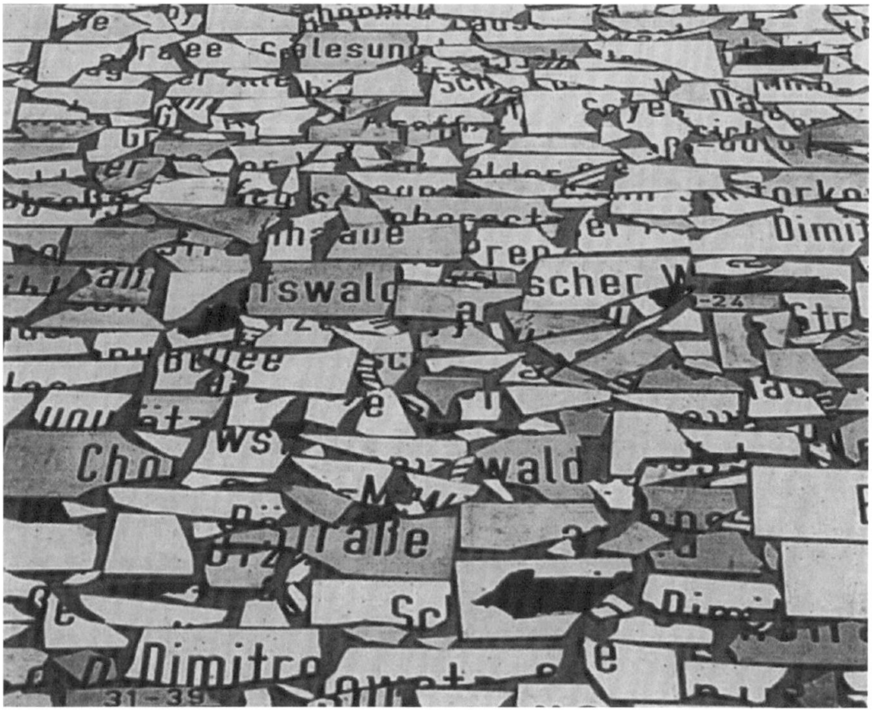

[1-10] 라파엘 라인스베르크, <깨진 독일어>의 일부, 1994.

"우리는 단순한 것에 대한 깨달음을 조합된 것으로부터 얻게 되고 이후의 것을 통해 이전의 것에 도달해야 하기 때문에…."

베를린 및 기타 지역을 누비며 진행된 필자의 흔적 찾기는 여기서 끝이 난다. 기억문화는 극도로 예민해진 인지 감각에 기반한다. 우리는 도시를 기억의 무덤(graveyard of our memories)으로, 역사의 기념 장소로 이해할 수 있다.

도로망은 무의식적으로 '기억(rememberance)'을 위한 바닥으로 기능한다. 또는 사회학자 리하르트 제네트(Richard Senett)의 표현을 빌리자면 문화의 모델은 "밀도 높은 묘사(thick description)"가 될 수 있다.

이는 우리 모두를, 모든 도시를 향한 메시지임을 이해하길 바란다. 우리는 장소

(loci)와 축적의 중요성을 받아들이고, 이를 발견하고 이해하며 해석해야 한다. 그럴 경우에만 우리는 케오스의 시모니데스와 같이 이름과 관계성을 밝히고 이것이 겉으로 드러날 수 있게 하며 도시를 고유의 기억 역사에 대한 안내 시스템으로 이해하는 동시에 흔적을 보존해나갈 수 있기 때문이다.

정근식
(진실·화해를위한과거사정리위원회 위원장 / 서울대학교 사회학과 교수)

한국 국가폭력의 제도적 청산과 기억문화

– 사죄와 용서를 중심으로

'무릎 꿇은 전두환상'을 보며

2019년 12월 12일, 두 손을 뒤로 묶인 채 무릎을 꿇고 있는 전두환 전 대통령의 조형물이 서울 광화문 광장에 등장했다. 이 조형물은 5·18 관련 단체들이 신군부의 12·12 군사반란 40주년을 상기하면서,[1] 2017년 출판한 회고록에서 5·18항쟁 당시의 헬기 사격을 증언한 조비오 신부의 명예를 훼손한 혐의로 전두환 전 대통령이 재판을 받는 국면에서 만들어진 것이다. 조형물은 군복 차림으로, 가슴 왼편엔 수인번호가 달려 있고, 포승줄에 두 손이 묶이고 무릎이 꿇린 채 쇠창살에 갇혀 있는 모습이었다. 5·18 단체들은 서울 광화문 광장에서 기자회견을 열어 "그동안 전두환의 언행에서 단 한 번의 반성이나 부끄러움도 찾지 못했다"고 지적하고, 그에게 "강제 구인과 구속이 적용돼야 한다"고 주장했다.

흥미로운 것은 이 조형물이 전시되자 많은 시민이 이 조형물의 머리를 때리거나 욕을 하는 퍼포먼스에 기꺼이 참여했다는 점이다. 조형물 전시가 시작된 지 약 열흘이 지난 후 한 시민이 소화기로 조형물의 머리 부분을 때려 균열이 생겼다.

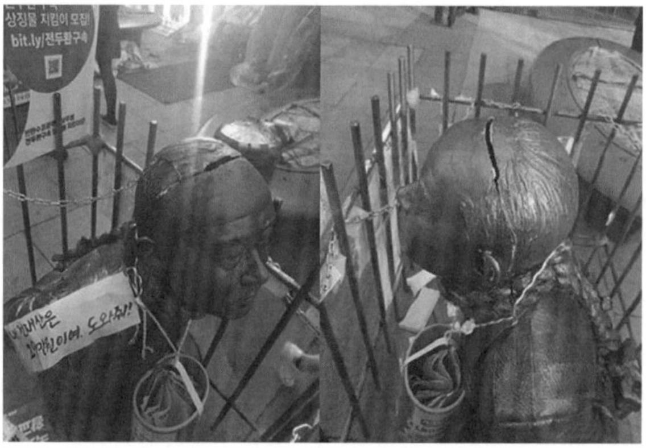

[2-1] <전두환 포획상>, 5·18 구속부상자회 서울지부 제공

다수의 온라인 커뮤니티에는 머리 부분이 심하게 파손돼 균열된 부분을 접착제로 붙여놓은 사진이 급속도로 퍼졌다. 조형물 앞에는 '머리 부분이 손상됐으니 당분간 때리지 말라'는 안내문까지 붙었다.[2]

이로부터 약 4개월이 지난 후 전두환의 명예훼손 사건에 대한 광주지방법원에서의 재판을 앞두고 이 조형물은 광주로 옮겨져 옛 전남도청 앞에 전시되었다. 서울에서와 마찬가지로 많은 시민이 그의 진솔한 사죄를 요구하면서, 응징과 조롱이 섞인 퍼포먼스에 참여하였다.

이 에피소드는 이행기 정의의 실현과 국가폭력이 남긴 상처를 치유하는 과정에서 나타나는 한 가지 어려움, 즉 국가폭력 책임자의 처벌과 사죄, 그리고 용서의 복합적 연쇄의 동학을 제기한다. 국가폭력의 피해자들은 가해자로부터 진정한 사과나 사죄를 받고[3] 용서하면서 과거를 잊고 싶은데, 사죄를 해야 할 책임자가 누군지 알 수 없거나 책임자가 끝까지 사죄를 회피하는 경우, 과거의 덫에서 벗어날 수 없게 되는 딜레마적 상황에 직면하는 것이다.

피해자들은 이런 곤경을 벗어나기 위하여 무엇을 할 수 있는가? 한 가지 대안이 지금까지 언급했듯이 피해자들이 자신의 소망을 선취하여, 가해자나 책임자가 사죄하는 것과 같은 모습을 사실주의적으로 형상화하여 전시하면서 의례적이고 상징적인 퍼포먼스를 통하여 분노를 누그러뜨리는 방법이다. 우리는 이를 가상적 사죄와 절충적 화해라고 할 수 있을 텐데, 이를 표현하고 있는 조형물은 한편으로는 사죄를 하지 않는 책임자에 대한 분노의 표현, 또는 분노조절 장치로 볼 수 있고, 다른 한편으로는 사죄를 촉구하는 수단으로 볼 수가 있다.

이 글은 '무릎 꿇은 전두환상'의 조성과 전시 사례를 중심으로 하여 이행기 정의나 5·18에서의 사죄의 문제를 검토하기 위한 것이다. 이 연구에서는 근래에 발전하고 있는 사회운동에서의 감정동학[4]이나 이행기 정의 실현에서의 집단적 트라우마 치유에 관한 연구성과, 특히 5·18 부인에 대한 분노에 관한 연구들[5]을 참조하면서 사죄의 문제를 좀 더 집중적으로 다룰 것이다. '무릎 꿇고 사죄하는 조형물'의 선행 사례로 거창사건추모공원의 〈참회〉상[6]이 있으며, 최근에는 일본군 위안부 문제와 관련하여 〈영원한 속죄〉상이 만들어지기도 하였다. 또 실제로 5·18 묘지에서 무릎 꿇고 사죄한 사례들과 비교하면서, 왜 이행기 정의의 실현에서 '사죄'의 문제가 중요한지 논의할 것이다.

사죄론의 추이

1970년 12월 7일, 빌리 브란트 서독 총리가 폴란드의 수도 바르샤바의 유대인 위령탑 앞에서 무릎을 꿇고 나치의 유대인 학살에 대해 '사죄'하였다. 바르샤바조약을 체결하기 위해 독일 총리로서는 처음으로 폴란드를 방문하여 폴란드와 관계를 정상화하려고 행하였던 이 사죄는 50년이 지난 오늘날까지 세계사의 상징적 사건으로 기억되고 있다. 우리는 이 사건을 "바르샤바에서의 무릎꿇기(Kniefall von Warschau)"라 부르는데, 이는 독일의 전쟁범죄 참회와 역사적 화해를 불러오는 출발점으로 자리매김되었다.[7] 이와 유사한 시기에 사회학자 고프만[8]은 잘못된 행위에 대한 회개와 후회, 인정 및 이를 표현하는 의지에 관한 선구적 연구를 수행하였다. 그는 잘못된 행위를 교정하기 위한 사죄는 원래 가해 행위의 수준과 비례해야 한다는 비례성의 원칙(principle of proportionality)을 제시하였다. 이후 일상생활에서의 사죄에 관한 연구들은 실증주의적 프레임으로부터 점차 구성주의적 프레임으로 이동하였는데, 이는 사죄 행위의 효과가 매우 다양하고 복합적인 맥락에 의존한다는 것을 확인하였기 때문이다.

니컬러스 타부치스의 《사죄와 화해의 사회학》[9]은 1991년 출판되자마자 많은 관심을 끌었는데, 타부치스는 고프만의 영감에 기초하면서도 그와 달리 사죄의 문제를 가해자와 피해자의 복잡하고 민감한 감정과 감정의 사회적 표현의 문제로 다루었다. 타부치스의 논의에 따르면, "사죄는 과거를 되돌릴 수는 없지만, 동시에 신비스러운 방식으로 전환시킨다." 사죄가 가진 상황전환 능력(transfigurative capacity)은 사적인 것을 사회적인 것으로 만들고, 내적 감정에 외적 힘을 제공하여 현실을 바꾸는 것이다. 그는 발화행동론(speech act theory)에 의존하여 사죄 행위를 분석하였다. 그는 사죄 행위를 개인과 개인, 개인과 집단, 집단과 개인, 집단과 집단의 4가지 유형으로 구분하고 각각의 유형에서 작동하는 논리를 검토했다. 그는 사죄를 도덕 공동체의 회복 또는 소외의 문제로 접근했다. 그것은 성원의식, 일탈, 동조 등의 개념과 연관된다. 또는 사죄가 상정하는 용서는 급진적인 감정적 변화를 수반하는 것이어서 상황에 따라 매우 미묘하게 작동하는 것이라는 점을 강조했다. 사죄나 용서 모두 수치와 고통스러운 감정의 미묘한 움직임을 동반하는 것이다. 그는 개인이 신격화된 사회, 결속이나 감정이 부정되는 사회에서는 사죄가 일어나기 어렵고, 공동체나 연대가 살아 있는 곳에서는 사죄가 일어나기 쉽다고 보았다.[10]

타부치스가 사죄의 문제를 공동체적 질서의 재생산과 연관하여 논의한 것은 1990년대 이후 세계적으로 진행된 이행기 정의에서 중요한 의미를 지닌다. 사죄와 용서, 화해로 이어지는 회복적 정의의 규범적 과정은 공동체의 지속적 재생산에서 매우 중요하다. 여기에서 사회는 구성원들의 상호 인정과 연대에 기초한 일종의 공동체로 상정된다. 국가폭력을 포함하여 불법적 행위가 공동체의 연대를 훼손한 경우, 사회는 폭력의 가해자, 또는 불법적 행위의 책임자에게 피해자에 대한 사죄를 요구하며, 가해자는 이를 받아들이고 적절한 수준에서 용서하는 것이 공동체를 유지하는 데 중요하다.

슈만[11]은 사죄를 권력과 수치의 교환으로 설명하였다. 그에 따르면, 가해자가 피해자에게 행사한 불법적 권력은 피해자에게 무력감을 경험하도록 하는 것으로, 사죄는 거꾸로 가해자에게 수치와 무력감을, 피해자에게는 용서할 수 있는 권력을 부여함으로써 이를 되돌리는 기능을 한다. 슈만은 사과는 책임이 가해자에게 있음을 명확히 함으로써 피해자가 자기 비난 및 자존감의 저하로부터 벗어나게 해준다고 생각했다. 앨런[12]에 따르면 타인의 잘못된 행위로 피해를 당한 자는 화, 비참함, 증오, 분노와 같은 감정적 고통에 시달리게 되고 때때로 신체적으로 스트레스의 증후들을 동반하며, 가해자에 대한 복수 혹은 접촉 회피의 동기를 촉발한다. 가해자의 사과는 분노와 증오와 같은 감정적 고통을 치유하는 기능을 가지며, 피해자의 자존감 회복에 도움이 된다. 사과는 피해자 측의 용서를 촉진시킨다. 가해는 일종의 피해자의 인격에 대한 모욕이다. 그러나 사죄는 피해자가 모욕을 받을 도덕적 이유가 없다는 사실을 가해자로부터 인정받는 것이어서 자존감의 회복에 기여한다. 가해자 측의 사죄가 없는 경우에는 오히려 피해자 측의 분노, 모욕감 등의 감정이 증폭되고 이것이 다시 가해자와의 갈등을 악화시키는 원인으로 작용한다.

사죄에 관한 사회과학적 설명이 발전하면서 제기된 하나의 쟁점은 사죄와 불사죄를 넘어서서 사죄의 진정성에 관한 것이었다. 사죄는 가해자와 피해자의 사회적 심리적 상호작용의 맥락에 놓여 있고, 피해자가 사죄를 어떻게 받아들이느냐가 중요하다는 것을 인식했기 때문이다. 진정성이 의심되는 사과 또한 부정적 효과를 유발한다. 라자르[13]는 이런 맥락에서 사죄가 용서로 이어지기 어려운 거짓 사죄(psudo-apology)를 8가지 유형으로 정리하였다. 머피[14]도 명확히 반성을 표현하고 책임을 인정하며, 재발방지 약속을 해야만 사죄가 이루어진 것이며 화해로 나아갈 수 있다고 보았다. 그는 이런 세 가지 요소와 함께 진정성을 사죄의 최소 요건으로 정의했다. 아이싱거[15]도 사죄 표현을 했으나 실질적으로 사죄(full apology)라고 할 수 없는 비사죄(Non apology)와 부인(불사죄, denial)을 구별했다. 부인은 진실부정과 책임부정을 포함한다. 블라츠[16] 등은 정치적 사죄는 소수의 희생자 집단뿐 아니라 직접 피해를 당하지 않은 다수자 집단도 수용가능한 것이어야 한다고 보았다.

한국에서 사죄에 관한 법률적 검토는 이재승[17]에 의해 이루어졌는데 그는 발화행위론에 기초하여 포괄적인 논의를 전개하였다. 최근에 이영록[18]은 이런 사과에 관한 논의들을 검토하면서, 사과는 매우 유동적인 개념이고, 맥락 의존적이며 정서적 측면이 강하다고 규정했다. 그는 사죄를 '잘못된 행위의 인정', '유감, 반성, 또는 회오의 표명', '장래에 동일한 잘못을 하지 않겠다는 약속', '책임 부담에 대한 용의' 등 4가지 요소로 정의했다.[19] 사죄는 상대방의 용서와 화해를 구하는 목적의 행위인데, 맥락에 따라 효과가 달라진다. 사죄가 언제나 용서와 화해를 촉진하는 것은 아니다. 가해자의 사죄 관련 행동은 사죄 회피, 형식적 사죄, 진정성이 있는 사죄로 구분된다. 사죄 회피는 피해자나 시민들의 분노를 불러일으키지만, 형식적 사죄 또한 피해자의 용서를 이끌어내지 못하는 경우가 많다. 사죄가 자발성과 진정성을 동반할 때, 용서와 사죄를 촉진한다. 피해자의 용서 행동 또한 무조건 용서주의, 조건부 용서주의, 용서 불가주의로 구분된다.[20] 조건부 용서는 가해자의 진정한 사죄가 있을 때, 그리고 피해자들이 이를 받아들일 의지가 있을 때 성립한다. 물론 피해자들이 가해자의 사죄 여부에 관계없이 이를 받아들이지 못하는 경우도 있다. 사죄나 용서가 물리적으로 어려운 경우도 있다. 가해 책임자가 사망했거나 물리적으로 사죄가 불가능한 조건에 있을 수 있다. 책임자 대신 다른 사람이 사죄를 하는 경우, 약간의 효과가 있을 수 있지만, 완전한 용서와 화해로 나아가기에는 부족하다.

세계 이행기 정의의 역사에서 남아프리카공화국의 진실·화해위원회(TRC)는 독특한 지위를 점한다. 진실 고백과 사면, 화해의 중요성을 부각시켰기 때문이다. 남아공에서는 1990년부터 인종분리정권과 민주화운동 단체들간의 협상을 통해 진실·화해위원회의 설치를 논의하다가, 1994년 첫 민주총선에서 ANC가 집권하면서 정치적 교착상태에 빠졌던 회담이 급진전되어, 1995년 국회의 동의를 얻어 위원회가 탄생하였다. 위원회는 명백한 지침과 시한을 정해두고 활동하고, 진실을 밝히는 조건으로 그동안 자행된 인권침해 행위에 대한 사면을 받도록 합의했다.[21] 남아공의 첫 민주선거로 대통령이 된 넬슨 만델라는 노벨평화상 수상자인 데스몬드 투투 대주교를 위원장에 임명하였다. 진실·화해위원회의 임무는 과거의 인권침해 사례를 조사하여 사건을 마무리하고 희생자들의 보상 및 명예회복과 관련된 지침을 마련하여 그들이 사회에 대한 신뢰를 회복하도록 돕는 것이다. 진실·화해위원회는 인권침해위원회(Human Rights Violations Committee), 보상 및 명예회복위원회(Reparation and Rehabilitation Committee), 사면위원회(Amnesty Committee) 등 3개의 위원회로 구성되었다. 인종분리정책 시대에 저질러진 반인권적 행위의 진실을 밝히기 위하여 7년간의 청문회를 열기로 규정된 지침에 따라 1996년부터 남아공 전역에서 진상규명 및 용서를 통한 치유의 과정이 진행되었다. 청문회 내용은 인터넷 및 TV를 통해 중계되었다. 가해자는 자신의 잘못을 고백하고 피해자는 그들이 당한 학대를 회고했다. 7년여간, 2만 2천 명이 진술을 했고 그중 6천여 명이 사면을 청구했으며, 실종자 수는 약 1천여 명으로 밝혀졌다. 진실·화해위원회는 2003년 3월 21일 최종보고서를 음베키 대통령에게 제출함으로써 그 임무를 마치게 되었다. 음베키 대통령은 2003년 4월 15일 한 번에 일괄적으로 보상금을 지급할 것이며, 이와 관련하여 국가적인 기념일을 지정하고 기념비 건립을 추진하겠다고 밝혔다.

남아공이 의회민주주의로 이행한 이후 '신남아공'이라는 정체성이 생겨났고, 이행기 정의는 역사와 유산의 영역으로 넘어갔다. 그러나 역사와 유산이 항상 함께 가는 것은 아니라는 사실이 드러났다. 무엇보다도 과거 흑백분리와 차별의 고통을 '신남아공'이라는 이름하에 쉽게 망각하는 현상이 문제가 되기 시작했다.[22]

남아공의 진실·화해위원회는 한국 이행기 정의의 제도화에 큰 영향을 미쳤다.

한국에서의 이행기 정의는 사실 1995년 '광주특별법' 제정으로 제도화되기 시작했는데 이때에는 '이행기 정의'라는 개념보다는 '과거청산'이 더 익숙한 개념이었고, 정부의 배·보상정책이나 기념사업을 넘어서서 책임자 처벌을 강조하는 정치문화가 지배적이었다. 광주특별법이 채택하고 있는 진실·처벌 패러다임은 응보적 정의와 함께 민주화를 통해 군부 권위주의와의 완전한 결별이 가능하다는 인식 때문에 가능한 것이기도 했다. 이와는 달리 2000년에 제정된 '4·3특별법'은 광주특별법과는 달리 50년 이상된 과거를 다루는 것으로, 분단국가의 핵심적 정체성과 긴밀하게 연결되어 있을 뿐 아니라 책임자 처벌이 쉽지 않은 상황이었기 때문에 진실규명과 명예회복에 중점을 두지 않을 수 없었다.

2005년에 제정된 '진실·화해를 위한 과거사정리 기본법'은 처음으로 진실과 함께 화해를 기본 개념으로 하는 이행기 정의 프로젝트였다. 이 법률에 기초하여 '진실·화해를위한과거사정리위원회'가 만들어졌으며, 한국전쟁 발발 전후의 민간인 희생사건과 국가공권력에 의한 인권침해사건을 다루었다. 위원회는 2005년부터 2010년까지 5년간 활동한 후, 최종보고서를 제출하였다. 여기에서는 화해를 위한 중요 수단의 하나로 국가의 사죄와 위령사업을 설정하고, 군이나 경찰, 정보기구 등 과거 심각한 인권침해를 저지른 권력기구들이 해당 사건의 피해자들에게 이를 시행하도록 권고하였다. 그러나 위원회가 규명한 진실은 각각의 피해자나 유족들에게는 법원에서의 배·보상 소송의 근거로 작용하였다. 국가공권력의 피해자와 국가의 화해의 기초인 진실규명은 과거사정리법의 내부에서, 기타 배·보상, 위령사업 등은 이 법의 외부에서 진행된 것이다.

가상적 사죄와 절충적 화해

한국의 정치문화에서 사죄는 흔한 현상이 아니다. '과거청산'은 '사죄와 용서' 프레임보다는 '책임과 처벌' 프레임에 보다 친화적이며, 응보적 정의관과 회복적 정의관이 혼재하고 있다. 흔히 사죄의 문제를 죄책감 문화에 기초한 것으로 설명하는데, 현실에서는 수치심 문화와 죄책감 문화가 혼재하고 있어서 사죄의 문제를 문화적 요인으로 설명하는 것은 쉽지 않다.[23] 국가폭력의 피해자들이 가해자들로부터의 사죄를 받기 원하지만, 현실적으로 사죄가 이루어지 않는 상황이 지속되는 경우 어떤 현상이 나타나는가? 그 하나의 답은 '가상적 사죄'이다. 앞에서 언급한 '무릎 꿇은 전두환'이라는 조형물이 학살책임자들의 사죄에 대한 집단적 소망이 표현된 것이라면, 이런 가상적 사죄를 재현한 사례를 2004년 조성된 거창사건 추모공원에서 찾을 수 있다.

1. 거창사건추모공원의 <참회>라는 '무릎 꿇은 군인들'

거창양민학살사건은 한국전쟁 과정에서 발생했던 민간인 희생사건 중에서 가장 널리 알려진 사례의 하나이다. 이 사건은 한국전쟁에서 발생한 민간인 학살사건에 대한 진실규명과 희생자에 대한 명예회복 프로젝트들의 출발이기도 하다.[24]

원래 이 사건은 1951년 2월, 이 지역에 거주하던 주민들 719여 명[25]이 당시 11사단(사단장 최덕신 준장), 9연대(연대장 오익경 대령), 3대대(대대장 한동석 소령) 병력에 의해 학살되어, 화장된 사건이다. 사건의 주인공인 한동석은 신원면 일원에 계엄령을 내려, 다른 지역 주민의 출입을 막고, 어린이 시체는 골라내어 학살 현장에서 약 2킬로미터 떨어진 홍동골 계곡으로 옮겨 암매장하였으며, 공비(유격대)와 전투를 하여 희생자가 발생한 것으로 왜곡했다. 이 해 3월 29일 이 사건이 국회에서 거창군 출신 국회의원 신중목의 보고로 폭로되었다.[26] 국회가 조사단을 파견, 정확한 진상을 파악하려 하자 당시 경남지구 계엄사령부 민사부장이었던 김종원 대령은 국군 1개 소대를 공비로 가장시켜 위협적인 총격을 가함으로써 조사를 방해했다. 결국 진상이 밝혀지자 내무·법무·국방부 장관이 물러나고 9연대 연대장이었던 오익경 대령, 3대대 대대장 한동석 소령에게는 무기징역이, 경남지구 계엄사령관 김종원 대령에게는 3년형이 선고되었다. 그러나 이들은 이승만 대통령의 특별사면으로 석방되어 김종원은 경찰 간부로 특채되기도 했다.

[2-2] 거창사건추모공원 위령탑(왼쪽), <환희>(중앙), <참회>(오른쪽)

1960년 4·19혁명 직후인 5월 11일, 유가족 70명은 사건 당시 신원면장이었던 박영보를 잡아 화장할 정도로 분노와 한이 깊었다. 이를 계기로 국회는 진상조사를 다시 시작하여, 거창을 비롯한 인근 함양·산청·문경·함평 등의 양민학살사건을 밝혀냈다. 그러나 5·16군사쿠데타 이후 군에서는 유족들이 박산골에 세운 위령비를 파괴하였고, 유해도 흩어졌다.

1987년 민주화 이후 유족들의 끊임없는 노력으로 1996년 '거창사건 등 관련자의 명예회복에 관한 특별조치법'이 제정되어,[27] 비로소 추모 사업이 이루어지게 되었다. 2004년에는 '거창사건추모공원'이 조성되었는데, 여기에 몇 개의 조각상이 세워졌다. 공원의 중심부에는 '거창사건으로 희생된 남자, 여자, 어린이의 무덤을 상징하는 3단의 돔 사이로 영혼이 부활하여 어둠을 뚫고 하늘로 오름을 상징'하는 18미터의 위령탑이 있고, 오른편에 후손들의 정성 어린 위로에 의해 한을 풀고 승천하는 영령들과 유족들을 표현한 〈환희〉라는 상이 있으며, 왼편에는 무릎 꿇은 군인들이 영령들과 유족들에게 사죄하는 〈참회〉라는 상이 세워졌다.

이 공원의 공간적 구성을 연구했던 김백영과 김민환은 〈환희〉에 대해 제목과는 달리 "후손들의 부축을 받아 일어서는 희생자의 표정이 너무 처절"하다고 비판하였고, 〈참회〉는 "지금까지의 한국전쟁과 관련된 어떤 조형물에도 표현되지 않았던 형태라는 점에서 주목을 해야 한다"고 강조했다.[28] 〈참회〉는 세 명의 군인을 재현하고 있는데, 지휘관인 듯한 군인은 모자를 벗은 채 무릎을 꿇고 두 손은 무릎 위에 가지런히 한 채 용서를 비는 듯한 모습으로 앉아 있으며, 다른 한 명은 그의 뒤 우측 편에서 철모를 벗어 오른손에 끼고 고개를 숙인 채 서 있고, 다른 한 명은 좌측 뒤편에서 철모를 쓰고 총을 앞에 가지런히 세운 채 묵념하는 자세로 서 있다.

〈참회〉라는 작품이 실제로 일어난 군인들의 사죄를 재현했는지, 아니면 유족들이 군인들로부터 사죄받기를 간절히 소망하여 이처럼 표현했는지 궁금하지 않을 수 없다. 김백영과 김민환은 거창사건의 유족들이 "국가와의 타협을 통해 '일부' 군인들의 사죄를 받았다"고 썼다.[29] 국가와의 타협이라고 표현한 것은 당시 군인들의 행위가 사회적으로 확고하게 불법적인 것으로 규정되었는지, 군인들의 사죄가 현실을 지배하는 기억으로 자리 잡았는지에 대한 의문이 남았기 때문이다. 이 공원이 조성되던 시기에 이웃 산청군에서 '지리산 빨치산 토벌전시관'이 개관하였는데, 이 전시관은 한국전쟁 당시의 민간인 학살에 관한 어떠한 언급도 없이 과거 냉전 기억에 기초하고 있어서 '거창사건추모공원'의 세계관과 대비된다. 김백영과 김민환은 이런 현상에 주목하여 "거창 유족의 어쩔 수 없는 타협"을 다음과 같이 설명했다.

> "거창사건추모공원이 드러내는 입지와 규모의 극단적 부조화, 언표된 장소적 기표들 간의 충돌과 언표되지 않은 역사적 의미의 파열음으로 가득 친 공간들 간의 모순은 그것을 생산해낸 정치적 교착상태가 매우 불안정한 정치적 줄다리기의 일시적 부산물에 불과함을 입증하는 것으로 읽힌다. 가해자 군인들의 ＜참회＞군상의 과장된 반성의 몸짓만큼이나 희생된 영령들이 다시 일어서는 모습에 붙여진 ＜환희＞라는 이름 또한 보는 이의 가슴에 전혀 와닿지 않는 것은 이 때문"이다.[30]

결국 〈참회〉라는 '무릎 꿇은 군인'의 모습은 실제로 일어난 현실을 재현했다기보다는 유족들이 소망하는 군인들의 사죄를 물질적으로 재현한 것에 가깝다. 사죄는 현실이라기보다는 소망이며 미래에 속한 것이라고 하는 것이 더 정확하다. 국가권력과 피해자 유족들의 화해 또한 완전한 것이라기보다는 어정쩡한 수준에서 봉합되어 있다고 할 수 있다. 유족들에 대한 배·보상이나 책임자 처벌이 충분하지 않기 때문이다. 그런 점에서 이 조형물은 가상적 사죄에 기초한 절충적 화해를 보여준다.

2. 평화의 소녀와 '무릎 꿇은 일본인'상

가상적 사죄와 리얼리즘적 조형은 국내적 맥락뿐 아니라 국제적 맥락에서도 발견될 수 있다. 대표적인 사례는 일본군 위안부 문제이다. 오래전부터 독일과 일본의 전쟁기억과 반성의 차이에 관한 연구가 있었지만,[31] 일본군 위안부 문제는 1990년대 이후 민감한 국제적 쟁점이었다. 1991년 8월 14일 김학순 할머니의 고백과 1992년 1월 8일 시작된 수요집회를 계기로 전시 성폭력에 관한 개인적 기억이 사회적 기억으로 전환되었고, 위안부 할머니들은 일본 정부의 진정성 있는 사과를 요구하였다. 2000년에는 도쿄에서 국제 시민법정이 개최되었지만, 일본 정부는 이들의 목소리를 외면했다.

2011년 12월의 1,000회째 수요집회에서 일본의 사죄를 촉구하는 〈평화의 소녀상〉이 세워졌다. 이 소녀상의 조형 원리에 관한 설명에 따르면, "① 일제강점기 위안부로 끌려갈 당시 13~18세 정도의 미성년자가 많았던 점을 고려해 어린 소녀의 모습을 표현했고 ② 거칠게 잘린 단발머리는 피해자들의 의사와는 무관하게 끊어진 인연을 ③ 움켜쥔 양손은 일본 정부에 맞서는 분노이자 다짐이며 ④ 뒤꿈치가 들린 맨발은 강제징용으로 위안부가 되어 겪었던 고통의 시간에 대한 억울함과 불안함을 상징"한다.[32] 이 소녀상은 일본군 위안부 할머니들의 고난의 생애를 대변하는 상징으로, 한편으로는 민족주의의 산물이지만, 다른 한편으로는 위안부 피해자들의 상처가 응집된 상징이며 위안부 사건에 대한 사회적 소망의

[2-3] 광명동굴 입구 <평화의 소녀상>(시민들이 모자와 목도리를 해준 모습)

구심점이 되었다.[33] 시각적으로 그들의 고난이 시작되기 전의 모습을 보여주고, 그들이 겪었던 고난과 트라우마를 최대한 감추어 시민들의 상상의 영역으로 맡겨둠으로써, 사회적 공감을 확대하고, 일본 정부의 정책 전환을 촉구하는 촉매제가 되었다. 이 소녀상 설치는 일본군 위안부 문제 인식이 국내외적으로 확산된 중요한 계기가 되었다.

소녀상은 순수했던 어린 시절로의 환원이라는 낭만주의적 재현 원리에 기초하고 있지만, 이런 특징 못지않게 중요한 것은 조형물이 시민들의 다양한 반응을 이끌어냄으로써 소통의 매체로 성공했다는 점이다. 소녀상의 형태나 입지가 시민들의 반응이나 참여의 공간을 마련하였기 때문이다.

> 소녀상이 설치되는 장소 또한 상징적이다. 일본대사관 앞이라는 장소는 위안부의 기억에 대한 응집의 공간, 일본 정부와 과거 한국 정부에 대한 저항의 동력이 되는 공간이다. 투쟁하거나 울부짖는 공격적인 형상이 아닌 그저 담담하게 앉아 일본대사관을 바라보고 있는 소녀상은 더 큰 메시지와 울림을 준다. 그리고 이런 울림은 시민들 자발적 참여로 이어져 우

> 리 주변의 공원, 학교, 광장, 그리고 세계 곳곳의 장소에 다양한 형태와 의미로 설치되고 있다. 또한 사회적 기억의 매개체로서 소녀상 설치의 또 다른 현상은 여전히 진행 중인 수요집회와 남녀노소, 가족, 학생 등 다양한 시민들로 구성된 집회 참석자들의 다양한 발언과 행동들로 위안부 사건에 대한 기억을 진행형으로 전환하고 있다.
>
> 시민들은 소녀상을 단지 위안부 피해자에 대한 차가운 상징물이 아닌 마치 살아있는 존재로서 인식하며 비 오는 날에는 우산을 씌워주고, 추운 겨울에는 모자, 목도리, 신발 등을 입히며 소녀상을 돌보고 있다.[34]

〈평화의 소녀상〉은 시민들로부터 보호와 돌봄의 대상이 됨으로써 생명력을 유지한다. 날씨나 계절에 따라 다양한 참여를 이끌어낸다. 위안부 할머니들의 다양한 경험과 삶의 궤적을 하나의 표준으로 물화한다는 점에서 종종 비판의 대상이 되기도 하지만, 실제로는 이 조형물에 몇 가지 변형이 있다는 점을 주목할 필요가 있다. 미국의 글렌데일시에서 2013년 8월에 건립된 〈평화의 소녀상〉은 표준형이지만, 2014년 12월에 이화여대 앞에 세워진 소녀상은 나비 날개를 달고 서 있는 모습이다. 중국 상하이에 세워진 소녀상은 한국인뿐 아니라 중국인 소녀의 모습을 병치하였다.

일본 정부는 〈평화의 소녀상〉 운동이 국제적으로 확산되는 것을 막으려고 노력했다. 2015년 12월 한국의 박근혜 정부는 일본 정부와 일본군 위안부 문제를 합의하였는데, 합의 속에는 일본 대사관 앞에 있는 소녀상을 옮기는 문제가 포함되어 있었다. 그러나 이에 대한 반발이 커지면서 소녀상 건립이 국제적으로나 국내적으로 더 확산되었다. 2018년까지 소녀상은 국내에 102개, 해외에 10개가 건립되었다. 특히 미국에서 일어난 일본군 위안부 문제에 대한 운동은 소녀상 건립과 이에 대한 훼손 문제를 둘러싸고 활성화되었다.[35] 최근에는 독일 베를린에서 소녀상 건립과 철거를 둘러싸고 한일 간 논쟁이 부각되었다.

[2-4] 강원도 한국자생식물원 <영원한 속죄> (NHK 방송화면)

20년간 지속된 수요집회와 10년간 지속된 〈평화의 소녀상〉 건립운동에도 일본 정부의 태도는 변화하지 않았다. 소녀상 자체도 그렇지만, 국제적으로 확산되고 있는 소녀상 건립운동의 핵심에는 일본 정부에 대한 사과 요구가 놓여 있다. 다수의 한국인이 일본 정부가 위안부 강제동원에 대해 진심으로 사죄하지 않는 것에 분노하면서, 급기야 2020년 7월에 일본의 사죄를 가상적으로 재현한 조형물이 만들어졌다. 강원도 평창의 한 식물원 원장이 조각가 왕광현에 의뢰하여 〈영원한 속죄〉라는 이름의 조형물을 만들었는데, 이를 보도한 신문 기사는 다음과 같다.

> 소녀상 앞에 무릎을 꿇고 속죄하는 '아베'의 조형물이 오는 8월 공개된다. 한국자생식물원은 강원도 오대산 기슭에 조성한 <영원한 속죄(A heartfelt apology · 永遠の贖罪)>라는 이름의 조형물을 오는 8월 10일 제막식을 열고 일반인에게 공개한다고 밝혔다. 조각가 왕광현씨는 작품에 대해 위안부 할머니들이 합당하게 받았어야 할 속죄를 작품으로라도 표현해 민족정신을 고양하고, 일본에게는 역사를 정면으로 마주하고 진심어린 사죄와 새로운 일본으로 거듭나기를 기원하기 위해 만든 것이다.[36]

이 소식이 전해지자 일본 정부는 매우 민감한 반응을 보였고, 한국의 여론도 찬성과 반대로 갈라졌다. 가장 민감한 점은 무릎 꿇고 있는 사람이 일본의 아베 총리인가 아닌가였다. 이와 함께 악화되어 있는 한일관계를 감안할 때 이런 조형물은 적절하지 않다는 견해도 제시되었다.

> 위안부 운동의 목표는 용서와 화해다. 일본의 진심 어린 반성과 사죄가 앞서야 함은 두말할 필요가 없다. 하지만 반성과 사죄가 더디다고, 이를 촉구하는 행동이 야유나 경멸을 담은 위협적 방식이어선 안된다. 이는 피해자의 존엄성을 스스로 파괴하는 것이기 때문이다. 피해자는 가해자보다 정신적 우위에 서야 한다. 그래야만 진정한 용서가 완성된다. 용서할 주체가 옹졸함, 조급함, 저열함 같은 정신적 태도의 소유자로 전락할 때, 용서는 진정한 인간성 회복이 아니라 공격적인 한풀이로 변질되고 만다.
> -이 조형물을 미리 보는 마음은 무척 불편하다. 일본의 <영원한 속죄>가 아니라, 일본 전체를 타자화한 '영원한 조롱'만 느껴질 뿐이다. 이 조형물이 보복적 쾌감을 잠시 줄 수 있을지 모르겠다. 대신 우리 사회의 옹졸함을 들킨 것만 같아 당혹스럽다.[37]

논란이 되자 식물원 원장은 이 조형물이 아베 총리를 형상화한 것이 아니라고 부인했지만, 한국 정부도 우려를 표하자 그는 조형물의 공개를 취소하였다.

이는 사죄가 탈식민의 맥락에 놓일 때 국내적인 문제일 뿐 아니라 국제적인 문제가 된다는 것과, 사죄를 말로 요구할 때와 물질적으로 가시화할 때의 차이를 잘 보여준다. 조형물의 일본인은 살아 있는 할머니들에게 무릎을 꿇은 것이 아니라 어린 소녀에게 무릎을 꿇은 모습으로 연출되었다. 때때로 사죄 문제는 현재뿐 아니라 미래를 향하고 있으며, 이 때문에 논란이 커질 수 있다는 점에도 주목해야 한다.

5·18에서의 사죄와 용서

1. 사죄 문제의 맥락

1993년 취임한 김영삼 대통령은 '5·13 특별담화'에서 '12·12사태'가 '쿠데타적 하극상'이라고 규정하고, 자신의 '문민정부는 5·18 연장선에 있는 민주정부'라고 표현하면서 5·18 피해자 보상과 명예회복을 위한 조치를 발표했다. 전두환·노태우 전 대통령에 대한 평가는 역사에 맡기자는 입장을 밝혔다. 그러나 1993년 7월, 12·12에 의해 권력을 상실했던 군부지도자들이 전두환·노태우 등 이들을 검찰에 고발하였고, 1994년 5월, 5·18 피해자들이 또다시 이들을 고발하였다. 당시 광주의 시민사회 지도자들은 광주문제 해결은 진상규명, 책임자 처벌, 명예회복, 보상, 기념사업 등 5개 원칙에 입각해야 한다고 밝혔다.

검찰은 1994년 10월, 12·12사태가 군사반란이긴 했지만 불필요한 국력 소모를 막는다는 명분으로 기소유예 하였고, 1995년 7월에는 5·18에서 신군부의 행위가 불법이지만, 성공한 쿠데타는 처벌할 수 없다고 기소하지 않았다. 이에 대한 시민사회의 저항이 커지는 가운데, 1995년 10월, 박계동 의원이 노태우 전 대통령의 비자금을 폭로하여 그가 구속된 후 12월 광주특별법이 제정되었다. 남아공의 진실화해위원회법이 제정된 시기에 한국에서도 광주특별법이 제정된 것이다. 결국 이 법률에 의해 1996년 1월, 검찰은 전두환 노태우 등의 관련자들을 5·18 사건에서의 내란죄, 내란목적살인죄의 혐의로 구속 기소했다. 대법원은 1997년 4월 전두환의 무기징역을 확정했다. 이를 통해 '광주문제 해결 5원칙'은 한국사회뿐 아니라 세계적으로 유명한 이행기 정의의 원칙으로 자리잡았다.[38]

그러나 1997년 대통령 선거 과정에서 당시 여당 후보가 먼저 이들에 대한 사면이 필요하다고 하자, 야당 후보였던 김대중도 9월 1일 '동서화합'과 함께 이들에 대한 용서가 필요하다고 말했다. 이런 움직임과는 달리, 9월 2일 한겨레신문이 전국 성인남녀 500명을 대상으로 실시한 여론조사에서 응답자들은 정치권의 '조건 없는 사면' 주장에 대해 73.8%가 '바람직하지 않다'고 답했으며 '바람직하다'는 답은 21.3%였다. 또한 9월 20일 경향신문이 추석 연휴 직후 제주도를 제외한 전국 20세 이상 유권자 1,000명을 대상으로 한 여론조사에서는 대선 이전에 사면해야 한다는 주장에 대해 반대가 63.3%, 찬성이 34.9%였다. 그러나 김대중은 자신이 집권하면 정치보복을 하지 않겠다고 약속했다.

12월 18일 대통령 선거에서 김대중 후보가 승리한 후, 김영삼 대통령은 당선자 김대중과 만난 다음 전두환과 노태우 두 전직 대통령을 사면하였다. 12월 23일, 국민회의의 정동영 대변인은 전두환 노태우의 진심어린 반성을 전제로 "국민이 용서와 화합의 차원에서 전두환·노태우 사면을 이해해주리라 믿는다"는 당의 입장을 발표했다. 당시 이들의 사면에 대한 국민들의 반응은 알 수 없지만, 분명한 것은 전두환 노태우 두 사람의 반성이나 사죄가 없었다는 사실이다.

사죄와 용서는 개인들 간의 관계가 아니라 개인과 집단, 공동체를 아우르는 다층적 관계망에 위치하고 있다. 사죄는 가해자 개인 대 피해자 개인, 가해자 개인 대 피해자집단, 가해자 집단 대 피해자 개인, 그리고 가해자 집단 대 피해자 집단의 관계 등으로 구분된다. 사죄의 주체는 국가폭력의 책임자인 전두환, 신군부 지도자들, 그리고 계엄군이라고 할 수 있는데 이들의 관계는 위계적이다. 사과의 대상 또는 용서의 주체 또한 쉽게 규정하기 어렵지만, 1980년 5월 17일 밤에 예비검속된 정치인 및 운동가들과 후에 이들의 '수괴'로 지목되어 사형 판결을 받았던 김대중, 그리고 1980년 5월 18일부터 27일까지의 광주 항쟁에 참여했던 시민들이라고 할 수 있다. 이들은 위계적이 아니라 서로 독립적인 관계라고 할 수 있다. 1997년 대통령 당선자 김대중이 사면에 동의했고, 이후 대통령으로 재임하는 동안 그들을 용서했다고 해서 광주 시민들도 용서한 것은 아니라는 점은 후에 5·18의 진실에 대한 왜곡이 확산되면서 뚜렷해졌다.

5·18에서의 사죄 문제는 시민들에게 가해진 계엄군의 무차별적 폭력의 최종 책임자로 지목되는 전두환 전 대통령이 자신의 책임을 인정하지 않고 회피하는 것에 대한 시민적 분노에서 발생하였다. 사죄 요구는 용서를 어느 정도 전제하고

있는 것이 분명하다. 5·18의 희생자나 광주 시민들은 국가폭력 최종 책임자의 진솔한 사죄가 있을 경우 용서를 하고 이를 계기로 하여 역사와 화해하고 싶은 소망을 간직해왔지만, 이런 소망은 이루어지지 않았다.

2005년경부터 새롭게 등장한 뉴라이트 그룹과 이들에 의한 5·18 폄훼(denigrating), 이후 지속된 극우파 집단의 5·18 왜곡(distortion)은 5·18의 희생자들과 광주 시민들에게 큰 상처를 안겨주었다. '임을 위한 행진곡' 논란, 5·18 당시 북한군이 광주에 왔었다는 주장이 이어지는 가운데, 2017년 전두환 전 대통령이 자신의 회고록을 출판하였다. 여기서 5·18과 관련된 자신의 주장, 즉 5·18 진실의 부인(denial of the truth)과 무책임(inresponsibility)을 되풀이하고, 특히 "5·18 당시 계엄군의 헬기 사격을 목격했다"고 증언한 조비오 신부를 "파렴치한 거짓말쟁이"로 표현했다. 조신부의 유족은 전씨를 명예훼손혐의로 고발했다. 광주에서는 전씨에 대한 처벌이 이루어져야 하며, 반드시 사죄를 받아내야 한다는 여론이 강력하게 형성되었다.

이런 상황에서 2019년 12월 12일 〈전두환 포획상〉이라는 이름의 조형물이 제작되어 서울의 도심에서 전시되었고, 2020년 4월 25일에는 광주로 옮겨져 광주지방법원 앞에서 전시된 후 다시 구 전남도청 앞 광장으로 옮겨져 시민들에게 플라스틱 망치로 얻어맞는 퍼포먼스의 대상이 되었다. 이 조형물이 광주로 옮겨진 후 많은 언론에서 이 조형물의 제작과 전시, 시민들의 반응에 대해 큰 관심을 가지고 보도하였다. 이 조형물을 제작한 사람은 자영업을 하는 파주 시민으로, 자신은 5·18민주화운동과 관련되지도 않았고, 광주가 고향인 사람도 아니며, 단지 "전두환 이름 석 자만 들어도 분노하고 혐오하는 많은 사람 중 하나"라고 소개했다.[39] 특히 광주일보는 제작자나 의뢰를 받은 조각가와의 자세한 인터뷰 기사를 보도했다. 이에 따르면,[40] 제작자는 조형물 제작 동기가 1980년 광주라는 아픈 기억을 만들었던 전두환 정권 당시, 전국이 침묵하고 방조했던 그 시절, 함께하지 못한 안타까움과 부채의식이라고 했다. 또한 그는 "전씨가 법의 심판을 받는 건

현실적으로 어려울 것이라고 생각돼 다른 형태로라도 응징하고 싶었다"고 말했다. 그는 이렇게 분노와 도덕적 응징에 더 초점을 맞추고 있었다.

> "전두환은 저지른 악행에 비해 사회적·법적으로 합당한 응징이 전혀 이뤄지지 않았어요. 한때 군인이자 국가 최고 권력자였던 사람답지 않게 사실을 부인·왜곡하고 숨어 지내는 추한 모습으로 일관했습니다. 이런 이와 함께 산다는 게 수치스러웠어요. 이 동상을 통해서라도 못 다 푼 분노를 표현하고, 당시 시민들에게 작은 위로가 됐으면 하는 마음이었지요."

이 조형물을 만들기까지 과정은 순탄치 않았다. 제작자는 조형물 제작에 필요한 비용을 만들고,[41] 2019년 12월에 공개할 목적으로, 6월부터 실제로 작품을 제작할 조각가를 찾으려고 했는데, 이 과정이 매우 어려웠다. 그는 조형물이 전두환의 실제 모습과 똑같아야 한다는 생각을 하였고, 그것을 실현할 수 있는 조각가를 찾았다. 5-6명의 조각가와 교섭을 했는데, 제작의뢰를 받아들인 사람들도 일주일이나 열흘쯤 지나면 포기하겠다는 의사를 밝혔다. 여기에는 작가들이 느끼는 정치적 압력의 가능성, 그리고 작품의 정치성과 예술성 사이의 간극이 존재했다.

> "5곳의 공방에서 퇴짜를 맞았지요. 취지에 공감하고 참여한다고 했던 작가들도 일주일쯤 지나면 못 하겠다고 하더라고요. 혹시 해로운 일을 당할까 하는 걱정에 주변에서 반대가 많았던 모양이에요. 6번 째로 양형규 작가를 찾아 마침내 동상 제작을 시작할 수 있었습니다."[42]

2019년 8월에 양형규 작가를 만나 그해 12월 조형물을 완성했다. 당초 전씨가 '부적절하게' 대통령에 오른 날짜인 8월 27일에 맞춰 공개하려던 계획이었지만 제작 날짜를 맞출 수 없어 12·12군사반란일인 2019년 12월 12일 서울 광화문 광장에 설치했다. 제작자의 증언은 조형물의 공개 시기 또한 의미를 증강시키기 위하여 치밀하게 선택된 것임을 알려준다. 또한 이 조형물은 단지 시민들이 보고 지나가도록 설계된 것이 아니라 시민들의 행동을 이끌어내도록 설계된 것이었다. 전씨에 대한 응징이나 조롱이 일어나도록 만들었다.

제작자는 원래 전두환뿐 아니라 노태우와 정호용을 포함한 3인상을 제작하고 싶었는데 비용 때문에 전두환상만 제작했다고 밝혔다.[43] 제작자는 "3인은 반드시 다시 그렇게 무릎 꿇려서 5·18 묘역이라든가 어떤 상징성 있는 곳에 설치를 해서 진짜 수백 년, 수천 년 동안 그들의 자손까지도 이 부끄러움이 전달될 수 있는 그런 상징물로 제작을 추진하려고 합니다"라고 밝혔다.

이 조형물은 군사반란을 암시하는 군복을 입고 있고, 소장(보안사령관) 계급장을 달고 있다. 가슴에는 전두환 명찰과 함께 1996년 사형 선고를 받을 당시 수인번호(죄수번호)를 달고 있다. 동상은 무릎을 꿇고, 포승줄에 묶인 채 쇠창살에 갇힌 모습이다. 쇠창살은 열 수 있게 돼 있다. 제작자는 "시민의 분노를 마음껏 표현하라는 의미에서 쇠창살 전면을 개방했다. 누구나 와서 뺨이라도 한 대 때릴 수 있게 만들었다"고 설명했다.

이 조형물이 광화문 광장에 놓이자, 이에 대한 이름을 두고 여러 의견이 제출되었다. '구속상', '치욕상' 등인데 제작자는 "자취를 감추고 좀처럼 나타나지 않는 전두환을 끌어낸다는 의미"에서 '포획상'이라는 이름이 가장 적절하다고 생각했다.

이 조형물을 접한 시민들의 반응은 폭발적이었다. 길을 지나던 시민들은 주먹질과 발길질을 쏟아냈고, 2주 만에 조형물의 머리 부분이 부서져버렸다. 접착제로 긴급 수리를 하기도 했다. 제작자에 따르면 이 "조형물은 FRP(유리섬유강화플라스틱)로 만들어서 절대 사람의 손이나 발로 부술 수 없"는 것이었지만, "각목 등 도구로 내리쳐 부서진 것 같다"고 말했다. 이어 "여러 사람이 공유해야 하는 작품이 과격한 표현으로 망가진 것은 안타깝지만 이렇게라도 분노를 표출할 수 있는 계기가 된 것 같아 제작하길 잘했다는 생각이 든다"고 덧붙였다.

> "산 사람 형상을 만들어 응징한다는 게 좋은 일은 아니지요. 하지만 그렇게라도 시민들의 응어리를 풀어내는 게 '통렬'했습니다. 부족하기 이를 데 없는 응징이었지만, 짜릿한 순간이었지요."

이 조형물은 2020년 3월 4일 광화문에서 철수한 뒤, 한 달 동안 양형규 조각가의 보수를 거쳐 4월 25일 광주에 도착했다. 5·18민주화운동 유족회, 부상자회, 구속부상자회 등 3단체는 2020년 4월 27일 서울 광화문 광장에 설치됐던 일명 〈전두환 포획상〉을 광주지법 앞에 설치했다. 전두환이 광주 법원에서 재판을 받기 위하여 이곳에 오는 것에 대비하는 것이었다.[44] 이들은 이 조형물을 한편으로는 전두환이 직접 보도록 하고 싶었으며, 이를 통해 가상적 사죄를 현실적 사죄로 바꾸고 싶어했다. 동상 조형물에는 전두환의 악행을 기록한 동판도 추가됐다. 제작자는 "원래 목에 걸어둘 생각이었으나, 악행이 너무 많아 동판 하나에 담을 수 없었다. 2개의 팻말에 나눠 적어 동상 양 측면에 붙여두었다"고 말했다. 시민들이 이 조형물을 때리는 경우가 많았기 때문에 파손 위험이 적은 플라스틱 '뿅망치'를 함께 비치해두었다.

동상은 4월 27일 재판 이후 다시 광화문으로 옮겨질 예정이었으나, 5·18 40주년 행사가 코로나19 여파로 취소되면서 광주에서 더 전시되었다. 이 조형물은 5월 2일, 5·18 최후항쟁지인 옛 전남도청 앞에 설치됐다. 이곳에서는 조형물에 대한 파손을 방지하기 위하여 플라스틱 망치가 마련되어 있었고, 시민들은 이 뿅망치로 그의 머리를 때려주는 의례적 조롱 퍼포먼스에 기꺼이 참여했다. 원래의 계획에는 죄인을 압송하는 수레를 만들고 동상을 앉혀 광주 시내에서 '조리돌림' 순회를 할 계획도 포함되었으나 이루어지지는 않았다. 이 조형물은 한 달간의 전시와 혼내주기 퍼포먼스로 파손되었기 때문에 복원하여 전시할 것인지, 그대로 전시할 것인지, 아니면 철거할 것인지를 둘러싸고 새로운 논쟁이 만들어지기도 했다.

2. 현실적 사죄 행위

전두환 전 대통령에 대한 시민들의 사죄 요구가 끓어오른 상태에서, 2020년 8월 19일 미래통합당 김종인 비상대책위원장이 국립5·18민주묘지에서 5·18 영령 앞에 무릎 꿇고 '사죄'하였다. 그는 "광주에서 비극적 사건이 일어났음에도 그것을 부정하고 5월 정신을 훼손하는 일부 사람들의 어긋난 발언과 행동에 저희 당이 엄중한 회초리를 들지 못했다"며 "그동안 잘못된 언행에 당을 책임진 사람으로서 진실한 사과의 말씀 드린다"고 말했다. 그의 발언은 2020년 4월 총선거에서 미래통합당의 패배가 그동안 극우파 정치인들의 5·18 부인 발언에 영향을 받은 것이라는 인식에 기인한 것이었다.

또 그는 자신 개인의 과거 행적에 대해서도 고백하고 참회하는 모습을 보였다.[45] 그는 "신군부가 집권하고 만든 국가보위비상대책위원회에 저는 재무분과 위원으로 참여했다"며 "그동안 여러 기회를 통해 그 과정과 배경을 말씀드리며 용서를 구했지만, 결과적으로 그것은 상심에 빠진 광주 시민, 군사정권에 반대한 국민에게는 쉽게 용납하기 어려운 선택이었다. 다시 한번 사죄의 말씀을 드린다"고 말했다. 그는 사과문에서 "작은 걸음이라도 나아가는 것이 한 걸음도 나아가지 않는 것보다 낫다는 빌리 브란트의 충고를 기억한다"고 인용했다. 그의 5·18 묘역 참배에 브란트 전 서독 총리가 1970년 폴란드 바르샤바를 방문해 2차대전 희생자 추모비 앞에 무릎을 꿇고 나치의 전쟁범죄를 사과한 일을 대입한 것이다.[46]

이날 오후 5·18 3단체(5·18민주유공자유족회, 5·18민주화운동부상자회, 5·18구속부상자회)와 5·18기념재단 대표자들은 김종인 위원장을 만나 미래통합당의 변화에 대해 긍정적으로 평가하고 추후 진정성 있는 변화로 느낄 수 있도록 5·18역사왜곡처벌법 제정, 5·18정신 헌법 반영, 5·18관련법 개정을 통한 5·18민주화운동 유공자 처우개선과 기념사업 활성화 등에 대해 협조를 당부했다. 사실 김종인 위원장은 2016년 1월, 민주당 비상대책위원회 위원장 시절에도 5·18 묘지를 참배하고, 1980년 당시 국보위 참여에 대해 사과한 적이 있다. 당시 그는 광주를 주요 정치적 기반으로 하는 민주당 대표였음에도 불구하고, 광주 시민들의 거센 항의를 받으면서 5·18 묘지를 찾았고, '임을 위한 행진곡'의 배경이 된 윤상원과 박기순 열사의 합장묘 앞에 무릎을 꿇었다.[47] 그러나 이때 5·18 관련 단체들의 반응은 매우 비판적이었다.

그렇다면 그의 사죄는 이행기 정의의 실현에서 어떤 의미를 지니는 것일까? 무엇이 김종인 위원장의 사죄에 대한 광주 시민들의 반응을 다르게 했을까? 김종인 위원장의 현실적 사죄와 전두환 전 대통령의 가상적 사죄는 매우 흥미로운 이론적 문제를 제기한다. 가상과 현실의 차이뿐 아니라 사죄 맥락의 차이가 사죄의 의미에 대한 해석을 달리하기 때문이다.

5·18 가해 책임자의 입장에서 무릎을 꿇고 사죄한 사례는 또 있다. 노태우 전 대통령의 아들 노재헌은 2019년 8월 광주 5·18 묘지를 방문하여 참배하고 헌화하였다. 그로부터 석 달이 지난 12월 그는 다시 광주 어머니의 집을 찾아 사죄했고, 2020년 5월 29일에도 5·18 묘지를 방문하여 노태우 전 대통령의 조화를 전하고 사죄의 뜻을 표했다. 그는 자신의 부친이 건강하다면 직접 광주에 와서 사죄할 것이라는 메시지를 남겼다. 그의 반복되는 사죄는, 사죄하지 않는 전두환과 대비되면서 시민들의 긍정적 반응을 끌어냈다. 동시에 그의 사죄는 전두환의 사죄가 전혀 불가능한 것은 아니라는 기대를 만들어내기도 하였다.

2020년 11월 30일 광주지방법원은 헬기 기관총 사격이 있었다는 사실을 인정하고 이를 부인한 전두환 전 대통령에게 사자 명예훼손죄를 인정하여 징역 8개월에 집행유예 2년을 선고했다(2018고단1685). 광주지법 형사8단독 김정훈 부장판사는 "피고인은 혐의를 부인하면서 성찰과 단 한마디 사과도 하지 않았다"며 "5·18에 가장 큰 책임이 있는 만큼 고통받아온 많은 국민들에게 진심으로 사죄하길 바란다"고 지적했다.

이 판결이 이루어진 후인 12월 11일, 국회에서는 오랫동안 논의되어온 '5·18역사왜곡처벌법'이 통과되었다. 2005년부터 온라인을 중심으로 퍼지던 5·18에 대한 왜곡과 혐오가 확산되자 독일의 홀로코스트 부정 규제법제가 검토되기 시작했고,[48] 국회에서 공공연하게 5·18민주화운동 부인 발언이 이루어지고, 전두환 전 대통령이 회고록에서 이를 부인하자 이에 관한 형법적 규제 논의로 발전하였으며, 결국 국회에서 왜곡을 금지하는 법률제정이 이루어졌다. 그러나 이 법률이 제정되자, 그동안 국가보안법 등 표현의 자유를 억압해온 법률에 반대하고 표현의 자유를 옹호해온 인권단체들은 매우 곤혹스러워했다. 이행기 정의의 출발인 진상규명은 형사처벌보다는 과거의 국가폭력에 대한 사죄와 반성이 이루어질 수 있는 사회적 준거를 만들기 위한 것이라는 인식이 강화되었으며, 5·18역사왜곡처벌법은 폐기되어야 한다는 견해까지 제출되었다. 진실에 대한 왜곡과 부인을 법률로 규제하는 것이 표현의 자유와 충돌하였고, 더 크게는 이행기 정의의 실현에서 진실로부터 형사처벌로 가는 길과 진실에서 책임인정 및 사죄로 가는 길이 갈라지고, 이 사이에서의 선택의 딜레마가 가시화되었다.

2021년 10월, 노태우 전 대통령이 사망하였다. 그다음 달에는 전두환 전 대통령이 사망하였다. 김충립은 전두환 전 대통령 사후에 그에게 사죄 의사가 있었지만, 실행에 옮기지 못했다고 말했다. 결국 전두환 전 대통령은 5·18에 대한 사죄의 기회를 영원히 상실한 셈이다.

맺음말

1990년대 광주 5·18 문제에서 정립된 이행기 정의의 원칙들은 진실을 기초로 하여, 책임(처벌), 보상, 명예회복, 기억이라는 5개 항목의 순차적 실현을 지향하였다. 5·18과 관련하여 광주특별법에 의해 책임자 처벌이 이루어졌지만, 자신의 책임을 인정하는 절차 없이 1997년의 사면 조치로 책임 문제가 일단락되었다. 그러나 회복적 정의의 관점에서 보면 책임의 인정으로부터 생성되는 심리적 정신적 치유의 구체적인 내용이 없었다. 이런 한계는 사면 이후 5·18 진실에 대한 왜곡이나 부인이 나타나면서 뚜렷하게 인식되기 시작했다. 2005년경부터 나타난 5·18 피해자들에 대한 폄훼와 2010년 이후 뚜렷해진 5·18 진실의 왜곡에 따라 구체적인 쟁점들에 대한 진실규명과 함께 가해 책임자의 진솔한 사죄가 필요하다는 인식을 낳았다. 지속되는 5·18 부인의 근본적 원인은 책임자의 사죄 없이 사면이 이루어졌기 때문이라고 간주되었다. 12·12 군사쿠데타와 5·18 국가폭력에서의 최종 책임자로 간주되는 전두환의 진솔한 사죄는 1997년 사면 국면은 물론이고 2017년 출판된 자서전에서도 이루어지지 않았다.

결국 2020년 조비오 신부 명예훼손 재판 국면에서 가상적 사죄로서의 '무릎 꿇은 전두환' 조형물이 나타났다. '무릎 꿇은 전두환'은 실제로 일어난 사건은 아니지만 많은 사람의 소망 속에 존재하며, 작가는 그런 소망을 물질화-시각화하고, 특정 장소에 전시함으로써 소망이 실현된 듯한 효과를 만들어낸다. 이 프로젝트는 상상된 소망으로서의 사죄 조형물 만들기, 조형물을 공공장소에 전시하기, 시민들의 의례적인 응징 및 조롱 행동에 참여하기, 장소를 옮겨가면서 반복하기로 구성되었다. 이 조형물은 그의 군부 쿠데타 및 시민학살 책임과 시민들에게 응징을 당하는 모습을 모두 함축하고 있는 '증강된 복제품(augmented simulacrum)'인데, 실제보다 더 리얼하게 표현되었다는 점에서 프로리얼리즘(pro-realism)의 산물이라고 할 수도 있다.[49]

이것이 전시되는 방식과 그것이 빚어내는 효과도 주목되어야 한다. 이 조형물은 가해 책임자를 가상적으로나마 무릎을 꿇게 했다는 점에서, 시민들은 그런 조형물에 대해 작은 보복 행위를 연기함으로써 치유효과를 만들어낸다. 시민들은 이 조형물을 조롱의 대상으로 삼아 플라스틱 망치(뿅망치)로 머리를 때리거나 훈계를 하는 행위들을 하며, 다른 시민들에게 보여준다. 이처럼 조형물을 대상으로 의례적이고 작은 제재 퍼포먼스를 행함으로써 치유효과를 갖는 것을 행동적 리얼리즘(actual realism)으로 개념화하는 것은 어떨까.[50] 이 행동적 리얼리즘은 피해자들의 가해자 사죄에 대한 간절한 소망을 표현할 뿐 아니라 집단적 트라우마를 가진 사람들에게 부분적 치유효과(partial effect of healing)를 가지기 때문에 유사한 방식으로 반복되는 경향이 있다. 동시에 실제 사죄를 촉구하는 효과를 발생시킨다. 그런 점에서 '무릎 꿇은 전두환' 조형물 자체가 일종의 분노조절 장치일 수 있다.

우리는 이 사례에서 전통적인 도덕적 윤리적 제재의 방식이 활용되고 있다는 점도 주목할 필요가 있다. 포획상은 서울과 광주에서 이동 전시되었으며, 이를 제작한 작가는 이를 마을공동체의 전통적인 응징행위였던 '조리돌리기'로 해석했다.[51] '무릎 꿇은 전두환상'은 조선시대에 사용되었던 제웅(a straw effigy for exorcism)이나 카리브해의 종교에서 나타나는 부두인형(voodoo doll)과 대비된다. 제웅이나 부두인형은 그 자체로는 특별한 의미를 갖지 않고 불운을 방지하기 위하여 이를 바늘로 찌르는 행위가 중요한 것이라면, 이 조형물은 사람들의 소망이 구체적으로 표현된 모습이라는 차이가 있다. 무릎 꿇리기 조형물과 이를 둘러싼 작은 퍼포먼스들은 이행기 정의에서 사죄와 용서가 매우 중요한 하나의 원칙이어야 한다는 것을 보여준다. 책임자 처벌의 원칙은 처벌 자체로 완료되는 것이 아니다. 회복적 정의로서 피해자의 치유를 통한 정치공동체의 쇄신으로 이어져야 한다.

그렇지만 '무릎 꿇은 일본인상'은 이런 가상적 사죄의 한계를 보여주기도 한다. 비록 개인이나 집단의 소망을 담은 것이라고 하더라도 넘어서는 안 되는 규범적 표준이 작동하는 것이다. 최종적인 문제는 이런 퍼포먼스가 과연 가해 책임자의 사죄를 이끌어낼 수 있는가이다. 그의 사죄 여부가 개인적인 성격의 문제일지, 그가 속한 가족이나 그를 따르는 소집단의 정치적 특성의 문제일지 확실하지 않다. 개인이나 그가 속한 집단에 죄책감이 없으면 고백이나 사과는 어렵다. 사죄는 죄책감과 진정성 문제를 수반하며, 동시에 용서로 이어질 수 있는 조건에 대한 탐색을 필요로 한다.

하네스 모슬러
(뒤스부르크-에센대학교 교수)

독일의 기억문화와 한국에서의 시사점

이 글에서는 제목에서처럼 두 장소에 대하여 이야기하고자 한다. 간략한 도입부 후에는 독일의 기억문화를 소개하고 이어서 한국의 선별된 사례들에 대한 인상을 공유할 것이다. 글의 제목에 '기억문화'라는 표현을 쓴 이유는 이 용어가 충분히 추상적인 동시에 포괄적인 용어로 사료되기 때문이다. 기억문화의 범주에 포함되는 활동은 흔히 '과거청산(Vergangenheitsbewältigung)' 또는 '과거극복(Überwindung der Vergangenheit)'으로 불린다. 나아가 '과거정리(Aufarbeitung der Vergangenheit)'라는 용어도 일반적으로 쓰인다. 독일의 기억문화에 대해 논의하면서 이를 바탕으로 (예컨대 한국의 경우와) 비교 분석하는 것은 생각만큼 쉽지 않은데, 각 사례에서 서로 다른 용어들이 사용되는 동시에 해당 용어들이 뜻하거나 뜻할 수 있는 의미가 상이하기 때문이다. 뿐만 아니라 이러한 개념들이 한국어로 번역되어야 할 경우 더욱 어려워진다. 적절한 단어 선택만큼이나 복잡한 문제, 즉 한국어 번역 단계가 추가되기 때문이다. 한국어에서는 '과거청산' '과거극복' '과거정리' 등이 일반적으로 사용된다. 이렇게 번역된 단어들이 한국어의 언어 문맥에 적합한지 아닌지를 여기서 논하지는 않겠지만, 이를 보면 기억문화에 대한 논의가 얼마나 어려운지 동시에 얼마나 흥미로운지 확실히 알 수 있다. 앞서 언급한 바 있듯이 독일에서도 기억문화는 단순한 문제가 아니다. 필자는 이 글을 통해 어느 정도의 명확성을 확보하고 내용을 정리해보고자 한다.

여기저기서 언급되는 독일의 기억문화는 어떻게 생겨난 것일까? 이와 관련하여 다양한 문헌을 참고하는 편인데 그중에서도 오래전부터 기억문화를 연구해오고 있는 알라이다 아스만(Aleida Assmann)을 보다 자세히 설명하고자 한다. 아스만의 저서《기억문화의 새로운 불쾌감》은 본 논의에서 독일이나 기타 지역의 기억문화를 탐구하는 데 있어 유용한 길잡이가 될 수 있다.[1] 아스만은 기억정책과 관련하여 ① 대화를 통한 망각 ② 절대 잊지 않기 위한 기억 ③ 극복을 위한 기억 ④ 대화를 통한 기억 등 총 네 개의 모델이 존재하는 것으로 설명하였다. 각 모델은 역사를 기억하는 형태와 방식을 일반화한 것이다(Assmann, 2020: pp. 180-204). 첫 번째 및 두 번째 모델은 독일 기억문화의 초기 형성 단계들에 해당된다. 먼저 이 두 모델을 다룬 후 한국 기억문화의 형성과 관련 예시에 대해 설명하고자 한다. 해당 내용에서 언급되는 예시들은 세 번째 및 네 번째 모델과 연관이 있다.

과거극복/청산 - 대화를 통한 망각: 부인, 회피, 망각

이제 기억정책의 첫 번째 및 두 번째 모델에 대해 이야기해보겠다. 아스만은 이들 모델에 "대화를 통한 망각"과 "절대 잊지 않기 위한 기억"이라는 명칭을 부여하였다. 두 모델 간의 차이는 이들을 각각 '과거극복/과거청산'과 '과거정리'로 명명할 때 보다 뚜렷해진다. 제2차 세계대전이 종료된 직후 초기 단계에서 독일은 망각 및 회피를 통한 과거극복 방식을 선택했다. 당시 독일인들은 미결된 사안들을 '종결'하고자 했다. 이후 1980년대 중반부터 시작된 두 번째 단계에서야 역사를 실제로 정리하는 데 목표를 두었다. 즉 망각이나 회피를 통해 과거를 극복하는 것이 아니라 반대로 이를 보존하기 위한 기억정책을 수립하는 쪽으로 방향이 전환되었다.

독일의 과거에 대한 비판적 논의가 종전 직후에 곧바로 시작되지 않았다는 것은 시간이 흐르면서 충분히 알려진 사실이다. 그럼에도 불구하고 왜 먼저 망각의 단계가 자리잡게 되었는지, 어떻게 오늘날 독일의 기억문화를 대변하는 기억운동으로 전환될 수 있었는지를 이해하기 위해서는 당시 상황을 보다 정확하게 살펴볼 필요가 있다. 전후 독일 점령국들은 향후 독일의 미래를 놓고 다양한 대안들을 검토하였다. 그중 하나는 모겐소(Morgenthau) 계획으로, 독일을 (완전한 비무장 상태의) 농업 국가로 만들어 (비[非]나치화시켜) 침략전쟁을 일으킬 수 없는 국가로 만드는 것이었다. 어린 시절 이를 처음으로 역사 시간에 알게 된 후 얼마나 황당했던지! 당시 농업 국가를 생각했을 때 떠오르는 이미지는 끝없는 언덕이 펼쳐져 있는 풍경이었다. 마치 경주의 왕릉처럼 말이다. 물론 아름답긴 하지만 어딘지 모르게 쓸쓸한 그런 풍경을 상상했다. 미술가 안젤름 키퍼(Anselm Kiefer)는 이를 꽃이 피는 풍경으로 묘사한 바 있다. 하지만 결국 점령국들은 독일에서 일어난 비극이 재발하는 것을 방지하는 데에는 독일을 '재교육'하는 것만으로도 충분하다는 결정에 동의하였다. 이들에게 있어 또 다른 결정적인 요소에는 비나치화가 있었다. 뉘른베르크재판은 종전 직후인 1945-1956년에 진행되었다. 이는 물론 중요한 절차였지만 궁극적으로는 빙산의 일각일 뿐이었다. 당시 여러 정황으로 미루어 볼 때 지나치게 엄격한 방식으로 진행하지 않는 것이 낫겠다고 판단되었다. 이는 기타 사례에서도 확인된 바 있는 사실이다. 전후 유럽에서 이러한 공감대가 형성되는 데는 당시 새롭게 양극화된 세계질서하에서 생성되고 있던 두 블록 사이의 냉전이 결정적인 영향을 미쳤다.

1946년 윈스턴 처칠이 취리히에서 발표한 '유럽합중국'에 대한 연설문은 '대화를 통한 망각'에 해당하는 기억문화에 있어 상징적인 역할을 한다. 해당 연설은 뉘른베르크 재판이 완료된 지 얼마 지나지 않아 발표되었으며 처칠 또한 "과거의 참사에 등을 돌리고" 앞을 향해 나아갈 때만 유럽에 미래가 도래할 수 있다는 의견을 보였다. 또한, 회피를 "축복받은 망각 행위"라고 표현하였다. 우리는 과거에 행해진 잔인한 행위를 빠르게 잊을 때만 앞을 바라볼 수 있다. 그리고 형언할 수 없는 고통을 잊을 수 있을 때에만 증오와 원한이 싹트고 결국에는 전쟁과 새로운 참사가 일어나는 것을 막을 수 있다. 이와 관련해서는 "전쟁 책임에 대한 허구"가 자주 언급되었는데, 이는 흔히 제1차 세계대전에서의 독일의 패배와 추가적인 세계대전에 대한 명분을 제시하기 위한 것이었다.

위의 주장이나 논리에 결정적인 영향을 미친 것은 전후 유럽에서 나타난 현실 정치 양상, 즉 냉전이었다. 세계 세력들 간의 양극화 현상이 점점 심화되었다. 서방 연합국들은 독일을 근본적이며 지속적으로 비나치화 및 재교육해나가는 방안과 서방 연합국의 봉쇄정책에 따라 독일을 '공산주의에 대한 방어벽'으로 강화시키는 방안 중 하나를 선택해야 했다. 당시 두 세력 간의 도발 행위가 지속되면서 특히 베를린을 포함한 독일 내 상황은 1940년대 후반으로 갈수록 점점 악화되고 있었다. 뿐만 아니라 1950년 6월에 한국전쟁이 발발하면서 모두가 우려하고 있었던 최악의 결과가 열전의 형태로 눈앞에 닥쳤기 때문에 서방 연합국들은 신속한 결정을 내려야 했다. 또 다른 세계대전의 악몽을 방지하기 위해서는 독일을 약소국으로 유지하는 것보다 다시 무장시키는 쪽이 낫다고 판단한 것이다. 이렇게 독일은 다시 군비를 갖추게 되었고 얼마 지나지 않아 국가 주권 또한 되찾게 되었다. 당시 서방 국가들에게 필요했던 것은 강력한 협력국이었고 지정학적으로 핵심적인 의미를 지니는 독일을 허약하게 내버려둘 수 없었기 때문이다.

"대화를 통한 망각"은 다음 사례에서도 명확하게 드러난다. 1962년에는 샤를 드골 전 프랑스 대통령과 콘라드 아데나워 전 독일 총리가 프랑스 랭스를 함께 방문해 프랑스군과 독일군 퍼레이드를 함께 관람하였다. 이는 프랑스와 독일 간의 접근 정책에 있어 역사적인 만남으로 꼽힌다. 이 또한 과거를 잊어야 한다는 생각, 즉 잠자는 개를 굳이 깨울 필요는 없지 않겠느냐는 사고에 바탕을 둔 것이었다. 아데나워는 만찬 연설에서 다음과 같이 말한 바 있다.

> “지난 몇 년간 양국 간에 얼마나 높은 폐허 더미와 얼마나 많은 희생자와 얼마나 큰 고통이 쌓였습니까. 하지만 우리는 폐허 더미를 허물고 구덩이를 메웠으며 땅을 다시 평평하게 만들었습니다. 그리고 그 땅 위에 프랑스와 독일 국민들 간의 평화와 우정을 상징하는 나무를 심었습니다. 앞으로 양국의 국민들은 가지가 길게 뻗은 그 나무의 그늘 아래에서 살아갈 것입니다.”

아데나워는 이후 국빈 자격으로 이스라엘을 방문했을 때에도 비슷한 취지의 말을 하였다. 그의 신조는 망각을 통해 평화를 구축하는 것이었다. 이는 나름대로 진실되며 호의적인 의도에서 비롯되었다는 사실에는 의심의 여지가 없다.

> “제가 한 가지 확실히 말씀드릴 수 있는 것은 우리는 할 수 있는 모든 일은 다 하였고 모든 증거를 빠짐없이 제출하였으며 극복이 불가능하며 돌이킬 수 없는 만행이 있었던 시기를 이겨내기 위해 노력하고 있다는 것입니다. 하지만 이는 이제 과거에 맡겨야 합니다.”

이런 배경에서 어떻게 시간이 흐른 뒤에, 아니 아주 많은(!) 시간이 흐른 뒤에 독일연방공화국에서 과거청산으로 전환이 일어나게 된 것일까? 이와 관련해서는 1967-1968년에 일어난 학생운동이 자주 언급되는데, 충분히 그럴 만한 이유가 있다. 당시 독일의 청년들은 그들의 부모 또는 부모 세대가 전쟁 중에 무엇을 했는지 의문을 품기 시작하였다. 그들은 종전이 된 후 부모 세대가 서로 합의한 것으로 보이는 묵언에 대한 약속을 깨뜨려버리고 싶어했다. 이들의 부모들은 고통, 수치심, 또는 많은 경우 과거 행위에 대해 책임을 지게 될지도 모른다는 걱정으로 인해 침묵으로 자신들을 보호하고 있었던 것이다. 이전 시기에 추구되었던 기억정책의 유형에서는 이러한 전략이 성공적으로 이행되었다. 하지만 변화를 일으킨 건 비단 학생들뿐만이 아니었다. 즉, 이 의문은 하루아침에 생겨난 것이 아니었다. 비판적인 시각은 전쟁이 끝난 직후에 시작된 논의 과정에서 이미 형성되고 있었다. 예컨대 인간의 불가침한 존엄에 대한 요구는 이미 1949년에 기본법 제1조를 통해 헌법상으로 규정된 바 있다. 하지만 무엇보다 한나 아렌트(Hannah Arendt)와 막스 호르크하이머(Max Horkheimer)와 같이 비판 이론의 새로운 흐름을 이끌던 많은 작가의 비판적인 사고가 독일에서 기억정책의 전환을 구현하는 데 중요한 토대로 작용하였다. 아렌트는 1950년대 초반 전체주의적 통치의 근원에 대해 설명하며 "문명 붕괴"에 대한 논제를 통해 추후 이어질 인권 및 윤리적 기억문화에 대한 논의에 있어 중요한 초석을 마련하였다. 한나 아렌트는 이미 1951년에 기억에 대한 자신의 입장을 명확히 밝힌 바 있다. 이에 따르면 "씁쓸한 현재에서 벗어나 아직은 온전한 과거를 향한 노스텔지어에 잠기거나, 보다 나은 미래를 기대하며 망각으로 빠져들려는 모든 노력은 아무런 소용이 없다"고 했다. 이를 통해 아렌트는 나치 정권을 일종의 '사고'로 치부하며 종전 후 독일은 이에 대한 책임을 질 필요가 없다는 의견에 반대의 목소리를 낸 것이다. 참고로 이러한 의견은 얼마 전 한 정치인이 나치 시대를 독일 역사의 "새똥"으로 표현하면서 또다시 언급이 되었다.[2]

이제 다시 1960년대로 돌아가보겠다. 1963년에서 1965년까지는 프랑크푸르트 아우슈비츠 재판이 진행되었다. 이를 통해 전쟁이 끝난 지 20년이 지나서야 홀로코스트가 법적으로 다뤄지게 되었다. 1946년의 뉘른베르크재판, 1961년의 예루살렘 아이히만 재판에 이어, 1960년대의 프랑크푸르트 아우슈비츠 재판 또한 사회에 큰 파급력을 미쳤다. 과거사를 다루는 데 있어 비타협적인 입장을 고수하던 검사장 프리츠 바우어(Fritz Bauer)는 다음과 같이 말했다.

> "과거에 속하는 건 아무것도 없습니다. 모든 건 현재의 일이며 다시 미래가 될 수도 있습니다."

학계 지식 분야에 있어서는 1967년 발표된 알렉산더 및 마가레테 미체를리히(Magarete Mitscherlich)의 연구가 과거사 대응에 대한 논의를 재점화한 중요한 자극제가 되었다. 두 연구자는 사회심리학적 관점에서의 분석과 실증적 연구의 결론을 바탕으로 독일 사회는 과거의 패배와 공포와 대면하지 않기 위해 과거를 회피, 부정, 무시하는 경향을 보인다고 결론지었다. 미체를리히는 회피 형태의 기억 정책을 설명하면서 다른 과거사 대응 방안을 제시하기도 하였는데, 바로 이제라도 과거를 직시하는 것, 즉 과거를 기억하고 정리하는 것이었다. 운동에 참여했던 학생들과 소위 "새로운 운동"에 참여했던 사람들은 이러한 관념사 및 지식의 발전 흐름으로부터 영감을 받아 과거를 막고 있던 장벽으로 나아갔던 것이다. 이러한 움직임은 기관 설립에도 영향을 미치게 되었다. 예컨대 1952년에 설립된 연방고국업무처가 그렇다. 다만 그 명칭은 1963년 연방정치교육원으로 변경되었는데, 그 이유 중 하나는 "고국 업무"라는 용어에 부정적인 측면이 존재한다는 사실을 나중에서야 깨닫게 되었기 때문이다. 해당 기관은 독일인들의 재교육을 시행하는 데 목표를 두고 설립되었다. 하지만 이에 있어서도 초반에는 민주주의를 국가 형태 중 하나로 해석하는 시민 교육을 진행하는 데 그쳤다. 시간이 흘러 사회 내에서 형성되고 있던 비판적 흐름의 흔적이 사회운동의 형태로 나타나기 시작한 후인 1960년대 후반에서야 연방정치교육원의 근본적인 방향 전환이 이루어지게 되었다. 이에 따라 민주주의는 국가 형태뿐만 아니라 무엇보다 삶의 방식에도 해당되는 것으로 이해될 수 있었다. 그 결과 정치 교육에서는 국가의 구성에 대한 기술적 지식, 선거의 기능 방식, 시민의 권리 및 의무에 대한 범위를 넘어 성숙한 시민이라는 종합적인 개념이 점점 큰 비중을 차지하게 되었다.

1970년 폴란드에서 빌리 브란트 전 독일 총리가 무릎을 꿇고 사죄했던 일은 독일의 기억문화가 전환되던 과정에서 중요한 표석으로 남았다. 브란트 전 총리의 행동은 겸허와 책임감이 담긴 중요한 제스처였으며, 이는 이미 행해진 범죄에 대해 미화되지 않은 기억에서 비롯되었다. 그리고 이 범죄는 다름 아닌 독일의 국가

원수로부터 자행된 것이었다. 브란트 전 총리의 사죄는 역사 교과서에 응당 기록되었으며 독일과 폴란드 간 관계의 시작을 상징하는 순간이 되었다. 하지만 역사 교과서에 누락되어 있는 사실이 하나 있는데, 바로 1970년 당시 서독 국민들 중 전 총리가 무릎 꿇고 사과한 행동이 지나쳤다고 평가하는 사람들이 여전히 48%나 차지하고 있었다는 점이다. 설문조사에 따르면 그토록 겸허한 모습을 보인 것이 적절하다고 평가한 국민은 41%에 불과했다.[3] 이를 보면 1970년의 독일은 아직 진정한 기억문화로부터 동떨어져 있던 상태였다는 것을 알 수 있다.

뿐만 아니라 정치 교육을 진행하는 방식에 대해서도 확실히 정해진 바가 없었다. 보수 세력은 정치 교육이 계층 간 투쟁에 도구로 악용될 가능성을 우려하였다. 이에 반해 사회민주주의자들은 교육의 내용이 지나치게 보수적일 경우 사회민주화 과정에 걸림돌이 될 것으로 보았다. 그 후 1970년대 중반 적어도 정치 교육의 편향된 악용을 방지할 수 있도록 기술적 중립을 지키는 데 합의할 수 있게 되었다. 이는 이른바 "보이텔스바흐 합의"로 불리며 총 세 개의 기본 원칙을 골자로 한다. 먼저 "강제성 금지"에 따르면 특정 교육 내용을 주입하는 것이 금지된다. 그리고 "논쟁성 유지"는 학계 및 정치 분야에서 논쟁성이 있는 내용은 정치 교육에서도 논쟁적으로 다뤄지도록 한다. 마지막으로 "정치적 행위 능력의 강화"는 스스로 의견을 정립하고 각자의 이해에 따라 정치에 적극적으로 참여할 수 있도록 교육하는 데 목표를 둔다. 두 진영의 이러한 합의는 독일에서 기억문화를 발전시키고 가꾸어나가는 데 도움이 되는 정치 교육을 가능하게 해준 중요한 전환점으로 기능하였다.

과거정리 – 잊지 않기 위한 기억: 정리, 보존, 기억

1980년대 중반의 정세는 기억정책의 전환에 있어 결정적인 영향을 미쳤다. 이는 헬무트 콜 전 독일 총리와 로널드 레이건 전 미국 대통령이 공식적 국빈 방문에서 비트부르크를 함께 찾았을 때 정점을 찍었다. 두 국가 원수가 나치 친위대의 유족을 포함하여 묘지에 안장되어 있는 모든 전사자를 추모하는 제스처를 보인 것이다. 유대인 6백만 명을 포함하여 수많은 사람이 나치 정권에 희생당했다는 사실을 고려할 때 이러한 행동이 논란을 불러일으킬 것은 자명했다. 어떻게 보면 일본의 정치인들이 도쿄의 야스쿠니 신사에서 참배를 하는 것과도 비슷하다고 할 수 있다. (다만 이는 진환의 시기에 있던 낭시 독일에서의 폭발적인 분위기를 보다 명확히 전달하기 위해 언급하는 것일 뿐, 직접적인 비교를 의도한 것은 아님을 밝힌다.) 어찌되었든 이러한 논란은 독일 사회 내에서 움직임을 초래하게 되었다. 그리고 이러한 기세는 얼마 지나지 않아 리하르트 폰 바이체커 전 독일 대통령의 역사적인 연설문에서 그대로 반영 및 전달되었다. 나치 정권 붕괴 40주년을 기념하는 자리에서 발표된 해당 연설문은 독일의 기억정책 및 기억문화가 변화하는 과정에서 일종의 등대 역할을 한 것으로 평가되고 있다. 콜 전 총리가 과거를 망각하는 경향으로 인해 국내외에서 물의를 빚어왔던 만큼, 많은 관심을 받은 대통령 연설문은 과거가 기억되어야 한다는 강렬한 신호로 받아들여졌다. 바이체커는 다음과 같이 명확하게 자신의 견해를 밝혔다.

> "중요한 것은 과거를 극복하는 것이 아닙니다. 과거극복은 불가능합니다. …하지만 과거 앞에서 눈감는 자는 현재를 볼 수 없게 됩니다. 반인도적 행위를 잊고자 하는 자는 새로운 감염 위험에 다시 노출될 것입니다."

그는 이를 통해 모든 과거사를 지나간 일로 묻어버리는 종결 정책의 전통이 끝나간다는 것을 알리고 이후 독일에서 형성된 기억문화에 새로운 길을 내게 되었다. 이는 과거사에 있어 종결은 불가능하다는 사실에 대한 깨달음과 공언이었다. 나아가 학계에서는 1986-1987년에 있었던 이른바 "역사학자 분쟁"이 기억문화 전환에 큰 기여를 하였다. 역사학자 분쟁이란 역사학자들과 기타 지식인들이 독일 역사에서 홀로코스트에 어떠한 의미가 부여되어야 할지를 두고 공개적으로 토론한 일을 의미한다. 이 일은 공식 차원의 기억정책 변화에 대한 학술계의 응답이라고 할 수 있다. 연방정부의 기억정책은 현재까지도 바이체커의 방향을 비교적 일관적으로 따르고 있다. 2020년 슈타인마이어 연방 대통령은 제2차 세계대전 종전 75주년을 기념하는 연설에서 다음과 같이 말한 바 있다.

> "우리 독일인들은 과거를 직시하고 역사적 책임을 다하기 때문에, 단지 그 이유 때문에 세계의 다른 국가들이 독일을 새롭게 신뢰하게 되었습니다. …이를 견딜 수 없는 사람, 즉 과거사의 종결을 요구하는 사람은 전쟁과 나치 독재의 대참사를 회피할 뿐만 아니라, 그 이후부터 우리가 쌓아온 모든 선행의 가치를 깎아내립니다. 심지어 이는 독일 민주주의의 핵심을 부정하는 것과 같습니다. … 아니오, 기억은 짐이 되지 않습니다. 기억하지 않는 것이 짐이 됩니다. 책임을 인정하는 것이 치욕이 아니라, 책임을 부정하는 것이 치욕입니다!"

그렇다면 독일의 기억문화에 대해서 어떠한 요약된 결론을 내릴 수 있을까? 사람들의 글이나 말에서 종종 독일인들을 "기억하는 데 있어서는 세계 챔피언"이라고 표현한다. (물론 대부분의 경우에는 비아냥거리는 의도로 쓰이지만) 이는 즉, 독일인들이 그 누구보다 많은 것을 기억하고 참회한다는 뜻이다. 이 표현처럼 독일인들이 과거에 대한 자아비판적 성찰에 유달리 큰 의미를 두는 것일 수도 있다. 하지만 이 시점에서 분명히 해야 할 점은 독일인들은 충분히 그럴 만한 이유가 있다는 것이다. '세계 챔피언' 문제는 차치하더라도 독일의 기억문화는 과거 범죄의 심각성에 대한 책임을 다하기 위한, 진정성 있는 시도인 동시에 힘든 시도인 것이 분명하다. 그리고 이러한 꾸준한 시도, 의지, 노력은 독일 외 대부분 사람들이 독일의 진정성에 대해 확신하고 그에 상응하는 효과가 나타날 수 있도록 하였다. 물론 그 배경에는 한나 아렌트가 "절대적 악의 계시"로 표현하기도 했던, 모든 상상을 초월하여 비현실적이까지 한 끔찍한 고통이 있었다. 하지만 인간의 근본을 흔들어

놓을 정도로 참혹했기 때문에 모든 사람을 굳어버리게 만드는 이러한 비현실성은 다른 한편으로 독일 내 기억문화의 위신과 권위의 원천이 되기도 했다. 요약해 보자면 독일의 기억문화는 기타 국가의 기억정책과 과거에 대한 대응에 있어 중요한 기준점으로 작용한다고 할 수 있다.

대화를 통한 기억 - 저지되다

독일의 기억문화가 기준점으로 작용한다는 것을 보여주는 최근의 사례에는 베를린 모아빗의 소녀상 철거를 둘러싼 논란이 있다. 이를 시작으로 이 글의 두 번째 부분을 이어가도록 하겠다. 소녀상은 한복을 입고 의자에 앉아 주먹 쥔 양손을 다리 위에 올려놓은 소녀를 형상화한 것이다. 이 소녀는 일본제국군에 의해 강제로 끌려가 위안부로 희생된 수많은 소녀와 여성을 상징한다. 일본군 위안부의 대부분은 한국 국적의 소녀 및 여성들이었지만 다른 국가에도 피해자들이 존재한다. 소녀상을 설치한 단체에 따르면 이는 비단 일본 위안부 피해자들뿐만 아니라 전쟁 중 여성을 상대로 일어나는 성폭력으로 인한 전 세계 희생자들을 기리는 것이기도 하다.

그런데 베를린 모아빗에 소녀상이 설치된 지 얼마 지나지 않아 일본 정부가 독일의 담당 관청에 압력을 행사한 것으로 짐작된다. 그 결과 동상 설치에 대한 허가가 취소되었으며 소녀상을 즉시 철거하라는 명령이 내려졌다. 이에 대한 극심한 반발과 항의가 일어나자 철거 계획은 중단되었고 해당 사안은 법정 다툼으로 이어지게 되었다.

지면 관계상 다 열거할 수는 없지만 이 사례에는 매우 다양한 측면들이 존재한다. 그중 일부만 소개하자면 다음과 같다. 먼저 소녀상은 공식적·합법적으로 베를린에 설치되었으며 이에 따라 해당 지역의 기념비 환경의 일부를 구성하는 요소이다. 그러므로 이를 없었던 일로 하기 위해서는 매우 타당한 근거가 전제되어야 한다. 인간 존엄의 문제보다 외교적 이해관계를 우선시하는 관점을 관철시키기는 쉽지 않을 것이다. 왜냐하면 앞서 설명한 바 있듯이 독일은 반인도적 범죄에 대해 기억하는 것을 매우 중요시하기 때문이다. 뿐만 아니라 성폭력을 전쟁 행위로 배척하고 피해자를 지원하는 내용이 포함된 독일의 결의안이 유엔 안전보장이사회에서 통과된 것이 불과 작년의 일이다. 베를린의 소녀상 사례에 대해서는 긴 논의를 이어나갈 수 있다. 이에 찬성하는 사람도, 반대하는 사람도 있을 것이다. 그에 대한 대안도 제안할 수 있다. 필자는 이를 통해 활발한 논의가 이루어졌으면 하는 바람이다.

이 글의 내용과 관련지어 볼 때 흥미로운 점이 있다. 독일과 베를린이 기억문화에 있어 기준점으로 작용한다는 점을 고려할 때 바로 그곳에 동상을 설치한 것은 나중에 돌아보니 하나의 묘수였다는 것이다. 이를 통해 위안부 문제를 훨씬 더 효과적으로 공론화할 수 있는 가능성이 열렸다.

극복하기 위해 기억하다

기억문화 기준점으로서의 독일과 연관성이 뚜렷하게 드러나는 한국의 행위자들에 대한 예시를 하나 더 들어보고자 한다. 바로 1980년에 일어난 광주민주화운동에 대한 기억 담론이다. 널리 알려져 있다시피 1980년대 후반에 공식적인 민주화가 진행될 때까지 광주 학살이 포함된 민주화운동 진압행위가 부정되었고 그에 대한 발언조차 처벌 대상이 되었다. 이를 기억하기 위한 행위는 더 말할 것도 없었다. 따라서 당시 중요했던 것은 실제 있었던 일을 사실로 인정받는 것이었다. 이 사례에서는 한국에서 기억문화가 발달하는 과정에 존재했던 수많은 장애물이 고스란히 드러나는데, 남북 분단, 한국전쟁, 개발독재, 반공 운동, 지역감정, 정치 양극화 등이 이에 해당된다. 이 모든 개별 요소는 한국 고유의 탈식민지적 조건(postcolonial condition)[4]을 구성한다.

다시 광주 사건의 기억 담론에 대해 말을 이어가자면, 1990년대 후반이 되어서야 5월 18일이 국가 기념일로 공식 인정되었다. 그리고 2000년이 되어서야 김대

중 전 대통령이 대통령으로서는 처음으로 광주에서의 연례 기념행사에 참석하였다. 실제 사건이 발생한 지 20년이 지난 시점이었다. 달리 말해, 군부 독재의 범죄행위가 공식적으로 인정되기까지 20년에 달하는 세월이 소요된 것이다. 광주 민주화운동과 관련된 기억 담론에 있어서는 여전히 의견이 분분하다. 그 빈도는 낮아졌지만, 보수 세력은 광주 항쟁에 북한의 개입이 있었다며 현재까지도 비방을 이어가고 있다. 이러한 역사수정주의에 대응하는 데 있어 예나 지금이나 핵심적인 역할을 하는 전략 중 하나는 기억 담론의 세계화이다. 요약하자면, 광주민주화운동이 언급될 때 세계적으로 널리 알려진 민주화 운동이나 인도에 반한 죄가 연상될 수 있도록 하는 것이다. 이는 기억 담론의 세계화라고도 할 수 있다.[5] 이런 이유로 광주 대학살은 홀로코스트와 함께 언급되는 경우가 많다. 즉, 이 사례에 있어서도 기준점이 존재하는 것이다. 홀로코스트와 같이 국제적 및 보편적으로 인정되는 모델 사례에서 기타 사례가 연상되도록 하는 것은 이미 세계 각지에서 활용되고 있는 전략이다. 한국도 그중 하나에 해당된다. 보수 세력이 제기하는 의문으로부터 방어하기 위해, 의문을 제기하는 것이 어려우며 이에 따라 권위를 보유하고 있는 사건이나 차원을 기준으로 설정하여 해당 사례를 국가 차원의 문맥으로 통합시킬 수 있다. 예컨대 2011년 광주 항쟁을 유네스코 세계기록유산에 등재한 것에서도 이 전략이 매우 뚜렷하게 드러난다. 나아가 해당 전략의 중요성은 민주화운동이 등재된 후 얼마 지나지 않아, 2013년 새마을운동 또한 세계기록유산에 등재되었다는 사실에서도 명확히 나타난다. 즉, 역사 기억을 둘러싼 경쟁은 이제 국제적 차원에서도 지속되고 있다. 이에 있어서도 자기 주장의 문제가 매우 핵심적인 기능을 하는 것으로 보인다. 물론, 해당 전략이 선략적으로 중요하긴 하지만 이는 광주민주화운동과 관련된 기억 방식 중 하나에 불과하다. 이처럼 지렛대 원리를 이용한 전략 외에도 기억 담론을 내용 및 실질적 측면에서도 진행, 확대, 제어하는 것이 중요하다. 이에는 추가적인 실증 연구나 증언, 수사 결과 외에도 의례 진행 방안도 포함된다.

이와 관련하여 필자는 한국 대통령들의 광주민주화운동과 관련 연설문들에 대하여 소규모 사례 연구를 진행한 바 있다.[6] 여러 연설문을 비교한 결과 보수 성향의 대통령들은 광주 관련 연설을 발표한 빈도가 낮았을 뿐 아니라 그마저도 길이가 현저히 짧았다는 점이 확인되었다. 나아가 질적 측면에서도 차이가 드러났다. 이들은 연설문의 내용을 일반적인 추모 연설에서 요구되는 최소한의 형식적 문구로 제한하였다. 예컨대 희생자와 유가족에게 경의를 표하고 민주화에 기여한 점에 대하여 감사한 마음을 표하며 사회 전반에서 계승해나가야 할 존경스러운 광주의 정신을 언급하는 식이다. 하지만 진보 성향의 대통령들과는 달리, 광주 항쟁의 배경은 무엇이었는지 광주 시민이 어떻게 행동했는지 그리고 그로부터 배울 점이 무엇인지 등에 대해서는 말을 아꼈다. 뿐만 아니라 단어 선택에서 드러나는 공감의 정도도 진보 성향의 대통령에게서 훨씬 높은 수준으로 나타났다. 결론적으로 각 기념사들에 내포된 진정성이 큰 차이를 보인 것이다. 물론 이는 한국 정치의 양극화를 고려할 때 놀랄 만한 결과는 아니다. 필자가 이에 있어 강조하고자 하는 부분은 이처럼 새로운, 적극적인 기억문화가 형성되고 있으며 이는 각 대통령의 연설문에서 명확하게 드러난다는 것이다. 이는 비단 연설문뿐만 아니라 포옹과 같은 제스처에서도 나타난다. 역사수정주의에 의한 난제에 대응하여 자기 주장을 펼치기 위해 국제화 및 세계화 전략을 추구하는 것은 필요조건에 해당된다는 것을 알 수 있다. 이에 비해 기억문화의 형성은 충분조건에 해당된다고 할 수 있다.

마지막으로 공식적 기억문화와 관련된 사례를 하나 소개하고자 한다. 이는 주어진 조건을 고려할 때 탈식민지적 조건으로부터 훨씬 더 큰 영향을 받는 사례라고 할 수 있다. 다만, 이 사례에서도 단일체 구조가 점진적으로 해체되는 양상이 뚜렷하게 나타나고 있다. 바로 한국 내 공식적 추모 시설의 중심에 있는 국립서울현충원이다.[7] 국립서울현충원이 핵심적인 역할을 하는 이유는 무엇보다 한국의 국가 정체성에 있어 근본이 되는 한국전쟁의 희생자들을 추모하는 공간이기 때문이다. 한국전쟁은 민족의 삶과 죽음이 걸린 전쟁이었기 때문에 한국전쟁 희생자들은 중대한 의미를 지닌다. 연이은 독재 정권하에서는 수십 년에 걸쳐 기억의 범위가 좁은 채로 유지 및 강화되었다. 일차적으로는 북한을 외부의 적으로 절대화하면서 국가 정체성을 확립하는 동시에 이러한 절대적인 기억 묘사를 통해 국민들 내부에 존재했던 요소, 예컨대 독재 정권에 의문을 제기하거나 이에 반기를 들던 요소들을 억제하였다. 진보 성향의 김대중 전 대통령이 2009년 국립서울현충원을 방문한 시점이 되어서야 이러한 중앙집중적 기억 장소의 모순과 균열이 드러나기 시작했다. 상징적인 추모 시설에 대한 해석을 보수 세력이 독점해오던 구조가 파괴되고 대안적인 의미에 대한 논의가 늘어났다. 이후 다양한 주요 추모 시설에 대하여 비판적인 논의가 시작되었고 국립현충원의 경우 기타의 추모 방식이 시도되고 있는 중이다. 이와 아울러 대안적인 추모 시설도 세워지고 있다. 즉, 대안적이며 새로운 추모 시설 중 일부가 시민사회의 이니셔티브(주도)로 탄생하면서 한국 내 추모 시설과 이에 따른 기억 환경이 점점 다양화되고 있는 것이다. 이를 통해 기억문화를 좁은 범위로 제한하는 국가의 독점 체계를 점진적으로 해체해나갈 수 있다. 이러한 양상에서 기억문화의 민주화를 엿볼 수 있다.

맺음말

이로써 글을 마무리하려 한다. 글의 첫 부분에서는 독일 내 기억문화의 형성 과정을 설명하였다. 이를 통해 "망각과 회피의 기억정책"에서 "정리 및 기억의 기억정책"으로 변화하기까지 얼마나 많은 시간이 소요되었는지, 해당 과정이 얼마나 다양한 자극을 필요로 했는지를 보여주고자 하였다. 독일 및 기타 국가에서 자리 잡은 전 세계적인 홀로코스트 기억 방식을 바탕으로 한국이 과거사에 대응하는 데 있어 활용할 수 있는 참조점이 도출되었다. 과거사에 대한 대응은 항상 각각의 맥락에 따라 달라진다. 그렇지만 한국과 독일은 서로에게서 배울 점이 있다. 나아가 이 글에서 살펴본 내용은 기억문화의 세계적이고 보편적인 발전 과정으로 보아야 할 것이다.

박경규
(법학 박사, 한국형사·법무정책연구원 부연구위원)

5·18 40주년과 기억의 과제

-올바른 진상규명과 기억을 위한 형사법 이론의 과제

과거사 청산/정리/극복 활동 또는 이행기 정의(transitional justice) 활동이란 ① 과거에 발생한 대규모 심각한 인권침해행위 또는 국가범죄(또는 국가폭력)의 원인·배경 및 참상에 대한 진상을 규명하고 ② 피해자에 대한 배상 및 피해회복 조치를 취하고 ③ 형사소추를 포함하여 책임자 처벌조치를 취하고 ④ 국가폭력의 재발을 방지하기 위해 기억·기념하고, 제도를 개혁·보완하며 ⑤ 이러한 모든 활동을 통해 사회평화와 사회통합을 달성하며, 정의실현을 추구하는 것을 뜻한다. ①-④의 활동은 이 가운데 어느 하나가 소홀히 되거나 어느 하나만 특별히 강조될 수 없다.[1] ①-④의 활동이 모두 함께 제대로 이루어질 때 ⑤의 목적이 온전히 달성될 수 있다. 따라서 국가폭력의 재발을 방지하기 위해 참혹한 국가폭력의 원인·배경 및 참상을 기억·기념하고, 제도를 개혁·보완하는 활동도 진상규명, 배상 및 피해회복조치, 책임자 처벌조치와 함께 이루어지는 것이 이상적이다. 물론 심각한 국가폭력을 경험한 각 국가가 이행기 정의 활동을 행함에 있어서 그 나라가 처한 현실적인 어려움과 성문법적 규율에 의할 때의 한계·어려움으로 인해 ①-④의 활동 중 어느 하나에 중점을 둘 수는 있지만, 그것은 현실적 성문법적 어려움으로 인해 그 나라가 취한 방법이라고 보는 것이 더 적절하다.

광주 5·18민주화운동은 2020년에 40주년에 이르렀다. 12·12사태와 5·18민주화운동 진압행위의 형사책임을 다룬 1997년 대법원 판결은[2] 쿠데타로 권력을 잡은 신군부 세력을 반란죄 및 내란죄로 유죄판결하여 형사처벌한 매우 의미 있는 판결이다. 그러나 당시에는 우리 법률에 '인도에 반한 죄(crime against humanity)'에 관한 규정이 없었기에 대법원은 5·18민주화운동 강경진압행위를 '신군부 세력이 권력을 잡기 위해 폭동한 행위' 즉, 내란행위로 보아 유죄판결을 하였지,[3] 그 행위가 '국가범죄' 특히, '인도에 반한 죄'에 해당한다는 것을 명확히 할 수 없었다.

그러나 1998년 〈국제형사재판소에 관한 로마규정(Rome Statute of the International Criminal Court)〉(이하 '로마규정'이라 약칭함)이 채택되고, '인도에 반한 죄' 등 핵심 국제범죄(core international crimes)에[4] 대해 보충적으로 관할권을 행사할 수 있는 ICC가 설립되면서 그후 '인도에 반한 죄'는 세계 많은 국가에서 성문법 규정으로 인정되고 있다. 우리나라도 2007년 12월 21일 로마규정의 이행입법으로 〈국제형사재판소 관할 범죄의 처벌 등에 관한 법률〉(이하 '국제형사범죄법'이라 약칭함)을 제정하여[5] 성문 법률에서 '인도에 반한 죄'를 규정하고 있다. 다만 동 법률은 '동 법률 시행 이전에 발생한 인도에 반한 죄'에 동 법률이 적용될 수 있는지에 대해서는 침묵하고 있다.

한편, 광주 5·18민주화운동 진압행위 및 그 과정에서 발생한 대규모 인권침해행위에 대한 불충분한 진상규명으로 인해 '5·18민주화운동 진상규명을 위한 특별법'이 제정되었다.[6] 동 법률에 의해 설치된 '5·18민주화운동 진상규명조사위원회'는 '진실규명위원회(Truth Commission)'의 일종으로서 다음 사건에 대한 진상을 규명하는 것을 주 임무로 한다.

1) 5·18민주화운동과 관련하여 군과 경찰 등 국가권력에 의한 민간인 살

해, 상해 후 사망, 상해, 성폭력 및 정신적·신체적 후유증 발생 등 중대한 인권침해사건

2) 5·18민주화운동과 관련하여 군과 경찰 등 국가권력에 의한 연행, 구금, 조사과정 등에서 발생한 인권침해사건

3) 5·18민주화운동 당시 군에 의한 발포 경위 및 책임 소재

4) 5·18민주화운동 당시 군에 의한 헬기 사격 사건

5) 5·18민주화운동 당시 군에 의한 민간인 집단학살 사건

6) 5·18민주화운동 당시 행방불명자의 규모 및 소재

7) 5·18민주화운동 당시 희생자 암매장과 시신의 유기 및 그 유해의 발굴과 수습에 대한 사항

8) 5·18민주화운동 이후 국방부 및 군기관과 국가정보원 등에 의한 5·18민주화운동의 은폐, 왜곡, 조작 사건

9) 5·18민주화운동 당시 북한군 개입 여부 및 북한군 침투조작 사건

10) 국가권력 등에 의한 피해자에 대한 탄압 사건

11) 5·18민주화운동과 관련하여 작전에 참여한 군과 시위진압에 투입된 경찰의 사망·상해 등에 관한 피해

12) 기타 이 법의 목적 달성을 위하여 제4조에 따른 5·18민주화운동 진상규명조사위원회가 진상규명이 필요하다고 인정한 사건

그런데 동 법률 제44조에 의하면 조사위원회는 조사결과 조사한 내용이 사실임이 확인되고 범죄혐의가 있다고 인정되는 경우 검찰총장에게 고발하여야 하고, 조사과정에서 범죄혐의에 대하여 상당한 개연성이 있다고 인정할 경우 수사기관에 수사를 하도록 요청할 수 있다. 과연 '5·18민주화운동 진상규명조사위원회'는 조사결과 살인, 성폭력범죄, 암매장 등의 행위가 있었다고 확인되면 어떠한 범죄로 수사의뢰를 해야 할까? 형법상의 전통적인 개인범죄, 아니면 인도에

반한 죄?

'인도에 반한 죄'는 ICC 로마규정의 채택과 함께 전 세계 여러 국가에서 성문화되고 있는 범죄이다. 그렇다 보니 '인도에 반한 죄'에 대한 형사법 이론의 체계화는 아직 진행 중에 있다. 세계 각 국가의 형법이론은 지금까지 개인에 의해서 범해질 수 있는 개인범죄를 대상으로 발전하여왔다고 할 수 있다. ICC 로마규정 채택의 진정한 의미는 국가범죄의 대표적 형태인,[7] ICC 관할범죄인 핵심 국제범죄(core international crimes)가 가장 중한 범죄임을 세계 각국이 자국법으로 명문화하도록 간접적으로 강제하는 데 있다. 점차 더 많이 세계 각 국가에서 명문화되고 있는 인도에 반한 죄가 단지 선언적 규정에 그치지 않으려면, 개인범죄와 국가범죄를 아우르는 형법이론이 체계화될 필요가 있다. 우리나라에서는 이러한 필요성이 더욱 강한데, 5·18 책임자의 처벌이 여전히 문제되고 있기 때문이다. 이러한 문제 인식하에, 이 글에서는 '인도에 반한 죄'와 관련된 많은 쟁점 중 소급효금지원칙에 대해서 자세히 살펴보고자 한다. 먼저 국가가 형벌을 부과받을 수 있는 형사책임의 주체가 될 수 있는지, 국가범죄에서 국가가 부담하는 형사법적 책임이 무엇인지에 대해서 다룬다. 다음으로는 사후입법으로 인도에 반한 죄를 처벌하더라도 소급효금지원칙에 반하지 않는다고 볼 수 있는 근거에 대해 자세히 살펴본다.

국가범죄에서 국가가 부담하는 형사법적 책임의 의미

1. 판례의 태도 및 문제제기

우리 판례는 다음과 같이 법인은 형사처벌의 대상이 될 수 없다는 입장을 취하고 있다: "형법 제355조 제2항의 배임죄에 있어서 타인의 사무를 처리할 의무의 주체가 법인이 되는 경우라도 법인은 다만 사법상의 의무주체가 될 뿐 범죄능력이 없는 것이며 그 타인의 사무는 법인을 대표하는 자연인인 대표기관의 의사결정에 따른 대표행위에 의하여 실현될 수박에 없어 그 대표기관은 마땅히 법인이 타인에 대하여 부담하고 있는 의무내용대로 사무를 처리할 임무가 있다 할 것이므로 법인이 처리할 의무를 지는 타인의 사무에 관하여는 법인이 배임죄의 주체가 될 수 없고 그 법인을 대표하여 사무를 처리하는 자연인인 대표기관이 바로 타인의 사무를 처리하는 자 즉 배임죄의 주체가 된다."[8]

우리 법률은 법인은 범죄를 범할 능력 즉, 범죄능력이 없고, 형사처벌의 대상이 될 수 없다는 입장에서 출발하여 법인에 소속된 자연인이 범죄행위를 한 경우 법인에게도 벌금이라는 형벌을 부과할 수 있도록 하는 특별규정들을 두고 있는데, 이를 가리켜 '양벌규정'이라고 한다. 우리 판례는 지방자치단체가 양벌규정에 의한 처벌의 대상이 되는가와 관련하여 다음과 같이 판시함으로써 국가는 형사처벌의 대상이 될 수 없다는 것을 간접적으로 표현하고 있다.

> 헌법 제117조, 지방자치법 제3조 제1항, 제9조, 제93조, 도로법 제54조, 제83조, 제86조의 각 규정을 종합하여 보면, 국가가 본래 그의 사무의 일부를 지방자치단체의 장에게 위임하여 그 사무를 처리하게 하는 기관위임사무의 경우에는 지방자치단체는 국가기관의 일부로 볼 수 있는 것이지만, 지방자치단체가 그 고유의 자치사무를 처리하는 경우에는 지방자치단체는 국가기관의 일부가 아니라 국가기관과는 별도의 독립한 공법인이므로, 지방자치단체 소속 공무원이 지방자치단체 고유의 자치사무를 수행하던 중 도로법 제81조 내지 제85조의 규정에 의한 위반행위를 한 경우에는 지방자치단체는 도로법 제86조의 양벌규정에 따라 처벌대상이 되는 법인에 해당한다고 할 것이다.[9]

지방자치단체가 양벌규정에 의해 형벌을 부과받을 수 있는지가 문제된 위 사건에서 법원은 "지방자치단체가 국가의 사무를 위임받아 처리하는 기관위임사무의 경우 지방자치단체는 국가기관의 일부라고 할 수 있으므로 기관위임사무의 경우

지방자치단체는 양벌규정에 따라 처벌대상이 되는 법인에 해당하지 않는다"고 보고 있다. 즉, 국가는 형사처벌의 대상이 되는 법인에 해당하지 않는다는 입장에서 지방자치단체가 행하는 사무가 기관위임사무인지, 아니면 자치단체 고유의 사무인지에 따라 후자인 경우에 한해 지방자치단체가 양벌규정에 의해 형사처벌의 대상이 될 수 있는 법인에 해당한다고 판시하고 있다. 이와 같은 판례의 태도는 '국가는 형벌권을 행사하는 주체이기에 국가는 범죄주체가 될 수 없고, 형사책임의 주체 또는 형사처벌의 대상이 될 수 없다'는 사고를 바탕으로 한다고 할 수 있다.

한편, '국가범죄'라는 용어는 용어 자체를 통해 알 수 있듯이, '국가의 범죄' 또는 '국가에 의한 범죄'를 의미한다. '국가범죄'는 국가의 범죄주체성 또는 형사책임 주체성이 긍정되는 경우에만 인정될 수 있다. 국가 자체의 범죄주체성 또는 형사책임 주체성을 긍정하지 않고 있는 현재 우리 판례의 입장에 의한다면, 형사법에서 '국가범죄'를 논하는 것은 어려운가?[10] 국가범죄의 가장 전형적인 형태라고 할 수 있는 '인도에 반한 죄'가 왜 '범죄'로 인정되고 있는지를 살펴보면 '국가범죄'라는 용어 또는 사고는 국가 자체를 형사처벌하고자 하는 사고가 아님을 알 수 있고, 지금까지 '개인범죄'를 대상으로 하여 형성·발전되어온 형사법 이론이 앞으로는 '개인범죄'와 '국가범죄'를 아우르는 형사법이론으로 체계화되어야 할 필요성이 있음을 알 수 있다.

2. '인도에 반한 죄'의 특징 및 인도에 반한 죄에서의 책임구조

우리 국제형사범죄법 제9조는 다음과 같이 '인도에 반하는 죄'를 규정하고 있다. 인도에 반한 죄가 성립하기 위해서는 "민간인 주민을 공격하려는 국가 또는 단체·기관의 정책과 관련하여 민간인 주민에 대한 광범위하거나 체계적인 공격으로" 제9조에 나열된 행위가 이루어졌어야 한다. 이를 인도에 반한 죄의 '상황적 요건(contextual element)'이라고 한다.

인도에 반하는 범죄의 상황적 요건이 충족되기 위해서는 ① 민간인 주민에 대

국제형사범죄법 제9조(인도에 반한 죄)

① 민간인 주민을 공격하려는 국가 또는 단체·기관의 정책과 관련하여 민간인 주민에 대한 광범위하거나 체계적인 공격으로 사람을 살해한 사람은 사형, 무기 또는 7년 이상의 징역에 처한다.

② 민간인 주민을 공격하려는 국가 또는 단체·기관의 정책과 관련하여 민간인 주민에 대한 광범위하거나 체계적인 공격으로 다음 각 호의 어느 하나에 해당하는 행위를 한 사람은 무기 또는 5년 이상의 징역에 처한다.

1. 식량과 의약품에 대한 주민의 접근을 박탈하는 등 일부 주민의 말살을 불러올 생활조건을 고의적으로 부과하는 행위
2. 사람을 노예화하는 행위
3. 국제법규를 위반하여 강제로 주민을 그 적법한 주거지에서 추방하거나 이주하도록 하는 행위
4. 국제법규를 위반하여 사람을 감금하거나 그 밖의 방법으로 신체적 자유를 박탈하는 행위
5. 자기의 구금 또는 통제하에 있는 사람에게 정당한 이유 없이 중대한 신체적 또는 정신적 고통을 주어 고문하는 행위
6. 강간, 성적 노예화, 강제매춘, 강제임신, 강제불임 또는 이와 유사한 중대한 성적 폭력 행위
7. 정치적·인종적·국민적·민족적·문화적·종교적 사유, 성별 또는 그 밖의 국제법규에 따라 인정되지 아니하는 사유로 집단 또는 집합체 구성원의 기본적 인권을 박탈하거나 제한하는 행위
8. 사람을 장기간 법의 보호로부터 배제시킬 목적으로 국가 또는 정치단체의 허가·지원 또는 묵인하에 이루어지는 다음 각 목의 어느 하나에 해당하는 행위
   가. 사람을 체포·감금·약취 또는 유인(이하 "체포 등"이라 한다)한 후 그 사람에 대한 체포 등의 사실, 인적 사항, 생존 여부 및 소재지 등에 대한 정보 제공을 거부하거나 거짓 정보를 제공하는 행위
   나. 가목에 규정된 정보를 제공할 의무가 있는 사람이 정보 제공을 거부하거나 거짓 정보를 제공하는 행위
9. 제1호부터 제8호까지의 행위 외의 방법으로 사람의 신체와 정신에 중대한 고통이나 손상을 주는 행위

③ 인종 집단의 구성원으로서 다른 인종 집단을 조직적으로 억압하고 지배하는 체제를 유지할 목적으로 제1항 또는 제2항에 따른 행위를 한 사람은 각 항에서 정한 형으로 처벌한다.

④ 제2항 각 호의 어느 하나에 해당하는 행위 또는 제3항의 행위(제2항 각 호의 어느 하나에 해당하는 행위로 한정한다)를 하여 사람을 사망에 이르게 한 사람은 제1항에서 정한 형에 처한다.

⑤ 제1항부터 제3항까지에 규정된 죄의 미수범은 처벌한다.

한 공격일 것 ② 그러한 공격이 광범위하거나 체계적일 것 ③ 그러한 공격이 국가 또는 단체·기관의 정책과 관련하여 또는 정책에 따라 이루어졌을 것 ④ 제9조에 나열된 행위에 속하는 개개 행위가 그러한 공격의 일부로 행해졌을 것이라는 요건이 충족되어야 한다. 상황적 요건이 충족되지 않는 살해행위, 상해행위, 고문 등은 그 행위자 개인의 살인죄, 상해죄 등으로 인정될 뿐이고, 그러한 행위에서는 '인도에 반한 죄'가 성립하지 않는다.[11]

인도에 반한 죄가 형법상의 전통적인 개인범죄와 구별되는 점은 '권력을 가진 국가기관 또는 국가 유사의 조직·집단에 의해 조직적·체계적으로 또는 광범위하게 범해지는 불법행위'라는 점이다.[12] 전통적인 개별 국가 형법상의 범죄는 (내란죄와 같이 예외적으로 집단범죄에 해당하는 경우가 있기는 하지만) 원칙적으로 자연인 1인이 범할 수 있는 개인범죄이다. 이에 반해 '상황적 요건'이 충족되어야 하는 인도에 반한 죄는 필요적으로 조직·집단에 의해 범해질 수밖에 없는 집단범죄이다.

국가 또는 국가유사의 집단에 의해 범할 것을 요건으로 하는 인도에 반한 죄에서는, 그 집단에서 지도적 위치에 있는 자들에 의해 설정된 어떠한 정책이 없이는 그러한 범죄가 범해질 수 없다. 국가가 가진 강제력은 국가기관 구성원에 의해 행사될 수밖에 없다. 국가기관 구성원, 특히 상위 지도층이 국가의 강제력을 행사하는 과정에서 시민(민간인)을 광범위하게 또는 체계적으로 공격하는 정책을 설정한 경우 그 행위는 국가의 행위로도 귀속될 수 있다고 보아야 한다. 따라서 그러한 정책을 설정한 자는 그러한 정책에 기해 그 집단에 의해 범해진 인도에 반한 죄에 대해 자연인으로서 형사책임을 부담한다. 그리고 그 범죄행위는 국가의 행위로도 귀속되기에 형사책임을 부담하는 자연인들(특히, 국가라는 집단의 상위층에 속하는 자연인들)뿐만 아니라, 국가 또한 일정한 책임을 부담한다고 보아야 한다. 여기서 국가가 부담해야 할 책임은 자연인에게 부과되는 자유형 또는 벌금과 같은 형벌을 의미하지 않는다.

근대 이후 형벌권은 국가가 독점한다. 소급효금지원칙, 공소시효제도는 국가의 형벌권 행사와 관련되는 원칙이다. 국가의 강제력을 행사하는 국가기관 구성원이 집단적으로 시민(민간인)들을 공격하여 범죄행위를 하였는데, 개인에 의해 범해지는 개인범죄에서와 마찬가지로 소급효금지원칙 및 공소시효제도를 그대로 그러한 집단범죄에 적용하는 경우 불합리점이 발생할 수 있다. 왜냐하면 국가의 상위층 지도자들에 의해 설정된 정책에 의해 그러한 범죄행위가 이루어졌고, 상위층 지도자들이 바로 국가가 가진 강제력(형벌권 포함)을 행사하고 있기에 그들이 권력을 가지고 있는 한 그들(상위 지도층)은 형사소추되지 않기 때문이다. 따라서 권력층에 의한 집단범죄인 인도에 반한 죄에서는 소급효금지원칙 및 공소시효제도가 전통적인 형법상의 개인범죄와 달리 인정될 수 있다. 즉, 인도에 반한 죄와 같은 국가범죄에 대해서는 형법상의 전통적인 개인범죄와 다른 법적 효과를 인정해야 하고, 이것을 국가가 수용해야 한다는 것이 바로 국가범죄에서 인정되는 국가의 책임이라고 보아야 한다. 이것은 국가범죄의 경우 개인범죄와 다른 법적 효과를 인정하는 것이지, 국가 자체를 형사처벌하는 것이 아니다.[13]

인도에 반한 죄와 소급효금지원칙

1. 문제 상황

5·18진상규명조사위원회는 조사결과 조사한 내용이 사실임이 확인되고 범죄혐의가 있다고 인정되는 경우 검찰총장에게 고발하여야 하고, 조사과정에서 범죄혐의에 대하여 상당한 개연성이 있다고 인정할 경우 수사기관에 수사를 하도록 요청할 수 있다. 만약 5·18진상규명조사위원회의 조사결과, 군대에 의한 5·18 진압행위 과정에서 이루어진 인권침해행위가 인도에 반한 죄에 해당해서 수사기관에 수사를 의뢰하는 경우, 우리 검찰은 인도에 반한 죄로 수사하여 기소할 수 있을까?

현재에는 우리 국제형사범죄법에서 명문 규정으로 '인도에 반한 죄'가 범죄로 규정되어 있다. 그러나 동 법률은 동 법률 시행 이전에 발생한 인도에 반한 죄에 동 법률이 적용될 수 있는지에 대해서는 침묵하고 있다. 형사법의 지도원칙인 죄형법정주의에 의하면, 행위 당시에 형사 가벌성이 성문법률에 명시되지 않은 행위를 행위 이후에 법률제정을 통해 형사처벌하는 것은 죄형법정주의의 하부원칙인 성문법률주의와 소급효금지원칙에 반한다. 국제형사범죄법률이 동 법률 시행 이전에 발생한 인도에 반한 죄에 동 법률을 적용할 수 있는지에 대해 침묵하고 있는 것은, 소급효금지원칙에 따르면 그러한 범죄에 동 법률을 적용하는 것은 허용되지 않는다는 뜻으로 보아야 하는가?

이는 앞으로 많이 논의되어야 할 문제라고 할 수 있는데, 필자는 아래에서 인도에 반한 죄의 경우 사후입법을 통해 처벌하더라도 소급효금지원칙에 반하지 않는다고 볼 수 있는 몇 가지 근거를 제시하고자 한다.

2. 뉘른베르크 국제군사재판소 판례, ICCPR 제15조 및 ECHR 제7조

행위 당시에는 국제범죄로 처벌하는 규정이 없었는데, 사후의 입법을 통해 국제범죄로 처벌하는 것이 소급효금지원칙에 반하는가라는 문제는 이미 2차대전 전범재판에서부터 제기되었다. 이와 관련하여 '(뉘른베르크) 국제군사재판소(IMT)'는 다음과 같은 근거로 소급효금지원칙에 반하지 않는다고 판시하였다.

> 죄형법정주의는 주권에 대한 제약이 아니며, 일반적인 정의의 원칙이다. 조약과 확약을 공연히 배신하고 이웃 나라들을 경고 없이 …공격한 자들은 그가 잘못된 행위를 하고 있으며, 그들을 처벌하는 것이 부당하지 않다는 것을 알고 있었음에 틀림없다.[14]

> 정의와 공평이라는 측면에서, 피고인의 행위가 이미 그의 국내형법에 의해서 범죄로 처벌받는 행위라는 것을 피고인이 알고 있는 이상, 이러한 행위를 연합국 통제위원회법 제10호 위반으로 처벌하는 것을 죄형법정주의위반이라고 항변할 수 없다.[15]

죄형법정주의를 형식적으로 이해할 것이 아니라 실질적으로 이해하면 죄형법정주의는 국가마다 형사가벌성이 달라질 수 있는 범죄, 즉 경미한 범죄나 행정형법범에서 큰 의미를 가지는 것으로 이해될 수 있다. 자연법상의 범죄 또는 모든 국가에서 의문의 여지없이 법률에 의해 형사범죄로 인정되고 있는 행위의 경우 그러한 행위를 다른 범죄로 하여 형사처벌하는 경우 '성문법 규정이 존재할 것'이라는 요건은 완화되고, 정의의 요청이 보다 더 강조되는 것으로 이해될 수 있다.[16] 위에서 소개된 뉘른베르크 국제국사재판소 판례는 2차대전 전범자들의 범행 당시에 국제범죄를 형사처벌하는 명문 규정이 없었다고 하더라도 그러한 국제범죄를 구성하는 행위(예컨대 살해행위)가 이미 자국의 국내 법률에 의해 범죄로 처벌되는 행위라는 것을 범행자들이 알고 있었던 이상 그러한 행위를 국제범죄로 처벌하더라도 소급효금지원칙에 반하지 않는다는 논리를 펼쳤다.[17] 이러한 논리 또는 법리는 2차대전 전범재판 이후에 제정된 '시민적 및 정치적 권리에 관한 국제규약(International Convenant on Civil and Political Rights)'과 '유럽인권협약(European Convention on Human Rights)'에 그대로 수용되었다.

ICCPR 제15조는 다음과 같이 소급효금지원칙에 대해 규정하고 있다.[18]

ICCPR 제15조(ICCPR Article 15)

1. 어느 누구도 행위 당시에 개별 국가의 법 또는 국제법에 의할 때 범죄를 구성하지 않는 작위 또는 부작위로 인해 형사책임을 부담하지 않는다. 뿐만 아니라, 범행 당시에 적용될 수 있었던 법에 따른 형보다 더 중한 형으로 처벌될 수 없고, 범행 후에 법규정이 경하게 변경된 경우 경한 법규정이 적용되어야 한다(*No one shall be held guilty of any criminal offence on account of any act or omission which did not constitute a criminal offence, under national or international law, at the time when it was committed. Nor shall a heavier penalty be imposed* than the one that was applicable at the time when the criminal offence was

committed. If, subsequent to the commission of the offence, provision is made by law for the imposition of the lighter penalty, the offender shall benefit thereby).

2. 동 조(條)는 행위 당시에 국제공동체에서 인정되는 일반적인 법원칙에 의할 때 범죄에 해당하는 작위 또는 부작위로 인해 재판을 받고 처벌되는 것에 (악)영향을 미치지 않는다(Nothing in this article shall prejudice the trial and punishment of any person for any act or omission which, at the time when it was committed, was criminal according to the general principles of law recognized by the community of nations).

ICCPR 제15조 제2항에 의하면 "행위 당시의 국가공동체의 일반적인 법원칙에 따를 때 범죄인 행위"를 형사처벌하는 것은 소급효금지원칙에 반하지 않는다. ICCPR 제15조 제2항 및 ECHR 제7조 제2항은 인도에 반한 죄 등과 같은 국가범죄 또는 국제범죄를 처벌할 수 있도록 하기 위해 제정된 규정이다.[19] ICCPR 제15조 제2항 및 ECHR 제7조 제2항이 인도에 반한 죄와 같은 국가범죄를 사후입법을 통해 형사처벌할 수 있다고 하는 이유는 인도에 반한 죄의 성격을 살펴보면 어렵지 않게 이해될 수 있다.

3. 인도에 반한 죄의 성격

인도에 반한 죄는 '상황적 요건'이 충족되어야만 성립하는, 필요적으로 국가 또는 국가유사의 집단에 의해서만 범해질 수 있는 범죄이다. 예컨대 상황적 요건이 충족되지 않는 살해행위는 형법상의 전통적인 범죄인 살인죄가 성립할 뿐이고, 민간인을 공격하려는 정책에 기해 광범위하거나 체계적으로 이루어진 살해행위들에서만 '인도에 반하는 죄로서의 살해죄'가 성립한다. 즉, '인도에 반하는 죄로서의 살해죄'를 구성하는 각 살해행위는 인도에 반한 죄가 성립하지 않는 경우일지라도 개인범죄인 살해죄에는 해당한다.

개별 인도에 반한 죄(예컨대 '인도에 반한 죄로서의 살해죄', '인도에 반한 죄로서의 노예화' 등)를 구성할 수 있는 각 행위(국제형사범죄법 제9조에서 개별 인도에 반한 죄를 구성하는 행위로 나열되고 있는 살해, 노예화, 불법체포·감금, 고문 등)는 그 행위 자체가 개별적으로 이루어질지라도 이미 전통적인 형법상의 범죄에 해당하는 행위이다. 인도에 반한 죄는 이미 형법상 범죄로 인정되는 그러한 개개 행위가 국가 또는 국가 유사집단의 "민간인 주민을 공격하려는 정책"과 관련하여 즉, 그러한 정책의 일부로 광범위하거나 체계적으로 이루어진 경우에 성립한다. 따라서 인도에 반한 죄 규정은 기존에 형사처벌되지 않던 행위를 새로이 형사범죄로 처벌할 수 있도록 하는 규정 즉, 형사가벌성을 창설하는 규정이 아니라, 행위 당시에도 법률에 의해 범죄로 처벌되던 행위가 국가 또는 국가유사 집단에 의해 광범위하거나 체계적으로 범해진 경우에 '인도에 반한 죄'로 처벌하는 규정이다. 그리고 인도에 반한 죄 규정이 기존의 범죄규정에 비해 중한 형을 인정하고 있는 경우, 인도에 반한 죄 규정을 적용하더라도 기존의 범죄규정에 의해 인정되는 형보다 중한 형을 부과하지 않는다면 소급효금지원칙에 반하지 않는다고 볼 수 있다.[20]

4. 로마규정 제24조의 의미

국제형사재판소(ICC) 로마규정 제24조(소급효금지) 제1항은 "누구도 이 규정이 발효되기 전의 행위에 대하여 이 규정에 따른 형사책임을 지지 아니한다"고 하면서 소급효금지원칙에 대해 규정하고 있다. 이 규정은 개별 국가가 로마규정의 발효일 이전에 발생한 인도에 반한 죄에 해당하는 행위를 인도에 반한 죄로 처벌하는 것을 금지하는 규정으로 이해되어야 하는가?

어떠한 행위를 범죄행위로 규정하고, 그러한 범죄의 범행자를 형벌로 처벌하는 권한을 '형벌권'이라고 하는데, 자국에서 자국 국민에 의해 자국 국민을 대상으로 범해진 범죄를 그 국가가 어떻게 처벌하는가의 문제는 원칙적으로 해당 국가의 문제이지, 다른 국가 또는 국제사회가 개입할 수 없는 문제이다. 그러나 ICC 관할범죄와 같이 권력을 가진 자들에 의해 범해지는 집단범죄에서 책임을 져야 할 자들이(특히 주된 책임을 져야 할 최상위층 지도자들이) 권력을 가진 자들이라서 소추되지 않거나 제대로 처벌되지 않는 현상은 그 범죄가 어느 국가에서 그 국가 권력자들에 의해 오로지 그 국가 국민을 대상으로 범해졌다고 할지라도, 단순히 그 국가의 문제라고 볼 수 없다. 왜냐하면 권력을 가진 자들에 의해 범해질 수밖에 없는 범죄에서, 권력을 가진 자들이기에 제대로 처벌되지 않고 있는 것을 방치하는 것은 해당 국가를 넘어서서 전 세계에 인간존엄성 또는 인권에 대한 경시 풍조를 증대시켜 세계의 평화·안전과 복지를 위협할 수 있기 때문이다.[21]

따라서 제노사이드, 전쟁범죄, 인도에 반하는 죄 및 침략범죄 같은 '권력자들에 의한 집단범죄'에 한해서는 그 범죄가 단지 어느 한 국가의 영역에서 그 국가 또는 국가의 단체에 의해 그 국가 국민들을 대상으로 이루어졌다고 할지라도, 단순히 해당 국가의 문제로 치부할 것이 아니라, 국제공동체 전체의 관심사인 문제로 이해하여, 그러한 심각한 범죄의 범행자들이 제대로 처벌되지 않는 현상을 종식시킬 필요가 있고, 이를 위해서 로마규정이라는 국제조약이 채택되고, ICC가 설립되었다.

하지만 국제조약인 로마규정에 최대한 많은 국가들이 가입토록 하여 로마규정이 전세계적 효력을 발휘할 수 있도록 하기 위해서, 그리고 상설국제형사재판소인 ICC가 감당할 수 없는 과중한 임무를 ICC가 부담하지 않도록 하기 위해서, 국제사회는 두 가지 방식으로 ICC의 관할권을 제한하였다. 그 첫째는 보충적 관할권 행사의 원칙이다. 로마규정 발효일 이후에 로마규정 당사국에서 범해진 국제범죄일지라도 ICC는 우선적으로 관할권을 가지는 범죄지 국가 등이 국제범죄자를 소추하여 처벌할 의사 또는 능력이 없는 경우에만 관할권을 행사한다.[22]

다음으로, 로마규정 제11조(시간적 관할권)에 의하면 ICC는 로마규정의 발효일 이후에 범하여진 범죄에 대해서만 보충적으로 관할권을 가진다. 로마규정을 가입·비준한 60번째 국가까지는 로마규정이 2002년 7월 1일부로 발효되었다. 즉, 로마규정의 발효일 이전에 로마규정을 가입·비준한 당사국일지라도 ICC가 그 당사국에서 범해진 모든 인도에 반한 죄에 대해 보충적 관할권을 가지는 것이 아니다. 2002년 7월 1일 이후에 그 당사국에서 범해진 인도에 반한 죄에 한해서만 보충적 관할권을 가진다.[23] 로마규정 발효일 이전에 범해진 인도에 반한 죄 등의 범죄에 대해 ICC의 보충적 관할권을 인정하는 것은 로마규정을 가입·비준하려는 국가가 줄어들도록 할 뿐만 아니라, ICC가 감당할 수 없는 임무를 ICC에 부여하는 것이다. 그렇기에 로마규정은 로마규정의 당사국일지라도 로마규정의 발효일 이후에 당사국에서 범해진 인도에 반한 죄 등에 한해서만 ICC가 보충적으로 관할권을 가지도록 하고 있다.

제11조 및 제24조의 입법과정과 국제형사법 관련 문헌에 따르면 로마규정 제24조 제1항은 로마규정 제11조와 같은 취지로 ICC의 관할권을 제한한 규정이지,[24] 다른 한시적 국제재판소(예컨대, 유엔 산하 임시재판소) 또는 개별 국가가 사후입법으로 로마규정 발효일 이전에 범해진 인도에 반한 죄 등을 처벌하는 것을 금지하는 것은 아니다. ICC가 설립되기 이전에 국제범죄(자)를 소추·처벌하는 방법에는 ① 해당 국가의 사법기관이 소추·처벌하는 방법 ② 유엔 산하 임시 국제형사재판소(UN ad hoc tribunal)의 설립을 통해서 소추·처벌하는 방법 ③ 혼합재판소(hybrid tribunal/court)의 설치를 통해서 소추·처벌하는 방법이 있었다. ICC 설립 이전에 설치되었던 국제형사재판소는 – 예컨대 IMT(뉘른베르크 국제군사재판소), IMTFE(극동 국제군사재판소), ICTY(구 유고슬라비아 국제형사재판소), ICTR(르완다 국제형사재판소) – 모두 국제범죄가 범해진 후에 해당 재판소 헌장(Charter) 또는 규정(Statute)을 제정하여 사후입법으로 국제범죄자를 처벌하였다.

5. 캐나다와 에스토니아의 입법례

개별 국가 중에는 인도에 반한 죄 처벌규정을 신설하면서 그 규정 시행일 이전에 범해진 인도에 반한 죄일지라도 동 죄로 처벌할 수 있다는 것을 성문법 규정으로 명시하고 있는 국가도 있는데, 캐나다와 에스토니아가 그러하다.

캐나다는 이미 1987년에 전쟁범죄와 인도에 반한 죄 처벌규정을 신설하면서 소급적 처벌을 인정하였다. 캐나다는 로마규정 가입 후에는[25] 2000년에 기존 〈캐나다형법전〉상의 규율내용과 로마규정의 규율내용을 통합한 〈인도에 반한 죄 및 전쟁범죄에 관한 법률(Crimes Against Humanity and Crimes Act)〉을 제정하여 제노사이드(집단살해죄), 인도에 반한 죄 및 전쟁범죄에 대한 캐나다의 형벌권에 대해 규율하고 있다. 동 법률 제4조 제3항에서는 제노사이드, 인도에 반한 죄 및 전쟁범죄를 정의하고 있는데, 인도에 반한 죄를 다음과 같이 정의하여 법규정 제정 이전에 범해진 인도에 반한 죄도 처벌할 수 있다는 것을 명시하고 있다.

> **캐나다에서 자행된 대량학살 등(Genocide, etc., committed in Canada) 정의들**
>
> (3) 아래의 정의는 동 조(條)에 적용된다(The definitions in this subsection apply in this section).
>
> '인도에 반한 죄'란 민간인 주민 또는 특정될 수 있는 그룹에게로 범해진 살해, 절멸, 노예화, 강제추방, 강제구금, 고문, 성적 폭력, 박해 또는 기타 비인간적 작위 또는 부작위 행위로서, 그 행위가 범행시점에 그리고 범행지에서 유효한 성문법률에 반하는지에 상관없이, 범행 시점의 그리고 범행지의 국제관습법 또는 조약 국제법에 의할 때 인도에 반한 죄에 해당하거나 국제공동체에서 인정되는 일반적인 법원칙에 의할 때 범죄에 해당하는 행위를 의미한다(crime against humanity means murder, extermination, enslavement, deportation, imprisonment, torture, sexual violence, persecution or any other inhumane act or omission that is committed against any civilian population or any identifiable group and that, at the time and in the place of its commission, constitutes a crime against humanity according to customary international law or conventional

international law or by virtue of its being criminal according to the general principles of law recognized by the community of nations, whether or not it constitutes a contravention of the law in force at the time and in the place of its commission[crime contre l'humanité]).

에스토니아는 1941년부터 1944년까지는 독일에 점령당했고, 독일의 패전 후에는 1991년 독립할 때까지 소비에트연방의 지배를 받았다. 에스토니아 형법전은 1992년에 제정되었는데, 에스토니아는 1994년에 형법전을 개정하면서 제노사이드, 인도에 반한 죄 및 전쟁범죄 처벌규정을 신설하였을 뿐만 아니라, "범행시점에 상관없이 처벌된다"고 하여 소급처벌을 인정하였다. 에스토니아는 로마규정을 가입·비준한 후 형법을 개정하여 기존 형법전상의 규율내용과 로마규정의 내용을 통합하여 형법전 제88조 내지 제109조에서 제노사이드, 인도에 반한 죄 및 전쟁범죄에 대해 규율하고 있다. 그리고 현행 제5조(형법의 시간적 적용범위) 제4항에서는 "인도에 반한 죄 및 전쟁범죄는 범행시점에 상관없이 처벌되어야 한다"고 하여 기존의 규율내용을 그대로 유지하고 있다.[26]

맺음말

지금까지 각 국가의 형사법은 개인에 의해 범해질 수 있는 개인범죄를 대상으로 하여 발전해왔다. '인도에 반한 죄'는 ICC 로마규정의 채택과 함께 본격적으로 전 세계 여러 국가에서 성문화되고 있는 범죄이다. 우리나라도 2007년에 국제형사범죄법을 제정하여 법률상의 명문 규정으로 인도에 반한 죄에 대해 규율하고 있지만, 동 법률은 법률명을 통해 알 수 있듯이 국제형사재판소 로마규정의 이행입법으로 제정된 것이지, '인도에 반한 죄'와 같은 국제범죄에서 우리나라의 형벌권을 온전히 규율하겠다는 목적에서 제정된 법률이라고 하기에는 어렵다. 2007년에서야 우리 성문 법률에서 인도에 반한 죄가 규정되었다 보니, 아직 우리 형사법

이론이 개인범죄뿐만 아니라 인도에 반한 죄와 같은 국가범죄를 아우르는 이론으로 체계화되지는 않았고, 이러한 체계화는 오히려 이제 시작 단계에 있다고 할 수 있다. 이러한 체계화는 국가범죄의 전형적인 형태라고 할 수 있는 '인도에 반한 죄'가 명문 법규정으로 인정되고 있지만, 그 규정이 단지 법률상으로만 존재하는 상징적인 규정이 되지 않기 위해서도 필요하다.

앞에서 살펴보았듯이, 로마규정 제24조는 개별 국가가 사후입법으로 과거에 범해진 인도에 반한 죄를 처벌하는 것을 금지하는 규정은 아니다. 그리고 캐나다와 에스토니아 입법례를 통해 알 수 있듯이 사후입법으로 인도에 반한 죄를 처벌하더라도 죄형법정주의 위반이라고 할 수는 없다. 다르게 이야기하면, '사후입법으로 인도에 반한 죄를 처벌하는 것은 소급효금지원칙에 반한다'는 것이 '법(law)'이라고 할 수는 없다. 사후입법을 통한 인도에 반한 죄의 처벌 문제 즉, 개별 국가가 과거에 발생한 인도에 반한 죄까지 처벌하는 사후입법을 제정할 수 있는가의 문제는 오히려, 그 국가가 얼마나 실질적 법치주의를 지향하고 있고, 그러한 법규정을 제정하는 데 대한 반대를 극복할 수 있는 있는가와 같은 사실·현실에 관한 문제라고 할 수 있다.

5·18진상규명조사위원회는 수사기관이 아니고, 진실규명위원회이지만, 조사결과 범죄혐의가 인정되면 수사의뢰를 할 수 있다. '5·18민주화운동 진상규명을 위한 특별법'은 부족한 진상규명을 보완하는 것뿐만 아니라, 우리나라에서 '인도에 반한 죄'의 성격, 국제형사범죄법의 적용범위, 인도에 반한 죄에서 소급효금지원칙의 적용여부에 대한 논의를 활성화시킬 수 있다는 점에서도 그 법률의 제정의의를 찾을 수 있다. 이러한 논의가 활성화된다면 국제형사범죄법을 개정하여 동 법률 시행 이전에 범해진 인도에 반한 죄에도 동 법률을 적용할 수 있는가라는 논의도 이루어질 수 있다. 설사 이러한 법개정이 이루어지지 못한다고 할지라도, 최소한 그러한 문제에 대한 논의과정을 통해 5·18민주화운동 진압행위가 '인도에 반한 죄'에 해당한다는 것을 우리 사회에 보다 더 명확히 각인시킬 수 있을 것

이다. 즉, 5·18민주화운동 진압행위는 내란죄 또는 반란죄로만 기억되어서는 안 되고, '인도에 반한 죄'로 기억되어야 한다.

라스 베르크마이어
(주한독일고등교육진흥원 원장)

베를린 모아빗의 평화상(소녀상)에 관한 몇 가지 생각

이 글은 에세이 형식으로 베를린 모아빗에 설치된 〈평화의 소녀상〉에 대하여 몇 가지 생각과 견해를 소개하고자 한다. 해당 동상의 설치 및 철거 명령은 베를린 지역의 정책 범위를 크게 넘어서는 정치적 이슈가 되었다.

<평화의 소녀상> 배경에 관하여

〈평화의 소녀상〉은 태평양전쟁(1931-1945)에서 일본군에 의해 강제 성노예화된 희생자들을 기리기 위한 청동상이다. 2020년 9월 베를린 구청의 허가에 따라 시민단체 코리아협의회가 베를린 모아빗 지역에 설치하였으며 얼마 지나지 않아 독일 수도 내에서 논란의 중심에 서게 되었다.

일각에서는 독일의 중립성, 한국 및 일본과 두루 좋은 관계를 유지하는 것에 대한 중요성 그리고 전쟁 중 성폭력에 대한 보다 보편적인 대응 등을 강조하여 철거에 찬성한 반면, 반대 여론은 위안부 피해자들이 겪은 고통에 대해서는 기본적으로 협상이 불가능하다는 점, 일본의 역사수정주의적 태도에 대한 반대 의견 그리고 예술 표현의 자유에 대한 정부 부처의 개입 등을 근거로 들었다. 언론 보도에 따르면 일본측에서 독일 외무부와 베를린 행정관리청에 해당 건에 대한 개입을 직간접적 형태로 요청한 후, 공식 담당청인 베를린 미테 구청이 당초 1년을 기준으로 발급되었던 전시 허가서를 취소하였다. 이는 '소녀상' 운동에 참여하는 한국인 및 독일인들의 거센 항의로 이어졌다. 예기치 못한 항의에 놀란 것으로 보이는 구청장 폰 다셀은 모든 당사자의 이해가 반영되는 추가 검토를 진행하겠다고 발표하였다. 2020년 12월 베를린 미테 지역의 시민대표회의에서 철거 명령을 취소하는 것으로 결정되었고 안내표지판을 포함한 동상 전체가 그 자리에 유지될 수 있게 되었다.

<평화의 소녀상>은 한국과 일본 사이의 과거청산 및 화해 과정에 있어 긍정적인 신호를 생산하는가?

반박이 불가능한 사실 중 하나는 한국이 1910년부터, 즉 태평양전쟁이 발발한 1941년 훨씬 전부터 일본 제국 식민지 정책의 희생양이었으며 일본은 한국의 주권을 찬탈하는 동시에 한국 문화의 번영을 불가능하게 한 잔인한 동화 정책을 펼쳤다는 것이다.

위안부 문제라는 복합적인 사안이 마지막으로 다뤄진 시기는 2015년 일본과 한국 간에 체결된 양자 협약이었으며, 그 목표는 일본의 사과와 생존 피해자를 위한 100억 원 상당의 배상금을 바탕으로 해당 사안을 마무리하는 데 있었다. 다만 이러한 국가 간 협의가 피해자, 한국의 시민사회, 학계[1]의 우려 및 상처를 잠재우기에는 역부족이었다. 때문에 위안부 문제는 정치 어젠다로 계속 유지되었으며, 그중에서도 우선순위가 가장 높은 정치 과제로 남게 되었다. 예컨대 2018년 인권변호사 출신의 문재인 대통령은 가해자인 일본이 위안부 문제를 종결된 것으로 단언해서는 안 된다고 강조하였다. 해당 사안은 명백히 긴 역사에 걸쳐 축적되어온 동시에 충분히 청산되지 못한 현안으로, 양자 협약을 통해 권위를 바탕으로 "종결"된 것으로 명령할 수 없다. 한국 및 일본의 다양한 사회 하위 체계에서 여

[3-1] 베를린에 설치된 <평화의 소녀상>(시민들이 꽃을 장식해둔 모습)

전히 매우 감정적으로 다뤄지고 있는 문제라는 것이다.

이러한 배경에서 〈평화의 소녀상〉과 관련된 코리아협의회의 의도는 무엇이었을지 궁금하다. 〈평화의 소녀상〉을 설치함으로써 협의회에서 이루고자 한 것은 무엇일까? 과거 일본의 만행, 그중에서도 무고한 한국의 여성들을 성노예화시킨 그릇된 행위를 가해자가 보다 강력하게 인정하도록 하는 것? 자행된 만행뿐만 아니라 예컨대 '소녀상' 설치 개입에서도 드러나는 일본의 역사수정주의적 태도에 독일 사회가 관심을 갖도록 하는 것일까? 아니면 한국과 일본 간의 화해가 목표였을까?

희생자의 고통을 고려할 때 이 모든 의도가 정당하다는 데에는 의심할 여지가 없다. 다만 다음 두 개의 복합적인 사안은 서로 구분되어야 한다. 한편으로는 일본 정부가 위안부 현안에 보다 많은 관심을 쏟고 더 적극적으로 청산하도록 강요하기 위해 대응 여론과 정치적 압력을 형성하는 일이다. 그리고 다른 한편으로는 〈평화의 소녀상〉이라는 명칭에서 명확히 드러나는 것처럼 가해자와 희생자 사이에 평화가 구축되고 화해가 이루어지도록 노력하는 일이다.

'소녀상'의 디자인과 동상에 포함되는 안내판을 보면 전자의 의도처럼 가해자와 피해자를 둘로 나누고 있는 인상을 받게 된다. 소녀가 입고 있는 한복으로 한국인을 묘사했다는 것을 알 수 있기 때문에 한국 위안부 피해자들의 고통이 강조된다. 전쟁 중 성폭력을 예술 작품으로 공론화하여 보편적으로 비판하려 했다는 의도는 코리아협의회의 설명과 달리 곧바로 드러나지 않는다. 코리아협의회의 홈페이지에는 다음과 같이 설명되어 있다.

> 소녀는 피해자들이 일본군의 체계적 전쟁범죄의 희생자가 되었던 당시 흔하게 입고 있었던 한국의 전통 의상(한복)[코리아협의외에 의한 시각적 강조]의 차림이다. 소녀의 나이는 강제로 끌려간 위안부 희생자들 중에서 가장 큰 비율을 차지했던 약 13~15세에 해당된다.[2]

'소녀상' 설치 자체보다는, 실패로 돌아간 것으로 보이는 일본 정부의 개입이 한국 위안부를 대변하는 단체의 (응당 관심을 받아야 하는) 사안에 대한 관심도를 높이는 데 일조한 것으로 확인된다. 하지만 독일의 언론 보도에서는 이분법적 사고와 동상 설치에서 형성된 담론 축소에 대한 방증이 뚜렷하게 나타난다. 예컨대 홍밋거리 위주의 보도가 절반을 이루는 〈베를리너 차이퉁(Berliner Zeitung)〉지의 오픈 소스(Open Source) 프로젝트에서는 (녹색당) 구청장인 폰 다셀이 "일본 정부의 오른팔"로 기능하고 있다는 과장된 평가가 내려지기도 했다.[3] 그보다는 좀 더 진중한 신문인 〈DW(Deutsche Welle) News〉는 페이스북에 다음과 같이 다소 호전적인 인상을 주는 포스팅을 등록하였다.

> 제2차 세계대전 당시 위안부 피해자들을 기리는 베를린의 기념비가 논란과 외교적 긴장을 촉발시켰다. 일본은 그것의 철거를 원하지만, 운동가들은 반발하고 있다(A Berlin memorial to the victims of forced sex work in WWII has sparked controversy and diplomatic tension. Japan wants it axed, but activists are showing resistance).[4]

이 시점에서 발생하는 의문은 자신도 파시즘적 만행의 배경을 보유하는 독일이 취할 적합한 태도는 무엇인가 하는 점이다. 역사적으로 축적되어온 현재진행형의 한국-일본 갈등에서 제삼자에 가까운 역할을 하고 있는 국가(독일) 내에서, 논쟁이 이처럼 이분법적 형태를 취하게 될 경우, 해당 국가는 한국과 일본 사이에서 어떻게 행동해야 하는가. 다르게 표현하자면 소셜미디어에서도 명확히 드러나는 이분법적 사고와 (어떤 관점에서 보든 수긍이 가능한 이유로 인하여) 씁쓸한 방향으로 흘러가고 있는 논쟁을 고려할 때, 치유효과가 있는 기억 프로세스, 아니 어쩌면 화해 프로세스가 구현될 잠재력이 존재한다고 할 수 있는가?

지속가능한 화해 프로세스가 필수적으로 포괄되어야 한다

독일은 일본보다 더 악명 높고 상상을 초월하는 범죄를 저지른 바 있는데, 해당 범죄를 위해 뉘른베르크재판이 진행되기 전 "인도에 반한 죄"라는 카테고리가 구성 및 수정될 정도로 중대하고 파괴적인 행위였다. 다만 독일에서는 일본과 달리 스스로의 죄를 인정하고자 하는 의지와 생각이 형성되었으며, 늦어도 1960년대 후반에서 1970년대 여성인권운동과 민주화운동이 일어날 때쯤에는 "다시는 그런 일이 일어나지 않도록"하는 데 목표를 두는 범죄 청산에 대한 요구가 강하게 나타났다. 당시 독일은 비나치화가 완전히 이뤄지지 않았음에도 국제사회는 독일의 의지를 신뢰하게 되었다. 하지만 단순히 파시즘적인 정복 전쟁으로 인하여 승리 혹은 패배로 이어졌을 갈등이 시작되었다는 듯한 뉘앙스의 독일 (전쟁) 패배에 대한 묘사는 독일에서도 긴 시간 동안 지속되었다. 이러한 형편없는 묘사는 결국 당시 연방대통령 리히르트 폰 바이체커가 1985년 5월 8일 세2차 세계대선 종선 40주년을 맞아 연방하원에서 발표한 파격적인 연설문을 통해 금이 가기 시작했다.

> "5월 8일은 해방의 날입니다. 이날은 나치 독재 정권의 반인도적 체계로부터 우리 모두가 해방될 수 있도록 한 날입니다."

역사수정주의와 나치 정권 만행의 상대화에 항의하는 뜻을 담은 이 문장들은 독일의 집단적 의식에 깊게 뿌리내렸다. 동시에 전 대통령의 연설 덕분에 해당 사안에 있어 반파시즘적이며 서방을 중심으로 하는 합의가 형성되었는데,[5] 이뿐만 아니라 연설문의 다른 구절도 주의 깊게 살펴볼 필요가 있다.

> "오늘 우리는 전쟁 및 독재 정권하에서 발생한 모든 희생자를 기리고자 합니다. 우리는 그중에서도 특히 독일의 강제수용소에서 살해당한 6백만 명의 유대인을 추모합니다. 우리는 전쟁으로 인해 고통받은 모든 국가, 그중 특히 소비에트연방과 폴란드의 수많은 국민을 애도합니다. 독일인으로서 우리는 고향에서의 공습, 억류 상태, 추방 과정에서 군인으로서 목숨을 잃은 동포들의 죽음을 기립니다. 우리는 신티와 로마, 살해된 성소수자들, 죽임을 당한 정신 장애인 그리고 종교적 또는 정치적 신념으로 인해 사망한 사람들을 추모합니다. 우리는 총살을 당한 포로들을 기립니다. 우리는 독일이 점령한 국가에서 투쟁 중 목숨을 잃은 희생자들을 기억합니다. 독일인으로서 우리는 시민, 군사, 종교에서 비롯되었던 독일 내 저항유동과 노동자 계층 및 노조에서 시작된 저항운동, 그리고 공산주의자들의 저항운동에서 발생한 희생자분들께 존경을 표합니다.
> 우리는 운동에 적극적으로 참여하지 않았으나 신념을 굽히기보다 차라리 죽음을 택한 사람들을 추모합니다."[6]

이 구절에서 전 대통령은 먼저 역사적으로 유일무이한, 계획적인 유대인 및 유태교 말살 행위를 언급하고 이로 인한 희생자들을 애도한다. 하지만 그 외에도 나치 세력에 의해 잔인하게 박해당하고 압박받았으며 살해당했으나 안타깝게도 직후 발발한 전쟁으로 많은 관심을 받지 못한 기타 희생자들, 즉 소수민족 신티와 로마, 성소수자, 정신장애인, 그리고 정치적 신념이나 종교로 인해 박해당한 사람들에 대한 언급도 이어진다. 또한 독일군의 침략전쟁 중 목숨을 잃은 수백만 명의 사람들, 그중에서도 특히 소비에트연방과 폴란드의 희생자들도 언급된다. 하지만 나치 정권이 자행한 범죄의 다양성으로 인해 희생자 목록은 사실 이것으로 끝나지 않는다.

이러한 고찰에 대한 논증에 있어 중요한 의미를 지니는 것이 있다. 폰 바이체커의 언급은 한편으로는 도덕적 측면에서 바로 납득이 가는 제스처이다. 하지만 동시에, 이 기념일에 독재 정권의 희생자들을 기리는 것이 다른 한편 도덕적 측면에서 간접적인 제스처에 해당된다는 것이다. 이에 반해 의외인 점은 "군인으로서" 사망한 많은 "자국의 동포"도 언급하였다는 것이다. 논란이 되었던 해당 구절은 언뜻 듣기에는 거부감을 불러일으키는 구석이 있다. 왜냐하면 폰 바이체커는 해당 연설문에서 "나치 독재 정권의 반인도적 체계"로부터 해방된 날이라고 언급하며 "패전"이라는 용어를 배척하고 독일군이 일부를 구성하고 있던 파시즘과 침략전쟁의 수많은 희생자를 애도히는 입장을 표명하였기 때문이다. 하지만 이러한 거부감은 연설문에 적용되는 화해 중심의 변증법을 살펴볼 때 수그러진다. 먼저, 독일 나치 독재 정권의 많은 희생자를 강조하면서 언급하는 방식만을 보더라도 전 대통령이 가해자의 죄를 명확하게, 불가피하게, 압도적으로 이해 및 설명하고자 한다는 것이 나타난다. 그뿐만 아니라 전반적으로 큰 지탄을 받는 독일군의 구성원들도 언급하는 동시에 개개인의 죄는 구체적으로 묻지 않으면서 죄, 도덕적 배척, 기억 등으로 구성되는 변증법적 복합체에서 화해의 단초를 제공한다. 물론 수많은 희생자의 입장에서는 개인에게 죄를 묻지 않는 것이 받아들이기 힘든 일이있겠지만, 폰 바이체커는 항상 희생자뿐만 아니라 가해자 또한 함께해야 하는, 지속가능한 화해로 가는 험난한 길을 정확히 인지하고 있었다. 모든 역사적 범죄는 각각의 특수한 환경을 바탕으로 한다. 하지만 그 맹렬함으로 인해 모두가 공통적으로 인도에 반하는 죄에 해당된다는 점을 고려할 때, 화해는 거의 초시대적인 목표에 가까운 것으로 보인다. 원칙적으로 강조되어야 할 점은 화해 프로세스의 시작에 가해자의 깨달음이 있어야 한다는 것이다. 이 점을 고려하더라도, 적어도 폰 바이체커는 가해자일 가능성이 존재하는 사람들을 함께 언급함으로써 화해 프로세스를 구현하고자 했다. 이러한 접근 방식이 앞선 〈평화의 소녀상〉 사례에서 일본 측에 대한 이분법적인 대응에 교훈이 될 수 있지 않을까라는, 대답이 쉽지 않은 의문이 남는다.

담론 범위의 제한?

중대한 역사적인 죄를 주제로 긴 시간에 걸쳐 축적되어온 담론에서는 진정한 위대함도 머리 숙이고 무릎 꿇게 하는 희생자의 큰 고통이 기념비로 작용한다. 얼마 전, 빌리 브란트 전 독일 총리가 바르샤바 게토 추모비 앞에서 무릎을 꿇었던 역사적 순간이 50주년을 맞았다. 실질적인 화해의 시작은 항상 가해자 측에서 주도해야 하는 것이지만, 이 사례처럼 화해 프로세스 구현을 위해 조성된 환경에서도 화해의 씨앗이 자라날 수 있다.

도덕적 측면에서 볼 때 정당한 것으로 보일 수는 있으나, 이러한 배경에서는 과거청산 및 화해의 형태 담론에서 피해자와 가해자를 엄격하게 구분하는 사고방식이나 이분법이 건설적인 방식은 되지 못한다. 그 이유는 죄를 청산할 수 있는 행동 방안의 범위가 좁아지기 때문이다. 앞서 언급된, 정당한 도덕적 분노를 통해 전달되는 사고의 일차원성이 잘 드러나는 〈DW News〉의 포스팅을 이 시점에서 재차 인용하고자 한다.

> "제2차 세계대전 당시 위안부 피해자들을 기리는 베를린의 기념비가 논란과 외교적 긴장을 촉발시켰다. 일본은 그것의 철거를 원하지만, 운동가들은 반발하고 있다(A Berlin memorial to the victims of forced sex work in WWII has sparked controversy and diplomatic tension. Japan wants it axed, but activists are showing resistance)."

해당 글에서 정치적 대응 방안은 특정의 주체 그룹과 특정의 행동으로 제한된다. 적어도 간접적으로 무기가 손에 쥐어진 일본은 '악'으로 묘사되며 '저항'하는 운동가들은 그와 반대되는 위치에 있다. 〈평화의 소녀상〉은 반파시즘에 대한 역사적 재수용을 상징한다. 뿐만 아니라 최근에는 도덕적 방어막까지 획득하게 되면서 그 구상에 대해서는 공격이 불가능해졌다. 다만, 여기서 발생하는 의문은 '필연적으로 정치적 차원에서 진행되어야 하는 기억문화 형태에 대한 담론이 반드시 이러한 방식으로 구상되어야 할 필요가 있었는가'이다. 〈평화의 소녀상〉을 둘러싼 갈등에서 더 이상 담론의 일부로 인식되지 않는 측면이 함께 고려되어야 하지 않을까?

관련하여 주목할 만한 부분은 베를린 구청도 본래 입장문에서 지적한 바 있는, 두 국가 간 갈등에서의 중립성을 유지[7]하고 실행에 옮기는 문제이다. 이 상황에서 편향적인 태도를 보일 경우 아무리 도덕적 측면에서 정당한 것이라 해도 추후 이어지는 단계에서 요구되는 중재자, 즉 양측이 만회 과정에서 필요로 하는 "정직한 중개인"의 역할을 스스로 박탈하는 것이 된다. 뿐만 아니라 독일의 악명 높은 범죄와의 연관성으로 인해 정당성의 토대를 구축하기가 쉽지 않다는 점도 고려해야 한다. 아직 완전히 마무리되지는 않은 상태이지만 국제사회의 인정을 받고 있는 과거청산이, 독일이 기타 국가의 분쟁에서 자연스럽게 피해자의 편을 드는 동시에 이분법적 프로세스에서 가해자를 일괄적으로 배척하는 행위에서 정당성의 토대가 될 수 있을까?

나아가 이러한 방식으로 의문을 제기해야 하는, 인도주의 및 국제 행동 노선에 기반하는 독일의 자아상 문제 있어서는 다음을 고려해야 한다. 아르메니아인 대학살에 대한 (연방하원에서 다뤄지는) 공적 기억문화에 대해서는 동일한 권리를 바탕으로 어떻게 행동해야 하는가? 쿠르드족 문제는 어떠한가? 위구르족에 대한 중국의 탄압과 군사력 투입 행위에 대해서는 어떤가? 이처럼 도덕성에 있어 우선순위를 부여하기 까다로운 문제에서는 권한을 넘어서게 될 위험과 불평등이 발생할 위험이 있다. 이에 대해서는 독일의 저명한 역사학자인 하인리히 아우구스트 빙클러(Heinrich August Winkler)가 (앞선 사례와는 다른 대상에 해당되는) 2015년부터 논란이 되어온 난민 수용 문제와 관련하여 다음과 같이 입장을 표명한 바 있다. "독일의 역사 중 끔찍한 단편에 대한 논의는 오래전부터 독일연방공화국의 정치문화에 있어 기본 바탕으로 작용하였다. 독일은 자기비판적인 자아상을 놓아버릴 경우 서방 민주주의국가로의 기능을 상실하게 된다. 하지만 자기비판이 도덕적으로 과대평가되는 새로운 자기 인식으로 전환하는 위험으로부터 보호해주지는 않는다."[8] 빙클러는 이와 관련하여 2015년 당시 녹색당 소속의 연방하원 원내교섭단체 대표인 카트린 괴링-에카르트가 연방의회에서 독일인들을 "남을 돕는 의지와 인류애에 있어서는 세계 챔피언"으로 표현한 사례를 예로 들었다. 이를 고려할 때 다음과 같은 도발적인 질문을 해볼 수 있다.

어쩌면 〈평화의 소녀상〉을 둘러싼 갈등에서도, 빈약한 정당성의 토대를 바탕으로 외부의 압력이나 패기를 의식한 나머지, 독일이 공식적인 자리에서 두 국가 간의 갈등과 관련된 기억문화를 위해 일종의 보편적인 수호자의 역할을 해야 하는 것으로 느끼는 "도덕성의 세계 챔피언"이 개입했을 잠재적 가능성이 있을까? 그렇다면 이는 국제사회 내에서 독일이 차지하는 역할을 지나치게 확대해석한 것이 아닐까? 편향적 태도 등을 통해 긴급한 국제적 분쟁에서 독일이 수행할 수 있는 중개자 역할이 위협을 받게 되는 건 아닐까?

대화에 대한 제안

2016년 바덴뷔르템베르크주의 프라이부르크에서도 수원시와 자매결연 과정에서 설치될 예정이었던 〈평화의 소녀상〉과 관련하여 유사한 논의가 진행되었는데, 결국은 설치하지 않는 것으로 결정되었다. 역사학자이자 일본학 학자이며 본대학교 일본학 및 한국학과 교수로 재임 중인 라인하르트 휠너는 위 결정에 찬성하는 입장을 보이며 이러한 동상이 설치될 수 있는 장소 중 유일하게 유의미한 곳은 바로 일본이라고 지적하였다. 쵤너의 발언 중 주목할 만한 또 다른 부분은 허술하게 도출된 최상급의 도덕적 의식을 표출하는 것을 제외한 독일의 역할을 언급한 것이다. 그는 일본이 〈평화의 소녀상〉을 자국에 설치하여 역사적인 죄를 스스로 비결정적으로 인정하기까지는 "아직 갈 길이 멀다"고 설명하면서, 독일은 불안정해 보이는 도덕적 명령하에 논쟁적인 기념비를 그대로 두는 것과는 다른 방식으로 도움을 줄 수 있을 것이라 지적하였다. 그러면서 제2차 세계대전 당시 독일군이 저지른 범행을 언급하는데, 이들 또한 최전방에 설치된 나치 친위대의 위안소에서 여성에게 성폭력 행위를 범했으나 관련해서 현재까지도 진실규명이 충분히 이뤄지지 않고 있으며 독일 측이 이들을 기리기 위한 조치를 취하지 않고 있다는 것이다. 쵤너는 필자가 평가하기에 건설적인 동시에 실용적인 방안을 제안하는데, 이는 다음과 같다.

> "그럼에도 불구하고 독일은 유의미한 방식으로 지원할 수 있다. 그것은 바로 독일이 스스로의 책임을 직시하고 (공동의 역사 위원회 등을 통해) 부당한 일을 겪은 여성들과 그들의 가족이, 국가와 화해할 수 있는 길을 일본과 함께 모색하는 것이다. 독일은 만회와 화해의 길을 수없이 걸어왔다. 그리고 이제는 그 길에서 방향을 잃었지만 희생자만큼이나 평화를 갈망하는 국가와 함께 그 길을 걸어갈 기회가 다시 주어졌다."[9]

멜라니 보노
(주한독일문화원 동아시아지역 문화부장)

독일문화원의 글로벌 문화사업에서 기억문화가 차지하는 영향

기억문화는 독일문화원의 문화사업에 있어 핵심적인 역할을 한다. 이는 (독일연방공화국 역사와의 긴밀한 관계하에서) 독일문화원의 원칙과 본질에 큰 영향을 미쳤다. 기억문화는 지나간 것에 대한 지속적인 관심과, 과거와 현재 간의 관계를 바탕으로 하기 때문에 기억문화의 생명력과 적시성을 유지하기 위해서는 이를 현시대에 맞게 꾸준히 조정해나가야 한다. 시대에 걸맞은 기억 방식과 새로운 의견 및 관점이 제시될 때에만 다음 세대가 과거를 이해하고 그 중요성을 깨닫게 된다. 이러한 난제는 오늘날까지도 독일문화원의 사업에 있어 새로운 원동력을 제공하고 있다.

독일문화원의 문화사업은 1960년대 초반에 시작되었으며, 이는 독일연방공화국의 초기 건국 단계와도 깊은 연관이 있다. 당시 독일인들의 일반적인 소망은 나치 정권 시대로 인해 상실된 독일에 대한 신뢰도를 재구축하는 것이었다. 오늘날까지도 독일의 문화 분야에 큰 영향을 미치고 있는 독일의 수많은 문화 조직, 예컨대 1995년의 전시인 〈도큐멘타(documenta) 1〉도 이러한 정신에서 비롯되었다.

독일문화원 또한 1933년 이전에 형성된 문화적 흐름과 담론, 이로부터 도출되었으며 이제 서유럽과 북미의 문화 분야의 토대로 기능하고 있는 모더니즘의 흐름에 맞는 풍조를 이어나가고자 하였다.

당시 사람들의 시선은 미래를 향해 있었다. 따라서 과거가 공론화되는 일은 거의 없었으며 기억문화는 물론이고 과거의 책임과 죄를 묻는 사회적 차원의 포괄적인 논의조차 진행되지 않았다. 1961년 예루살렘에서 전 나치 친위대 장교 아돌프 아이히만에 대한 재판이 열리고, 1963년 프랑크푸르트에서 홀로코스트에 대한 법적 청산이 진행된 "아우슈비츠 재판"이 시작되면서 사회의 관심이 커지게 되었다. 이후에야 나치 범죄에 대한 책임의식이 강화되었다. 지나간 것에 대한 논의와 이로부터 도출되는 사회적 도덕적 결과는 당시의 독일연방공화국 내 문화 분야에서 우선적인 사안으로 거듭났으며 늦어도 1968년의 학생운동을 통해 광범위한 공론의 대상이 되었다. 이에 더해 빌리 브란트 전 연방 총리가 1969년부터 평화 및 완화 정책을 시행하면서 공공의 기억과 이에 따른 실질적 기억문화가 정착될 수 있도록 길을 닦았다. 독일문화원의 문화사업 또한 해당 시기에 동시대의 예술과 문화 그리고 사회정책적 사안에 대한 비판적 고찰에 중점을 두게 되었다.

1970년대 중반 독일계 영국인 사회학자 랄프 다렌도르프는 독일 외무부의 요청으로 "대외적 문화정책을 위한 기본 원칙"을 수립하였고, 이를 통해 전통적인 외교와 경제 정책에 더불어 활용될 수 있는 대외적 문화사업을 강화 정착시켰다. 그 시기 독일문화원은 외무부와의 기본협약을 통해 기관 차원에서 확립되었다. 예술과 문화가 국가사회주의적 선전에 악용될 수 있다는 나치 시대의 교훈을 반영하여 독일문화원은 의식적으로 시민사회의 독립적 구성요소로 유지되었으며 오늘날까지도 내용면에서 최대한 독립성이 유지되고 있다.

나치 시대의 청산은 1970년대부터 독일문화원을 통해 "확장된 문화 개념"이 정착되는 데에도 큰 기여를 하였다. 해당 개념에서는 해외 문화사업의 기본 토대가 정의되며, 그 일차적인 목표는 자국의 문화적 성과를 외국에 소개하는 것이 아니다. 진실된 만남, 문화 프로젝트에 대한 공동 구상 그리고 다양한 의견이 반영되며 상대방을 존중하는 교류를 가능하게 하는 제반 조건을 구축하는 데 있다. 문화사업의 틀에서 진행되는 담론에는 현지 교류 파트너의 사안과 관심사를 올바르게 경청하고 경우에 따라서는 논쟁적일 수도 있는 다양한 관점에 기회를 제공하는 역할도 포함된다. 이러한 문화사업 원칙과 내용적 독립성은 독일문화원이 수년에 걸쳐 신뢰를 쌓아올리는 데 도움이 되었다. 이를 통해 매우 다양한 많은 교류 파트너, 의견, 관점 등과의 관계를 유지해올 수 있었다. 독일문화원은 이러한 토대를 바탕으로 전 세계에 존재하는 영감, 아이디어, 사고가 독일 내 공론 과정에 반영될 수 있도록 하고 새로운 세계적 관점과 영감으로 기억문화가 활발하게 추진될 수 있는 데에도 기여한다. 기타 국가의 경험과 관점에 대한 노하우로부터 기억의 새로운 형태와 내용이 도출될 수 있다.

독일의 기억문화는 꾸준히 발전해오고 있다. 예컨대 1989년 장벽이 붕괴되고 독일이 통일되면서 독일민주공화국의 과거에 발생한 부당 행위를 청산해야 하는 중대한 과제가 추가되었다. 뿐만 아니라 지난 몇 년에 걸쳐 전 세계적 차원에서 진행되고 있는 식민지 시대의 폭력적 과거에 대한 청산 또한 독일에서 큰 관심을 받고 있다. 폭력을 기반으로 하는 불균형적인 세력 구조가 지속되는 상황에서 예전의 묘사 방식에 점점 많은 의문이 제기되고 있으며, 모두가 함께 새로운 개념과 관계에 대해 논의하고 개발해나갈 필요가 있다. 이를 위해 독일문화원은 수년 전부터 전 세계에 걸친 네트워크를 바탕으로 비식민지화 국제 담론에서 적극적으로 활동하고 있으며 자체적인 문화사업이 새로운 지식에 맞게 수정 및 조정될 수 있도록 노력해오고 있다.

참고자료

1 Edgar Wolfrum, "Geschichte der Erinnerungskultur in der DDR und BRD(독일민주공화국과 독일 연방공화국 내 기억문화의 역사)," 2008 in Dossier Geschichte und Erinnerung, Bundeszentrale für politische Bildung, 2008.8.26. https://www.bpb.de/geschichte/zeitgeschichte/geschichte-und-erinnerung/39814/geschichte-der-erinnerungskultur [최종 검색일: 2020.12.11.]

2 독일문화원의 역사에 관해서는 다음을 참조. "Von der Provinz in die Welt," GOETHE INSTITUT, 2020.12.11. https://www.goethe.de/de/uun/jub/pe1.html [최종 검색일: 2022.7.8.]

3 Johannes Ebert & Ronald Grätz, "DIE CHANCEN DER AUSWÄRTIGEN KULTUR-UND BILDUNGSPOLITIK(대외적 문화 및 교육 정책의 잠재력)," in Deutschland und die Welt 2030, 2018, 2020.12.11. https://www.goethe.de/de/uun/prs/int/gen/21499713.html [최종 검색일: 2022.7.8.]

최광준
(진실·화해를위한과거사정리위원회 위원 / 경희대학교 법학전문대학원 교수)

한국의 과거청산

- 역시적 개관

우리의 역사를 돌이켜 보면, 오늘날 길거리를 지나는 사람들의 회사한 웃음이 믿기지 않을 정도로 한국인에게는 많은 아픔과 슬픔이 있었다. 한국전쟁의 참화 속에서 많은 민간인이 죽었다. 수십 년간 지속된 독재 정권의 탄압에 시달렸고 많은 젊은이가 억울한 죽임을 당했다. 이들의 죽음에 대해 당시 독재 정권은 '자살' 또는 '사고사'라고 발표했지만 국민들은 이를 납득할 수 없었다. 그래서 이런 의문의 죽음을 '의문사'라고 부르게 되었다. 이러한 '의문사'에 '박종철 사건'이 있었다. 그의 죽음도 진실이 밝혀지기 전까지는 의문사였다.

1986년 8월 의문사자를 포함한 국가폭력 희생자 유가족들은 '민주화운동유가족협의회(유가협)'를 결성하고 희생자의 죽음에 대한 진실규명 및 명예회복을 촉구하는 운동을 벌였다. 하지만 이들의 요구는 계속 이어지는 군사독재 정권에 의해 거부당했다.

1987년 6월 민주 항쟁 이후 한국은 소위 문민정부의 출범과 함께 점진적인 민주화의 길로 접어들었지만 구 군사독재 정권의 기득권 세력은 여전히 권력을 유지하고 있었고 민주화를 가로막았다. 결국 의문사 진상규명 작업은 계속 지체될 수밖에 없었다.

1998년 2월 김대중 대통령이 취임하였다. 1961년 4·19 이후 처음으로 야당이 승리하여 정권교체가 이루어진 것이다. 김대중 자신도 1973년 8월 박정희 정권의 중앙정보부에 납치당했고 죽음을 목전에 두고 있던 피해자 중 한 사람이었다. 의문사 유가족은 그러한 대통령에게 많은 기대와 희망을 걸고 있었다. 국가폭력사건 희생자들에 대한 사인규명과 명예회복은 그의 대선공약이기도 했다. 그러나 김대중의 집권도 역시 5·16 쿠데타 주도자 중 하나였던 김종필과의 공조를 통해 이루어진 것이었기 때문에 과거 군부독재에 협력했던 인물을 정치권력에서 완전히 축출할 수 없었다. 결국 대통령 당선 당시 희망적이라 여겼던 의문사진상규명운동은 난관에 봉착하고 말았다. 미온적인 정부의 태도를 더 이상 참지 못한 의문사유가족들은 마침내 1998년 11월의 차가운 겨울 날씨에 국회 앞에서 천막농성을 시작했다. 천막농성은 422여 일의 긴 시간 동안 지속되었다. 시간이 흐르면서 점점 많은 사람이 이들의 목소리에 귀를 기울이기 시작했고 마침내 1999년 12월 '의문사진상규명에 관한 특별법'이 국회를 통과하기에 이르렀다. 이에 따라 2000년 10월 역사상 첫 포괄적 과거청산위원회인 '대통령소속의문사진상규명위원회(이하 의문사위)'가 출범하게 되었다. 이는 안타깝게도 기대했던 만큼 많은 성과를 내지는 못했다. 의문사위의 조사 권한이 극히 제한돼 있었고, 조사기간도 한정되어 있었다. 또한 '의문사진상규명에 관한 특별법'에는 '민주화운동과 관련된' 죽음에 대해서만 인용결정을 하도록 되어 있었다. 그래서 '국가 공권력의 직·간접적인 개입'으로 사망했다는 점이 밝혀지더라도 '민주화운동 관련성'의 요건이 인정되지 않으면 기각결정을 해야 했다. 의문사 문제가 인권 중에서도 '생명권의 침해'라는 가장 중대한 인권침해 문제이고, 희생자의 민주화운동 가담 여부는 문제의 핵심이 아니라는 점을 그 당시 우리 사회는 제대로 인식하지 못하고 있었던 것이다. 이후 이러한 의문사위의 한계를 극복하기 위해 포괄적 과거청산을 목표로 '진실·화해를위한과거사정리위원회(이하 진실화해위)'가 설립되어 조사활동을 벌였고, 한국동란 중 집단학살 사건과, 조작간첩사건 등 많은 사건의 진실을 밝혀냈다. 2010년 12월 활동을 종료했지만, 그때까지도 해결되지 못한 사건들이 산재해 있다.

마침내 오랜 진통 끝에, 2020년 12월 10일 피해자와 유족을 포함하는 시민사회의 숙원이었던 제2기 진실화해위가 출범하게 되었다. 2020년 5월 제20대 국회에서 개정된 '진실·화해를 위한 과거사정리 기본법'이 국회 본회의를 통과하였는데, 이 기본법에 의하면 제2기 위원회는 위원장을 포함하여 9인의 위원으로 구성되어 3년간 활동할 수 있으며 필요한 경우 1년의 범위 내에서 연장이 가능하다. 2005년의 기본법이 15인의 위원회 위원과 4년간의 활동 기간 및 2년의 범위 내의 연장 가능성을 부여하고 있었던 점과 대조적이다.

우리 정부는 국가적인 차원의 진상규명을 결정[1]하였으면서도 포괄적인 인권회복방안을 함께 고민하지 못했기 때문에, 현재의 사법부가 여러 가지의 난제들을 떠안게 되었다. 의문사위와 진실화해위 등을 구성하여 인권침해사건들에 대한 진상을 규명해놓고, 이에 대한 책임은 질 수 없다는 것이다. 피고인 국가는 - 그 어느 소송에서나 예외 없이 - 소멸시효완성의 항변으로 일관하고 있다.[2] 이에 대해 사법부는 어떠한 판단을 해야 하겠는가?

인권회복을 위한 사법부의 노력으로 피고인 국가의 소멸시효항변이 권리남용 내지 신의칙 위반으로 저지되기에 이르렀고, 결국 소멸시효의 문제를 상당 부분 극복할 수 있었다.

그러나 대법원 2013.5.16. 선고 2012다202819 전원합의체판결에서는 진실화해위의 진실규명결정이 있은 후 상당한 기간 안에 소를 제기해야만 피고인 국가의 소멸시효항변을 배척할 수 있다고 판시하면서, '상당한 기간 안의 소의 제기'라는 새로운 요건을 추가하여 많은 논란을 야기하였다. 이 판결에서는 상당한 기간은 특별한 사정이 없는 한 민법상 시효정지의 경우에 준하여 단기간으로 제한되어야 하고, 단기소멸시효 기간인 3년을 넘을 수 없다고 판시하면서 진실규명

후 2년 10개월 만에 제기된 소송을 상당한 기간 안에 제기된 것으로 보았다. 많은 하급심 법원은 이 판결에 따라 '상당한 기간'의 요건을 검토하기에 이르렀고, 진실규명 후 3년을 기준으로 시효항변 여부를 결정하게 되었다. 그런데 대법원 2013.12.12. 선고 2013다201844 판결에서는 재심에서 무죄판결이 확정된 후 국가기관의 위법행위 등을 원인으로 국가를 상대로 손해배상을 청구하는 경우에 채권자는 특별한 사정이 없는 한 재심무죄판결 확정일로부터 민사상 시효정지의 경우에 준하는 6개월 안에 권리행사를 해야 한다고 판시하여, 인권피해자들을 심한 혼란에 빠뜨렸다.

한편 2018년 헌법재판소는 소멸시효에 관한 민법 제166조 제1항 및 제766조 제2항의 객관적 기산점 조항이 과거사 사건의 특수성을 고려하고 있지 않아 위헌이라는 취지의 결정을 내렸는데 이 헌법재판소의 결정은 법적으로 매우 중요한 의미를 갖는다.

제2기 진실화해위의 출범을 환영하면서도 우려되는 것은 진실규명 노력 이후의 시점이다. 진실을 규명하기 위해 최선의 노력을 경주했음에도 여전히 밝혀내지 못한 사건들과 그 희생자에 대해서는 어떠한 조치를 취해야 하는가? 과거사 사건과 관련하여 우리 인류에게 주어진 매우 중요한 과제는 이런 반인권적인 범죄가 다시는 반복되지 않도록 희생자들의 삶과 죽음을 '기억'하는 데 있다.[3] 이들을 기억하지 못하고 망각한다면 우리는 인간과 인류로서의 가치를 스스로 상실해버리는 결과가 되고 말 것이다. 인권침해 희생자들을 기억하는 것은 인간의 존엄과 인류의 가치를 지키는 것이다. 결국 우리 모두에게는 희생자를 기억해야 할 의무가 있다고 할 수 있다. 이것은 죽은 이들을 위한 것이 아니라 오늘날 인류를 구성하는 우리들 자신을 위해 실천해야 하는 의무인 것이다.

그렇다면 우리는 이 의무를 어떻게 실천해나갈 수 있을까? 이를 위해 여기서는 먼저 2000년의 의문사위 활동과 이 위원회의 한계를 극복하고 포괄적 과거청산을 목표로 활동했던 2005년 제1기 진실화해위를 소개한다. 다음으로 피해자들에 대한 배·보상과 관련하여 국가배상청구와 소멸시효의 법률적 문제를 살펴보고, 기억문화와 연계하여 희생자들을 기억하는 방법론에 관해 고찰해보고자 한다.

대통령소속의문사진상규명위원회

1. 의문사진상규명에 관한 특별법의 주요 내용

1) 법의 목적과 범위

'의문사진상규명에 관한 특별법(이하 의문사특별법)'의 목적은 "민주화운동과 관련하여 의문의 죽음을 당한 사건(의) …진상을 규명함으로써 국민화합과 민주발전에 이바지"하는 것이었다(의문사특별법 제1조).

여기서 말하는 '민주화운동'이란 '민주화운동 관련자 명예회복 및 보상 등에 관한 법률(이하 민주화보상법)' 제2조 제1항에 규정되어 있는 '민주화운동'을 의미하는 것이었다(의문사특별법 제2조 2호). 이에 의하면 '민주화운동'이란 "1964년 3월 24일 이후 자유민주적 기본질서를 문란하게 하고 헌법에 보장된 국민의 기본권을 침해한 권위주의적 통치에 항거하여 민주헌정질서의 확립에 기여하고 국민의 자유와 권리를 회복·신장시킨 활동"을 의미한다.

결국 민주화운동과 관련이 없는 의문사 사건은 조사의 대상에서 제외될 수밖에 없다는 한계가 존재했다.

2) 조사기간

위원회는 2000년 12월 31일까지 진정을 접수하여(의문사특별법 제18조 2항), 진정 접수 후 30일 이내에 각하 또는 조사개시를 결정해야 했다(시행령 제17조). 다만, 의문사에 해당한다고 인정할 만한 상당한 근거가 있고 그 내용이 중대하다고 인정될 때는 직권으로 필요한 조사를 할 수 있었다(의문사특별법 제21조 2항). 조사개시를 결정하면 위원회는 "6월 이내에 조사를 완료하여야" 했으며(의문사특별법 제23조 1항) 기간 내에

사건을 처리하기 어려운 경우에는 대통령에게 사유를 보고하고 1회에 한하여 3개월의 범위 내에서 그 기간을 연장할 수 있었다(의문사특별법 제23조 2항). 따라서 의문사특별법은 새로운 사실이나 증거가 조사기간의 만료 시점 직전에 발견된다 하더라도, 더 이상의 진상조사는 불가능하다는 한계를 갖고 있었다.

3) 조사 결과에 따른 위원회의 조치

조사 결과 진정의 내용이 사실로 드러날 경우 위원회는 다음의 세 가지의 조치를 취해야 했다. ① 검찰·군 참모총장이나 수사기관에 고발 또는 수사를 의뢰 ② 명예회복위원회에 피해자에 대한 보상심의를 요청 ③ 조사결과와 각 개별 사건에 대해 국가가 취해야 할 조치사항을 포함하는 보고서의 작성.

4) 위원회의 조사권

위원회가 의문사의 진상을 규명하기 위하여 사용할 수 있는 방법은 참고인과 피진정인 등에 대한 진술서 제출요구, 출석요구 및 진술청취, 감정인의 지정 및 감정의뢰, 관계기관 등에 대한 자료 또는 물건의 제출요구, 실지조사 등이 있었다(의문사특별법 제22조 1내지 6항). 출석요구를 받은 자가 정당한 사유없이 출석에 응하지 않을 경우에는 동행명령을 할 수 있었다(의문사특별법 제22조 8내지 14항).

위원과 직원, 감정인 등에 대한 폭행, 협박, 위계에 의한 업무수행 방해는 형사처벌하며(의문사특별법 제29조, 34조), 정당한 사유없이 자료나 물건의 제출요구에 응하지 않거나 허위의 자료나 물건을 제출한 자, 실지조사를 거부·방해·기피한 자는 1,000만 원 이하의 과태료의 제재를 받도록 되어 있었다(의문사특별법 제37조).

한편 의문사 조사에 관한 정보 제공을 이유로 불이익을 받지 아니하며 위원회는 증인이나 참고인의 보호, 증거나 자료의 확보 또는 인멸의 방지를 위해 증인과 참고인의 신상공개금지, 신변보호 등의 방법으로 대책을 세워야 하고(의문사특별법 제29조 2항, 시행령 21조) 진상을 밝히거나 증거, 자료를 발견 또는 제출한 사람에게는 5천만

원 이내의 보상금을 지급할 수 있었다(의문사특별법 제29조 3항, 시행령 22조).

여기서는 특히 의문사특별법 제37조에 주목할 필요가 있는데, 이에 따르면 가해자도 최고 1,000만 원의 과태료만을 내면, 위원회의 출석에 응하지 않아도 된다는 결과가 된다. 또한 가해기관에 소속되어 있거나 소속원이었던 자가 양심선언으로 감수해야 하는 위험에 대한 대가로 5천만 원이 충분한가에 대한 의문도 제기되었다.[4] 의문사 유가족들은 양심선언자에 대한 보상금 마련을 위한 모금활동을 벌이기도 했다.

5) '불능 결정' 개념의 도입

의문사특별법은 애초에 '각하', '기각', '인용'만을 알고 있었으나, 위원회의 미약한 조사 권한과 관련기관의 비협조 등으로 진상규명을 완료하지 못하는 사건들에 대해 '기각'이 아니라, '불능'을 신설하여 '불능' 결정을 내려달라는 의문사유가족[5]의 제안이 있었다. 이것이 받아들여져 2002년의 2차 법개정에서는 의문사특별법 제24조의 2에 진상규명 불능 결정 규정이 신설되었다. 위원회는 이에 따라 의문사 사건이 민주화운동 과정에서 발생한 것인지 여부나 공권력의 직·간접적인 행사에 의한 것인지의 여부에 관하여 명백히 밝히지 못한 경우, 진상규명 불능임과 그 사유를 기재한 결정을 할 수 있었다. '불능 결정'이라는 새로운 개념의 도입은 이후 한국 과거청산에서 매우 중요한 의미를 갖는다. 의문사진상규명활동 이후 진실화해위의 구성을 위해 제정된 '진실·화해를 위한 과거사정리 기본법'에도 '진상규명 불능 결정'이 삽입되기에 이른다.

의문사위의 가장 두드러진 두 가지 한계는 조사 권한이 취약했다는 점과 진상규명의 범위가 국가공권력에 의한 국민의 사망사건 전체가 아니라 민주화운동과 관련된 사건들에만 한정되었다는 점이라고 할 수 있다.

2. 위원회의 성과와 한계

2000년 10월에 활동을 시작한 의문사위는 같은 해 12월까지 2개월간 의문사 사건에 대한 진정을 접수하였는데 80건의 진정서가 제출되었다.[6] 80개 중 2개의 사건은 위원회의 조사범위에 해당되지 않는다고 판단되어 각하되었고 5개의 사건은 위원회가 – 진정이 없어도 – 직권으로 조사하기로 결정하였다. 1기 위원회는 법정 조사 활동 마감일이었던 2002년 9월 16일까지 의문사 사건 83건에 대해 조사한 결과 19건을 민주화운동과 관련하여 위법한 공권력의 행사로 발생한 의문의 죽음으로 인정했다. 그리고 33건은 기각했으며, 30건에 대해서는 진상규명 불능 결정을 내렸다.

비록 30건이나 되는 사건이 진상규명 불능으로 남았지만, 주어진 권한과 시한을 고려해볼 때 위원회는 상당한 진상규명의 성과를 거두었다. 위원회는 중앙정보부에 연행되었다가 자살한 것으로 발표되었던 최종길 교수가 고문당했고, 사망과정이 조작되었다는 것을 밝혀냈다. 삼청교육대 관련자로 청송교도소에서 사망한 박영두가 교도관에게 구타당해 죽은 사실도 규명했다. 한편 군부대 내에서 자살한 것으로 발표되었던 허원근 일병이 타살되었고, 그 죽음의 진상이 은폐되었다는 사실도 규명했다. 이 밖에도 장기수들에 대한 강제 전향공작과 학생 민주화운동가들에 대한 강제징집 및 감시활동의 실상도 상당 부분 규명했다.[7]

그러나 많은 관심을 끌었던 장준하 사건을 포함한 30개의 사건은 여전히 진상규명 불능으로 판정될 수밖에 없었다.

제1기 위원회가 법정 조사기한을 마감하고, 보고서 발간 등 마무리 작업을 하고 있던 무렵에 다시 의문사특별법 개정 논의가 시작되었다. 마침내 2002년 11월 14일 3차 법개정안이 국회를 통과하였다. 위원회는 진상규명 불능이라고 판단한 30개 사건과 기각된 사건 중 위원회가 조사 재개를 전원일치로 결정하는 사건에 한하여 최대 1년간 더 조사할 수 있게 되었다.

이에 따라 2003년 7월 제2기 위원회가 발족하게 되었다. 위원장은 그대로 한상

범(법학 교수)이었고, 상임위원에 김희수(변호사)와 홍춘의(공무원), 위원으로는 이석영(농학 교수)이 연임되었고, 나머지 위원은 모두 새로 임명되었는데, 그들은 황상익(의학 교수), 서재관(의사), 강경근(법학 교수), 이기욱(변호사), 전해철(변호사) 등이었다.

제2기 위원회의 조사활동은 짧은 기간이었음에도 사회적으로 많은 어려움에 봉착했다. 2기 위원회가 조사활동 중이던 2004년 3월 12일 노무현 대통령 탄핵소추안이 국회에서 가결되자 위원 5인과 민간출신 조사관 33인이 대통령 탄핵소추 가결을 규탄하는 시국성명서를 발표하였는데, 당시 대통령 권한대행이던 고건 국무총리는 이를 공무원의 정치적 중립 및 집단행동 금지원칙을 위반한 행위로 보았던 것이다. 위원회는 감사원의 특별감사를 받았고, 상임위원 김희수는 국가공무원법 위반으로 검찰에 고발까지 당하는 사태가 발생하였다.

또한 위원회가 2004년 6월 전향공작 및 강제급식 등으로 사망한 장기수 최석기, 박윤서, 손윤기의 죽음을 의문사로 인정하자 사회적으로 일대 파문이 일어났다. 1기 의문사위는 이들 사건에 있어 위법한 공권력의 개입이 있었다는 사실은 인정했으나 이들의 사망 당시 대한민국의 존립, 안전을 부정하고 자유민주주의적 기본질서에 위해를 가하려는 의사가 없었다고 단정할 수 없기 때문에 민주화운동 관련성은 인정하지 않는 결정을 내렸다. 반면 2기 위원회는 자유민주주의적 기본질서에 위해를 가하려는 의사 여부를 추측하여 단정하는 것 자체가 양심의 자유의 한 축을 이루는 양심추지금지원칙에 위반한다고 판단했다. 또한 이들이 사상전향을 거부한 행위 자체는 국민의 권리인 양심의 자유에 해당하기 때문에 민주화운동 관련성이 있다고 인정하였다. 이러한 결정이 공표되자 한국의 주류 언론들은 의문사 위원회가 '간첩'을 민주화운동가로 인정했다고 선정적으로 보도했다. 이에 반공단체의 성원들이 위원회로 몰려와 시위를 벌이고, 또한 사무실까지 난입하는 사태가 발생하였다.[8]

위원회는 1기 위원회에서 진상규명 불능으로 결정된 30개 사건과 기각 사건 중 이의가 제기되어 위원회에서 조사하기로 결정한 사건 11건을 합하여 도합

44건에 대해 법정 조사기한인 2004년 6월 30일까지 조사를 했다. 그 결과 새롭게 11개 사건을 위법한 공권력의 개입과 민주화운동과 관련된 의문사로 인정했고, 7개 사건은 기각했으며, 24개 사건은 여전히 진상규명 불능으로 판정했다. 2기 위원회는 1987년 군부대에서 단순폭행으로 사망했다고 발표된 정연관 사건이 당시 이루어진 대통령 선거 과정에서 자행된 군부재자 투표 부정과 관련이 있다는 사실을 밝혀냈다. 또한 민주화운동에 참가한 학생들에 대한 강제징집 과정과 이들을 감시하고, 프락치로 활용하는 과정이나 강제전향 공작의 실상에 대해서도 진상을 밝혀내는 성과를 거두었다.[9] 또한 2기 위원회는 의문사 재발방지를 위해 '사인확인제도에 대한 입법안'을 성안하고, 입법 공청회를 개최하는 등 유사 사건의 재발방지를 위한 법적, 제도적 조치를 위한 노력도 기울였다. 이렇게 해서 2년 9개월간의 의문사진상규명활동이 종료되었다.[10] 의문사진상규명위원회에서 끝내 '진상규명 불능'으로 결정된 사망사건들에 대해서는 아래에 소개하는 진실화해위원회에서 재조사할 수 있는 가능성이 열리게 되었다.

진실·화해를위한과거사정리위원회

2003년 2월에 취임한 노무현 대통령은 국가보안법 폐지를 포함하여 과거청산, 사립학교와 언론관계법 등 4대 개혁과제를 제시했는데, 특히 과거청산과 관련하여 2004년 8월 15일 광복 60주년 경축사에서 '보편적 방식에 입각한 포괄적 과거사 청산'을 제안하였다.[11] [12]

이를 계기로 과거청산 운동을 추진하던 시민단체 및 피해자단체들의 입법 활동이 촉발되었다. 2004년 11월 9일에는 당시까지 해결되지 못한 과거청산 문제들을 포괄적으로 해결하기 위해 시민운동단체인 '올바른 과거청산을 위한 범국민위원회(이하 범국민위원회)'가 결성되었다. 범국민위원회는 여러 한계로 의문사위에서 해결되지 못한 의문사 사건과 특히 의문사특별법이 민주화운동 관련성을 요건화함으로써 해결할 수 없었던 민주화운동 관련성이 없는 군의문사 사건 및 민간인 집단희생

사건을 통합하는 포괄적인 과거청산 입법을 추진하면서 과거사 관련 법안을 준비하였고, 정치권과 연계하여 입법 활동을 전개해나갔다.

하지만 포괄적 과거청산법에 대한 정치권의 입장대립[13]으로 입법은 계속 지연되었다.

1. 입법 과정

범국민위원회는 과거청산과 관련된 각종 법률들과 의문사위에서의 활동 경험 등을 바탕으로, 의문사위에서의 한계점을 극복하기 위한 방향으로 '범국민위원회안'을 만들었다.

이에 따라 범국민위원회안은 위원회의 조사 권한을 강화하기 위한 여러 규정을 두고 있었다.[14] 피조사자가 동행명령에 불응할 경우 형사처벌이 가능하도록 하고 있었으며 국가기관 자료제출명령권 규정을 두어 진실규명과 관련하여 자료 및 물건의 제출 명령을 받은 기관 등은 정당한 사유 없이 자료 및 물건의 제출을 거부할 수 없도록 하였다. 범국민위원회안은 또한 금융기관에 대한 금융거래자료제출요구권, 공소시효정지, 검찰에 대한 압수, 수색, 검증 영창청구 의뢰권 등을 조사 권한에 포함시키고 있었다.

그러나 당시 집권당인 열린우리당은 범국민위원회안에 대해 유보적인 입장을 취했다. 열린우리당은 동행명령권에 대해 피조사자가 조사에 불응할 경우 형사처벌 대신 과태료 규정으로 수정하고, 자료제출명령권에 대해서도 군사·외교·대북관계의 국가기밀에 관한 사항의 경우 주무부장관의 소명이 제출된 경우에는 예외를 두도록 하였다. 또한 열린우리당은 위원회의 홍보 권한은 불필요하고, 조사보고 전에 언론·출판물을 통해 조사대상자 및 그의 가해 행위와 관련한 위원회의 조사내용을 공개하지 못하도록 하며, 조사 종료 전 조사 내용 공표를 금지해야 한다는 입장이었다.

한편 당시 제1야당인 한나라당은 과거사 정리를 현대사 연구라는 학술적 차원

[표 1] 법안 비교 I (기본 구성)

	열린우리당	한나라당	민주노동당
법안명칭	진실규명과 화해를 위한 기본법	현대사 조사·연구를 위한 기본법안	진실·미래를 향한 과거청산 통합 특별법
기구명칭	진실화해위원회	현대사조사·연구위원회	진실·미래위원회
조직형태	독립된 국가기구	학술원 산하	독립된 국가기구
조사기간	4년(2년 연장 가능)	6년(3년 연장 가능)	4년(4년 연장 가능)
위원구성	위원: 13인 (위원장 1인, 상임 4인)	위원: 7인 (위원장 1인, 상임 1인)	위원: 25인 (위원장 1인, 상임 8인)

에서 규명하고, 학술원 산하에 이를 수행할 기구(한국현대사조사·연구위원회)를 두자고 주장하였다.[15] 그리고 진실규명 범위도 '항일독립운동과 해외동포사, 대한민국의 정통성을 부정하는 세력에 의한 테러 인권유린'을 포함하여 확대할 것을 주장하였다

마침내 제17대 국회가 개원하자 각 정당은 각기 다른 법안을 제출하기에 이르렀다. 열린우리당은 '진실규명과 화해를 위한 기본법'(원혜영 의원 외 150인, 2004. 10. 20.), 한나라당은 '현대사 조사·연구를 위한 기본법'(유기준 의원 외 120인, 2004. 9. 23.), 민주노동당은 '진실 미래를 향한 과거청산 통합 특별법'(이영순 의원 외 10인, 2004. 10. 21.)을 제출하였지만 각 정당은 입장 차이를 좁히지 못하고 그해 정기국회에서 입법안을 처리하지 못하였다.[16]

그리고 많은 진통과 우여곡절 끝에 2005년 5월 3일 마침내 '진실·화해를 위한 과거사정리 기본법(이하 기본법)'이 국회 본회의를 통과했다. 이 기본법은 2005년 5월 31일 공포되어 2005년 12월 1일부터 시행되었다.

[표 2] 법안 비교 Ⅱ (위원회의 권한)

	열린우리당	한나라당	민주노동당
위원회의 권한 (업무 및 방법)	1. 진상규명 ·진술(서), 자료 제출 요구, 정부 조회, 감정 의뢰 등 ·실지조사 및 자료 제출 요구(거부시 소명→명령, 단서조항) ·통신사실 조회 ·압수·수색·검증 영장 청구 의뢰(단서조항) ·동행명령(거부시 과태료) ·청문회 2. 화해 업무 ·희생자의 사면·복권 건의 ·사실을 인정하는 가해자에 대한 구제조치 및 건의 ·기념 및 위령사업 3. 고발 및 수사의뢰(재정 신청) 4. 증인 등의 보호 5. 조사보고서 작성보고 (권고 포함) 6. 소송업무 수행	1. 조사·연구 ·자료의 제출·열람 요구 ·출석 답변 및 진술서 제출 요구 ·감정 의뢰 및 현지 조사 2. 조사보고서 발간 3. 참고인 등 보호	1. 진상규명 ·진술(서), 자료 제출 요구, 정보 조회, 감정 의뢰 등 ·실지조사 및 자료 제출 요구(거부시 소명→명령) ·압수·수색·검증 영장 청구 의뢰 ※ 실지조사 시에 긴급히 요구되는 경우 영장 없이 압수, 수색 또는 검증 (사후 의뢰) ·동행명령·통신사실, 금융거래 제출 요구 ·청문회·증거보전의 청구 의뢰 ·증인신문의 청구 의뢰 2. 역사 연구 3. 화해 및 사면 등 ·명예회복과 위령 사업·사면, 감형, 복권 등 건의 ·피해 배상, 보상 및 생활 지원 ·법령·제도·정책 등 개선·기념사업 등 4. 고발 및 수사의뢰 5. 증인 등의 보호 6. 조사보고서 작성보고 (권고 포함) 7. 홍보

2. 기본법의 주요 내용

1) 목적과 적용 범위

기본법 제1조는 위원회의 목적에 관해, '항일독립운동, 반민주적 또는 반인권적 행위에 의한 인권유린과 폭력·학살·의문사 사건 등을 조사하여 왜곡되거나 은폐된 진실을 밝혀냄으로써 민족의 정통성을 확립하고 과거와의 화해를 통해 미래로 나아가기 위한 국민통합에 기여'함을 목적으로 한다고 명시하고 있다.

진실규명의 범위에 관해서 기본법 제2조는 다음의 경우를 예시적으로 명시한다.

① 일제강점기 또는 그 직전에 행한 항일독립운동
② 일제강점기 이후 기본법 시행일까지 우리나라의 주권을 지키고 국력을 신장시키는 등의 해외동포사
③ 1945년 8월 15일부터 한국전쟁 전후의 시기에 불법적으로 이루어진 민간인 집단희생 사건(2020년의 개정법에는 '1945년 8월 15일부터 한국전쟁 전후의 시기에 불법적으로 이루어진 민간인 집단사망·상해·실종사건'으로 개정되었다.)
④ 1945년 8월 15일부터 권위주의 통치 시까지 헌정질서 파괴행위 등 위법 또는 현저히 부당한 공권력의 행사로 인하여 발생한 사망·상해·실종사건, 그 밖의 중대한 인권침해사건과 조작의혹사건
⑤ 대한민국의 정통성을 부정하거나 대한민국을 적대시하는 세력에 의한 테러 인권유린과 폭력·학살·의문사
⑥ 역사적으로 중요한 사건으로서 위원회가 이 법의 목적 달성을 위하여 진실규명이 필요하다고 인정한 사건

2) 위원회의 구성

기본법 제4조(위원회의 구성)에 따라 위원회는 상임위원 4인을 포함한 15인의 위원으로 구성하되, 국회가 선출하는 8인(상임위원 2인을 포함), 대통령이 지명하는 4인(상임위원 2인 포함), 대법원장이 지명하는 3인을 대통령이 임명하도록 되어 있었다.

그러나 2020년 개정 기본법 제4조에 의하면 위원회의 구성은 상임위원 3명을

포함한 9명의 위원으로 하며 대통령이 지명하는 1인과 국회가 선출하는 8인(대통령이 소속되거나 소속되었던 정당의 교섭단체가 추천하는 4인, 그 외 교섭단체가 추천하는 4인으로 구성)을 대통령이 임명하도록 되어 있다. 다만, 위원의 임기는 기본법 부칙 제2조에 의해 이 법의 시행일, 즉 진실화해위의 출범일로부터 시작된다.

위원이 될 수 있는 자격은 2005년과 동일하며 아래와 같다.

① 공인된 대학에서 전임교수 이상의 직에 10년 이상 재직한 자
② 판사·검사·군법무관 또는 변호사의 직에 10년 이상 재직한 자
③ 3급 이상 공무원으로서 공무원의 직에 10년 이상 재직한 자
④ 성직자 또는 역사고증·사료편찬 등의 연구활동에 10년 이상 종사한 자

3) 조사 대상의 선정 및 조사개시 결정

위원회는 기본법 제19조(진실규명 신청)에 근거하여 진실규명 대상에 해당하는 희생자, 피해자 및 그 유족이나 이들과 친족관계에 있는 사람, 위원회 진실규명사건에 관하여 특별한 사실을 알고 있는 사람을 대상으로 법 시행일부터 1년 동안 진실규명 신청을 받도록 하였다. 그리고 진실규명 신청이 제21조 제1항에서 정한 각하사유에 해당하지 아니하는 경우에는 조사개시 결정을 하고 그 내용에 관하여 필요한 조사를 하였으며, 조사개시 결정 이전에 필요한 경우에는 조사개시 여부를 결정하기 위한 사전 조사를 하였다. 또한 역사적으로 중요한 사건으로서 진실규명 사건에 해당한다고 인정할 만한 상당한 근거가 있고 진실규명이 중대하다고 판단되는 때에는 이를 직권으로 조사하도록 하였다. 하지만 위원회는 진실규명 신청이 위원회의 진실규명 조사대상에 해당하지 아니한 경우, 진실규명 신청 내용이 그 자체로서 명백히 허위이거나 이유 없다고 인정되는 경우, 또는 위원회가 각하한 신청과 동일한 사실에 관하여 다시 신청한 경우에는 기본법 제21조(각하결정)에 따라 그 신청을 각하해야 한다.

2020년의 개정 기본법 제19조 제2항은 신청기간을 2년으로 연장하였다.

4) 조사 권한

위원회는 기본법 제23조(진실규명 조사 방법)에 따라 다음의 권한을 갖는다.

① 조사대상자 및 참고인에 대한 진술서 제출 요구
② 조사대상자 및 참고인에 대한 출석 요구 및 진술 청취
③ 조사대상자 및 참고인, 그 밖의 관계 기관·시설·단체 등에 대한 관련 자료 또는 물건의 제출 요구 및 제출된 자료의 영치
④ 관계 기관·시설 또는 단체 등에 대하여 조사사항과 관련이 있다고 인정되는 사실 또는 정보에 대한 조회
⑤ 감정인의 지정 및 감정의뢰

위원회는 또한 기본법 제24조(동행명령권)에 따라 출석 요구를 받은 자 중 반민주적·반인권적 공권력의 행사 등으로 왜곡되거나 은폐된 진실에 관한 결정적 증거자료를 보유하거나 정보를 가진 자가 정당한 사유 없이 3회 이상 출석 요구에 응하지 아니하는 때에는 위원회의 의결로 동행할 것을 명령하는 동행명령장을 발부할 수 있다.

2020년 개정법의 가장 큰 특징은 2005년에는 제안만 되고 수용되지 못했던 청문회 제도가 신설되었다는 것이다. 그러나 이 청문회는 비공개로 하도록 규정되어 있어 그 실효성이 의문시되고 있다. 개정 기본법 제24조의 2(청문회의 실시)에 따라 위원회는 업무수행에 필요하다고 판단되는 경우 증인·감정인·참고인으로부터 증언·감정·진술을 청취하고 증거를 채택하기 위하여 위원회의 의결로 청문회를 실시할 수 있다. 그러나 청문회는 비공개로 하며 개인의 사생활을 침해하거나 계속 중인 재판 또는 수사 중인 사건의 소추에 관여할 목적으로 실시되어서는

아니 된다. 위 청문회와 관련하여 자료 또는 물건의 제출을 요구하거나 증인·감정인·참고인의 출석을 요구할 때에는 위원장이 해당하는 사람이나 해당하는 기관의 장에게 요구서를 발부한다(개정 기본법 제24조의 3).

또한 2020년의 개정 기본법 23조 3항에 의하면 위원회는 필요한 경우 행정안전부, 대법원 등 관계 기관에 주민등록자료, 가족관계등록자료 등 개인정보에 관한 자료의 제출을 요구할 수 있다. 이 경우 요구를 받은 관계 기관은 해당 자료를 제출하여야 한다.

5) 조사기간

위원회는 기본법 제25조(조사기간)에 따라 최초의 진실규명 조사개시 결정일인 2006년 4월 25일 이후부터 4년간 진실규명 활동을 전개하였다. 기본법상 위원회는 2년의 범위 내에서 조사기간 만료일(2010년 4월 24일) 3개월 전에 대통령 및 국회에 보고하고, 진실화해위원회의 의결로 2년 이내의 범위에서 그 기간을 연장할 수 있었지만 이명박 정부하에서 제1기 진실화해위는 이를 포기하고 2010년 6월 30일까지 2개월여의 기간만을 연장하는 데 그쳤다.

2020년 개정법에서는 조사기간이 단축되었다. 현행 기본법 제25조는 위원회가 3년간 진실규명 활동을 하고 1년 이내의 범위에서 그 기간을 연장할 수 있다고 규정하고 있다.

6) 진실규명 결정, 진실규명 불능 결정

위원회는 기본법 제26조(진실규명 결정)에 따라 조사가 종료되어 진실규명이 된 경우 진실규명 조사결과를 의결로써 결정한다. 또한 의문사특별법에 신설되었던 '진실규명 불능 결정'을 기본법 제27조에 그대로 수용하였다. 이에 따라 진실규명 조사결과 진실을 밝히지 못하거나, 밝힐 수 없는 경우 진실규명 불능으로 결정하도록 하였다.

7) 화해를 위한 조치

위원회는 화해를 위한 여러 조치를 할 수 있다.

기본법 제36조(피해 및 명예회복) 제1항은 정부의 의무로써 정부는 규명된 진실에 따라 희생자, 피해자 및 유가족의 피해 및 명예를 회복시키기 위한 적절한 조치를 취하여야 한다고 규정하고 있다.

위원회는 제37조(희생자를 위한 특별사면·복권의 건의)에 따라 진실이 은폐되거나 왜곡됨으로써 유죄판결을 받은 자와 법령이 정한 바에 따라 자격이 상실 또는 정지된 자에 대해서 특별사면과 복권을 대통령에게 건의할 수 있으며, 관계 국가기관은 위원회의 결정 및 건의를 존중해야 한다고 명시하고 있다. 또한 위원회는 진실규명의 과정에서 가해자가 가해 사실을 스스로 인정함으로써 진실규명에 적극 협조하고, 그 인정한 내용이 진실에 부합하는 경우에는 가해자에 대하여 수사 및 재판절차에서 처벌하지 않거나 감형할 것을 관계 기관에게 건의할 수 있고, 형사소송절차에 의하여 유죄로 인정된 경우 대통령에게 법령이 정한 바에 따라 특별사면과 복권을 건의할 수 있다(기본법 제38조). 기본법 제39조(가해자와 피해자·유족과의 화해)는 위원회와 정부는 가해자와 피해자 유족 간의 화해를 적극 권유해야 한다고 규정하고 있다

기본법 제40조(과거사연구재단 설립)는 정부가 위령사업 및 사료관 운영·관리 등을 수행할 과거사연구재단을 설립하기 위하여 자금을 출연할 수 있다고 규정하면서 동조 제3항에서는 다음을 과거사연구재단의 사업으로 명시하고 있다.

① 위령사업 및 사료관의 운영·관리

② 추가 진상조사사업의 지원

③ 진상규명과 관련한 문화, 학술 활동의 지원

④ 그 밖에 필요한 사업

[표 3] 기본법 신구 비교

구분	2005년 기본법	2020년 개정 기본법
진실규명의 범위 (제2조 제1항)	(3호) 불법적 민간인 집단희생 사건 (1945.8.15.~한국전쟁 전후)	(3호) 불법적 민간인 집단사망·상해·실종 사건(1945.8.15.~한국전쟁 전후)
위원회 구성 (제4조 제1항, 제2항)	대통령 4명(상임2), 국회 8명(상임2), 대법원장 3명	대통령 1명(상임1), 국회 8명(여당4명(상임1), 야당 4명(상임1)
	〈5호 신설: 위원의 자격〉	5. 진실규명을 위해 필요한 전문성과 경력을 갖추었다고 인정되는 자
신청기간 (제19조 제2항)	이법 시행일부터 1년 이내	이법 시행일부터 2년 이내
조사기간 (제25조 제1항, 제2항)	최초 조사개시 결정일 이후 4년간 (+2년 연장 가능)	3년(+1년 연장 가능)
진실규명 조사방법 등 (제23조 제3함)	〈신설〉	개인정보 자료 제출 요구
청문회 (제24조의2~7)	〈신설〉	비공개 청문회 도입
가족관계등록부의 작성 및 정정(제37조의2)	〈신설〉	피해자에 대한 가족관계등록부의 작성 및 기록 정정
피해자 지원단체 조직의 제한 (제43조의2)	〈신설〉	피해자 또는 유족 지원 명목 아래 영리 목적의 단체 조직활동 제한
벌칙 및 과태료 (제45조, 제47조)	〈신설〉	청문회에서의 거짓증언 및 감정에 대한 벌칙 규정 등 신설

1기 진실화해위원회는 기본법 제32조(보고 및 의견진술 기회의 부여)와 제4장(화해를 위한 국가와 위원회의 조치)을 넓게 해석하여 진실규명된 개별사건에 대해 국가가 취할 조치를 권고하였으며, 특히 대통령과 국회를 상대로 다음 세 가지 정책을 건의하였다.

① 한국전쟁 전후 민간인 집단희생사건에 대한 배·보상 특별법의 제정
② 한국전쟁 전후 민간인 집단희생 유해 발굴과 안장
③ 과거사연구재단의 설립

하지만 정부는 아직까지 위의 세 가지 정책건의를 수용하지 않고 있다.

참고로 2005년의 기본법과 2020년 개정 기본법의 주요 차이점을 요약하면 다음의 표와 같다.

3. 성과와 한계

1기 진실화해위원회의 활동 기간 중 세 명의 위원장이 임명되었는데, 초대 송기인(카톨릭 사제, 2005년 12월 1일-2007년 11월 30일), 제2대 안병욱(사학 교수, 2007년 12월 1일-2009년 11월 30일),[17] 제3대 이영조(진실화해위 상임위원, 2009년 12월 1일-2010년 12월 31일)[18] 등이었다.

진실화해위는 위원장 1인과 상임위원 3명, 비상임위원 11명 등 총 15명의 위원으로 구성되어 있었다. 위원장을 포함한 위원의 임기는 2년이었으며 연임이 가능했다.

위원회는 과거사정리법 시행일인 2005년 12월 1일부터 2006년 11월 30일까지, 1년간 위원회와 진실규명 신청을 받았다(과거사정리법 제19조). 총 10,860건이 접수되었고, 민간인 집단희생(7,922건)과 적대세력 관련(1,687건) 사건이 전체의 88.6%로 가장 비중이 높았다. 진실화해위는 8,450건의 진실규명결정, 528건의 진실규명불능결정을 내렸고 1,729건에 대해서는 각하[19] 결정을 했다.

국방부, 군의문사진상규명위원회, 국가보훈처 등으로 97개의 사건이 이송되었고 또 신청접수 후 신청인이 신청을 취하한 사건은 351건이었다(진실화해위 2010, 76-78). 진실화해위는 2010년 6월 30일까지 10,860건이 신청사건과 직권조사 사건 15건, 분리·병합처리 사건을 포함한 11,175건의 진상규명을 완료하고, 종합보

고서를 작성한 이후 2010년 12월 31일 해산하였다.

진실화해위는 여러 한계에도 주요 인권침해사건을 규명해 법원의 재심 판결을 이끌어내거나 유족들의 명예회복과 보상조치를 가능하게 하는 성과를 거두었다. 진실화해위가 규명한 사건에는 독립운동은 신흥무관학교 출신 항일독립운동, 반탁운동가 소련유형 사건 등이 대표적인 사례이고, 민간인 집단희생은 고양 금정굴 사건, 경산 코발트광산 사건, 함평 11사단 사건 등이 있으며, 인권침해는 민족일보 조용수 사건, 강기훈 유서대필 사건, 이수근 간첩사건 등이 있다.

특히 한국전쟁 전후의 민간인희생 사건은 위원회가 처리한 사건의 73.4%에 달할 정도로 큰 비중을 차지했다. 진실화해위 이전에 정부 차원에서 거창 사건이나 제주4·3, 노근리 사건을 다루었지만, 한국전쟁기 민간인 학살을 전국적인 차원에서 포괄적으로 다룬 것은 진실화해위가 최초였다. 국민보도 연맹원 학살사건, 인민군 점령기의 부역혐의자 학살사건, 미군 폭력에 의한 민간인 희생사건 등에 대한 진상[20]을 규명해냈다.

그러나 1기 진실화해위에 대해서는 다음과 같은 비판[21]이 있다.

① 1기 진실화해위가 직권조사의 권한을 가지고 있음에도 불구하고 지나치게 피해자의 신청에 의존한 나머지 미처 조사대상으로 삼지 못한 사건들이 많다는 비판이 있다.[22]

② 1기 진실화해위에서는 각하 또는 진실규명 불능으로 처리한 사건들이 매우 많다는 점에 대한 비판이 있다.[23]

③ 진실규명활동 후 후속 조치가 미흡했다는 점이 비판을 받고 있다. 특히, 피해자 배·보상 문제와 관련해서는 특별법 제정 등을 정부에 권고[24]했으나 정부는 이를 외면했으며 과거사연구재단의 설립 건의도 받아들여지지 않은 점을 지적하고 있다.[25]

④ 한시 기구로서의 한계와 시간의 제약 및 전문성 부족에 대한 비판도 있다.[26]

⑤ 위원회가 시민사회보다는 제도권 정당들이나 정세 변화의 영향을 많이 받았다는 점을 비판한다.[27]

⑥ 규정상 위원회의 활동 중 조사내용을 공개할 수 없어 시민사회의 역사의식이나 시민의식을 고양할 할 수 있는 사회적 학습이 부족했다는 비판이 있다.[28]

기본법은 이행기 정의[29]의 모델 중 책임자 처벌을 구성요소로 하는 진실정의 모델이 아니라 가해자와 피해자의 공존을 구성요소로 하는 진실화해 모델에 의하고 있는데, 진실화해 모델의 성공을 위해서는 화해 당사자의 확정과 가해자의 고백이나 사죄와 함께 피해자의 용서가 이루어져야 하고 최소한 피해자들이 인정할 수 있는 회복조치가 수반되어야 한다.[30] 하지만 한시기구인 당시 위원회의 위상으로는 이러한 과제를 수행하기에 역부족이었다. 처벌이 전제되지 않는 과거청산은 이렇게 빈약한 결과를 낳을 수밖에 없다는 견해가 있다.[31]

진실화해위의 또 다른 한계는 이 위원회가 '과거청산'을 목적으로 하는 다른 위원회들과는 달리 '과거사 정리'의 성격이 지나치게 강했다는 점에서 찾을 수 있다. '청산'이 좀 더 강하고 적극적인 해결을 내포하고 있다면, '정리'는 좀 더 약하고 소극적인 해결을 의미한다.[32]

과거사 사건 판결과 소멸시효 항변

과거사 사건 피해자들에 대한 포괄적인 배상이나 보상에 관한 정부의 조치가 부재했기 때문에 과거사 사건 피해자들은 국가를 상대로 국가배상청구를 할 수밖에 없었다. 이러한 소송에서 계속적으로 문제가 되었던 것은 소멸시효였다. 피고인 국가가 과거사 사건들에 있어 오랜 시간이 지난 사건이라는 점을 이유로 예외 없이 소멸시효 항변을 하고 있기 때문이다. 형사법상의 공소시효와 민사법상의 소멸시효는 다르다. 소멸시효는 절대적인 것이 아니다. 소멸시효의 항변은 채무자의 선택의 문제이다. 다시 말해 피고인 국가는 자기의 책임으로 죽거나 피해를 입은 국민의 손해배상청구소송에서 소멸시효를 이유로 항변을 할지 이러한 항변을 하지 않을지를 스스로 선택하고 결정할 수 있는 것이다. 그러나 피고인 국가는 우리 역사상 단 한 번도 과거청산과 관련된 국가배상청구소송에서 소멸시효항변을 포기한 적이 없었다.[33]

과거사 사건손해배상청구소송에서 법원은 신의칙을 적용하여 피고인 국가의 소멸시효항변을 저지하기도 했지만, 대법원의 판결이 피해자인 권리자가 진실화해위 등의 결정이 있은 후 상당한 기간 안에 권리주장을 할 것을 요건화하면서, '상당한 기간'을 3년이라고 했다가 '재심 결정 후 6개월'이라고 하는 등 과거사 피해자들에게 불리한 판단을 내려 과거사 피해자들을 혼란에 빠뜨렸다. 한편 소멸시효에 관한 민법 제166조 제1항 및 제766조 제2항의 객관적 기산점 조항이 과거사 사건의 특수성을 고려하고 있지 않아 위헌이라는 취지의 결정을 내렸는데 이 헌법재판소의 결정은 매우 중요한 의미를 갖는다.

여기서는 우리 판례가 소멸시효항변을 저지하기 위해 사용하고 있는 신의칙의 유형을 간략히 소개한 후 문제되는 대법원 판결을 비판적으로 고찰하고 헌법재판소 결정을 바탕으로 소멸시효제의 존재이유를 검증해보기로 하겠다.

1. 소멸시효와 신의칙의 유형

소멸시효에 신의칙을 적용하는 판례는 일반적으로 다음의 네 가지 유형으로 나뉘어진다.[34]

① 채무자가 시효완성 전에 채권자의 권리행사나 시효중단(청구, 압류·가압류·가처분 및 채무의 승인)을 불가능하게 만들었거나 현저히 곤란하게 하였거나, 또는 시효중단 등의 조치가 불필요하다고 믿도록 만드는 행동을 한 경우(제1유형)

② 채권자가 권리행사를 할 수 없는 객관적인 장애사유가 있는 경우(제2유형)

③ 시효가 완성된 후라 하더라도 채무자가 시효를 원용하지 아니할 것 같은 태

도를 보임으로써 권리자로 하여금 채무자가 시효를 원용하지 않을 것이라 고 신뢰하게 한 경우(제3유형) 또는

④ 채권자보호의 필요성이 크고, 동일한 조건의 다른 채권자가 채무의 변제를 수령하는 등의 사정을 고려할 때 채무이행의 거절을 허용하는 것이 현저하게 부당하거나 불공평한 것으로 판단되는 등의 특별한 사정이 존재하는 경우(제4유형)

제1유형은 채무자가 권리행사 자체를 물리적으로 불가능하게 하거나, 권리자의 권리행사를 미루도록 유인하는 등, 채무자가 적극적으로 어떤 행동을 하여 채권자로 하여금 권리행사를 제때 하기 어렵게 만든 경우이다. 이러한 적극적인 행동이 없거나, 어떠한 행동이 있었더라도 채권자의 권리행사를 어렵게 하는 정도에 이르지 않았다면 신의칙위반에 해당하지 않는다.

제2유형은 채권자의 권리행사가 객관적으로 불가능한 사실상의 장애사유가 있는 경우이다. 한편 관련 대법원 판례해설에 따르면, 이러한 장애사유에 해당하려면 일반인의 시각에서 봤을 때 그러한 권리를 행사한다는 것을 기대하기 어려운 사정이 있어야 하며, 채권자의 권리불행사가 사회적으로도 상당한 것이어야 하는데, 이러한 상태가 반드시 채무자에 의하여 유발되었을 필요는 없다고 한다.[35] [36]

제3유형은 제1유형과 같은 맥락에서 이해할 수 있다. 두 유형 모두 채권자의 권리불행사가 '채무자의 적극적인 잘못된 언동'으로 초래되었다는 공통점을 가지기 때문이다. 차이점은 제3유형에 있어서는 이미 시효가 완성된 후의 채무자의 행위가 문제되는 것이다.

제4유형은 채무이행거절을 인정하는 것이 현저히 부당하거나 불공평한 경우에 해당되는 등의 특별한 사정이 있는 경우로 이익형량의 결과 채무자의 소멸시효 완성주장을 도저히 받아들이기 어려운 경우에 해당한다. 현저한 불균형이 요구되기 때문에, 네 가지 신의칙의 유형 중에서도 가장 좁은 문을 통과해야 인정될

수 있는 것이라고 할 수 있다.

2. 문제되는 대법원 판결

1) 대법원의 입장

대법원 2013.5.16. 선고 2012다202819 전원합의체 판결은, 1950년 10월경 부역자들에 대한 학살사건(진도민간인학살사건)에 관한 것으로, 2009.4.6. 진실화해위의 진실규명결정이 있은 이후 2년 10개월 만인 2012.2.14. 국가를 상대로 손해배상을 구한 사안이다. 위 전원합의체판결은 국가의 소멸시효 항변 제한에 관한 기존 판례의 입장과 상당한 거리를 두면서 제3유형의 신의칙 위반 유형을 적용하였는데, 원고들에게 상당한 기간 안에 권리행사를 할 것을 요구하면서 '상당한 기간'에 관해서는 진실과화해위원회 등 과거사위원회를 통한 진상규명결정일로부터 3년(민법상의 단기소멸시효)이라고 판시하였다. 이에 따라 과거사 피해자들 사이에서는 진상규명결정 후 3년 안에 권리행사를 하면 된다고 하는 일정한 신뢰가 구성되어 가고 있었다. 그런데 대법원 2013.12.12. 선고 2013다201844 판결에서는 국가의 소멸시효항변을 권리남용 제2유형의 신의칙 위반으로 판단하면서 원고들은 재심무죄판결 확정시와 형사보상결정 확정시를 기준으로 6개월(민법상 시효정지 기간) 안에 권리행사를 해야 한다고 판시함으로써 상당한 기간의 인정범위를 대폭 축소하여 많은 과거사 피해자들을 당황하게 만들었다.

이들 대법원 판결의 내용을 정리하면 다음과 같다.[37]

① 대법원 판결은 위에서 소개한 신의칙 제3유형을 적극적으로 적용하면서 피고인 국가가 시효를 원용하지 아니할 것 같은 태도를 보여 피해자인 권리자가 이를 신뢰하였던 경우, '상당한 기간' 안에 자기의 권리를 행사하였다면, 피고인 국가가 소멸시효 완성을 주장하는 것은 신의성실 원칙에 반하는 권리남용으로 허용될 수 없다는 견해를 취했다.

② 대법원 판결은 피고인 국가가 과거사정리법의 제정 등을 통하여 진실을 규명하고 피해자 및 유족에 대해서 피해회복조치를 취하겠다고 선언함으로써 피해자 등이 국가배상청구의 방법으로 손해배상을 구하는 사법적 구제방법을 취하는 것도 궁극적으로는 수용하겠다는 취지를 담아 선언한 것이라고 볼 수 있으며, 구체적인 소송사건에서 소멸시효로 항변하지 않겠다는 의사를 표명한 취지가 내포되어 있다는 입장이다.[38 39]

③ 대법원에 따르면 과거사정리법의 적용대상에 포함되는 경우임에도 불구하고 진실규명신청이 없었던 경우에는 피고인 국가의 소멸시효항변은 특별한 사정이 없는 한 권리남용에 해당하지 않는다.

④ 국가에게 국민에 대한 보호의무가 있지만 그러한 이유만으로 피고인 국가를 일반의 개인 채무자와 달리 취급할 아무런 이유가 없다.

⑤ 피고인 국가의 소멸시효 항변을 저지할 수 있는 '상당한 기간'은 특별한 사정이 없는 한 민법상 시효정지의 경우에 준하여 단기간으로 제한되어야 하고, 단기소멸시효 기간인 3년을 넘을 수는 없다. 또한 재심무죄판결 확정시와 형사보상결정 확정시를 기준으로 6개월(민법상 시효정지 기간) 안에 권리행사를 해야 한다

이후 대법원 및 하급심 판례가 일관되게 위 대법원의 견해를 따르고 있었다.[40]

2) 비판적 검토

(1) 신뢰의 구성

대법원이 위의 신의칙 제3유형을 적용하는 취지는 2000년 의문사위가 구성된 이후 의문사유가족이 주장해왔던 논리와도 일맥상통하는 부분이 있다. 국가가 의문사위를 대통령직속기관으로 설치하여 진상을 규명해놓고서 배상은 피하겠다고 소멸시효항변을 하는 것은 모순된 행위로써 도저히 이해할 수 없다는 주

장이 바로 그것이다. 따라서 의문사유가족들은 피고인 국가가 소멸시효를 이유로 항변하지 말 것과 사법부는 이를 허용하지 말 것을 호소하였던 것이다. 하지만, 피고인 국가는 예외 없이 소멸시효 항변으로 일관하였고, 의문사희생자 유가족들의 신뢰와 기대는 여지없이 무너져버리고 말았다. 의문사위의 2기 활동까지 모두 종료되고 난 후, 2005년이 되어서야 비로소 진실화해위가 구성되었는데, 의문사위에서 밝혀진 사건에 대한 소송이 진행되던 2002년 무렵부터는 진실화해위에서 진실을 밝혀 국가의 책임을 입증한다고 하더라도 소송에 있어서는 피고인 국가의 소멸시효항변이라는 커다란 장애에 부딪힐 것이라는 사실을 모르고 있었을까? 이런 상황인데도 인권피해자들은 진실화해위에서 밝혀진 진실에 대해서는 피고인 국가가 소멸시효를 이유로 항변하지 않을 것이라고 신뢰하고 있었을까? 적어도 진실화해위의 전신이라 할 수 있는 의문사위에서 의문사사건의 진실이 밝혀지고, 유가족들이 소를 제기하기 시작한 2002년 무렵에는 실제로 이러한 신뢰가 있었다고 할 수도 있겠지만, 의문사유가족이 제기한 국가배상청구소송에서부터 예외없이 소멸시효항변으로 일관하던 정부의 입장을 모르는 이는 적어도 진실화해위의 조사로 진실이 밝혀진 사건[41]과 관련된 원고들 중에는 아무도 없었을 것이다.[42] 따라서 진실화해위의 결정이 있은 이후에도 소송을 제기하는 것을 망설이고 있지는 않았을까? 섣불리 소송을 제기하기보다는 소멸시효항변 등으로 책임을 회피하려는 피고 국가를 상대로 해야 했기에 더 많은 준비의 시간이 필요하지는 않았을까? 대법원은 이러한 측면을 전혀 고려하지 않았다.

희생자들이 실제로 신뢰했는가의 여부를 제외하면, 이 대법원 판결에서와 같이, 의문사위나 진실화해위를 통해 과거 인권침해의 진실을 밝히도록 하는 국가의 행위 안에는 배·보상의 의사도 내재되어 있는 것으로 보는 것이 적어도 객관적으로 합리적이라는 점에 동의할 수 있다면, 진실화해위와 관련법을 제정하고 진상규명결정을 한 행위는 선행위가 되고, 소멸시효항변은 선행위에 대한 모순행위가 되어 금반언의 원칙을 적용할 수도 있을 것이라는 견해가 있다.[43]

(2) 국가와 개인은 다르다

대법원은 객관적 장애사유를 인정하지 않고, 채권자 보호의 필요성과 관련해서도 국가를 일반 개인적 채무자와 구별할 필요가 없다고 하면서 국가가 아닌 일반 채무자의 소멸시효 완성에서와 같은 특별한 사정이 인정될 때만 권리남용에 해당한다고 판단하였는데, 이에 대해 사법부가 과거사 청산의 의지를 포기하거나 후퇴시킨 것이 아닌가 하는 의문이 제기된다. 국가는 헌법 제10조에 따라 "개인이 가지는 불가침의 기본적 인권을 확인하고 이를 보장할 의무를 진다."[44] 국가는 국민에 대한 보호의무에 의해 그 존립가치를 인정받는 것이다. 그러한 국가가 공권력을 남용하여 국민의 생명과 자유를 침해하여 자기의 존립가치를 부정하는 경우를 일반 사인간의 문제와 동일선상에서 보는 것은 어불성설이다. 어느 개인도 다른 개인에 대하여 기본적 인권을 보장하는 의미에서의 보호의무를 부담하지는 않는다. 즉, 국가가 국민에 대해서 갖는 보호의무와 일반채무자가 타 개인에 대해서 가질 수 있는 보호의무는 근본적으로 그 성격을 달리하는 것이다. 대법원의 표현을 빌리자면, '국가가 국민에 대한 보호의무를 부담한다는 이유만으로 개인(일반 채무자)과 달리 취급할 이유가 없을 수도 있겠지만, 그렇다면 여기서 말하는 국가의 보호의무의 성격은 어떤 것인지, 그 보호의무를 위반했을 때 그러한 행위가 우리의 사회질서를 어떻게 붕괴시킬 수 있는지, 공권력을 남용하여 국민에 대한 인권침해를 한 행위 자체를 넘어서, 이러한 불법행위를 조직적으로 은폐하고 조작한 것이 우리의 사회질서에 얼마나 치명적인 결과를 초래할 수 있는 것인지를 함께 고려하였더라면, 국가의 보호의무를 이렇게 가볍게 평가할 수는 없었을 것이다.

대법원의 입장은 아마도 법적 안정성을 수호하려는 취지에서 여지껏 사인들간의 문제로서만 다루어왔던 소멸시효항변에 적용되는 법리가 피고가 국가가 되었다고 해서 달리 적용하지 않음으로서 법적 안정성을 지키는 것으로 이해했던 것으로 추정된다. 그러나 이는 법적 안정성에 대한 잘못된 이해에서부터 비롯된 것이다. 법적 안정성은 전혀 다른 문제에 대해서도 똑같은 규정을 적용해서 지켜지지 않는다. 일반인이 가장 예상하기 쉽고 이해하기 쉬운 공평한 해결책을 찾는 것이 법적 안정성을 지키는 길이다. 국가를 개인과 동일하게 취급하겠다는 의도는 법적 안정성을 지키기는커녕 법적 안정성과 사회질서를 무너뜨릴 수 있는 매우 위험한 발상이다.[45]

유엔이 유엔기본원칙을 통해 중대한 인권침해에 대한 민사적 손해배상청구에 대하여 소멸시효가 적용되지 않는다고 한 것은, 공권력에 의한 인권침해가 사인간의 인권침해와 다른 의미를 갖기 때문이다.

인권회복을 통한 기본권보장의 의무는 행정부뿐만이 아니라 사법부에도 주어지는 것이다. 헌법재판소의 표현을 빌리자면, "…법원은 기본권을 보호하고 관철하는 일차적인 주체이다. 모든 국가권력이 헌법의 구속을 받듯이 사법부도 헌법의 일부인 기본권의 구속을 받고, 따라서 법원은 그의 재판작용에서 기본권을 존중하고 준수해야 한다. 법원이 기본권의 구속을 받기 때문에 법원이 행정청이나 하급심에 의한 기본권의 침해를 제거해야 하는 것은 당연한 것이다. 기본권의 보호는 제도적으로 독립된 헌법재판소만의 전유물이 아니라 모든 법원의 가장 중요한 과제이기도 하다."[46]

3) 상당한 기간

대법원은 "상당한 기간 내에 권리행사가 있었는지 여부는 채권자와 채무자 사이의 관계, 신뢰를 부여하게 된 채무자의 행위 등의 내용과 동기 및 경위, 채무자가 그 행위 등에 의하여 달성하려고 한 목적과 진정한 의도, 채권자의 권리행사가 지연될 수밖에 없었던 특별한 사정이 있었는지 여부 등을 종합적으로 고려하여 판단할 것이다"라고 하면서도 상당한 기간에 관해 결국 최장 6개월로 규정되어 있는 시효정지기간에 준하는 단기간을 기준으로 하고 있었다. 인권침해사건들을 시효정지사건들과 동일시하는 것이 과연 정당할까?

일반적인 시효정지사건에 있어서는 가해자와 가해 행위 등을 피해자인 채권자가 잘 알고 있는 경우이다. 시효정지사건은 가해 행위가 있었을 때부터 소멸시효가 진행되고 있는 중에 전시·사변 등 시효정지의 원인이 발생하여 권리구제를 받지 못했을 경우이다. 원칙적으로는 채권자에게 주어진 소멸시효기간이 다 경과하였음에도 권리구제를 받기 어려웠던 사유가 존재하는 기간을 시효계산에서 제외시켜주면서, 이 사유에서 벗어나자마자 상당한 기간 안에 곧바로 소를 제기하라는 의미가 담겨져 있다. 시효정지사건에 있어서의 '상당한 기간'이란 (사법제도상) '가능한 한 가장 빠른 시간'이라고 할 수 있다. 그 결과 정지시효기간을 1개월 내지 6개월로 입법화한 것이다. 그런데 이렇듯 '가능한 한 빠른 시간'이라는 기준을 과거인권침해사건들에 똑같이 적용해야 하는 근거는 어디에 있는가?

과거인권침해사건들은 대부분 국가기관의 조직적인 은폐와 조작에 의해 여지껏 국민들이 그 가해 행위나 가해자 등을 알지 못하는 상태로 그 진실이 감추어져 있었던 사건들이다. 이 점에서 일반적인 시효정지사건들과는 근본적으로 다르다. 인권침해사건들은 진실화해위 등의 진실규명에 의해 비로소 그 실체가 드러난 사건들이다. 피해자 유가족들조차도 그 사건의 진상을 전혀 모르고 있었던 경우가 대부분이다. 과거인권피해자의 경우에도 과거사위원회의 진실결정이 있고 나서 '상당한 기간' 안에 권리구제를 위한 소를 제기해야 한다는 점에 대해서는 아무도 반대하지 않을 것이다. 그러나 왜 그 상당한 기간의 기준이 시효정지에 있어서와 마찬가지로 '사법제도상 가능한 한 가장 빠른 시간'인지는 의문이 아닐 수 없다. 수십 년이 지난 이제야 사건의 실체를 알게 된 유가족들로서는 이제부터 정신적 충격을 극복[47]해야 하고 냉철한 마음으로 현실을 직시하면서 국가를 상대로 하는 어려운 소송을 준비해야 했을 것이다. 더구나 이 대법원판결에서 판시한 바와 같이 과거사위원회의 결정사항이 소송상 단지 하나의 증거에 지나지 않는 상황에 있어서는 피고인 국가가 책임 자체를 부정하는 경우를 항상 염두에 두고 있어야 한다. 다행히 가해공무원의 신원이 밝혀진 경우라면 이들의 자백을 받아내기 위한 노력도 했어야 할 것이고, 이 모두를 위해서는 시간이 필요하다. 법원은 결국 인권피해자가 처한 입장을 올바로 인식하지 못하고 있었던 것 같다. 때문에 인권침해사건들에 있어서도 시효정지기간에 준하는 단기간을 기준으로 하고 있는 것이라는 생각이 든다. 인권피해자의 입장에서는 피고인 국가가 계속적으로 소멸시효를 이유로 항변하고 있는 상황에서, 진실화해위의 결정만을 믿고 섣불리 소송을 제기할 수 없는 특별한 사정이 있었다는 점을 고려했어야 했다. 어김없이 예상되는 피고 국가의 소멸시효항변에 대해 개별사건별로 이 항변을 저지할 수 있는 법률적 논리를 개발하면서 소송에 철저하게 대비하기 위해서는 전문변호사의 선임과정을 포함하여 상당한 준비기간이 필요하다. 소멸시효기간을 채무자가 아닌, 채권자의 입장에서 보면, 일반적으로 이 기간 안에는 언제든지 채권자의 자기 권리주장이 보장되어 있으며, 따라서 그 기간 동안은 채권자의 권리가 보호받고 있다고 볼 수 있다. 채권자는 그 기간 동안 자기의 권리행사를 위한 증거도 수집할 수 있고, 증인도 확보할 수 있을 것이다. 또한 그 기간 안에는 소를 제기하는 시기를 자유롭게 결정할 수 있는 권리도 가지고 있다. 그런데, 과거인권침해사건에 있어서는 채권자에게 이러한 기간이 존재하지 않는다. 그 오랜 시간 동안 사건의 실체조차 알 수 없었던 채권자에게 보장되는 권리보호의 기간이 거의 전무하다. 자신이 채권자의 자격이 있다는 사실조차도 이제야 알게 된 사람에게 '사법상 가능한 가장 빠른 시간' 안에 권리행사를 하라는 건 무리한 요구이다. 이러한 사정을 종합해보면, 시효정지의 기간인 6개월은 부당하게 짧다고 할 수 있다.[48] 따라서 과거인권침해사건들에 있어서는 단기소멸시효기간인 3년을 원칙으로 하는 것이 합리적이라는 주장이 있었다.[49]

헌법재판소의 결정과 소멸시효제도의 존재이유

1. 헌법재판소 결정의 내용

2018년 헌법재판소[50] 민법 제166조 제1항, 제766조 제1항, 제2항, 국가재정법 제96조 제2항, 구 예산회계법 제96조 제2항이 원칙적으로는 합헌이지만, 과거사 사건에 관하여는 민법 제166조 제1항, 제766조 제2항이 위헌이라는 결정을 내렸다.[51]

민간인 집단 희생사건, 중대한 인권침해사건·조작의혹사건 등 과거사정리법[52]이 규정하는 주요 과거사 사건에 대해서까지 민법 제166조 제1항, 제766조 제2항의 객관적 기산점을 적용하도록 '규정'해놓은 것 자체가 위헌이라는 견해다. 국가의 국민에 대한 인권침해사건인 과거사 사건을 전혀 구별하지 않고 일반 개인의 개인에 대한 불법행위와 똑같이 취급하는 것은 소멸시효제도를 통한 법적 안정성과 가해자 보호만을 지나치게 중시한 나머지 합리적 이유가 없으며 과거사 사건에 관한 국가배상청구권의 보장 필요성을 외면한 것으로서 입법형성의 한계를 일탈하여 청구인들의 국가배상청구권을 침해하고 있기 때문에 위헌이라는 것이다.

헌법재판소는 구체적으로 다음의 이유를 들고 있다.

① 과거사 사건은 과거사정리법 제정 경위 및 취지 등에 비추어 볼 때 국가기관의 조직적 은폐와 조작에 의해서 피해자들이 그 가해자나 가해 행위, 가해행위와 손해와의 인과관계 등을 정확하게 알지 못하는 상태에서 오랜 기간 진실이 감추어져왔다는 특성이 있어 사인간 불법행위 내지 일반적인 국가배상 사건과는 근본적으로 다른 사건 유형에 해당되는 것임에도 과거사 사건의 특성을 구분하지 아니한 채 사인간 불법행위 내지 일반적인 국가배상 사건에 대한 소멸시효 정당화 논리를 그대로 적용하는 것은 헌법 제11조의 평등원칙에도 부합하지 않는 것이다.[53]

② 과거사 사건의 이러한 특성으로 인해 소멸시효제도의 입법취지 중 '채무자의 증명곤란으로 인한 이중변제 방지'나 '권리행사 태만[54]에 대한 채권자의 제재 필요성과 채무자의 보호가치 있는 신뢰'는 그 근거가 되기 어렵다는 것이다.

③ 과거사 사건에 대해 오랫동안 국가배상청구권을 행사하기 어려운 상황이었음에도 헌법 제10조 제2문의 헌법상 기본권 보호의무를 지는 국가가 소멸시효를 「민법」 제766조 제2항 내지 제166조 제1항으로부터 기산함으로

써 국가배상 청구권이 이미 시효로 소멸되었다고 선언하는 것은 헌법 제10조에 반한다는 것이다.

④ 국가배상청구권의 시효소멸을 통한 법적 안정성의 요청이 헌법 제10조가 선언한 국가의 기본권 보호의무와 헌법 제29조 제1항이 명시한 국가배상청구권 보장 필요성을 완전히 희생시킬 정도로 중요한 것이라고 보기 어렵다.

⑤ 과거사 사건에 있어서는 그 특성상 피해자의 진상규명을 저해하여 국가에 대해 손해배상을 청구할 수 없었던 경우가 많았음에도 불구하고 불법행위 시점으로부터 소멸시효의 객관적 기산점을 적용하도록 하는 것은 피해자와 가해자 보호의 균형을 이루고 있는 것으로 보기 어렵고 손해의 공평·타당한 분담이라는 손해배상제도의 지도원리에도 부합하지 않는다는 점을 들었다.

헌법재판소는 다른 한편 민법 제766조 제1항의 주관적 기산점 및 단기소멸시효에 관하여는 불법행위로 인한 손해배상청구에 있어 피해자와 가해자 보호의 균형을 도모하기 위한 것으로 과거사 사건에 있어서도 합리적 이유가 인정된다고 판단하면서 과거사 사건 중 '민간인 집단 희생사건'의 경우에는 피해자 등이 진실화해위의 '진실규명결정을 안 날'로부터 3년 이내에 국가배상을 청구하여야 하고, '중대한 인권침해사건과 조작의혹사건' 중 유죄확정판결을 받았던 사건의 경우에는 피해자 등이 '재심판결 확정을 안 날'로부터 3년 이내에 국가배상을 청구하여야 민법 제766조 제1항의 단기소멸시효 완성을 저지할 수 있다는 점을 밝혔다.[55]

2. 소멸시효제도의 존재이유

여기서는 소멸시효제도의 존재이유를 과거사 사건을 대상으로 검토해보고, 위 헌법재판소 결정과 같은 결론에 이를 수 있는지를 검증해보기로 하겠다.

일반적으로 소멸시효제도의 존재이유로 ① 법적 안정성의 제고 ② 입증곤란의 구제 ③ 권리행사의 태만에 대한 제재의 세 가지를 든다. 이에 더하여 일부에서는 권리자가 더 이상 권리를 행사하지 않을 것으로 믿은 의무자의 신뢰보호를 추가하기도 한다.[56] 그런데 이러한 소멸시효의 일반적 존재이유를 인권침해사건에 연결하면 어떠한 결과가 도출될 수 있을까?

① 법적 안정성의 제고

일정한 사실상태가 오랫동안 계속되면, 사회는 이것을 진실한 권리관계에 부합하는 것으로 믿게 되고, 그것을 기초로 하여 다수의 새로운 법률관계를 맺어 새로운 사회질서가 형성되기 때문에 이를 보호하자는 것이다. 이것이 지켜지지 않으면, 거래의 안전이 위협되고, 사회질서가 문란하게 될 수 있다는 것이다. 그런데 국민을 보호해야 하는 국가가 국민의 인권을 침해하고, 그 우월적 지위를 이용하여 오랜 기간 동안 권리구제를 막고 있었던 경우에도, 이제 와서 국가가 책임을 다하는 것이 거래의 안전을 위협하고 사회질서를 문란하게 하는 것일까? 오히려 그 반대가 되어야 할 것이다. 법적 안정성을 지키기 위해서는, 채무자인 국가가 자기의 우월적 지위를 이용하여 진실을 은폐하거나 방해해온 과거사 사건에 있어서 소멸시효로 항변하는 것을 허용해서는 안 된다고 할 것이다.

② 입증곤란의 구제

불법행위사건에 있어서는 원칙적으로 청구자가 행위와 손해 사이의 인과관계 등 모든 요건을 입증해야 하는데, 실제 소송에 있어서는 다툼이 있는 경우 피청구인도 반대의 입증을 하여 청구인의 주장을 배척할 필요가 있게 된다. 이때에 반대입증의 곤란을 구제하기 위해서 소멸시효가 존재한다는 것이 하나의 논거가 되고 있다. 그러나 과거인권침해사건에 있어서와 같이, 진실화해위 등의 노력으로 어려운 과정을 거쳐 입증자료가 확보되어 현존하는 경우에도 원고의 입증곤란이나 인권침해사실에 대한 (반대)입증에 있어서도 우월적 지위에 있는 피고 국가의 (반대)입증곤란은 그 기본전제가 성립하지 않으며, 따라서 소멸시효항변을 정당화할 수 있는 논거가 될 수 없다.

③ 권리행사의 태만에 대한 제재

시효제도의 존재이유로서 '법은 권리 위에 잠자는 자를 보호하지 않는다'[57]는 논거를 자주 인용하고 있다. 법은 권리 위에 잠자는 자를 보호해주지 않기 때문에 권리가 있음에도 오랜 기간 동안 그 권리를 행사하지 않은 것에 대한 불이익은 권리자에게 돌아가야 하고 따라서 의무자에게는 소멸시효로 항변할 수 있는 권리가 주어져야 한다는 논리이다. 그러나 과거사 사건은 피고인 국가의 은폐, 방해 또는 직무유기로 인해 오랜 시간 동안 진실이 밝혀질 수 없었던 사건들이다. 많은 경우에 있어 국가공권력에 의한 불법행위의 사실조차 제대로 모르고 있었던 과거사 사건 피해자들을 탓할 수는 없는 노릇이다.

④ 권리불행사에 대한 의무자의 신뢰보호

권리자가 장기간 권리를 행사하지 않음으로 해서 의무자로 하여금 권리불행사에 대한 신뢰를 구성하게 하였고 이 신뢰에 대한 보호를 위해서 소멸시효제도가 필요하다는 것이다. 그러나 피고인 국가의 은폐, 방해 또는 직무유기로 인해 진실이 밝혀지지 않았던 과거사 사건에 있어서는 피고인 국가가, 피해자가 권리를 행사하지 않을 것이라는 점을 신뢰한다는 논거는 위 ③과 같은 이유로 성립할 수 없는 것이다.

국가로서는 국민을 보호할 의무가 있는 까닭에 국민은 국가를 믿고 국가가 취한 조치가 적법하게 이루어졌을 것이라는 데 대해서 의심을 하지 아니하는 것이 일반적이고, 이와 같이 국가를 믿은 것에 어떠한 잘못이 있거나 권리행사에 태만이 있다고 볼 수는 없다고 할 것인데, 오히려 위법행위를 한 국가가 그 위법에 대해 아무런 조치를 취하지 않고 있다가 뒤늦게 그 위법을 몰랐던 피해자들에 대해 소멸시효 완성을 주장한다는 것은 소멸시효의 존재이유 등의 측면에서도 용납될 수 없는 것이다. 또한 법규를 제정하고 집행하는 국가기관의 위법행위에 대하여 소멸시효를 적용하여 그 책임을 면하게 하는 것은 법규에 대한 존중감을 잃게 함

으로써 법적 안정성에 치명적인 타격을 줄 것이다.[58]

위와 같이 소멸시효제도의 존재이유를 과거사 사건에 적용해서 검토해본 결과 그 어느 것도 과거사 사건에 있어 피고인 국가가 소멸시효를 이유로 항변하는 것을 정당화하지 못하는 것을 알 수 있다.

서울고등법원의 판례[59] 중에는 소멸시효제도의 본질에 관해 다음과 같은 입장을 취하기도 했다: "일반적으로 소멸시효제도는, 일정 기간 계속된 사회질서를 유지하고 시간의 경과로 인하여 곤란하게 되는 증거보전으로부터 구제하며 자기의 권리를 행사하지 아니하고 권리 위에 잠자는 자를 법적 보호에서 배제하기 위하여 인정된 제도이다. 즉, 시효제도는 원칙적으로 진정한 권리자의 권리를 확보하고, 변제자의 이중변제를 피하기 위한 제도이므로, 권리자가 아니거나 변제하지 않은 것이 명백한 진정한 권리를 희생하면서까지 보호할 필요는 없다 할 것이다. 또한, 시효제도는 권리자로부터 정당한 권리를 빼앗으려는 데 있는 것이 아니라 채무자에게 근거 없는 청구를 받았을 때 사실의 탐지 없이 방어할 수 있는 보호수단을 주려는 데 있는 것이었다. 위와 같은 시효제도의 본질론에 비추어 볼 때, 이 사건과 같은 경우에 국가의 손해배상책임에 대하여도 시효소멸을 인정하는 것은 시효제도의 취지에도 반한다."

유엔세계인권선언, 자유권규약과 유럽인권협약 등 국제인권법조약이 일관되게 인권침해사건에 대해서 소멸시효의 적용을 배제하고 있는 이유가 바로 여기에 있는 것이다.[60]

결론적으로 국가의 책임이 인정되는 인권침해사건에 있어 피고인 국가의 소멸시효항변을 인정하는 것은 소멸시효제도의 존재이유와 입법취지에도 맞지 않는다고 할 것이다.[61] 인권회복과 소멸시효가 충돌하게 되면, 소멸시효가 양보되는 것이 소멸시효제도의 취지에 부합한다고 할 수 있다.

소멸시효에 관해 위와 같은 주장[62]은 이미 수년 전부터 있어 왔던 것이다. 그동안 판례상으로 별다른 호응이 없었지만, 이제 와서라도 헌법재판소가 위의 주장

과 일치하는 논거로 민법상의 소멸시효 규정에 대해 위헌결정을 내린 것은 참으로 다행스러운 일이다.[63]

희생자를 기억하기 위한 노력 (기억문화)

제2기 진실화해위의 활동이 재개되더라도 진상을 다 밝혀내기에는 역부족인 사건들이 많이 남게 될 것임을 우리는 또한 염두에 두어야 한다. 진상이 밝혀진 사건이나 밝혀지지 못한 사건이나 모두 우리 역사의 비극이 아닐 수 없다. 과거사 사건을 여러 유형, 사건별로 분류할 수 있겠지만, 이들은 모두가 '인권침해사건'이라는 공통점을 가지고 있다.[64] 따라서 과거사 문제의 해결을 위한 각종 소송사건들은 이러한 인권침해의 문제를 해결하기 위한, 즉 인권의 회복을 위한 노력들이라고 볼 수 있다.

애초에 과거 인권침해사건들에 대한 진상규명을 계획하는 단계에서부터 정부는 배·부상의 문제 및 인권피해자의 트라우마 치유[65] 및 이들의 삶과 죽음에 대한 기억과 인권교육 등을 포함하는 포괄적인 로드맵을 구상했어야 했다. 진정한 의미에서의 과거청산에는 진상규명을 넘어 피해보상을 포함하는 포괄적인 명예회복조치가 필요하기 때문이다.[66] 과거청산의 궁극적 과제는 희생자들을 기억하는 것이다.

죽음의 진상을 다 밝혀낼 수 없어 사법적으로 국가기관의 책임을 물을 수는 없으나 여러 확정적인 정황상 국가폭력에 의해 억울한 죽임을 당했다고 판단되는 희생자들과 이러한 확신을 가지고 평생을 살아온 또는 그렇게 살다가 이 세상을 떠나버린 유가족들의 이름과 삶도 함께 기억해야 한다. 이들은 한 사람도 빠짐없이 기억되어야 한다. 진상이 규명된 사건은 그 진상을 상세히 기록하고 진상이 다 밝혀지지 못한 사건 또한 밝혀내지 못한 한계의 내용과 함께 기록되고 기억되어야 한다. 하지만 기억을 실천에 옮기는 것은 매우 힘든 일이다. 사람들로 하여금 기억하도록 강제할 수도 없는 노릇이다. 우리 인류는 이들을 어떻게 기억할 수 있을까?

가해자들에 대한 기억은 가치가 없다. 누가 어떻게 죽였는가를 기억하는 것은 그 가치적 의미를 상실한다. 우리에게 중요한 것은 누가 어떻게 죽임을 당했는가 하는 것이다. 그들의 삶은 어떠했을까? 그들은 어떤 희망과 꿈을 가지고 있었을까? 피해자에 대한 기억만이 우리 인류에게 의미가 있는 것이다. 그렇다면 우리는 그들을 어떻게 기억해야 하겠는가? 이 답을 찾아가는 데 있어서는 독일의 다양한 기억문화 활동이 시사하는 바가 많을 것이다. 또한 죽은 이에 대한 기억을 위한 예술가들의 노력을 살펴볼 필요도 있을 것이다.

1. 독일의 기억문화

'기억문화'라는 말이 우리에게는 생소하지만, 과거의 잘못을 뉘우치고 희생자들을 기억하고자 하는 인류의 노력을 총체적으로 일컫는 이 용어는 오늘날 독일에서는 일반인들에게도 매우 일상적인 용어가 되었다. 이는 그만큼 독일이 희생자에 대한 기억문화운동[67]을 잘 실천해나가고 있다는 것을 보여주는 것이다. 독일에서 희생자에 대한 기억을 문화의 단계로 끌어올려야 한다는 이론을 촉발한 것은 일반적으로 알라이다(Aleida)와 얀 아스만(Jan Assmann) 부부로부터 시작되는 것으로 알려져 있다.[68]

기억문화 운동의 영향으로 독일뿐 아니라 전 세계에 걸쳐 수백 개[69]에 달하는 '기억의 터'가 설립되었다. '기억의 터'는 독일어로는 'Gedenkstätte', 영어로는 'Memorial Site' 등으로 불리고 있는데, 작은 위령비에서부터 기념관에 이르기까지 매우 다양한 규모와 형태로 이루어져 있다. 그 수는 전 세계에 걸쳐 200여 개가 넘는데 어쩌면 한국에는 더 많은 기억의 터가 필요할지도 모른다.

작은 돌들로 깔아놓은 독일의 인도를 걷다 보면 군데군데 손바닥만 한 금색 동판으로 된 슈톨퍼슈타인(Stolperstein)이 반짝거린다. 거기에는 국가폭력에 의해 희생된 사람들의 이름과 생년월일 및 사망일, 사망원인이 간략하게 새겨져 있다. 기일이 되면 슈톨퍼슈타인 위에 꽃이 놓여져 있거나 작은 촛불이 켜져 있을 때도 있다. 슈톨

[7-1] 부헨발트(Buchenwalt) 전 강제수용소 기념관 '기억의 터'(왼쪽), 힌제르트(Hinzert) 전 강제수용소 기념관 '기억의 터'(오른쪽)

퍼슈타인은 '장소 특정적 예술작품(site specific artwork)'으로서 슈톨퍼슈타인이 설치된 곳은 희생자들의 삶과 관련이 있는 곳이다. 조각가 군터 뎀니히(Gunter Demnig)가 시민단체[70]의 도움으로 홀로코스트 희생자들을 기억하기 위해 시작한 이 슈톨퍼슈타인 프로젝트는 이제 전국적인 운동으로 발전했다.[71] 슈톨퍼슈타인 프로젝트의 성공사례는 우리가 기억의 책무를 실현해나가고 '기억의 터'를 만들어나가는 과정에서 사회참여적인 예술인가들이 많은 역할을 할 수 있음을 시사한다. 예술은 인간의 감성에 호소하고 인간의 마음을 움직일 수 있다.

홀로코스트 희생자들을 기억하고 추모하는 방법을 모색함에 있어서 독일에서는 정태적이고 위압적인 근대 기념비의 틀을 벗어나 '반(反)기념비(counter-monument)의 형태를 취하는 경향이 20세기 후반부터 강하게 나타나고 있다. 이는 포스트모더니즘 조류와도 무관하지 않은데 반기념비는 고정되어 있지 않고 일시적이거나 비가시적인 특징을 가지고 있다. 반기념비는 기념비의 근본 전제에 도전하며 스스로의 부정을 통해 기념비가 지닌 역사성을 드러내고자 하는 것이다.[72] 크리스티앙 볼탕스키(Christian Boltanski)의 〈유실된 집(Missing House)〉은 홀로코스트 희생자들을 기억하기 위한 반기념비의 사례로 잘 알려져 있다. '유실된 집'은 말 그대로 더 이상 존재하지 않는다. 남아 있는 것이라곤 과거 여러 사람이 살던 4~5층 건물이 서 있던 빈터만이 있을 뿐이다. 한가운데 집 한 채가 사라진 듯이 보이는 이 빈터의 양옆

[7-2] 크리스티앙 볼탕스키, <유실된 집>, 1990.

으로는 과거에는 유실된 집과 나란히 서 있었을 건물 두 동이 그대로 서 있는데 이 건물들의 외벽에 유실된 집에 살던 사람들의 이름표를 부착해둔 것이 이 작품의 전부다. 이름과 거주 기간, 직업만 적혀 있다. 그 외에는 아무런 설명도 없다. 그런데 이런 단순한 전시(?)를 보면서 사람들은 눈시울을 적신다. 이 건물에 살던 사람들은 대부분 유대인이었고 그들은 모두 죽음의 수용소로 끌려갔기 때문이다. 유대인이 사라진 이 집은 2차 세계대전이 끝나기 얼마 전인 1945년 2월 연합군의 폭격으로 유실되었다. 예술적 형상화와 역사적 고증이 결합하여 완성된 〈유실된 집〉은 개개인의 운명과 역사 그리고 방문자의 개인적 감성을 서로 연결하는 매개체가 된다.[73]

이러한 '기념비'를 넘어서 아예 기념비가 아닌 기념비, 이른바 '비(非)기념비(non-monument)'[74]도 등장했다. 그중 대표적인 것이 베를린 브란덴부르크 문 앞에 설치된 〈버스정류장(Bus Stop)〉이라는 작품이다. 이는 레나타 스티흐(Renata Stih)와 프리더 슈녹(Frieder Schnock)의 공동작업으로 1994년 처음 선보였는데, 베를린 근교의 강제수용소가 있었던 라벤스브뤼크(Ravensbrück)행이라고 행선지만 표시된 빨간색 관광버스에 올라타는 경험이 이 작품의 전부다. 일상적인 버스 운행을 홀로코스

[7-3] 레나타 스티흐와 프리더 슈녹의 〈버스정류장(Bus Stop)〉, 1994-1997.

트 희생자들과 연결시키면서 당시 나치의 테러도 이러한 평범한 일상 속에서 자행되었다는 것을 암시한다. 버스에 올라탄 승객들은 단지 수용소라는 목적지에서만이 아니라 여행을 하는 내내 유대인들의 경험을 반추하게 된다. 여기서 기념비에 해당하는 것은 버스정류장도, 수용소도 아니며, 바로 여행 과정 그 자체다.

수많은 독일 기억의 터의 운영자는 각기 독립된 과거청산재단이다. 따라서 각각의 기억의 터를 독립적으로 관리하고 운영하고 있는 과거청산재단의 수는 기억의 터만큼 여러 개가 있다. 대표적인 것이 '기억과 책임과 미래 재단'인데 이 재단은 과거 나치 정권하에서 강제 노역을 당했던 피해자들에 대한 배·보상과 추모사업을 위해 2000년에 설립되었다. 이러한 특수법인으로서의 재단을 설립하기 위해서는 우선 관련 입법을 해서 기금 출연을 해야 하지만 재단은 국가로부터 독립적으로 활동하게 된다. 독일에 존재하는 대부분의 기억의 터는 이와 유사한 재단에 의해 운영되고 있다. 우리나라에도 국가폭력에 의한 인권침해희생자들의 삶과 죽음을 기억하고 추모하는 특수법인으로서의 '과거청산재단'[75] 설립이 필요하다.

2. 기억을 위한 노력

제2차 세계대전 당시 미국으로 망명한 독일계 유대인 철학자 한나 아렌트는 'vita activa(활동적 삶)'라는 제목의 철학서를 독일어로 쓰면서 이를 '인간의 조건(human condition)'이란 제목으로 직접 영어로 번역하였다. 여기서 아렌트는 '활동적 삶'이란 용어를 인간의 세 가지 근본적인 활동들 즉, '노동(labor)', '작업(work)', '행위(action)'를 통해 영위되는 삶이라고 포괄적으로 설명하고 있다.[76] '노동'은 신체의 생물학적 과정으로 이해될 수 있으며, '작업'은 인간실존의 비자연성과 인공성에 조응하고, '행위'는 '다원성(human plurality)'이라는 인간적 조건, 다시 말해 다양한 사람들이 세계에 존재한다는 사실에 조응한다고 한다. 아렌트는 이 세 가지 활동 중 '행위'를 인간 최고의 활동 능력으로 파악하면서, '미술'은 시각적인 그 무엇인가를 남기는 활동으로서 '작업'의 하나로 분류하고 있다. '행위'는 기존의 관례를 변화시키거나 새로운 것을 덧붙이든지 아니면 전적으로 새로운 것으로 대체시키는 특징을 갖고 있다고 한다. 그러므로 모든 시작의 본질 속에 '불측성' 또는 '의외성(unexpectedness)'이 존재한다고 한다. 그런데 오늘날의 현대 미술 작가들은 '작업'보다는 '행위'에 더 큰 비중을 두는 경우가 많은 것 같다. 그들은 '항상 의외의 것', '예측하지 못했던 새로운 것'을 추구하며 아렌트가 말하는 '완전한 자유'를 추구하면서 자기 자신을 드러내는 것을 목표로 활동하는 '행위'의 주체와 궁극적으로 같은 것을 추구하고 있다고 생각한다.

여기서는 지면 관계상 사람에 대한 기억을 주제로 하는 예술작업을 몇 개 선별하여 간략하게 소개하기로 한다.

1) 쑹둥의 〈입김〉과 톈안먼 기억의 흔적

쑹둥의 〈입김(Breathing)〉은 추운 겨울날 톈안먼 광장에 나가 40여 분간 엎드려서 광장 바닥에 입김을 불어넣는 행위를 통해 광장 바닥 위에 얼음을 만들어낸다. 이 얼음은 곧 녹아내려 흔적도 없이 사라지고 만다. 기억은 마음에 담아둔다. 흔적이 반드시 물질로 남아야 하는 것은 아니다. 이러한 행위예술을 통해 작가는 자기 자신의 마음속에 담아둔 기억을 되새긴다. 기억은 과거이고 그것은 흔적을 남기지 않는다. 그렇다고 해서 기억이 부질없는 것은 아니다. 분명 있었던 일. 그것을 그 일이 발생했던 톈안먼 광장에서 확인하고 다시금 그의 마음에 담아둔다. '지금은 그 어디에도 흔적이 남아 있지 않지만 나의 입김을 보라. 그 일을 기억하는 나는 이렇게 살아 있다.'[77]

쑹둥은 1989년 베이징의 한복판까지 탱크가 밀고 들어와 민간인을 죽음으로 내몬 톈안먼사건 이후 하룻밤 사이에 완전히 다른 사람이 되어버렸다고 회고한다.[78] 1996년 선보인 그의 〈입김〉 퍼포먼스는 7년 전의 비극과 죽음을 상징하는 톈안먼 광장에서 희생자들을 기리며 그들에게 생명을 불어넣기 위한 절박한 노력이자 실패한 민주화운동을 기념하기 위한 행위였다. 비기념비를 방불케하는

[7-4] 쑹둥, 〈입김(Breathing)〉, 1996.

그의 〈입김〉은 얼음이 되었다가 녹아내리고 물이 되어 호수로 흘러들어가 희생자들이 죽어서 묻힌 땅속으로 스며든다. 영원히 사라지는 것이 아니다. 어디엔가 흔적이 남아 있다. 단지 눈에 보이지 않을 뿐이다. 쑹둥의 〈입김〉은 톈안먼 광장에서 희생당한 이들을 추모하는 매우 사적인 헌사이다.[79]

2) 보디치코의 〈나의 소원(My Wish)〉[80]

폴란드 출신 작가인 크시슈토프 보디치코(Wodiczko)는 대형 프로젝션 작품들을 통해 소외된 여러 계층의 증언을 동영상으로 보여주는 작업을 주로 하고 있다.

그는 촛불집회 이후 2017년 국립현대미술관에서 〈나의 소원〉을 선보였는데, 백범 김구 선생의 좌상 위에 촛불집회 참가자들의 증언 영상을 프로젝션으로 비춰 관람객들이 그들의 평범한 목소리에 귀 기울이도록 했다. 이 전시는 국내에서 큰 반향을 불러일으켰다.

그의 프로젝션 작품 중 대표적인 것이 〈히로시마 프로젝션〉인데 히로시마 원폭으로 파괴된 모습 그대로 보존된 '원폭 돔'에 프로젝션을 비추어서 피폭자와 간접적인 원폭 피해자 등 소외된 사람들의 증언과 고백을 동영상으로 보여준다. 이때 생존자들의 얼굴은 드러나지 않고 오직 손 모양과 목소리만 들리도록 영상 이미지를 조절하여 마치 건물의 돔이 머리처럼 보이며 살아 있는 사람처럼 말하는 건축물의 모습을 연출한다. 프로젝션 작업에는 약 40분에 걸쳐 15개의 증언이 담겨 있는데, 현장에서 약 5천 명 이상이 이를 보았고, 일본 전국 방송을 타고 일본 전역에 방영되었다. 그런데 여기에 등장한 증언은 일본 정부의 입장을 대변하는 것도 아니었고 그 어느 공식적인 위원회나 단체의 것도 아니었다. 그저 보통 사람들의 증언이었다. 일부 증언은 한국 위안부의 이야기를 담고 있었다. 일본은 잊고 싶어하는 과거가 평범한 한 사람의 재일동포 입에서 흘러나온다.

보디치코의 프로젝션에서 놀라운 발견이자 성과는 이 프로젝트에 참가해서 증언한 참가자들이 처음에는 끔찍한 고통을 다시 기억해야 한다는 사실이 싫었지

만, 프로젝트에 참여하면서 자기 자신이 점점 치유되고 있으며 강해지고 있는 것을 느꼈다는 점이다.[81]

3) 기억의 터 〈81+〉

국내에서도 인권침해희생자들을 기억하기 위한 기호로서 기억의 터 〈81+〉가 제안되었나.[82] 〈81+〉는 우리나라 역사상 최초의 포괄적 과거청산위원회라고 할 수 있는 위문사위의 조사대상이 되었던 희생자들의 숫자가 80여 명이었다는 점에서부터 출발한다. 80여 명을 시작으로 '+1'은 한 사람 한 사람의 희생자를 더하여 전쟁 당시 희생된 민간인들에 이르기까지 모두를 기억하겠다는 의미를 담고 있다. 즉, 〈81+〉는 국가공권력에 의해 희생된 모든 이들을 의미하는 상징적인 기호로서 제안된 것이다. 이 기억의 터 〈81+〉는 그러나 희생자들만을 위한 전유공간으로서의 기념관이 아니라, 오늘날의 시민들, 특히 젊은이들과 함께 공유하고 호흡할 수 있는 복합문화예술공간으로서 제안되었다. 시민들은 이 복합문화공간에서 각종 전시회, 음악회, 공연 또는 학술행사를 열고 참여하면서 자연스럽게 인권침해희생자들을 기억하게 되는 것을 바라는 것이다. 희생자들의 생애나 인권교육 관련 정보 자료는 가능한 한 많은 공간을 차지하지 않도록 디지털 아카이브 등을 활용하여 언제든지 검색이 가능하도록 비치해둔다. 특히 유가족들의 한 맺힌 영상 증언 등을 불러내서 볼 수 있도록 해준다. 대부분의 공간은 일반 시민들을 위한 인권교육이나 미술전시, 예술 공연 등을 위해 비워둔다. 이렇게 하면 일반 시민들은 인권세미나의 참석, 전시나 공연 관람 등 그들의 일상생활 속에서 인권과 〈81+〉의 의미와 희생자들의 삶을 생각하게 될 것이다. 이러한 방법으로 현대를 사는 우리들의 일상적 삶과 함께하는 것이 희생자들도 원하는 추모의 방법일 것이라고 생각한다.

맺음말

과거사 사건을 여러 유형, 사건별로 분류할 수 있겠지만, 이들은 모두가 '인권침해사건'이라는 공통점을 가지고 있다. 분류의 편의상 '민간인학살사건'을 '일반

인권침해사건'과 구별하고 있지만, '민간인학살사건'이야말로 대표적인 '인권침해사건'이라고 할 수 있다.

애초에 과거 인권침해사건들에 대한 진상규명을 계획하는 단계에서부터 정부는 배·보상의 문제 및 인권피해자의 트라우마 치유 및 이들의 삶과 죽음에 대한 기억과 인권교육 등을 포함하는 과거청산의 포괄적인 로드맵을 구상했어야 했다.

2020년 12월에 출범한 제2기 진실화해위가 아직도 많이 남아 있는 과거사 사건의 진상을 밝히기 위해 주어진 권한 안에서 최선을 다하더라도, 여전히 그 실체와 진실을 밝혀내기 어려운 사건들이 있을 수 있다는 점을 우리는 염두에 두어야 한다. 진실이 밝혀진 사건이나 밝히지 못한 사건이나 모두 우리 역사의 비극임에 틀림이 없다.

과거청산의 궁극적 과제는 희생자들을 기억하는 것이다. 죽음의 진상을 다 밝혀낼 수 없어 사법적으로 국가기관의 책임을 물을 수는 없으나 여러 확정적인 정황상 국가폭력에 의해 억울한 죽임을 당했다고 판단되는 희생자들과 이러한 확신을 가지고 평생을 살아온 또는 그렇게 살다가 이 세상을 떠나버린 유가족들의 이름과 삶도 함께 기억해야 한다. 진상이 규명된 사건은 그 진상을 상세히 기록하고 진상이 다 밝혀지지 못한 사건 또한 밝혀내지 못한 한계의 내용과 함께 기록되고 기억되어야 한다.

과거사 사건에서 중요한 원칙은 진실규명과 가해자 처벌, 그리고 피해자 구제이다. 그러나 피해자들에 대한 포괄적인 배상이나 보상에 관한 정부의 조치가 부재했기 때문에 과거사 사건 피해자들은 국가를 상대로 국가배상청구를 할 수밖에 없었다. 이러한 소송에서 계속적으로 문제가 되었던 것은 소멸시효였다. 피고인 국가가 과거사 사건들에 있어 오랜 시간이 지난 사건이라는 점을 이유로 예외 없이 소멸시효 항변을 하고 있기 때문이다. 형사법상의 공소시효와 민사법상의 소멸시효는 다르다. 소멸시효는 절대적인 것이 아니다. 소멸시효의 항변은 채무자의 선택 문제이다. 다시 말해 피고인 국가는 자기의 책임으로 죽거나 피해를 입은 국민의 손해배상청구소송에서 소멸시효를 이유로 항변을 할지 이러한 항변을 하지 않을지를 스스로 선택하고 결정할 수 있는 것이다. 그러나 피고인 국가는 우리 역사상 단 한 번도 국과거청산과 관련된 국가배상청구소송에서 소멸시효항변을 포기한 적이 없었다. 판례는 신의칙을 적용하여 피고인 국가의 소멸시효항변을 서지하기도 했지만, 신의칙을 적용하는 경우에도 피해자가 '상당한 기간' 안에 소를 제기해야 한다는 요건을 적용하면서, '상당한 기간'을 3년으로 보다가 6개월로 보는 등 피해자들을 혼란에 빠지게 하였다. 이처럼 어려운 상황에서 돌파구를 제시한 것이 2018년 헌법재판소의 결정이었다. 이 결정은 소멸시효에 있어서는 피고인 국가와 일반채무자를 달리 취급해야 한다는 민사법학계의 작은 목소리를 들어 준 것으로 평가된다.

진정한 의미에서의 과거청산은 손해배상금의 개별적인 지급만으로 끝나지 않는다. 독일의 기억·책임·미래재단[83]과 같은 특수법인으로서의 재단을 설립해서 피해자에 대한 배·보상과 트라우마치료 등을 포함하여 과거인권침해사건 피해자들을 포괄적으로 보호하고, 기억과 재발방지를 위해 폭넓은 정책을 실천할 수 있도록 하는 국가적인 조치가 필요하다. 희생자를 기억하기 위한 구체적인 방법을 모색함에 있어서는 독일의 다양한 기억문화 활동이 시사하는 바가 크다.

국내에서는 문화공간 〈81+〉가 제안되었다. 이는 일반 시민들이 전시나 공연 관람, 세미나 참석 등 그들의 일상생활 속에서 인권과 〈81+〉라는 기호적 의미와 희생자들의 삶을 생각할 수 있는 복합문화공간을 말한다. 현대를 살아가는 우리들이 일상 속에서 희생자들과 자연스럽게 연결되고 그들을 기억하게 되는 것이 희생자들도 원하는 추모의 방법일 것이다.

제2기 진실화해위의 성공적인 활동과 함께 하루빨리 포괄적인 과거청산재단[84]이 설립되어 과거사 피해자들을 모두 기억하고 추모하며 교육할 수 있는 공간이 마련되기를 바라마지 않는다.

Vergangenheitsbewältigung und Erinnerungskultur in Deutschland und Korea

Dr. Sabine Heiser
(Kunsthistorikerin)

Topoi, loci, Überlagerung und Fragment

- Die Stadt als Erinnerungsgeflecht

Hinabsteigen in die Vergangenheit – diving into the past

„Tief ist der Brunnen der Vergangenheit..."

Mit diesem ersten Satz beginnt das monumentale Alterswerk von Thomas Mann, die in vier Bänden erzählte Geschichte des alttestamentlichen Helden Joseph. Thomas Mann schrieb diesen großen Roman im kalifornischen Exil in Santa Monica in seiner Muttersprache deutsch, bemühte sich während er Arbeit an diesem Werk aber auch um ägyptische Dialekte, hethitische Schrift und erfand sogar einen eigenen Dialekt für einzelne Charaktere.

Thomas Mann schrieb fern von Europa – aus dem er vor den „Zumutungen" des Nationalsozialismus geflohen war in seiner Sprache über einen der ältesten Erzählstoffe der Alten Welt – die biblische Geschichte von Joseph, dem Sohn Jakobs und Rachels, die im 1. Buch Moses beginnt, dem ältesten Teil der jüdischen Bibel. Mit diesem ersten Satz legt Th. Mann sofort seine Intention als Autor offen – es geht um die Tiefen der Vergangenheit, ihre Unwägbarkeiten, die individuelle Schicksalsgeworfenheit des Helden, seinen odysseushaften Weg durch den vorderen und mittleren Orient, seine Heimatferne und Heimatlosigkeit, seinen Ausstoß aus der heimischen Sprachgemeinschaft, seinen beruflichen Aufstieg zum Berater des Pharao in Ägypten und seine Standhaftigkeit gegenüber dem Verrat an seinen Prinzipien, seinem Glauben.

Man könnte diesen Roman zu Teilen auch als eine verdeckte Autobiographie Thomas Manns verstehen, der die Orte seiner Exils häufig wechseln mußte, der Vertrautheit seiner Schreib- und Muttersprache verlustig ging und nicht zuletzt als ein Erinnerungsmal für das große Erbe, das die jüdische Literatur im Buche Genesis der Welt vermittelt und durch Jahrtausende mittlerweile gewärtig gehalten hat. Thomas Manns „Arbeit am Mythos"[1] (Hans Blumenberg) ist nichts weniger als ein enormes Gedächtnisprojekt zugunsten der Religion, deren Abkömmlinge währenddessen in den von Deutschen betriebenen Vernichtungslagern getötet wurden. Ein Denkmal, das so allgegenwärtig im kollektiven Wissensschatz all derer verankert ist, die sich auf die jüdisch-antike Konstruktion einer abendländischen Kultur beziehen und das selbst so transportabel ist – im Medium des Buches eben – wie es ihre Gründerväter zu sein hatten, bei ihrem 40jährigen Marsch durch die Wüste bis ins verheißene Land.

Auch Heinrich Heine sah in der Literatur sein „portatives Vaterland", der deutsche Jude, der ebenfalls aus politischen Gründen die Sprachsphäre im französischen Exil zu wechseln hatte und dort, fern der Heimat, die schönsten Rheingedichte schrieb. Th. Mann wie Henri Heine agieren als „*displaced persons*", die ihres eigentlichen Ortes verlustig gingen und vergewissern sich ihrer Herkunft, indem sie sie beschreiben und poetisch überformen.

Die Literatur als eine der Monumentalkategorien des Erinnerns, der Überlieferung und Transformation von Gedächtnis in ein dauerhaftes Gefüge ist vielleicht eine der ältesten Techniken und Maßnahmen gegen das Vergessen, die in allen Gesellschaften weltweit seit Menschengedenken praktiziert wird.

Rhetorik und Katastrophe

Als Vater einer systematischen Gedächtnistheorie beschreibt uns der antike römische Redner Quintilian die Geburt seiner Kunst aus dem Geist der Zerstörung, des Verlustes.[2]

Im Gegensatz zur schriftlichen Überlieferung, die vom jeweiligen Leser individuell und meistens alleine rezipiert wird, richtet sich das Format der Rede an eine Öffentlichkeit, also die simultan stattfindende Wahrnehmung der Inhalte durch eine öffentliche Gruppe. Zur klassischen Ausbildung des Redners gehört die Gedächtniskunst, denn nach der Stoffsammlung (*inventio*), ihrer Anordnung (*dispositio*), stilistischen Durcharbeitung (*elocutio*) folgt das Memorieren (*memoria*), um die Rede frei und eindrucksvoll vortragen zu können.[3] Der Redner solle sich dabei an einprägsamen Bilder (*imagines*) und „feste, den Raum strukturierenden Plätzen (*loci*)"[4] orientieren. Quintilian berichtet nun vom Erfinder dieser Erinnerungskunst in seiner *Institutio oratoria*, dem griechischen Redner Simonides von Keos: Der, um ein Honorar geprellt, suchte den Schuldner auf, um seine Forderung einzutreiben. Der Faustkämpfer, dem die Rede gegolten hatte, saß mit Gästen in einem Festsaal beim Mahl – als Simonides das Haus verließ, stürzte hinter ihm der Saal ein und begrub die Festgesellschaft unter sich. Die Verwüstung betraf auch die Körper der Getöteten, die in ihrer Fragmentierung nicht mehr benannt werden konnten.

Um die Toten unter den Trümmern überhaupt bestatten zu können, mussten sie von ihren Verwandten identifiziert werden, doch allein der Sänger konnte aufgrund der Sitzordnung und der jetzigen Lage der Toten sagen, um wen es sich jeweils handelte. Auch er hatte eine Art Verweissystem erfunden, aus räumlich determinierten Vorstellungsbildern Gedächtnisstützen (*Hypomnemata*), die *ars memoriae* zu entwickeln. Die Verknüpfung festgelegter Orte mit passenden Bildern (*loci et imagines*) stützt die Fähigkeit zur Einprägung der *Memorabilia.* In einem Rollenwechsel wird der Dichter zum Registrator, vom Künstler zum Fragmentinterpreten.

Die Memorabilia waren in diesem Falle allerdings nicht die leblose Materie, Fragmente des eingestürzten Palastes, sondern die Menschen selbst – allerdings in solch zerstückeltem Zustand, dass ihre Benennung ohne die ars memoriae, die Gedächtnistechnik nicht hätte gelingen können.

Das Gedächtnis als *techné*, als *ars* im eigentlichen Sinne zu begreifen, die trainiert werden kann, ist eine Vorstellung, die sich bis in das Zeitalter der Aufklärung hielt. Sie geht von einem Modell der Speicherung aus, das die Verfügbarkeit des Gespeicherten nach einem topographischen Vorbild garantieren soll, die einzelnen Gedächtnisinhalte können beliebig von den ihnen zugewiesenen Orten abgerufen werden.

Die Erfindung der Mnemotechnik durch Simonides erfährt also eine existentielle

Anwendung außerhalb des rhetorischen Bereichs – sie wird im übertragenen Sinne zur Erinnerungskunst nicht nur an die Katastrophe, sondern auch zur Benennung derer Opfer. Aus Erinnerung (*memory*) wird Gedächtnis, *mnemonics and recollection.*

Wörter und ihre Schicksale – words and their causes

Die Begriffe des Erinnerns und des Gedächtnisses bezeichnen in der deutschen Sprache etwas durchaus Ähnliches, sind an anderer Stelle aber scharf voneinander abzugrenzen: Das Gedächtnis bezeichnet die individuelle Fähigkeit, sich z.B. alle Primzahlen oder Telefonnummern, Gedichte oder Namen einer Schulklasse rasch einzuprägen. Die Erinnerung hingegen richtet sich an ein Subjekt oder Objekt, ist also zielgerichtet auf einen Gegenstand oder Ereignis der Vergangenheit. Im Gedenken wird ebenfalls einer Sache oder eines Ereignisses gedacht, meistens in einem konsensualen öffentlichen Akt oder in Form eines diesem Gedenken gewidmeten Tages, z.B. der Hangeul-Tag oder der Geburtstag der Verfassung.

Im Englischen ist es der Begriff der rememberance, der buchstäblich zum Ausdruck bringt, daß einzelne Glieder wieder zusammengesetzt werden, in ein komplexes Gefüge erneut gebracht werden. Ähnlich verhält es sich mit dem Begriff der recollection, wobei dort die Tätigkeit des Sammelns, das Zusammenfügen einzelner Objekte in einen gemeinsamen Kontext im Vordergrund steht. In der commemoration schlägt sich der kollektive Aspekt der Erinnerung nieder.

Ein Monument sui generis – der kniende Bundeskanzler

Ein Monument der westdeutschen Erinnerungskultur, das im eigentlichen Sinne kein Denkmal in der Art einer Statue oder einer Stele wäre, manifestiert sich in einer Handlung des Bundeskanzlers Willy Brandt am 7. Dezember 1970 in Warschau. Während einer Delegationsreise nach Polen im Zuge seiner Entspannungspolitik besichtigte der erste sozialdemokratische Kanzler der Bundesrepublik Deutschland das Mahnmal zum Gedenken an den Warschauer Ghettoaufstand von 1943, als sich die dort festgehaltenen Juden verzweifelt gegen ihre Deportation auflehnten.

Brandt verhielt sich zunächst ganz gemäß des vorgesehenen Protokolls, rückte die Schleife am Blumenschmuck zurecht, hielt in stillem Angedenken inne, bis plötzlich eine unvermittelte Geste die umstehende Menge in Bewegung versetzte:

Der Kanzler fiel auf die Knie und brachte mit dieser Geste seine Demut vor dem Leid, dessen hier gedacht wurde, überwältigend zum Ausdruck. Dieser Moment in der bundesdeutschen Geschichte löste neben dem Erstaunen auch heftige Ablehnung aus. Dieser performative Akt der Reue, Demut und Angedenkens hat tiefe Spuren im kollektiven Erinnern der Bundesrepublik hinterlassen. Dieser Moment aber ist unabdingbar für eine neue Form der Erinnerungskultur in Deutschland, von der im Folgenden die Rede sein wird.

Es war aber auch eine der ersten Maßnahmen gegen das der damaligen Gesellschaft inhärente kollektive Vergessen und Verdrängen. Aus „Vergangenheitsbewältigung" im Sinne von „man muß die Dinge endlich ruhen lassen", wir wollen einen „Schlußstrich" unter diese Vergangenheit ziehen, konnte reflektierte Erinnerungskultur werden.

Spuren – traces

Erinnerungen hinterlassen Spuren – nicht nur im individuellen Gedächtnis sondern auch in Gruppen, Kollektiven oder Nationen. Ihren Niederschlag finden diese Spuren häufig genug im öffentlichen Raum, auf Plätzen, in Stadtstrukturen, Denkmälern, eigens der Mnemonik gewidmeten Räumen wie Archiven oder Museen.

Mir wird es im Folgenden darum gehen, Spuren der Erinnerungsgeflechte im städtischen Raum nachzugehen, sie zu bezeichnen und auch ihre Überlagerungen aufzudecken. Ich beginne dabei mit meiner Heimatstadt Berlin, die seit 30 Jahren auch wieder die Hauptstadt der Bundesrepublik Deutschland ist. Meine These lautet daher, daß sich die *loci* des Redners wörtlich genommen im öffentlichen Raum bildhaft und real niederschlagen, die Stadt als erinnerungskulturelles Konzept verstanden und gelesen werden kann.

Berlin eignet sich aus vielen Gründen ganz besonders für meinen Spaziergang durch die Erinnerungszonen, als die Spuren dort außerordentlich deutlich sind: Eine Vielzahl der deutschen Traumata des 20. Jahrhunderts haben sich im Stadtbild niedergeschlagen; es sind die fatalen Ereignisse des 1. Weltkriegs, der Zeit des Nationalsozialismus, des 2. Weltkrieges, des Holocausts, der Teilung nach dem Krieg von 1945 bis 1989 und dem Mauerbau 1961, der die Stadt in zwei hermetisch abgeriegelte Sphären teilte.

Das Gegenteil von Spuren sind blinde Flecken, Ausblendungen, Negationen, wie sie am abgebildeten Ost-Berliner Stadtplan deutlich werden, wo West-Berlin als weiße Fläche erscheint, ganz so wie in frühneuzeitlichen Karten die terra incognita eingezeichnet wurde.

Solche Leerstellen sind gleichsam die andere Seite der Erinnerungskultur, Lücken, gaps – Markierungen dessen, was fehlt oder dem gezielten Vergessen überantwortet werden soll. Gesellschaftlich gesehen, kann dabei vom kollektiven Schweigen und Vergessen gesprochen werden.

Travelling down the memory lane ...

Am 22. September dieses Jahres las ich meine Adresse, unter der ich 24 Jahre lang von 1983 bis 2007 wohnte, im morgendlichen newsletter der Berliner Tageszeitung „Tagesspiegel".

Dort wird täglich eine Miniatur-Biographie zu einem der zahlreich in der Stadt verlegten Stolpersteine abgedruckt und der im Nationalsozialismus von dort verschleppten Menschen – meistens Juden – gedacht.

Das Stolperstein-Projekt (Rememberance Stones, wörtlich eigentlich *stumble-stones*) wurde in Berlin seit 1996 durch den Künstler Gunter Demnig initiiert. Vor dem letzten selbstgewählten Wohnort derer, die vom NS-Regime verfolgt und deportiert wurden, verlegt er in festem Verbund mit dem Straßenpflaster einen Messingwürfel, in dessen Oberfläche der Name der dort Wohnenden sowie ihre Lebensdaten und der Tag ihrer Deportation mit deren Ziel eingraviert sind. Demnig bezieht sich mit seinem Projekt auf eine Stelle des Talmud, nach der „Ein Mensch erst vergessen ist, wenn sein Name vergessen ist".[5]

Demnigs Arbeit ist ein einzigartiges Dokument aktiver Erinnerungskultur, die hier von einem Künstler aus eigenem Impuls ausging; kein öffentlicher Auftrag zur Gestaltung eines Mahn – oder Denkmals trieb ihn an – es war seine höchstpersönliche Spurensuche, die sich an jeden späteren Bewohner dieser Häuser, aber ebenso an jeden Passanten richtet. Wie ein Stadtplan der Erinnerung an eine andere Epoche lassen sich diese Spuren durch die Straßennetze verfolgen. Es ist die die Integration von Totenmälern, Grabsteinen ähnlich, die den heute dort Lebenden zugemutet werden.

Im buchstäblichen Sinne verleiht er den namenlos verbrannten Toten aus den deutschen Vernichtungslagern ihre Identität zurück, weist ihnen einen Ort ihres

Lebens zu, wo es keinen Ort des Grabes gibt. Ähnlich wie Simonides rekonstruiert er ihre Biographie und Individualität, indem er sie an loci, an den Ort ihres Lebens knüpft und identifizierbar macht. Es ist *rememberance* und *recollection*, das Zusammenfügen verlorengegangener Zusammenhänge und von ausgelöschten Lebenswegen.

Habe ich also 24 Jahre im Haus gelebt, in dem bis 1942 Karoline und Isidor Weisbart sowie Meta Schlesinger wohnten? Sie sind ca. 100 Jahre vor mir geboren worden, zogen vielleicht als Erstbewohner in das 1905 erbaute, gutbürgerliche Haus an der Bergstraße, wie die heutige Karl-Marx-Str. damals hieß. Es gab elegante Geschäfte dort, es war eine bessere Gegend im Arbeiterbezirk von Rixdorf.

Die Fragen werden präziser: Die ersten Jahre lebte ich allein im vierten Obergeschoß des Hauses in einer Zweizimmerwohnung, kein Komfort aber immerhin ein repräsentativer Balkon. Von 1991 bis 2007 lebte ich eine Etage tiefer in einer außerordentlich großen Wohnung mit meinem Ehemann. Es ist die quälende Frage, ob es am 31. August 1942 oder 5. September desselben Jahres an der mir so selbstverständlich vertrauten Wohnungstür klingelte und dort der letzte Weg der Verschleppten seinen Ausgang nahm. Der letzte Weg durch das mir so ungeheuer alltägliche Stiegenhaus, über den Terrazoboden des Hausflurs hinaus zur Straße zu einem Lastwagen. Es muß ein enormes Gepolter im Treppenhaus zu hören gewesen sein – was machten die Mieter der anderen Wohnungen währenddessen?

Auch an meinem derzeitigen Berliner Wohnort am Frankfurter Tor in Friedrichshain wohnten Menschen, die von dort verschleppt ihren Weg in den Tod antraten. Die Situation allerdings unterscheidet sich von derjenigen in Neukölln: Dort war es dasselbe Haus, möglicherweise die gleiche Wohnung, in der ich 40 Jahre nach der Deportation Nachmieterin wurde – hier am Frankfurter Tor, im ehemaligen Ost-Berlin existiert das authentische Haus nicht mehr. Dort war eine Trümmerwüste nach den Bombardements des 2. Weltkriegs, dort wurde das Prestige-Projekt des Wiederaufbaus der jungen DDR geplant und ausgeführt, die alle Maßstäbe sprengende Achse der Stalin-Allee wurde aus den Steinen der Ruinen aufgebaut.

An dieser Stelle stand das Haus, in dem Familie Jacobsohn – Vater Max, Mutter Johanna mit der Tochter Adele lebten und arbeiten, wie es der Stolperstein erzählt. Es ist hier also eine differenzierte Kategorie, es ist der Gedenkstein, der zwar den einstigen Ort und seine Bewohner benennt, ihr Gehäuse aber, die eigentliche Stätte ihres Lebens ist zerstört. Das Geflecht der Stolpersteine über die Stadt verteilt, stellt ein dezentrales Denkmal für die ermordeten Juden der Stadt Berlin dar – gibt ihnen nicht nur ihre Namen, sondern auch ihre loci zurück. Eine website verzeichnet die in Berlin verlegten Steine, ein Straßenregister erschließt die Adressen.

Ein Stadtplan der Erinnerung ist so entstanden, unausweichlich, auf Schritt und Tritt präsent.

Fragment als Leerstelle – Repräsentant des Abwesenden?

> *„Et ubi est aliquid, ibi totum est" – „wo auch ein Teil ist, da ist das Ganze"*
> *Victricius von Rouen, De laude sanctorum X*

Das Konzept der Sammlung von Bruchstücken, Fragmenten, Resten zur Schaffung von Erinnerungsnetzen ist alt. In den Religionen wird es in Gestalt von Reliquien praktiziert; aber diese Dinge werden ihres einst profanen Zusammenhangs entzogen und in eine andere Sphäre der Zeugenschaft und Authentizität transformiert. Dabei müssen diese Relikte nicht zwingend ortsgebunden bleiben, sondern haben die Potenz, ihre ursprüngliche Kraft an einem anderen Ort umso bedeutsamer zu entfalten und ein neues Gewebe von loci zu initiieren. Aus der Montage und Re-Kollektion der Überbleibsel vermittelt sich das Bild der Vergangenheit, sie werden gleichsam zu Transportvehikeln der Vermittlung von Vergangenheit.

Wie schon der Name der *Stolpersteine* insinuiert, sind diese Relikte aber auch „Störenfriede" – zwar wirken sie im Sinne des „remembering" und der „recollection" vereinigend, zeigen aber auch ihr jeweiliges Fremdsein im neuen Kontext.

Diesen Gedanken griff auch der deutsche Kulturwissenschaftler Aby Warburg 1929 in seinen Tafeln zum Mnemosyne-Atlas auf, der die Transformation und Migration einzelner stark aufgeladener Motive durch die Epochen verfolgte und sie im Sinne einer Recollection, was nichts anderes als Erinnerung heisst, montierte und inszenierte. Er benannte dieses Konzept der Verwandtschaften nach der Göttin des Gedächtnisses, der Mutter der neun Musen.

Nur scheinbar gegensätzlich verhält sich zu diesen Arten der künstlerischen Aneignung und Umformung die *Rekonstruktion*, wie sie z.B. die Denkmalpflege als

Methode verfolgt: Geht es bei den letztgenannten Aufgabenbereichen darum, die Vergangenheit, die Geschichte anhand von Spuren und Überbleibseln wieder zu errichten, ist der hierfür vorhandene Rahmen und Maßstab häufig genug nur eine wieder aus Fragmenten erschlossene historische Folie. Fragmente können zudem Transmissoren spiritueller und emotionaler Konzepte werden.

Fragmente, Trümmer und Überreste jeglicher Ursache, Substanz und Provenienz sind allgegenwärtig und umgeben uns – häufig genug, ohne dass wir sie mit allzuviel Aufmerksamkeit wahrnehmen. Die Grenzen des Fragments zu Schutt und Müll verlaufen fließend. Die andere Seite des Fragments ist häufig seine Herausgehobenheit aus dem Profanen, seine Auszeichnung, die ihm durch einen gewissen Mehrwert zugewiesen wird, das, was es zum Erinnerungsmedium klassifiziert – sei es nun ein Splitter des wahren, heiligen Kreuzes oder der erste herausgefallene Milchzahn eines Kindes. Beide Objekte sind gleichermaßen Souvenirs. Der Kreuzessplitter ist ein Erinnerungszeichen, ein Eingedenken, das einem Kollektiv konsensual und zeitenüberdauernd unermesslich kostbar erscheint, der Milchzahn wird bestenfalls die Großeltern des Kindes beeindrucken oder anrühren können. Fragmente übermitteln Botschaften, die weit über die Verfaßtheit des einstmals kompletten Objekts hinausreichen. Solcherlei Relikte sind zudem Zeugen eines Abbruchs bzw. Abgebrochenseins in der Zeit, das sie gleichwohl dokumentieren und manifest werden lassen.

Die *Spolie* hingegen bedeutet wörtlich genommen Raub, Beute; die im Kampf dem Gegner abgenommenen Waffen zum Bespiel. Hier geht es also weniger um Reste eines einstmals Ganzen, sondern zusätzlich auch um die Verschleppung, die Verbringung an einen anderen Ort und die Einbindung in einen neuen Kontext.

Zudem eröffnet sich im Umgang mit dem Fragment – sei es monumentaler, sentimentaler oder literarischer Natur – auch immer die Option des Verwerfens, des Vergessens als willentlichem Akt, der bewussten Verweigerung der Erinnerungspotenzen. Wichtig sind stets die modi und die Ursachen der stattgehabten Zerstörung, die zur Genese des Fragmentes führten.

Ähnlich wie die das Fragment kann die Ruine als Beispiel einer absoluten Metapher verstanden werden. Seit Aristoteles die Metapher in seiner Poetik als Übertragung eines fremden Nomens in eine neue Bedeutung beschrieb, operiert die Sprache wie auch die Kunst mit der Transformation von Begriffen in je neue, übertragene, Verständniskontexte. Diese Brüche sind gewissermaßen Markierungen, wie Versatzstücke in einem Gefüge; Stolpersteine des Denkens und Erinnerns.

Die Stadt als Ruine – The city in ruins

Bilder, Architektur und Monumente im allgemeinen, aber auch Texte, zollen der Zeit und ihren nagenden Zähnen einen hohen Tribut: Sind es verständlicherweise Witterung und andere, mehr oder weniger natürliche Verfallsprozesse, denen sie ausgesetzt sind, stehen hier auch die anderen Ereignissen oder gar gezielten Eingriffen geschuldeten Zerstörungsakte im Zentrum. Die Fragestellung gilt den jeweiligen Modi der Erinnerungs- und Erkenntniskonzepte und der medialen Inszenierung der „Überbleibsel". Recht unterschiedlich stellt sich deren spezifischer „Mehrwert" dar. Imagination und Zerstörung tragen oft gleichermaßen bei zu monumentalen Neuschöpfungen aus dem Zergliederten.

Die „*cadres sociaux de la mémoire*", die sozial produzierten Wahrnehmungsrahmen wie Maurice Halbwachs sie beschrieb, bedingen auch hier die Art und Weise der Aufnahme von Erfahrungen in den individuellen und kollektiven Wissensbestand.

Doch auch Ereignisse können ihrer geschichtlichen Gebundenheit enthoben werden indem ihre Relikte oder aber ihre Darstellung zum Denk-Mal werden. Jedes Erinnern ist eine Auswahl, die das Ausscheiden anderer Erinnerungen voraussetzt.

Dem entspricht in etwa die Definition des Denkmals aus der Perspektive des Kulturwissenschaftlers Thomas Macho:

> *„Denkmale sind Zeitmaschinen. In ihnen verkörpern sich Wünsche-persönliche oder kollektiv verbindliche Hoffnungen auf eine dauerhafte Überbrückung der Abgründe zwischen lebenden und toten Generationen. Wer sich ein Denkmal setzt, will fortdauern; bedeutsame Personen und Ereignisse sollen durch Denkmale »verewigt« werden.* (...) *Denkmale geben Zeichen der Erinnerung oder des Danks; sie feiern Götter, Helden und Siege, aber auch die Erlösung von einer Epidemie oder die Vereitelung eines Attentats auf den Kaiser. Denkmale sind Sedimente kultureller Techniken der Zufallsbewältigung; versteinerte Zeugen des Umgangs mit Ursprungs- und Untergangserfahrungen;*

Spuren jener symbolischen Beziehungen, die gerade mit dem Plötzlichen, Unerwarteten und Nichterklärbaren angebahnt werden müssen. Denkmale sind temporale Grenzmarken, die von Vergänglichkeitserfahrung und Unsterblichkeitssehnsucht erzählen: Grab- und Wiedergeburtssteine."

Ist ein Trümmerhaufen ein Denkmal? – Fragen zur Dresdener Frauenkirche

Die Zähne von Chronos hatten hier die Gestalt von Brandbomben und legten im Februar 1945 die Innenstadt Dresdens in Schutt und Asche.

Die in den Jahren 1722 bis 1743 in barocken Formen von George Bähr geplante und errichtete Dresdener Frauenkirche ist zur Chiffre der militärischen Niederlage des Deutschen Reiches am Ende des zweiten Weltkriegs wie auch zum Inbegriff eines als sinnlos und ungerecht verstandenen gewalttätigen Gebarens gegen die Zivilbevölkerung durch britische Fliegerstaffeln geworden. Der Feuersturm von Dresden gilt als *das* traumatische Ereignis und maßstäbliche Erinnerungsparadigma des zu Ende gehenden Weltkrieges aus deutscher Perspektive. Auf britischer Seite sind ähnlich tief geprägte Erinnerungsbilder mit dem Städtenamen Coventry, auf US-amerikanischer Seite mit Pearl Harbor und für Japan mit den Namen Hiroshima und Nagasaki verknüpft.

Diese *loci memoriae* wurden in den vergangenen 70 Jahren in den einzelnen Ländern sehr unterschiedlich reflektiert. Über die angemessenen Formen des Gedenkens wurde naturgemäß in Deutschland eine kontroverse Debatte geführt. Zudem waren die Normen des Erinnerns – nicht allein die Formen – in der DDR und in der Bundesrepublik Deutschland grundsätzlich unterschiedlich determiniert. Die auf dem Territorium West-Berlins gelegene Kaiser-Wilhelm-Gedächtniskirche wurde als Ruine gesichert und um ein neues Kirchengebäude von Egon Eiermann ergänzt.

Ganz anders in der DDR, wo bis nach der Vereinigung beider deutscher Staaten die Trümmer der Frauenkirche im Zentrum der Stadt einen bald vertrauten Anblick boten, aber dennoch massiver Störfaktor blieben. Private Initiativen kümmerten sich auf eine krypto-denkmalpflegerische, gleichwohl zivilgesellschaftliche Art und Weise um die Überbleibsel der einst stolzen Kirche, indem sie u.a. Rosenhecken pflanzten, um den Ruinenberg zu sichern und ihn gleichzeitig als Gedenkort auszuzeichnen. Ganz automatisch griffen die selbsternannten Denkmalschützer zum üblichen rituellen Repertoire der Grabpflege, um das Gedächtnis wie den Erhalt der Fragmente zu sichern. Ein Nebeneffekt-gewollt oder nicht sei hier noch angesprochen: Die Begrünung, zudem mit Rosen, ist auch ein Akt der Verhüllung, das ästhetisierende Überwuchern der Trümmer ist ein Verbergen, auf lange Sicht auch eine Eliminierung des Trümmeranblicks. Im Unbewussten der Stadt wäre der Schutt à la longue unter einem Rosenhügel verschwunden um dort seinen Dornröschenschlaf zu träumen.

Nachdem die für das Dresdener bürgerliche Selbstverständnis zentrale Frauenkirche nicht mehr existierte, knüpfte sich der soziale Erinnerungsrahmen an den Platz an dem sie stand und an die trümmerhaften Relikte. Verbunden mit dieser Erinnerungsreliquie, nicht nur an die Kirche sondern auch an das Ereignis der traumatischen Bombennacht war auch offenbar die Hoffnung, dereinst aus den gut bewahrten Steinen die Frauenkirche neu erstehen zu lassen. Dass dies zu Zeiten der DDR in keiner realistischen Perspektive vorstellbar gewesen ist, liegt auf der Hand; doch wurden die Aussichten, diesen Traum zu verwirklichen durchaus greifbar, als im Herbst 1990 die deutsche Einheit vollzogen wurde.

Es schien ein einhelliger Konsens zu bestehen, dem auch denkmalpflegerische Bedenken nichts entgegenzusetzen hatten, eine Schande zu tilgen, indem man die Dresdener Innenstadt von einem als störend und hässlich empfundenen Haufen befreite und aus diesen Spolien die Frauenkirche neu zu bauen begann. Konsens war auch, dass es im Sinne der historischen Rekonstruktion der Stadtsilhouette von „Elb-Florenz" sei, ihr wieder die Kuppel der Frauenkirche zu inkorporieren. Offen wurde der Nicht-Wiederaufbau der Kirche zu DDR-Zeiten in erster Linie als ein Verhaltensmuster des kirchenfeindlich eingestellten SED-Staates verstanden. In der kaum geführten Debatte, welche *zusätzlichen Erinnerungsschichten* die Rekonstruktion der barocken Kirche berühre, kam außerhalb von Fachkreisen nicht zur Sprache, ob dem zentralen Trümmerhaufen nicht mittlerweile ein eigener Denkmalswert zugekommen sei. Es ist der Faktor Zeit – 45 Jahre von 1945 bis 1990 –, der dieser Stolperstelle, der Bruchstelle, der Störung im städtischen Gefüge einen eigenen *Erinnerungsmehrwert* beigemessen hat. Die Ruine erinnerte nicht nur selbstreflexiv an das, was sie einmal gewesen war, ein monumentaler protestantischer Kirchenbau, sondern auch daran, was in der Februarnacht 1945 geschehen war: Ein unvorstellbares Bombardement auf eine mit Zivilisten überfüllte Stadt.

Der Akt des Ikonoklasmus durch die Fliegerstaffeln galt der Stadt – die Reste der in Bombenregen und Feuersturm getöteten Menschen hinterließen keine Spuren – und es gab auch keinen Simonides, der sie hätte identifizieren können. Die Spur des Bildersturms manifestierte sich genau im Trümmerhaufen dieser Kirche, die gleichsam wie ein Grabmal für die zerstörte Stadt und ihre Menschen wurde. Unübersehbar verwies der Ruinenhügel auf Krieg, Kriegsschuld und – leid. Was nun von verschiedenen Seiten als Rekonstruktion und „Heilung" der verletzten Stadt festlich gefeiert wurde ist gleichzeitig ein erneuter Akt des Ikonoklasmus, eine Denkmalstilgung erster Güte. Ein vielschichtiges Erinnerungsmal wird ausgelöscht.

Die Löschung der Erinnerung an ein traumatisches Erleben, die Glättung einer Narbe, kann das zugrundeliegende Ereignis nicht ungeschehen machen. Natürlich ist es auch ein soziales Kollektiv, das beschlossen hat, sich einen neuen Erinnerungsrahmen anzupassen oder sich zurechtzuzimmern – allein zum Preis der Eliminierung eines anderen, der möglicherweise vielschichtiger war. Die Ruine, die in ihrem Bild nicht nur „Zerstörung und Erinnerung in eins fasst, sondern auch die Zeitachse der Erinnerung manifestiert." Das Ergebnis ist ein Akt, der „das Vergessen des Erinnerns im Gedenken" transformiert und eine Inszenierung der Spolien und Fragmente rückgängig macht.

Marmor, Stein und Eisen bricht – aber die Erinnerung nicht ..? – Der Marmor aus der Speerschen Reichskanzlei an neuen Orten

In meinem letzten Beispiel zur Verwendung von Spolien kehre ich zurück in die Stadt Berlin – wo unheimliche Reste die Stadt an öffentlichen Punkten markieren; es geht um die Ikonographie des Materials, der Resteverwertung und der Frage, wieviel Erinnerungssubstanz roter Marmor zu speichern in der Lage ist.:

Geht man offenen Blicks durch die Nachkriegsstadt Berlin, herrscht stets ein gewisser Generalverdacht, ein leises Unbehagen, wenn man auf Orte trifft, deren repräsentative Ausstattung von roten Marmorflächen dominiert wird. Es handelt sich möglicherweise um kontaminierte, mit Erinnerung kontaminierte Substanz. Es geht nach Karl Marx nicht nur ein Gespenst umher in Europa-es marodiert durch Berlin auch ein Phantom roter Marmorfragmente.

Das berühmte Marx-Zitat, die 11. Feuerbach-These, prangt seit den fünfziger

Jahren des 20. Jahrhunderts in Bronzelettern im Foyer der Humboldt-Universität zu Berlin, wenngleich in abgewandelter Form, durch ein entstellend hinzugefügtes „aber" parteilich gewendet: »Die Philosophen haben die Welt nur verschieden interpretiert, es kömmt darauf an, sie zu verändern.«

Es scheint, als gäbe es einen Steinbruch mitten in der Stadt, der all die Massen roten, glatt polierten Gesteins geliefert hätte. Solch ein Materialdepot, ein Lager für das kostbare Material gab es auch – in der 1938 fertig gestellten Neuen Reichskanzlei von Albert Speer, die ein riesiges Areal in Berlins Mitte besetzte.

Die repräsentativen Räume im Inneren hatten zum größten Teil Wandvertäfelungen aus rotem Marmor – hier ein Blick in den großen Mosaiksaal.

Wie ein Wiedergänger taucht dieses Material, das noch vor der Sprengung von Hitlers einschüchterndem Amtssitz geborgen wurde, mehr oder minder spolienhaft sowohl in unterschiedlichen Kontexten im Berliner Stadtbild als auch in dezidiert als solchen ausgewiesenen Erinnerungslandschaften als Inszenierung auf.

Eindeutig als Zeichen des militärischen Triumphes fungiert das Material im Kontext des sowjetischen Ehrenmals in Berlin-Treptow.

Das von Jakov Borisovyc Bilopol's'kyj und Evgenij Viktorovic Vucetic unmittelbar nach Kriegsende in den Jahren 1946–49 konzipierte und errichtete Ehrenmal zum Gedenken der gefallenen sowjetischen Soldaten ist Denkmal im klassischen Sinne.

Die steil aufragende, rampenförmige, die Anlage zu beiden Seiten torartig fassende Konstruktion ist mit Platten roten, polierten Marmors verkleidet. Dessen Herkunft aus der Reichskanzlei war stets bekannt und trug zur auratischen Aufladung dieses Siegesmals bei. Die Bezwingung des Gegners manifestiert sich nun auch in der Aneignung des ihn unmittelbar umgebenden – unerbittlich harten – Gesteins, das seiner geschleiften Feste entnommen wurde und nun der „monumentalen Propaganda" dient. Der Hügel am anderen Ende der Anlage, bekrönt von einem herkulesformatigen Rotarmisten, der auf seinen Armen ein Kind hält, wurde aus dem Schutt der Reichskanzlei aufgehäuft. Der Untergrund des Siegesmals wie seine glänzende Hülle ist die Unterwerfung des Gesteins des Besiegten – die Fundamente der heroisch inszenierten Erinnerungszeichen gründen auf dem Schutt der Repräsentanz eines untergegangenen Reiches. Deutlicher kann kaum die diskursive Einbindung von Erinnerungsfragmenten als Spolien in neue Denkmalsinszenierungen vor Augen geführt werden

Doch auch im profaneren, funktionalistischen städtebaulichen Umfeld findet sich das kontaminierte Material möglicherweise wieder – im Untergrund. Als in den fünfziger Jahren der U-Bahnhof Mohrenstraße umbenannt wurde in Thälmann-Platz ergriff man die Gelegenheit, die von Alfred Grenander stammende (1906–08) und noch vom Krieg in Mitleidenschaft gezogene Gestaltung zu verändern und sie dem neuen Patrozinium gemäß prächtiger auszuführen. Zum Einsatz kam auch hier der nicht weit entfernt gebrochene Marmor der Neuen Reichskanzlei. Anders als im Treptower Ehrenmal ging es hier nicht um die untergründige Botschaft der Erinnerung an den Besiegten, der neu kontextualisiert werden sollte; auch ist die Neugestaltung eines U-Bahnhofs eine weitaus weniger pathosgeladene Bauaufgabe wie die Anlage eines Gedenkareals im Treptower Volkspark. Dennoch war es der Aspekt von Prestige und Exklusivität des Materials, der die Wahl des Steins begünstigte.

Wie ein Satyrspiel zum Thema „Marmor aus der Reichskanzlei" wirkt hingegen die Debatte um das Foyer der Humboldt-Universität. Immer wieder geisterten Gerüchte durch die Stadt, man raunte einander zu, auch dieses rote Gestein solle angeblich, man wisse schon, aus der Wilhelmstraße stammen. Noch Richard Schröder sprach in einer Rektoratsrede Anfang der 90er Jahre: „Im Foyer prangt denkmalgeschützt, in goldenen Lettern auf rotem Marmor aus den Trümmern der Reichskanzlei die berühmte 11. Feuerbachthese". Die Zielrichtung seiner Haltung zu diesem Foyer verrät sich im Adjektiv „denkmalgeschützt", das ist etwas, wogegen man sich nicht zur Wehr setzen darf oder kann – es handelt sich um zertifizierte kulturell bedeutsame Überlieferung. Der Seitenhieb, das Nicht-Einverstandensein, zwar wohl in erster Linie mit dem Marx-Zitat, artikuliert sich mit dem Verweis auf die Herkunft des Schriftträgers, „aus den Trümmern der Reichskanzlei". Diese versinnbildlichen das Böse, den unheimlichen Ort, den zu vergessen und zu tilgen es gelte. Hier wird die Erinnerung an eine vermeintliche Herkunft des Materials instrumentalisiert, um das gesamte Ensemble von Inschrift und Wandverkleidung zu perhorreszieren. Dem, was aus dem Umfeld des NS stamme, dürfe kein Bestandsschutz, d.h. Denkmalswert zugebilligt werden. Mittlerweilen sind im Universitätsarchiv die Rechnungen des Steinbruchs aufgefunden worden, die belegen, dass es sich um eigens für diese Bauaufgabe gebrochenes und geliefertes Gestein aus Böhmen handelt.

Wie tatsächlich die *damnatio memoriae* – das Auslöschen der Erinnerung und damit die Kehrseite von Erinnerungskultur sich im Stadtbild niederschlägt, zeigt die Aufnahme von der Neubebauung des Areals der Reichskanzlei mit Wohnblöcken aus der DDR-Zeit in Plattenbauweise.

Die Wunde der Stadt – die Berliner Mauer

Von 1961 bis 1989 ging ein Riß durch die Stadt – Straßen wurden unterbrochen, eine unüberwindliche, mit Wachtürmen und Schützen bewehrte Mauer errichtet, städtebauliche Kontexte rüde unterbrochen. Gerade im politischen Zentrum Berlins, an der Nahtstelle des Brandenburger Tors wurde dieser Eingriff in den Leib der Stadt zur nie heilenden Wunde. Das glückliche Geschehen vom November 1989 änderte diesen Zustand.

Nachdem zunächst „Mauerspechte" ihre persönlichen Souvenirs – das ist aktive, selbstbestimmte Erinnerungskultur! – aus der Mauer klopften, wurde rasch deutlich, daß die Mauer eine sichtbare Spur im Stadtbild hinterlassen sollte. Das vom Berliner Senat entwickelte Konzept sah zur Markierung des Verlaufs eine Doppelreihe von speziellen Pflastersteinen im öffentlichen Straßenland vor. Auch gibt es Informationstafeln und das von den Architekten Kohlhoff amp geplante Dokumentationszentrum der Gedenkstätte Berliner Mauer.

Eine besonders neuralgische Stelle des Mauerverlaufs ist an der Bernauer Straße markiert.[6] Dort befand sich auf Ostberliner Gebiet, aber inmitten des „Todesstreifens" die Kirche der ev. Versöhnungsgemeinde. Während einer Neubefestigung des Grenzstreifens im Jahr 1985 wurde die Kirche schließlich von der DDR gesprengt. Ein sichtbares, aber für niemanden erreichbares Symbolgebäude der Zerstörung des Stadtraums wurde damit spurlos eliminiert. Um diese Verletzung zu beheben, aber auch um der Gemeinde ihren Sakralbau wiederzugeben, wurde 2000 von den Architekten Rudolf Reitermann, Peter Sassenroth und Martin Rauch, die neue Kapelle der Versöhnung geplant und errichtet. Passender als mit dem Begriff der „Versöhnung" – der alte Name der ev. Kirchengemeinde – könnte an dieser Nahtstelle der Stadt kein Neubau bezeichnet werden.

„Nicht authentisch…“ – das Denkmal für die ermordeten Juden Europas in Berlins Mitte

Ebenfalls eine städtebaulich prominente Arbeit am Gedenken stellt das monumentale „Denkmal für die ermordeten Juden Europas“ am Täter-Ort in Berlins Mitte dar. Dort befand sich das Machtzentrum des NS-Staates, die Reichskanzlei, zu DDR-Zeiten unbebaute Fläche in unmittelbarer Nähe der Mauer und als grune Fläche im Stadtplan markiert. Buchstäblich ließ man „Gras“ über diesen Unort der deutschen Geschichte wachsen. 1997 schließlich wurde ein erneuter Wettbewerb für das Denkmal ausgeschrieben nachdem ein erster keine allgemein akzeptierten Ergebnisse gebracht hatte. Der New Yorker Architekt Peter Eisenman gewann den ersten Preis, 2003 wurde mit der Anlage des Gedenkareals begonnen und 2005 vollendet.

Das Monument besteht aus 2711 quaderförmigen Beton-Stelen unterschiedlicher Höhe und bedeckt eine Fläche von 19.000 m^2 auf dem Gelände der ehemaligen „Ministergärten“ in bester Lage des wiedervereinten Berlins, unmittelbar südlich des Brandenburger Tores. Die Denkmalsanlage ist für Passanten begehbar, weder der Anzahl der Stelen noch ihrer Gestaltung liegt laut Aussage des Architekten eine symbolische Bedeutung zugrunde. Seine Intention war es, „a place of no meaning“ zu schaffen.[7] Gleichwohl formen sich im Auge des Betrachters – oder des „Benutzers“ dieses Monuments unwillkürlich Assoziationen; an Grabsteine, Kenotaphe, Gedenkstelen-das nahezu vollständige Repertoire von erinnungskulturell determinierten Chiffren wird in der Anlage aufgerufen. Die von mir weiter oben breit verhandelte gedächtnisspeichernde Potenz von Spur und Fragment findet sich auch hier.

Eine wichtige Kritik an dem Denkmal artikulierten die Vertreter der KZ-Gedenkstätten, die befürchteten, dieses Denkmal in der Mitte der deutschen Hauptstadt zentralisiere das Gedenken zuungunsten der authentischen Orte des Leidens und Sterbens der Opfer. Eine „Zentralisierung des Gedenkens“ sahen sie als eine Gefahr der Nivellierung – gleichzeitig wird dem Besucher der Gedenkanlage auch die unmittelbare Begegnung mit den Spuren des Grauens und Terrors, wie sie sich in den Konzentrationslagern mit ihren Zellen, Zäunen und Krematorien vermittelt, erspart. Eine gewiß nicht intendierte Benutzung des Memorials hingegen ist nahezu täglich dort zu beobachten: Das Stelenfeld als Vergnügungsort für Touristen, die dort gedankenlos „hide and seek“ spielen. Es hat den Eindruck, als ob die schiere Monumentalität des Gedenkorts nicht die beabsichtigte Erwartung zu erfüllen in der Lage ist.

Zum Abschluss möchte ich noch eine Arbeit aus dem Jahr 1993 zum Thema Fragment als Gedächtnismedium vorstellen: Der Künstler Raffael Rheinsberg sammelte zerbrochene Ostberliner Straßenschilder, im klassischen Sinne „objets trouvés“, und arrangierte die etwa 900 Fragmente in einem 3 x 5 m messenden Rechteck auf dem Fußboden. Er zerstörte die Straßenschilder nicht vorsätzlich sondern machte sich ein Material zueigen, das im wiedervereinigten Berlin anlässlich von Straßenumbenennungen und Neubeschilderungen angefallen war. Zu Teilen verdankt sich sein Material durchaus einem Akt, der an die „damnatio memoriae“ gemahnt, zum anderen Teil einem Erneuerungsprozess im Sinne eines Austauschs, der der Vereinheitlichung des Straßenbildes beider Stadthälften geschuldet war. Rheinsberg gab seinem Bodenbild den Titel „Gebrochen Deutsch“ und reflektiert damit den Fragment-Topos unmittelbar.

Ein Straßenname fällt unter den Bruchstücken der Schilder besonders auf: die Dimitroffstr.. Diese Straße hieß bis1874 Communikationsweg, dann bis 1950 Danziger und Elbinger Str. und anschließend von 1950 bis 1995 nach dem bulgarischen Widerstandskämpfer Dimitroffstr. Rheinsberg dienten die Straßenschildfragmente als Impulsgeber – ihr ursprünglicher Funktionszusammenhang erschließt sich dem Betrachter seiner Installation, auch wenn die Namen z.B. für einen Ortsfremden keine konnotierte Erinnerung evozieren.

„Weil wir aber die Erkenntnis des Einfachen aus dem Zusammengesetzten gewinnen und vom Späteren zum Früheren gelangen müssen …“ – mag hier meine Spurensuche in Berlin und andernorts enden. Erinnerungskultur beruht auf der aufs Äußerste geschärften Wahrnehmung. Wir können die Stadt als Friedhof unserer Erinnerungen (graveyard of our memories), als Gedenkort unserer Geschichte begreifen. Das Straßennetz bildet unwillkürlich einen Teppich der „remberance“ – oder um es mit dem Soziologen Richard Sennett auszudrücken, der das Modell von Kultur als „thick description“ – eine dichte Beschreibung – zu erklären versuchte. Bitte verstehen Sie das als Appell an uns alle, in jeder Stadt. Wir müssen die loci und Überlagerungen ernst nehmen, sie aufdecken, verstehen und interpretieren. Nur so sind wir in der Lage, wie Simonides von Keos, Namen und Geflechte offenzulegen, für Sichtbarkeit zu sorgen, die Stadt als Verweissystem ihrer eigenen Erinnerungsschichten zu begreifen und Spurensicherung zu betreiben.

Jung, Keun-Sik
(Chairperson, Truth and Reconciliation Commisson, Republic of Korea / Professor Dr., Seoul National University)

Vergangenheitsbewältigung und Erinnerungskultur in Korea

- In Bezug auf Abbitte und Vergebung

Fragestellung: Gedanken bei der Betrachtung der Skulptur „Niederkniender Chun Doo-hwan"

Am 12. Dezember 2019 erschien auf dem Gwanghwamun-Platz in Seoul eine Riesenskulptur. Abgebildet war der ehemalige Präsident Chun Doo-hwan, beide Hände hinter dem Rücken gefesselt auf dem Boden kniend. Die Skulptur war von Aktivistengruppen der Demokratierbewegung vom 18. Mai zur Erinnerung an den Staatsreich, der genau 40 Jahre zuvor von Chun-damals der Führer der „Neuen Militärs"-begangen wurde, angefertigt worden.[1] Ausschlaggebender Anlass war jedoch der laufende Gerichtsprozess, bei dem das ehemalige Staatsoberhaupt der Diffamierung des Priesters Cho Bi-oh, des Augenzeugen von Hubschrauber-Schüssen auf Zivilisten, in seinen Memoiren von 2017 beschuldigt wird. Die Skulptur Chuns war in eine Militäruniform gekleidet, auf seiner linken Brust seine Häftlingsnummer aus einem früheren Verfahren, bei dem es u.a. um Korruptionsgelder ging. Kniend hockt er mit gefesselten Händen hinter Gittern. Die Schöpfer der Skulptur erklärten auf einer Pressekonferenz am Gwanhwa-mun Platz, dass in seinen bisherigen Worten oder Handlungen keinerlei Zeichen von Reue oder Scham gezeigt habe und daher festgenommen und inhaftiert werden sollte.

Interessant ist, dass nicht wenige Passanten bei der Performance – mit einem Spielzeughammer auf den Kopf hauen oder ihn laut beschimpfen – bereitwillig mitmachten. Ungefähr zehn Tage nach der Aufstellung der Skulptur zeichneten sich Spalten auf dem Kopf des Gefangenen ab, nachdem jemand mit einem Feuerlöscher draufgehauen hatte und bei zahlreichen Online-Communities verbreiteten sich Bilder, auf denen der mit Sekundenkleber zusammenklebte Kopf zu sehen war. Der Skulptur wurde schließlich ein Schild umgehängt: „Vorübergehend wird der Schlag auf dem Kopf verboten, da dieser stark beschädigt wurde."[2] Kurz vor dem Prozessbeginn etwa vier Monate später und bezüglich der Diffamierung am Landesgericht Gwang-ju wurde die Skulptur vor dem ehemaligen Provinzverwaltungsgebäude aufgestellt, und wie in Seoul versammelten sich viele Menschen, die eine aufrichtige Abbitte seitens des ehemaligen Präsidenten verlangten und an der Performance samt Vergeltung und Hohn teilnahmen.

Dieser Fall zeigt die Schwierigkeiten, die sich im Zuge der Realisierung von Traditional Justice und Heilung der Wunden aus staatlichen Gewalttaten ergeben -das tiefe Gefälle innerhalb einer komplexen Kette aus Bestrafung von Verantwortlichen, Abbitte und der Vergebung. Opfer von staatlichen Gewalttaten wollen von den Tätern eine aufrichtige Entschuldigung hören,[3] damit sie die Vergangenheit hinter sich lassen können. Wenn die Verantwortlichen jedoch nicht identifiziert werden oder diese sich weigern, Abbitte zu leisten, bleiben die Opfer im Dilemma der Vergangenheit gefangen.

Was können die Opfer tun, damit sie aus dieser Zwangslage befreit werden? Eine Alternative wäre, dass sie – wie im obigen Beispiel – ihrem Wunsch entsprechend die Täter oder Verantwortlichen als eine realitätsnahe Figur in demütiger Haltung gestalten und durch formelle und symbolische Performances ihrer Wut freien Lauf lassen. Diese Form könnte man als eine fiktive Abbitte und kompromisshafte Versöhnung verstehen und dabei löst die Täter-Skulptur einerseits die Wut über die reuelose Haltung des Täters aus und wird zum Mittel der Wutbewältigung und andererseits zu einem Instrument, das zu einer aufrichtigen Entschuldigung auffordert.

Das Ziel dieser Studie liegt darin, mit Fokus auf die Schaffung und Ausstellung der Statue „niederkniender Chun Doo-hwan" über die Definition von Traditional Justice oder die Frage der Abbitte in Bezug auf die Demokratisierungsbewegung vom 18. Mai zu diskutieren. Basierend auf Studien über das neuerdings entstehende Gefühlsgefälle in der Gesellschaftsbewegung[4] und die Heilung des Traumas im Zuge der Realisierung von Transitional Justice mit besonderem Augenmerk auf die Empörung über die Leugnungen der 5·18-Ereignisse[5] wird die Abbitte-Frage intensiv behandelt. Neben den „niederkniendem Chun Doo-hwan" können die Soldatenstatue in der Geochang-Gedenkstätte[6] und die Friedensstatue als ähnliche Beispiele genannt werden. Auch werden „echte" Kniefälle auf dem 5·18-Friedhof mit fiktiven Abbitten verglichen, um die Wichtigkeit einer Abbitte im Zuge der Transitional Justice hervorzuheben.

Wandel in der Abbitte – Theorie

Am 7. Dezember 1970 besuchte der ehemalige Bundeskanzler Willy Brandt in der polnischen Hauptstadt Warschau das Ghetto-Ehrenmal und sank auf die Knie als Geste der „Abbitte" gegenüber den dort ermordeten Juden. Diese Geste, die er bei seinem ersten Staatsbesuch in Polen zur Normalisierung des Verhältnisses mit dem Nachbarstaat zeigte, wird noch heute, also 50 Jahre nach dem Ereignis, als ein symbolisches Zeichen in der Weltgeschichte verstanden. Dieser „Kniefall von Warschau" wurde zu einem Startpunkt zur Abbitte Deutschlands für sein Kriegsverbrechen und einer historischen Versöhnung.[7]

Etwa zur selben Zeit führte der Sozialwissenschaftler Goffman[8] eine Pionierarbeit über Reue und Bestätigung sowie den Willen, solche Gefühle zum Ausdruck zu bringen, durch. Darin erklärte Goffman das Prinzip der Proportionalität, wonach die Abbitte zur Wiedergutmachung des zugefügten Unrechts der Intensität der begangenen Handlung entsprechen müsse. Nach der Veröffentlichung der Studie wanderte der Schwerpunkt einschlägiger Forschungsarbeiten vom Positivismus zum Konstruktivismus. Durch Goffman wurde deutlich, dass die Wirkung des Abbittens von verschiedenen und komplexen Kontexten abhängt. Das Werk A Sociology of Apology and Reconciliation von Nicolas Tavuchis[9] zog bereits bei der Veröffentlichung große Aufmerksamkeit auf sich und während es einerseits auf der These Goffmans basierte, behandelte es andererseits das Abbitte-Thema als eine Frage komplexer und sensibler Emotionen und des gesellschaftlichen Ausdrucks solcher Emotionen. Tavuchis These lautete: „Eine Entschuldigung kann die Vergangenheit nicht rückgängig machen, doch wandelt sie diese auf eine mysteriöse

Weise um.“ Die transfigurative Kapazität des Abbittens besteht darin, eine persönliche Sache in eine Gesellschaftssache umzuwandeln und die Realität zu ändern, indem sie inneren Emotionen äußere Kräfte zusetzt. Angelehnt an die Sprechakttheorie unterteilte der Wissenschaftler das Abbitten in vier Kategorien: zwischen mehreren Personen; von Person gegenüber Gruppe; von Gruppe gegenüber Person; zwischen mehreren Gruppen- und prüfte den jeweiligen Mechanismus. In seinem Ansatz wurde die Abbitte als eine Frage der Rehabilitation einer Ethikgemeinschaft oder deren Ausgrenzung behandelt. Demnach hänge sie mit Begriffen wie Mitgliederrituale, Deviation, Zustimmung zusammen. Auch betonte er, dass die Vergebung als Folge einer Abbitte radikale Emotionsänderungen mit sich bringe und diese sich je nach Situation sehr komplex verhalten kann-d.h., sowohl Abbitte als auch Verzeihung werden von Scham und schmerzhaften Emotionen begleitet. Seiner Ansicht nach sei es unwahrscheinlich, dass in einer Gesellschaft mit vergöttlichten Persönlichkeiten oder jener, in der Solidarität und Emotionen abgelehnt werden, eine Abbitte geleistet wird, während bei Vorhandensein von Gemeinschaftsgefühl und Verbundenheit die Wahrscheinlichkeit einer Entschuldigung wächst.[10]

Der Ansatz Tavuchis, die Abbitte-Frage im Zusammenhang mit der Wiederherstellung von gemeinschaftlicher Ordnung zu diskutieren, spielte bei der nach den 1990er Jahren weltweit umgesetzten Transitional Justice eine bedeutende Rolle. Der normative Prozess rehabilitativer Gerechtigkeit bestehend aus Abbitte, Verzeihung und Versöhnung nehmen eine große Bedeutung im Zuge der nachhaltigen Wiederherstellung von Gemeinschaft ein. Hierbei wird die Gesellschaft als eine Art Gemeinschaft angenommen, die auf gegenseitige Akzeptanz der Mitglieder und Solidarität basiert. Wenn gesetzeswidrige Handlungen wie staatliche Gewalttaten den Zusammenhalt einer Gemeinschaft beschädigt haben, verlangt die Gesellschaft eine Abbitte von Tätern oder Verantwortlichen, und zur Aufrechterhaltung der Gemeinschaft ist es wichtig, dass der Täter dieser Forderung nachkommt und in angemessener Weise um Vergebung bittet.

Daniel W. Schuman[11] versteht Abbitte als den Austausch von Macht und Scham. Bei Ausübung illegaler Macht seitens des Täters werde das Opfer einer Machtlosigkeit ausgesetzt, während bei Abbitte dem Täter Scham und Machtlosigkeit sowie dem Opfer eine zulässige Macht verliehen werde, sodass die einstige Ungerechtigkeit wiedergutgemacht werde. Schuman erklärte, dass das Opfer durch die eindeutige Zuweisung der Schuld an den Täter von Selbstkritik und Selbstwertgefühlsschädigung befreit werden kann.

Laut A. Allen[12] leide das Opfer durch das ungerechte Handeln eines Anderen unter emotionaler Qual wie Wut, Elend, Hass, Zorn – manchmal begleitet von körperlichen Stress-Syndromen – und dies entfache die Motivation zur Vergeltung an dem Täter oder Kontakt-Vermeidung. Dabei kann eine Abbitte des Täters eine heilende Wirkung auf emotionales Leiden wie Wut und Hass haben und kann dem Opfer dazu verhelfen, sein Selbstwertgefühl zu stärken. Eine Entschuldigung fördert die Vergebung seitens des Opfers. Eine unrechte Tat kann als eine Verletzung der Würde des Betroffenen gesehen werden. Doch da eine Abbitte als das Zugeständnis des Täters fungiert, dass es im Zusammenhang mit der Moral des Opfers von vornherein keinerlei Gründe für eine solche Würdeverletzung gegeben hat, kann sie zur Stärkung des Selbstwertgefühls des Betroffenen beitragen. Ohne eine Abbitte jedoch werden die negativen Gefühle sogar intensiviert und dies führt wiederum zur Verschärfung des Konfliktes zwischen beiden Parteien.

Mit der Weiterentwicklung der sozialwissenschaftlichen Erklärung über Abbitte kam es nun über Abbitte-oder-Leugnung-Frage hinaus zur Frage der Aufrichtigkeit, denn es wurde deutlich, dass eine Abbitte in den Kontext der gesellschaftlichen und psychologischen Wechselwirkung zwischen Täter und Opfer gehört und es von Bedeutung ist, wie der Betroffene die Abbitte aufnimmt. Auch Abbitten mit zweifelhafter Aufrichtigkeit rufen negative Wirkungen hervor. Diesbezüglich definierte Lazare[13] acht Arten von Pseudo-Entschuldigungen, die nur schwer zur Vergebung führen können. Auch Murphy[14] war der Ansicht, dass nur dann eine Abbitte vollzogen wird und somit Vergebung zu erwarten ist, wenn Reue ausgedrückt, Schuld anerkannt und eine Wiederholungsvermeidung versprochen wird. Neben diesen drei Elementen fügte er die Aufrichtigkeit als eine weitere Grundvoraussetzung hinzu. Ähnlich differenzierte Eisinger[15] Nicht-Entschuldigung (non apology), bei der eine Abbitte ausgedrückt wird, aber nicht als eine vollständige Entschuldigung (full apology) gelten kann, und Leugnung (denial). Letztere beinhaltet das Abstreiten von Wahrheit und Verantwortlichkeit. Unter anderen war Blatz[16] der Meinung, dass eine politische Entschuldigung nicht nur für die betroffene Minderheit, sondern auch für die Mehrheit, die nicht direkt betroffen ist, akzeptabel sein muss.

In Korea befasste sich der Wissenschaftlicher Lee Jae-seung[17] mit der Prüfung des Abbittens in rechtlicher Hinsicht und basierend auf der Sprechakttheorie führte er eine umfangreiche Studie durch. Neuerdings untersuchte Lee Young-rok[18] diverse Abbitte-Theorien und konkludierte, dass Abbitte ein flexibles Konzept sei, das Kontext-abhängig und stark von Emotionen geprägt ist. Nach Lee bestehe das Abbitten aus „Bekennung des unrechten Handels", „Belegung von Reue, Bedauern und Gewissensbissen", „Versprechen der Wiederholungsvermeidung", „Bereitschaft zur Verantwortungsübernahme".[19] Die Wirkung der Entschuldigung als Akt zur Bitte um Verzeihung und Versöhnung ändert sich je nach Kontext. Eine Abbitte wirkt nicht immer vergebungs- und versöhnungsfördernd. Die entschuldigungsrelevanten Handlungen des Täters werden in Ausweichen, formelles Abbitten und aufrichtiges Abbitten unterteilt. Ähnlich wie das Ausweichen, das bei den Opfern oder bei der Gesellschaft für Empörung sorgt, ist auch eine formelle Entschuldigung oftmals nicht in der Lage, zur Vergebung seitens des Opfers zu führen. Nur eine auf Freiwilligkeit und Aufrichtigkeit beruhende Abbitte kann Vergebung und Versöhnung fördern. Die vergebungsrelevanten Handlungen des Opfers können auch in unterschiedliche Arten wie bedingungslose Verzeihung, bedingte Verzeihung und Unverzeihlichkeit unterteilt werden.[20] Eine bedingte Vergebung setzt die Aufrichtigkeit des Täters und den Willen des Opfers, die Entschuldigung zu akzeptieren, voraus. Naturgemäß existieren auch Fälle, in denen das Opfer die Abbitte des Täters überhaupt nicht akzeptiert oder dass eine Abbitte oder Vergebung aus physischen Gründen nur schwer realisierbar ist, wenn z.B. der Verantwortliche verstorben ist oder sich in einem Zustand befindet, in dem er aus sonstigen physischen Gründen keine Abbitte leisten kann. In solchen Fällen könnte ein anderer an der Stelle des Täters um Vergebung bitten, doch dies könnte bestenfalls eine geringe Wirkung erzielen, für eine vollständige Verzeihung oder Versöhnung ist es unzureichend.

In puncto Transitional Justice nimmt die südafrikanische Wahrheits- und Versöhnungskommission (englisch: Truth and Reconciliation Commission, kurz TRC) eine besondere Bedeutung ein, denn sie zeigt die Wichtigkeit des Bekennens, Begnadigens und Versöhnens auf. Seit 1990 wurde bei Verhandlungen zwischen der Regierung der Apartheid und Demokratisierungsaktivisten die Errichtung einer solchen Kommission diskutiert, bis die Verhandlungen in einem politischen Deadlock stagnierten. Doch nachdem der Afrikanische Nationalkongress (African National Congress, kurz ANC) bei den ersten demokratischen Wahlen 1994 die Überhand gewann, wurde die Diskussion wieder beschleunigt und 1995 wurde die Kommission mit Zustimmung des Parlaments eingerichtet. TRC arbeitet unter eindeutigen Richtlinien und Zeitfristen, und man einigte sich darauf, dass unter der Bedingung der Wahrheitsaufklärung das bisherige Verbrechen von Menschenrechtsverletzungen begnadigt wird.[21] Nelson Mandela, der erste demokratisch-gewählte Präsident der Republik Südafrika, ernannte den Nobelfriedenspreisträger und ehemaligen Erzbischof Desmond Tutu zum Vorsitzenden der Kommission. Die Ziele der TRC bestehen darin, durch die Untersuchung von Menschenrechtsverletzungen aus der Vergangenheit Fälle aufzuklären und bei den Opfern mittels schadensersatz- und rehabilitierungsrelevanten Richtlinien die Vertrauenswürdigkeit der Gesellschaft wiederherzustellen. Die TRC besteht aus dem Menschenrechtsverletzungskomitee (Human Rights Violations Committee), dem Komitee zur Rehabilitation und Wiedergutmachung (Reparation and Rehabilitation Committee) und dem Amnestiekomitee (Amnesty Committee). Nach der Vereinbarung, sieben Jahre lang Anhörungen zur Wahrheitsfindung bezüglich der Menschenrechtsverletzungen während der Apartheid durchzuführen, fand seit 1996 ein flächendeckender Heilungsprozess basierend auf Aufklärungsarbeiten und Vergebungen statt. Die Anhörungen wurden via Internet und TV ausgetragen. Dabei bekannten die Täter ihre Taten, während die Opfer über das ihnen zugefügte Unrecht aussagten. In den sieben Jahren sagten 22.000 Menschen aus und davon baten 6.000 um Begnadigung ca. 1.000 Betroffene wurden als vermisste Personen identifiziert. Mit einem Abschlussbericht vom 21. März 2003 an den damaligen Präsidenten Mbeki wurden die Arbeiten der TRC vollendet. Mbeki versprach daraufhin, am 15. April 2003 einen pauschalen Schadensersatz an die Betroffenen auszuzahlen und einen nationalen Gedenktag sowie ein Gedenkmal einzurichten.

Nach der Transformation Südafrikas zu einem demokratischen Staat wurde eine neue Identität der „neuen Republik Südafrika“ geschaffen und das Thema Transitional Justice wurde in das Gebiet der Geschichte und des Erbes eingeordnet. Doch es wurde deutlich, dass die beiden Elemente nicht immer zusammengehören. Besonders problematisch wurde die Neigung, unter dem Namen der „neuen Republik Südafrika“ den Schmerz der Apartheid und Diskriminierung leichtfertig zu vergessen.[22]

Die TRC übte einen großen Einfluss auf die Systematisierung von Transitional Justice in Korea aus. Die Systematisierung der Transitional Justice in Korea begann 1995 durch die Verabschiedung des Gwangju-Sondergesetzes. Damals war „Vergangenheitsbewältigung" ein weiter verbreiteter Begriff als Transitional Justice und die politische Kultur betonte die Bestrafung des Täters eher als Schadensersatz oder Gedenkaktivitäten seitens der Regierung. Das im Sondergesetz manifestierte Aufklärungs- und Bestrafungsparadigma basiert auf dem Gedanken, dass durch die kausale Gerechtigkeit und mit der Demokratisierung ein vollständiger Abschied vom militärischen Autoritarismus möglich sei. Anders als beim Gwangju-Sondergesetz werden im Sondergesetz zum Jeju-Aufstand vom 3. April 1948 Ereignisse behandelt, die weit länger zurückliegen. Es hängt eng mit der essentiellen Identität des Staates zusammen und hinzu kommt, dass die Bestrafung der Täter nur schwer möglich ist, weshalb der Schwerpunkt des Gesetzes zwangsläufig auf Aufklärung und Rehabilitation gelegt werden musste.

Das Rahmengesetz zur Vergangenheitsaufklärung für Wahrheit und Aussöhnung von 2005 war das allererste Projekt, bei dem neben der Wahrheit auch die Aussöhnung als Grundkonzept angesehen wurde. Darauf basierend wurde die Wahrheits- und Aussöhnungskommission gegründet, welche sich auf die zivilen Opfer vor und nach dem Ausbruch des Koreakriegs und Menschenrechtsverletzungen durch den Staat konzentrierte. Nach fünfjähriger Arbeit zwischen 2005 und 2010 legte die Kommission einen Abschlussbericht nach vor. Darin wurden öffentliche Entschuldigungen und Gedenkaktivitäten des Staates als eines der wichtigsten Instrumente zur Versöhnung identifiziert und erklärt, dass solche Aktivitäten von Machtorganisationen wie das Militär bzw. die Polizei oder der Nachrichtendienst als Täter der Menschenrechtsverletzungen den Opfern gegenüber durchgeführt werden sollten. Doch die von der Kommission aufgeklärte Wahrheit fungierte für einzelne Opfer oder Hinterbliebene als Grundlage für gerichtliche Schadensersatzklagen-d.h, Aufklärungen, die zu den Grundvoraussetzungen für die Versöhnung zwischen Opfern und Staat gehören, wurden im Rahmen des Sondergesetzes zur Vergangenheitsaufklärung durchgeführt, während Schadensersatz und Gedenkaktivitäten außerhalb des Geltungsbereichs dieses Gesetzes vorangetrieben wurden.

„Fiktive Abbitte" und kompromisshafte Versöhnung

In der politischen Kultur Koreas zählen Abbitten zu seltenen Ereignissen. Bei „Vergangenheitsbewältigungen" werden „Verantwortlichkeitszuweisung und Bestrafung" stärker betont als „Abbitte und Vergebung", und es existiert ein Durcheinander von kausaler Gerechtigkeit und rehabilitativer Gerechtigkeit. Oft wird die Abbitte-Frage als ein auf der Kultur des Schuldbewusstseins basierendes Thema erklärt, doch in der Realität unter dem Mix der Schamkultur und der Schuldbewusstseinskultur ist es nicht einfach, die Abbitte-Frage als einen kulturellen Faktor zu beschreiben.[23] Die Opfer verlangen eine Abbitte von den Tätern-doch was passiert, wenn der Zustand ohne Abbitte anhält? Eine mögliche Antwort darauf könnte eine „fiktive Abbitte" sein. Während im Fall der Chun-Statue der kollektive Wunsch nach einer Abbitte seitens der Verantwortlichen des Massakers zum Ausdruck gebracht wurde, kann die Geochang-Gedenkstätte als ein Beispiel für die Realisierung einer solchen fiktiven Abbitte genannt werden.

1. „Niederkniende Soldaten" in der Statue „Abbitte" bei der Geochang-Gedenkstätte

Das Geochang-Massaker ist wohl der bekannteste Fall des Angriffs auf Zivilisten aus der Zeit des Koreakrieges. Gleichzeitig initiierte das Ereignis Projekte zur Aufklärung von Angriffen auf Zivilisten und Rehabilitation von Opfern aus dem Koreakrieg.[24]

Im Februar 1951 wurden 719[25] Zivilisten durch die 11. Division (Divisionskommandeur: Brigadegeneral Choe Deok-shin), 9. Regiment (Regimentskommandeur: Oberst Oh Ik-gyeong) und 3. Bataillon (Bataillonskommandeur: Major Han Dong-seok) der koreanischen Armee brutal ermordet und verbrannt. Han Dong-seok verhängte einen Ausnahmezustand zur Isolierung des Dorfes und nach dem Massaker wurden die Leichen der Kinder „aussortiert", damit sie 2 km vom Tatort entfernten Hongdonggol-Tal begraben werden konnten. Anschließend wurde das Ganze als ein Kampf gegen kommunistische Partisanen inszeniert. Die Wahrheit enthüllte sich, als am 29. März desselben Jahres der aus dem Kreis Geochang-gun stammende Abgeordnete Shin Chung-mok im Parlament davon berichtete.[26] Als das Parlament einen Untersuchungsausschuss zur Aufklärung entsandte, verwirrte Oberst Kim Jong-won, der Verantwortliche für zivile Angelegenheiten der Kriegsrechtkommandozentrale der

Provinz Gyeongsangnam-do, die Untersuchungsarbeiten, indem er eine Truppe der koreanischen Armee sich als Partisanen tarnen und Schüsse abgeben ließ. Als die Wahrheit schließlich ans Licht kam, mussten der Innenminister, der Justizminister und der Verteidigungsminister zurücktreten. Bataillonskommandeur Major Han Dong-seok wurde zu lebenslanger Haft und Oberst Kim Jong-won der Kriegsrechtkommandozentrale zu einer Freiheitsstrafe von drei Jahren verurteilt. Doch durch einen Sondergnadenerlass unter der Regierung von Syng-man Rhee wurden sie entlassen und Kim bekam sogar einen führenden Posten bei der Polizei.

Die Wut und Trauer der 70 Hinterbliebenen waren dermaßen tief, dass sie am 11. Mai 1960, also unmittelbar nach der Revolution vom 19. April, den damaligen Dorfvorsteher Park Young-bo töteten und den Leichnam verbrannten. Dies veranlasste eine erneute parlamentarische Untersuchung, in deren Verlauf schließlich Massenmorde in Geochang und Umgebung wie Hamyang, Sancheong, Munkyeong und Hampyeong aufgedeckt wurden. Doch nach dem Staatsstreich vom 16. Mai 1961 wurde das von den Hinterbliebenen errichtete Denkmal im Baksangol-Tal vom Militär zerstört und die Gebeine wurden zerstreut.

Nach den hartnäckigen Bemühungen der Hinterbliebenen seit der Demokratisierungsbewegung von 1987 wurde 1996 das Sondergesetz zur Rehabilitation der Betroffenen des Geochang-Massakers erlassen[27] und so konnten endlich einschlägige Gedenkaktivitäten unternommen werden. 2004 wurde die Geochang-Gedenkstätte samt mehreren Statuen errichtet. Im Zentrum des Gedenkparks steht ein 18 m hoher Gedenkturm inmitten von drei sich wölbenden Halbringen, die jeweils ein Grab für Männer, Frauen und Kinder symbolisieren und „durch die die Seelen der Opfer aus der Dunkelheit heraus in den Himmel steigen“ sollen. Auf der rechten Seite des Turms befindet sich die Statue „Freude“, die das vom tiefen Mitgefühl der Nachkommen gerührte Opfer und der Hinterbliebenen darstellen soll, während auf der linken Seite die Statue mit niederknienden Soldaten, „Abbitte“ steht.

Kim Baek-yung und Kim Min-Hwan, die sich mit der räumlichen Struktur des Parks auseinandersetzten, kritisierten, dass der Gesichtsausdruck des Opfers, dem von seinem Nachkommen auf die Beine verholfen wird, „zu elend“ sei und es damit der Bezeichnung der Statue nicht entspreche. Die Statue „Abbitte“ sei insofern bedeutsam, dass sie etwas zum Ausdruck bringt, was die sonstigen Koreakrieg-relevanten Statuen bisher nicht verkörperten.[28] Die Statue besteht aus drei Soldaten:

ein Soldat-wohl ein Kommandant ohne Helm-kniet mit auf den Oberschenkeln ruhenden Händen, als bäte er um Vergebung, während ein weiterer auf seiner rechten Seite mit dem Helm unter dem rechten Arm und gesenktem Kopf dasteht und ein dritter auf der linken Seite mit Helm auf dem Kopf und das Gewehr vor sich stehend in Gedanken versunken ist.

Beim Anblick der Statue kommt die Frage auf, ob die Statue einen in Wirklichkeit stattgefundenen Akt von drei Soldaten darstellt oder ob es sich um eine Wunschszene der Hinterbliebenen handelt. Kim Baek-yung und Kim Min-Hwan erwähnten, dass „einige“ Soldaten aufgrund des „Kompromisses zwischen dem Staat und den Hinterbliebenen“ eine Abbitte geleistet hätten.[29] Der Ausdruck „Kompromiss mit dem Staat“ wurde gewählt, weil es unklar war, ob die brutale Handlung der Soldaten als eine eindeutige Gesetzeswidrigkeit identifiziert wurde und solche reuevolle Haltung der Soldaten sich zu einem die Realität dominierenden Bild entwickelt hatte. Zur Zeit der Errichtung der Gedenkstätte wurde im Nachbarsdort Sancheong-gun das Museum „über die Partisanen-Bekämpfung im Jirisan-Gebirge“ eröffnet, welches ohne jegliche Aufzeichnung über die Massaker während des Koreakrieges nur die Erinnerung an die Konfrontationen wiedergibt und dessen Weltbild sich direkt mit jenem der Geochang-Gedenkstätte vergleichen lässt. Kim Baek-yeong und Kim Min-Hwan verfolgen diese Entwicklung mit großer Aufmerksamkeit und erklärten zu dem erzwungenen „Kompromiss der Hinterbliebenen“ mit dem Staat folgendes:

> *„Die extreme Dissonanz zwischen Standort und Größe des Geochang-Gedenkparks und die Kollisionen zwischen den zum Ausdruck gebrachten räumlichen Symbolen sowie die Widersprüche in den Räumen voller Plosivlaute unausgesprochener historischer Bedeutungen deuten darauf hin, dass der politische Deadlock, der all das produzierte, nichts weiter als ein vorübergehendes Nebenprodukt eines äußerst unsicheren politischen Tauziehens ist. Das ist der Grund, warum die übertriebenen Gesten der Täter-Soldaten der Statue ‚Abbitte‘ genauso wenig nachvollziehbar sind wie die Bezeichnung ‚Freude‘ für die Statue, die die Seelen der Opfer wieder auferstehen lässt.“*[30]

Das bedeutet letztendlich, dass die Statuen nicht Szenen aus der Wirklichkeit wiedergeben, sondern die Form einer Abbitte darstellen, die die Hinterbliebenen sich von den Soldaten wünschen. Genauer gesagt entspricht diese Abbitte eher dem Wunsch als der Realität und gehört somit zur Zukunft. Auch die Aussöhnung zwischen dem Staat und den Hinterbliebenen kann nicht wirklich als vollzogen gelten, denn sie wurde auf halbem Wege abgeschlossen. Dies wird an der unzureichenden Entschädigung oder der mangelhaften Täterbestrafung deutlich. In diesem Sinne könnte man sagen, dass die beiden Statuen eine kompromisshafte Versöhnung auf Basis einer fiktiven Abbitte darstellen.

2. Friedensstatue und „niederkniender Japaner"

Beispiele für fiktive Abbitten und deren realistische Gestaltung findet man nicht nur im inländischen, sondern auch im ausländischen Kontext. Die Frage der Trostfrauen beim japanischen Militär wäre ein repräsentatives Beispiel dafür. Seit langer Zeit werden unterschiedliche Haltungen Deutschlands und Japans bezüglich ihrer jeweiligen Kriegsverbrechen und der Abbitte analysiert.[31] Doch das Thema der Zwangsprostitution beim japanischen Militär stellt seit den 1990er Jahren einen besonders heiklen Streitpunkt auf internationaler Ebene dar. Durch das Bekenntnis der ehemaligen Zwangsprostituierten Kim Hak-soon vom 14. August 1991 und die am 8. Januar 1992 begonnenen Mittwochsdemonstrationen wurde die persönliche Erinnerung an sexuelle Gewalt während des Krieges in eine kollektive Erinnerung der Gesellschaft umgewandelt und die Betroffenen verlangten eine aufrichtige Abbitte seitens der japanischen Regierung. 2000 fand in Tokio ein internationales Zivilprozessverfahren statt, doch die japanische Regierung schenkte den Opfern kein Gehör. Bei der eintausendsten Mittwochsdemonstration im Dezember 2011 wurde die „Friedensstaue" zur Forderung einer offiziellen Entschuldigung Japans aufgestellt. Die einzelnen Gestaltungselemente wurden aus folgenden Gründen gewählt:

> ① *Mädchen: Minderjährige zwischen 13-18 Jahren, die den größten Teil der verschleppten Frauen bildeten*
> ② *grob geschnittene Haare: das Schicksal der Betroffenen, abrupt und rücksichtslos aus ihrer Umgebung herausgerissenen zu werden*
> ③ *geballte Faust: Wut und Wille, gegen die japanische Regierung zu kämpfen auf Fußspitzen stehender nackter Fuß: Opfergefühl und Angst aus der schmer-*

zhaften Zeit der Zwangsprostitution[32]

Die Friedensstatue als Symbol für das leidvolle Leben der Opfer wird einerseits als ein Produkt des Nationalismus gesehen und andererseits als ein Zeichen, in dem die Wunden der Betroffenen kulminieren. – Sie entwickelte sich zum Schlüsselelement bei gesellschaftlichen Forderungen bezüglich der Trostfrauen-Frage.[33] Da die Statue die Betroffenen noch vor dem Beginn des Leidens darstellt, ihr Leiden und Trauma so minimalisiert ist und diese der Vorstellungskraft des Betrachters überlässt, stärkt sie das Mitgefühl der Gesellschaft und fungiert als Katalysator bei der Forderung nach einem Wandel im politischen Verhalten Japans. Die Aufstellung der Statue stellt einen wichtigen Meilenstein im Zuge der Thematisierung der Trostfrauen-Frage im In- und Ausland dar.

Die Friedensstatue ist nicht nur aufgrund der Idee des Zurückgehens in die unschuldige Kindheit, also des romantischen Konzepts der Wiedergabe, bedeutsam, sondern bemerkenswert ist auch, dass sie diverse Reaktionen von Bürgern hervorruft und als ein Kommunikationsmedium äußerst erfolgreich ist-durch geeignete Form- und Standortauswahl wurde ein Raum für Reaktionen und Teilnahme geschaffen.

Auch der Standort der Friedensstatue ist bemerkenswert. Der Platz vor der japanischen Botschaft ist ein Ort, an dem die Erinnerungen an die Zwangsprostitution gebündelt werden und als Antrieb für den Widerstand gegen die japanische Regierung und die damalige koreanische Regierung fungiert. Eine Statue, die nicht eine kämpfende oder heulende und somit aggressiv wirkende Person, sondern ein Mädchen in voller Ruhe mit auf die japanische Botschaft gerichtetem Blick darstellt, übermittelt eine viel kraftvollere Aussage und sorgt für einen länger anhaltenden Nachhall. Die Statue wird mithilfe von Bürgerinitiativen an verschiedenen Orten in unseren Umgebungen wie Parks, Schulen, öffentlichen Plätzen sowie in anderen Staaten in unterschiedlicher Form und mit unterschiedlichen Bedeutungen aufgestellt. Darüber hinaus sorgt sie als Medium einer gesellschaftlichen Erinnerung dafür, dass die Erinnerungen an die Zwangsprostitution zu einem aktuellen Thema umgewandelt werden, indem die Statue als Ort für die immer noch stattfindenden Mittwochdemon-

strationen und diverse Meinungen und Aktivitäten der Demonstranten dient. Von den Bürgern wird die Statue nicht als ein lebloses Symbol für die Opfer, sondern als ein lebendiges Wesen wahrgenommen. Bei Regen halten sie ihr einen Schirm über den Kopf und an kalten Wintertagen wird das Mädchen mit Mütze, Schal, Schuhen etc. Bekleidet.[34]

Die Lebenskraft der Friedensstatue wird durch den Schutz und die Pflege der Bürger aufrechterhalten. Je nach Wetter und Jahreszeit werden diverse Teilnahmeformen angewendet. Manche kritisieren, dass die Statue die unterschiedlichen Erfahrungen und Lebenswege der Opfer zu einem Gut standardisiere, doch in Wirklichkeit sind verschiedene Varianten der Originalstatue vorhanden. Die Statue, die im August 2013 in der amerikanischen Stadt Glendale aufgestellt wurde, entspricht der standardisierten Form, während im Dezember 2014 eine Statue eines stehenden Mädchens mit Schmetterlingsflügeln vor der Ewha Womans University in Seoul aufgestellt wurde. Darüber hinaus wurde in China eine aus zwei Mädchen bestehende Statue – die jeweils ein koreanisches und ein chinesisches Mädchen darstellen sollen – installiert. Die japanische Regierung bemühte sich, eine weltweite Verbreitung der Friedensstatuen-Bewegung zu stoppen. Die Vereinbarung vom Dezember 2015, die zwischen der Regierung Park Geun-hye und der japanischen Regierung getroffen wurde, beinhaltete die Forderung, die Friedensstatue vor der japanischen Botschaft zu entfernen. Doch mit zunehmender Auflehnung gegen diese Entscheidung wurde die Bewegung im In- und Ausland noch stärker verbreitet. Bis 2018 wurden 102 Friedensstatuen im Inland und 10 im Ausland aufgestellt. Vor allem in den USA wurde die Trostfrauen-Frage mit der Diskussion über die Errichtung und Beschädigung der Friedensstatue intensiv behandelt.[35] Neuerdings entfachte sich auch in Berlin eine Diskussion zwischen Korea und Japan über die Errichtung und Entfernung einer Friedensstatue.

Trotz den seit 20 Jahren anhaltenden Mittwochsdemonstrationen und Bewegungen für die Errichtung der Friedensstatue hat sich die Haltung der japanischen Regierung nicht geändert. Nicht nur die Statue per se, sondern auch die Forderung einer öffentlichen Abbitte seitens der japanischen Regierung steht im Mittelpunkt der sich auf internationaler Ebene verbreitenden Bewegung. Mit wachsendem Unmut der Volksmehrheit über die Abwesenheit einer aufrichtigen Abbitte Japans für die Zwangsprostitution wurde im Juli 2020 sogar eine Skulptur, in der eine fiktive Abbitte Japans inszeniert wird, angefertigt: „Ewige Abbitte", geschaffen vom Bildhauer Wang Gwang-hyun im Auftrag des Direktors eines botanischen Gartens in Pyeongchang der Provinz Gangwon-do. Ein Zeitungsartikel schrieb folgendes über die Skulptur:

> *Im August wird eine Skulptur, bei der der Japanische Premierminister Shinzo Abe auf Knien um Vergebung bittet, eingeweiht. The National Botanic Garden of Korea native plants kündigte an, dass am 10. August eine Skulptur namens „Aufrichtige Abbitte (A heartfeld apology)" am Fuß des Berges Odae-san dem Publikum vorgestellt werde. Der Bildhauer Wang Gwang-hyeon wollte die den Opfern der Zwangsprostitution rechtens zustehende Abbitte wenigstens durch ein Kunstwerk realisieren, um das solidarische Gefühl der Nation zu stärken. Dahinter steckt auch seine Aufforderung an Japan, sich der Vergangenheit zu stellen und einen neuen Weg zu beschreiten.*[36]

Die japanische Regierung jedoch reagierte konsterniert auf die Errichtung der Skulptur und auch in Korea waren die Meinungen gespalten. Der am meisten diskutierte Streitpunkt war, ob der Mann in der Skulptur tatsächlich Abe darstelle. Manche waren der Meinung, dass eine solche Statue vor dem Hintergrund des verschärften Konfliktes zwischen den beiden Staaten unangemessen sei.

> *Die Ziele der Bewegung zur Aufklärung der Zwangsprostitutionsfrage sind Vergebung und Aussöhnung-naturgemäß muss aufrichtige Selbstreflexion und Abbitte Japans vorab erfolgen. Doch trotz des langsamen Vorankommens ist es unangemessen, die Aufforderung dazu auf provokative Weise voller Spott oder Verachtung zum Ausdruck zu bringen. Denn dadurch würde das Opfer seine Würde durch eigenes Tun verletzen. In moralischer Hinsicht sollte das Opfer dem Täter überlegen sein. Nur dann kann eine wahrhaftige Vergebung vollzogen werden. Wenn das Subjekt der Vergebung selbst ein intolerantes, ungeduldiges und vulgäres Verhalten an den Tag legt, wird Vergebung nicht zur Wiederherstellung seiner Würde führen, sondern sich in eine aggressive Rache verwandeln (...) Als jemand, der diese Statue noch vor ihrer Veröffen-*

tlichung zu sehen bekommt, fühle ich mich äußerst unwohl. Sie scheint nicht eine „aufrichtige Abbitte" Japans, sondern eine „ewige Verspottung", bei der die gesamte japanische Nation objektiviert wird, darzustellen. Vielleicht kann die Statue vorübergehend Genugtuung an der Revanche vermitteln-doch es ist auch beschämend, dass der Mangel an Großmut in unserer Gesellschaft so offenkundig wurde.[37]

Nachdem die Statue zu einem Streitpunkt wurde, erklärte der Auftraggeber, dass der Mann in der Skulptur nicht den Premierminister darstelle, doch als die koreanische Regierung ebenfalls Bedenken äußerte, verzichtete er darauf, die Statue zu veröffentlichen.

Die Skulptur zeigt, dass eine Abbitte im Kontext einer Entkolonialisierung nicht nur eine inländische, sondern auch eine internationale Angelegenheit darstellt. Darüber hinaus ist sie ein gutes Beispiel für den Unterschied zwischen einer verbalen Aufforderung zur Abbitte und der materiell-visualisierten Form. Dass der Kniefall nicht vor den Opfern, sondern vor dem kleinen Mädchen inszeniert wurde, deutet darauf hin, dass die Abbitte-Frage in manchen Fällen über die Gegenwart hinaus auch die Zukunft betrifft, und aus diesem Grund nahmen die einschlägigen Diskussionen eine größere Dimension an.

Abbitte und Verzeihung in Bezug auf die Demokratisierungsbewegung vom 18. Mai (1980)

1. Kontext der Abbitte - Frage

Kim Yong-sam, der 1993 das Amt als Präsident antrat, definierte während eines Sonder-Interviews am 13. Mai den Staatsstreich vom 12.12. 1979 als eine „militärische Meuterei auf Basis eines Coup d'États" und erklärte, „seine Zivilregierung" dagegen sei eine demokratische Regierung im Sinne der 18.Mai-Bewegung". Zudem kündigte er Maßnahmen zum Schadensersatz und zur Rehabilitation für die Opfer der Demokratisierungsbewegung an und betonte, dass die Bewertung seiner Vorgänger Chun Doo-hwan und Roh Tae-woo der Geschichte überlassen werden solle. Doch Im Juli 1993 reichten Führungskräfte, denen bei dem Militärputsch die Macht entzogen wurde, bei der Staatsanwaltschaft eine Klage gegen die ehemaligen Staatsoberhäupter ein und im Mai 1994 wurden die beiden erneut von den Opfern des Gwangju-Massakers angeklagt. Die Anführer der zivilgesellschaftlichen Organisationen in Gwangju erklärten damals, dass die Behandlung der Gwangju-Frage auf die fünf Prinzipien der Wahrheitsaufklärung, Bestrafung der Täter, Rehabilitation, Schadensersatz und Gedenkaktivitäten beruhen solle.

Im Oktober 1994 verkündete die Staatsanwaltschaft, dass es sich bei den Ereignissen vom 12. Dezember 1979 tatsächlich um einen militärischen Putsch gehandelt habe, die Strafverfolgung jedoch ausgesetzt werde, um unnötigen Verwaltungsaufwand zu vermeiden. Im Juli 1995 wurden die Taten des Neuen Militärs in Gwangju als gesetzeswidrige Handlungen anerkannt, aber eine Anklage wurde erneut unterlassen, da ein gelungener Staatsstreich nicht strafbar sei. Während der Widerstand der Bevölkerung gegen diese Entscheidungen wuchs, enthüllte der Abgeordnete Park Ke-dong im Oktober 1995 die Geheimfonds Rohs, woraufhin Roh inhaftiert wurde, und Im Dezember wurde das Gwangju-Sondergesetz erlassen, im selben Jahr, in dem das Gesetz zur Errichtung der Wahrheits- und Versöhnungskommission in der südafrikanischen Republik verabschiedet wurde. Auf Grund dieses Gesetzes wurden die beiden ehemaligen Präsidenten und einschlägige Personen im Januar 1996 wegen Hochverrats sowie Mordes zwecks Hochverrats im Zuge der Ereignisse vom 18. Mai 1993 von der Staatsanwaltschaft festgenommen und angeklagt. Im April 1997 bestätigte der oberste Gerichtshof die Verurteilung zu lebenslanger Haft für Chun Doo-hwan. Dadurch entwickelten sich die „fünf Prinzipien zur Aufarbeitung des Gwangju-Ereignisses" nicht nur in Korea, sondern weltweit zu anerkannten Prinzipien zur Transitional Justice.[38]

Doch bei der Präsidentschaftswahl 1997 sprach zuerst ein Kandidat der Regierungspartei die Begnadigung der beiden Angeklagten an, woraufhin Kim Dae-jung, damals Kandidat der Oppositionspartei, am 1. September äußerte, dass im Sinne der „Harmonisierung von Westen und Osten" die beiden begnadigt werden sollten. Bei einer Umfrage vom 2. September durch The Hankyoreh, die 500 Personen befragte, sprachen jedoch 73,8% gegen eine „bedingungslose Begnadigung" und 21,3% dafür. Bei einer anderen Umfrage derselben Zeitung vom 20. September wurden unmittelbar nach den Chuseok-Feiertagen 1.000 Wahlberechtigte aus verschiedenen Regionen außer der Insel Jeju-do befragt und 63,3% sprachen für und 34,9% gegen eine Begnadigung vor der Präsidentschaftswahl. Kim Dae-jung versprach, dass unter seiner Regierung keine politische Vergeltung gegen die beiden vorgenommen werde.

Nachdem Kim Dae-jung die Wahl am 18. Dezember gewann, wurde ein Treffen zwischen ihm und dem damaligen Präsidenten Kim Young-sam arrangiert und danach wurde eine Begnadigung von Chun und Roh ausgesprochen. Am 23. Dezember erklärte der Sprecher der damaligen Nationalen Kongresspartei Chung Dong-young, die Partei sei sich sicher, dass-vorausgesetzt, die beiden Inhaftierten seien sich ihrer Schuld bewusst-das Volk der Entscheidung zur Begnadigung Chuns und Rohs zur Vergebung und Aussöhnung zustimmen werde. Die Reaktion des Volkes auf die Begnadigung sind unklar, doch sicher ist: Weder Chun noch Roh zeigten Reue oder leisteten Abbitte.

Abbitte und Vergebung finden nicht nur auf der Person-zu-Person-Ebene, sondern der Person-zu-Gruppe-Ebene und der Gemeinschaftsebene statt-also in einem mehrschichtigen Beziehungsnetz. Die Abbitte-Beziehungen lassen sich in jene zwischen einzelnem Opfer und einzelnem Täter, einzelnem Täter und Opfergruppe, Tätergruppe und einzelnem Opfer sowie Tätergruppe und Opfergruppe unterscheiden. Das Subjekt einer Abbitte können die Verantwortlichen einer staatlichen Gewalttat wie Chun Doo-hwan, Führungskräfte des Neuen Militärs und Armee des Kriegsrechtkommandos sein. Das Problem dabei ist, dass sie in einer hierarchischen Beziehung zueinanderstehen. Hinzu kommt, dass das Objekt der Abbitte oder das Subjekt der Vergebung nur schwer identifiziert werden können. Zu Letzterem gehören Politiker und Aktivisten, die sich in der Nacht vom 17. Mai 1980 in Präventivhaft befanden, und Kim Dae-jung, der als deren „Anführer" identifiziert und zum Tode verurteilt wurde, sowie Zivilisten, die vom 18. bis 27. Mai 1980 an der Demokratisierung von Gwangju teilnahmen. Somit existiert aus der Opferseite keine Hierarchie, sie agieren unabhängig voneinander. Dementsprechend kann die Tatsache, dass Kim Dae-jung 1997 die beiden begnadigte und auch in seiner Amtszeit seine Vergebung offenlegte, nicht automatisch bedeuten, dass die Zivilisten aus Gwangju den beiden ebenfalls vergeben haben. Dies wurde deutlicher, als die Wahrheitsverfälschung bezüglich der Demokratisierung bekannt wurde.

Die Abbitte-Frage in Bezug auf die 5·18-Bewegung ergab sich aus der Wut der Bevölkerung, die über die leugnende und ausweichende Haltung Chuns hinsichtlich seiner Verantwortung und als oberster Befehlshaber der Kriegsrechtsarmee, die Zivilisten gnadenlos angegriffen hatte, empört war. Klar ist, dass die Aufforderung zu einer Abbitte mehr oder weniger eine Vergebung voraussetzt. Die Opfer vom 18. Mai 1980 und die Bürger in Gwangju waren bereit, auf eine aufrichtige Abbitte des Hauptverantwortlichen hin diesem zu vergeben und sich somit auch mit der Vergangenheit auszusöhnen, doch diese Bereitschaft wurde nie genutzt.

Die Herabsetzung der 5·18-Bewegung durch die 2005 gebildete neue politische Gruppe namens „New Right" sowie die Wahrheitsverzerrung durch rechtsextreme Intellektuellengruppen rissen die Wunden der Opfer und Gwangju-Bürger wieder auf. Als eine Debatte um das Lied Marching for our Beloved losging und das Gerücht, dass nordkoreanische Soldaten bei der Demokratisierungsbewegung in Gwangju anwesend gewesen seien, kursierte, veröffentlichte Chun 2017 seine Memoiren. Darin wiederholte er seine Haltung-Leugnung von Wahrheit und Verantwortlichkeit-bezüglich der Ereignisse in Gwangju und bezeichnete den Priester Cho Bi-oh, der die Schüsse aus den Hubschraubern der Kriegsrechtsarmee am 18. Mai mit eigenen Augen gesehen und darüber ausgesagt hatte, als einen „unverschämten Lügner" – woraufhin die Hinterbliebenen des Priesters Chun wegen Diffamierung verklagten. In Gwangju bildete sich die mehrheitliche Meinung, dass Chun bestraft werden und eine Abbitte leisten müsse.

Vor diesem Hintergrund wurde am 12·12. 2019 eine Skulptur namens „Der Gefangene Chun Doo-hwan" angefertigt, welche in der Innenstadt Seouls aufgestellt wurde. Am 25. April wurde sie vor das Landesgericht Gwangju und am nächsten Tag auf den Platz des ehemaligen Provinzverwaltungsgebäudes aufgestellt, wo die Bürger Gwangjus an der Spielzeughammer-Performance teilnahmen. Nach der Verlegung der Statue nach Gwangju wurde in den Medien vieles über die Anfertigung und Ausstellung der Skulptur sowie die Reaktionen der Bevölkerung berichtet. Der Schöpfer der Skulptur – ein Selbstständiger aus der Stadt Paju – stellte sich vor als jemand, der weder etwas mit der Demokratisierungsbewegung vom 18. Mai zu tun habe noch aus Gwangju stamme und der einfach einer von vielen, die allein beim Hören des Namens Chun Doo-hwan Wut und Hass empfinden, sei.[39] Die Tageszeitung Gwangju Ilbo veröffentlichte detaillierte Interviews mit dem Auftraggeber oder Bildhauer und beschrieb die Beweggründe für die Anfertigung der Skulptur. Der Macher empfinde tiefes Mitgefühl und Schuldbewusstsein, weil er, als 1980 unter der Regierung Chuns die schmerzhaften Erinnerungen namens „Gwangju" entstanden und die allgemeine Bevölkerung darüber geschwiegen und keinen Beistand geleistet habe, nicht daran teilgenommen habe. Hinzu komme, dass er „Chun auf eine andere Weise zu bestrafen wünsche, da eine rechtliche Bestrafung eher unwahrscheinlich scheine. Am Interview ist zu erkennen, dass der Fokus auf Wut und moralische Bestrafung liegt.[40]

> *„Trotz seiner Verbrechen ist Chun sozial oder rechtlich überhaupt nicht bestraft worden. Er leugnet, verzerrte die Wahrheit und versteckt sich-unpassend zu seiner Vergangenheit als Soldat und höchster Machthaber eines Staates. Es ist eine Schande gewesen, mit ihm in der gleichen Zeit zu leben. Wenigstens durch die Skulptur wollte er seine Wut auslassen und hoffte, damit den Bürgern einen kleinen Trost schenken zu können."*

Nachdem er die Kosten für die Anfertigung aufgetrieben hatte,[41] suchte er mit dem Ziel, sie bis Dezember 2019 fertigstellen zu lassen, einen Bildhauer zur Anfertigung der Statue. Doch bis zur Entstehung der Skulptur war es ein kein leichter Weg, besonders die Suche nach einem Bildhauer. Er wollte ein genaues Abbild des ehemaligen Präsidenten und suchte einen Bildhauer, der dazu in der Lage war. Er sprach mit fünf bis sechs Künstlern, aber selbst wenn er eine Zusage bekam, zog der Bildhauer sie nach einigen Tagen wieder zurück. Die Künstler müssen die Möglichkeit politischen Drucks geahnt haben und es existierte ein Zwiespalt zwischen Politik und Kunst.

> *„Fünf der Befragten lehnten meinen Auftrag ab. Selbst diejenigen, die meine Beweggründe für nachvollziehbar hielten und den Auftrag übernehmen wollten, zogen ihre Zusage nach ca. einer Woche wieder zurück. Vermutlich rieten ihre Angehörigen ihnen davon ab aus Angst, dass ihnen etwas passieren könnte. Mit Yang Hyeong-gyu, dem sechsten Künstler, den ich aufsuchte, konnte schließlich die Arbeit beginnen."*[42]

So begann im August 2019 die Arbeit mit Yang und im Dezember wurde die Skulptur fertig. Ursprünglich hatte sie am 27. August-jenem Tag, an dem Chun illegal das Amt als Präsident angetreten hatte-veröffentlicht werden sollen, doch aufgrund des Produktionsengpasses konnte sie erst am 12·12., dem Datum des

Staatsstreichs,-auf dem Gwanghwamun-Platz in der Seouler Innenstadt aufgestellt werden. Dies zeigt, dass selbst das Veröffentlichungsdatum sorgfältig gewählt wurde, um die zu Grunde liegende Bedeutung hervorzuheben. Darüber hinaus wurde die Skulptur nicht nur zum Betrachten, sondern auch für Interaktionen geschaffenes war beabsichtigt, dass Vergeltung und Verspottung an ihr ausgeübt werden sollte.

Ursprünglich wollte Jeong eine Statue aus drei Personen samt Roh Tae-woo und Chung Ho-yong anfertigen, doch aus Kostengründen wurde das Konzept bei Chun Doo-hwan belassen.[43] Der Macher der Statue hat einen Plan: „Ich werde dafür sorgen, dass auf jeden Fall eine Statue aus den niederknienden Dreien angefertigt und über Jahrhunderte oder Jahrtausende am Friedhof für die Opfer der Demokratisierungsbewegung oder an sonstigen symbolischen Orten stehend unsere Kindeskinder über diese Schande weitererzählt."

Der Mann in der Statue trägt eine Soldatenuniform, die den Militärputsch symbolisieren soll, samt Rangabzeichen eines Generalmajors (Sicherheitskommandant). Auf der Brust sind sein Namenschild und die Häftlingsnummer, die er 1996 beim Urteil zur Todesstrafe trug, angenäht. Der Mann sitzt niederkniend mit einem um den Oberkörper gebunden Seil hinter Gittern. Die Vorderseite der Gitterwand lässt sich öffnen, damit „die Bürger ihrer Wut freien Lauf lassen können". „Jeder kam, um ihm einen Klaps zu verpassen."

Als die Skulptur am Gwanghwamun-Platz erschien, wurden diverse Bezeichnungen dafür vorgeschlagen: „Der Inhaftierte", „Der Beschämte", etc. Jeong aber hielt „Der Gefangene" für angemessen, weil „Chun Doo-hwan, der sich immer verdeckt hält und nur schwer zu sehen ist, ‚gefangen' werden" müsse.

Die Reaktionen waren explosiv. Die Passanten schlugen mit ihren Händen und Füßen auf die Skulptur ein und nach nur zwei Wochen war der Kopf stark beschädigt. Zwischendurch musste er mit einem Sekundenkleber repariert werden. Jeong erklärte, dass die Skulptur aus Faser-Kunststoff-Verbund mit bloßen Händen nicht zerstörbar sei-es müsse ein Holzstock oder Werkzeug gewesen sein. Er fügte hinzu: „Es ist schade, dass ein Kunstwerk, das möglichst vielen Mensch gezeigt werden soll, mit solcher Aggressivität zerstört wurde. Doch die Anfertigung der Skulptur erwies sich als eine gute Entscheidung, denn so können die Bürger ihre Wut auslassen."

„Es mag nicht angemessen sein, eine noch lebende Person als eine Skulptur zwecks Vergeltung anzufertigen. Doch es war eine ‚listige' Idee, wenigstens so eine Gelegenheit zu bieten, den Groll auszulassen. Es ist natürlich absolut unzureichend für das Ausmaß seines Verbrechens, doch aufregend war es allemal."

Am 4. März 2020 wurde die Statue wieder vom Gwanghwamun-Platz entfernt und am 25. April nach einmonatiger Reparatur durch Yang nach Gwangju transportiert. Der 5·18-Verein der Hinterbliebenen, der Verletzten und der in-Haft-Verletzten stellten die so genannte „Statue der Abbitte Chun Doo-hwans" am 27. April 2020 vor das Landgericht Gwangju-als Vorbereitung auf den Besuch Chuns zur Teilnahme an dem Prozess.[44] Eines der Ziele war, Chun mit eigenen Augen die Statue sehen zu lassen und so die fiktive Abbitte in eine reale Abbitte umzuwandeln. Auf der Skulptur wurde auch ein Blech mit der Liste seiner Taten angebracht. Jeong erklärte, dass er der Gestalt Chuns das Schild ursprünglich um den Hals hängen wollte, die Liste jedoch zu lang gewesen sei, um sie auf einem Blech unterzubringen. So wurde die Liste auf zwei Platten eingeprägt und jeweils an einer Seite der Skulptur befestigt. Dazu wurde noch ein Spielzeughammer aus Plastik bereitgelegt, damit die Statue durch das Draufhauen nicht mehr beschädigt werden konnte.

Nach dem Prozess vom 27. April sollte die Statue zurück zum Gwanghwamun-Platz gebracht werden, doch durch die Absage der Zeremonie zum 40. Gedenkjahr der Demokratisierungsbewegung aufgrund der Ausbreitung des COVID-19-Virus wurde entschieden, sie weiterhin in Gwangju auszustellen. Am 2. Mai wurde sie dann auf dem Platz vor dem ehemaligen Provinzverwaltungsgebäude, dem Ort des allerletzten Widerstands, aufgestellt. Dort nahmen die Passanten bereitwillig den Plastikhammer in die Hand und beteiligten sich an der rituellen Verspottung. Der ursprüngliche Plan war, die Figur auf einer Karre durch die Stadt zu ziehen um sie in aller Öffentlichkeit einer massenhaften Verspottung auszusetzen, doch dieser Plan wurde nicht mehr umgesetzt. Nachdem die Statue nach einer einmonatigen Ausstellung durch die Draufhau-Performance schwer beschädigt worden war, entfachte sich eine Diskussion darüber, ob sie nach einer Reparatur wieder ausgestellt oder ganz entfernt werden sollte.

2. Reale Abbitte

Vor dem Hintergrund der aufwallenden Forderung der Bevölkerung nach einer Abbitte Chun Doo-hwans besuchte der damalige Vorsitzende des Notfallmanagementkomitees der Partei der Vereinten Zukunft Kim Jong-in den 18.-Mai-Nationalfriedhof von Gwangju am 19. August 2020 und leistete vor den Seelen der Opfer kniend eine „Abbitte". Er sagte, dass seine Partei gegen einzelne Personen, die die Tragödie in Gwangju leugneten und mit Worten und Handlungen den Geist des 8.Mai schädigten, nicht streng genug vorgegangen sei und dass er als Parteiführer für die falschen Worte und Handlungen aufrichtig um Verzeihung bitte. Diese Geste basierte auf der Idee, dass die Ursache der Niederlage der Partei bei den Parlamentswahlen vom April 2020 in der Leugnung der Demokratisierungsbewegung vom 18. Mai bei einigen rechtsextremen Politikern zu suchen sei.

Auch bezüglich seiner eigenen Handlungen aus der Vergangenheit legte er ein Geständnis ab und zeigte tiefe Reue.[45] Er gestand, dass er sich im Subkomitee für finanzielle Angelegenheiten des Notfallmanagementkomitees für Nationale Sicherheit, das nach der Machtergreifung des Neuen Militärs errichtet wurde, engagiert habe und obwohl er bei mehreren Gelegenheiten die Umstände und Hintergründe für seine Entscheidung erklärt und um Verzeihung gebeten habe, sei es ein inakzeptables Verhalten für die Mitbürger in Gwangju und die Bevölkerung unter dem Militärregime gewesen. Mit diesen Worten bat er nochmals um Verzeihung. In seiner Rede zitierte er Willy Brandt: „Kleine Schritte sind besser als keine Schritte." Damit wurde deutlich, dass er seinen Besuch des Friedhofs in Gwangju mit dem Polenbesuch des ehemaligen Bundeskanzlers im Jahr 1970, wo er vor dem Gedenkmal an die Opfer des Zweiten Weltkrieges mit seinem Kniefall für die Kriegsverbrechen des NS-Regimes um Vergebung bat, verglich.[46]

Am Nachmittag desselben Tages trafen sich die Vertreter der drei 5·18-Vereine – Verein der Hinterbliebenen, Verein der Verletzten und Verein der in-Haft-Verletzten aus der Demokratisierungsbewegung- und der 5·18-Gedächtnis-Stiftung mit Kim Chong-in, bewerteten die Veränderung der Partei der Vereinten Zukunft sehr positiv und baten Kim darum, sich unter anderem um den Erlass eines Gesetzes zur Bestrafung von Wahrheitsverzerrung, die Verankerung des 5·18-Geistes in der Verfassung und die Erneuerung der einschlägigen Gesetze zur Verbesserung der Lebenslage der Demokratisierungskämpfer, die für ihre Verdienste ausgezeichnet wurden, sowie um die Initiierung der Gedenkaktivitäten zu bemühen, damit diese Veränderung der Partei ernstgenommen werden könne. Genau genommen besuchte der Politiker bereits im Januar 2016 als Vorsitzender des Notfallmanagementkomitees der Demokratischen Partei den Nationalfriedhof in Gwangju und bat um Verzeihung für seine Mitwirkung im Spezialkomitee für Nationale Sicherheitsmaßnahmen vom Jahr 1980. Obwohl er bei seinem ersten Besuch der Führer derjenigen Partei war, deren politische Basisregion keine andere Stadt als Gwangju ist, protestierten die Bürger in Gwangju heftig gegen seinen Besuch. Nichtsdestotrotz schaffte er es, sich vor dem Gemeinschaftsgrab von Yoon Sang-won und Park Gi-soon-patriotische Kämpfer für die Demokratie, denen das Lied Marching for our Beloved gewidmet ist-niederzuknien.[47] Doch die Vertreter der 5·18-relevanten Vereine beurteilten das Ereignis äußerst kritisch.

Welche Rolle spielt also die Abbitte von Kim Chonong-in in Bezug auf Transitional Justice? Was war der entscheidende Punkt, der so unterschiedliche Reaktionen bei den Bürgern in Gwangju auslöste? Die reale Abbitte Kims und die fiktive Abbitte Chuns wirft eine sehr interessante, theoretische Frage auf. Denn neben dem Unterschied zwischen Fiktion und Realität lässt sich auch der Unterschied des Abbitte-Kontextes die Bedeutung der zwei Abbitten anders interpretieren.

Es gibt noch ein anderes Beispiel für eine öffentliche Entschuldigung, bei der jemand von der verantwortlichen Seite auf den Knien um Vergebung gebeten hat: Roh Jae-heon, der Sohn des ehemaligen Präsidenten Roh, besuchte den Nationalfriedhof von Gwangju und legte Blumen auf das Grab der Opfer. Drei Monate später, im Dezember, fuhr er nochmals nach Gwangju, um das „Haus der Mütter des 8. Mai“ zu besuchen und um Vergebung zu bitten, auch am 29. Mai 2020 überreichte er Blumen im Namen Roh Tae-woos am Nationalfriedhof. Er bemerkte, dass sein Vater sicher selbst nach Gwangju gekommen wäre um Abbitte zu leisten, wenn sein Gesundheitszustand es zugelassen hätte. Die wiederholte Abbitte Roh Jae-heons stand in direktem Kontrast zu Chun Doo-hwan, der sich kein einziges Mal öffentlich entschuldigte. Umso positiver reagierten die Bürger auf die Bemühungen Rohs. Gleichzeitig schuf dies die Hoffnung, dass auch Chun eines Tages um Vergebung bitten könnte.

Am 30. November 2020 bestätigte das Landgericht Gwangju, dass bei der Demokratisierungsbewegung tatsächlich vom Hubschrauber aus Maschinengewehrschüsse abgegeben wurden, und folglich wurde der Klage auf Diffamation des Priesters stattgegeben. Auf dieser Grundlage wurde Chun zu 8 Monaten Haft mit Vollzugsaufschub für 2 Jahre verurteilt [Urteilsnummer: 2018 godan 1685]. Oberrichter Kim Jeong-hun der 8. Kammer des öffentlichen Rechts beim Landgericht Gwangju kritisierte, dass der Beklagte ohne jegliche Selbstreflektion und Abbitte alle Anschuldigungen leugne und fügte hinzu: „Ich hoffe, dass er als Hauptverantwortlicher für die Ereignisse am 18. Mai bei den vielen leidenden Betroffenen aufrichtig um Vergebung bittet."

Am 11. Dezember, kurz nach dem Urteil, wurde im Parlament das lange Zeit diskutierte „Gesetz zur Bestrafung der Geschichtsverzerrung in Bezug auf die Demokratisierungsbewegung vom 18. Mai" verabschiedet. Als Entstellungen der Wahrheit und Leugnungen bezüglich des 18. Mai im Netz beginnend immer weiter verbreitet wurden, wurden die Gesetze gegen Holocaustleugnung als Vorbild geprüft[48] und als im Parlament die Demokratisierungsbewegungsleugnungen offen ausgesprochen und Chun Doo-hwan in seinen Memoiren die Ereignisse leugnete, wurden Diskussionen über die strafrechtlichen Regelungen solcher Handlungen durchgeführt [Kim Jae-yoon, 2015; Lee So-yeong 2019; Hong Seong-soo, 2019]. –

All dies bewirkte, dass im Parlament das Gesetz zum Verbot von Wahrheitsverfälschung verabschiedet wurde. Doch Menschenrechtsvereine, die sich stets gegen freiheitsbeschränkende Regelungen wie das Gesetz für die nationale Sicherheit und für Meinungsfreiheit einsetzen, waren davon nicht sehr begeistert. Der Gedanke, dass eine Wahrheitsaufklarung als Startpunkt der Transitional Justice weniger der strafrechtlichen Verfolgung als primär zur Schaffung des gesellschaftlichen Kriteriums für Abbitte und Selbstreflexion in puncto staatlicher Gewalttaten aus der Vergangenheit diene, wurde immer stärker. Manche verlangten sogar die Aufhebung des Gesetzes. Eine gesetzliche Regelung über die Wahrheitsentstellung und -leugnung stand im Konflikt mit der Meinungsfreiheit. Darüber hinaus spalteten sich der Weg von der Wahrheitsaufklärung zur strafrechtlichen Verfolgung und jener zur Verantwortungsanerkennung sowie Abbitte im Bereich der Transitional Justice und das Dilemma am Scheidepunkt wurde sichtbar.

Im Oktober 2021 starb der ehemalige Präsident Roh Tae-woo. Im darauffolgenden Monat starb der ehemalige Präsident Chun Doo-hwan. Damit hatte er seine Chance, Abbitte für den 18. Mai zu leisten, endgültig verspielt. Nach Chuns Tod erklärte sein Bekannter Kim Choong-rip, dass Chun zwar für eine Abbitte bereit gewesen sei, dies jedoch nicht mehr in die Tat umsetzen konnte.

Schlussbemerkungen

Das Transitional-Justice-Prinzip bezüglich der Demokratisierung in den 90er Jahren zielt auf die sukzessive Realisierung von Wahrheitsaufklärung, Verantwortlichkeitszuweisung (Bestrafung), Schadensersatz, Rehabilitation und Erinnerung. Durch das Gwangju-Sondergesetz wurden die Verantwortlichen des Massakers vom 18. Mai 1980 betraft. Doch ohne dass die Täter ihre Schuld eingestanden hatten, wurden diese 1997 vom damaligen Präsidenten begnadigt und die Schuldzuweisung wurde vorübergehend abgeschlossen. Aus der Sicht der rehabilitativen Gerechtigkeit jedoch fehlte es an konkreten Inhalten zur psychologischen Heilung, die sich aus der Schuldanerkennung der Täter ergeben. Diese Beschränkungen traten durch die Wahrheitsentstellung und-leugnung nach der Begnadigung beider Täter deutlich zutage. Als 2005 die Opfer des 18. Mai herabsetzenden Bemerkungen ausgesetzt waren und 2010 Wahrheitsentstellungen sich zu verbreiten begannen, wurde die Forderung laut, dass die Wahrheit über konkrete Punkte aufgeklärt werden und der Täter aufrichtig Abbitte leisten solle. Es wurde angenommen, dass die wesentliche Ursache des Leugnungsphänomens im Begnadigungsprozess ohne aufrichtige Abbitte der Verantwortlichen liege. Das ehemalige Staatsoberhaupt Chun Doo-hwan, der als Hauptverantwortlicher für den Militärputsch vom 12.Dezember 1979 und das Gwangju-Massaker vom 18. Mai 1980 angesehen wird, zeigte weder bei der Begnadigung 1997 noch in seinen 2017 veröffentlichen Memoiren Reue.

Dies führte dazu, dass 2020 vor dem Hintergrund des Gerichtsverfahrens über die Diffamierung des Priesters Cho Bi-oh die Skulptur „Niederkniender Chun Doo-hwan“ als Gestalt einer fiktiven Abbitte erschien. In Wirklichkeit hatte eine solche Szene nicht stattgefunden, doch das von so vielen Menschen gewünschte Bild wurde durch den Schöpfer der Statue materialisiert und visualisiert. Die Aufstellung dieser Statue suggeriert das Gefühl, dass der Wunsch nach einer Abbitte realisiert würde. Das Skulptur-Projekt besteht aus Anfertigung einer Skulptur, die die gewünschte Abbitte darstellt, Ausstellung der Statue an öffentlichen Plätzen, Teilnahme der Bürger an rituellen Vergeltungsperformances und Verspottung sowie Wiederholung des Prozesses an verschiedenen Orten. Die Skulptur, die die

Verantwortung am Militärputsch und am Zivilisten-Massaker Chuns sowie die Bestrafung durch die Bürger verkörpern soll, ist ein „Scheinbild einer erweiterten Realität (augmented simulacrum)" und mehr. Angesichts der realistischen Darstellung könnte sie auch als pro-realistisches Produkt bezeichnet werden.[49]

Auch die Art und Wirkung der Statue sind bemerkenswert. Sie hat insofern eine heilende Wirkung, als sie – auch wenn es sich lediglich um eine fiktive Szene handelt – den Täter zum Niederknien gebracht hat und Bürgern die Gelegenheit bietet, harmlose Vergeltungsaktionen an der Figur zu „spielen". Passanten können mit einem Plastikhammer (Spielzeughammer) auf den Kopf der Figur schlagen oder Schimpfworte gegen sie aussprechen, während andere ihnen dabei zuschauen. Könnte man diese heilende Wirkung durch rituelle und harmlose Vergeltungsperformances an einer Skulptur als faktischen Realismus (actual realism) definieren?[50] Dieser Ansatz wird oftmals auf sich ähnelnde Weise wiederholt, da er nicht nur den Wunsch des Opfers nach einer Abbitte des Täters zum Ausdruck bringt, sondern auch einen partiellen Heilungseffekt (partial effect of healing) bei den Menschen mit kollektiven traumatischen Erfahrungen entfaltet. Gleichzeitig betont die Performance die Notwendigkeit einer realen Abbitte. In diesem Sinne könnte die Skulptur per se als eine Art Wutregulierungsinstrument gesehen werden.

Im Zusammenhang mit der Chun-Statue sollte ebenfalls bemerkt werden, dass dabei traditionelle Methoden zur ethischen und moralischen Bestrafung angewendet werden. Die Statue wurde in Seoul und Gwangju abwechselnd ausgestellt und ihr Schöpfer interpretierte diese Darstellungsweise als „Jori Dolligi"-eine traditionelle Bestrafungsmaßnahme einer Dorfgemeinschaft, bei der die schuldige Person der Verspottung der Öffentlichkeit ausgesetzt wird.[51] Die Chun-Statue ist anderer Natur als die Strohpupe aus der Joseon-Zeit oder die Voodoo-Puppe der karibischen Region. Während diese beiden an sich keine Bedeutung besitzen und das Stechen mit der Nadel zwecks Unglückvermeidung im Vordergrund steht, verkörpert die Statue des ehemaligen Präsidenten die Wünsche der Mitbürger ganz konkret. Die Skulptur und die Performances daran zeigen, dass Abbitte und Vergebung als essentielle Prinzipien im Zuge der Transitional Justice fungieren müssen. Das Prinzip der Bestrafung des Täters wird allein durch eine Bestrafung nicht vollendet, sondern es muss als rehabilitative Gerechtigkeit durch Heilungen zur Reform der Politikgemeinschaft führen.

Die Statue „niederkniender Japaner" zeigt aber die Grenzen solcher fiktiven Abbitte. Selbst wenn es sich um eine Wiederspiegelung des Wunsches eines Individuums oder einer Gruppe handelt, existieren normative Kriterien, die nicht überschritten werden dürfen. Die ausschlaggebende Frage hierbei ist, ob solche Performances zu einer Abbitte des Täters führen können. Es ist unklar, ob es sich um eine Sache einer einzelnen Person oder jene ihrer Angehörigen bzw. eine ihr gehorchenden politischen Gruppe handelt. Wenn das Individuum oder die Gruppe, zu der es gehört, sich deren Schuld nicht bewusst ist, ist ein Geständnis oder eine Abbitte eher unwahrscheinlich. Eine Abbitte bringt die Frage des Schuldbewusstseins und der Aufrichtigkeit mit sich und erfordert eine Suche nach Bedingungen, die zur Vergebung führen können.

Hannes B. Mosler
(Professor Dr., Universität Duisburg-Essen)

Erinnerungskultur in Deutschland und Perspektiven auf Südkorea

Wie im Titel meines Vortrages bereits angedeutet werde ich über zwei Schauplätze sprechen. Nach einer kurzen Einleitung komme ich zur Erinnerungskultur in Deutschland und anschließend möchte ich Eindrücke zu ausgesuchten Fällen in Korea mit Ihnen teilen. Ich habe absichtlich den Ausdruck Erinnerungskultur im Titel gewählt, da er mir als abstrakt genug und damit auch inklusiv genug erscheint. Das, was sich unter Erinnerungskultur subsumieren lässt, wird häufig mit „Vergangenheitsbewältigung" oder „Überwindung der Vergangenheit" beschrieben. Auch „Aufarbeitung der Vergangenheit" ist ein gängiger Begriff. Wenn wir über Erinnerungskultur in Deutschland sprechen und Vergleiche herstellen möchten – etwa zu Korea – ist das gar nicht so einfach bei diesen vielen verschiedenen Bezeichnungen und den möglichen Dingen, die damit bezeichnet werden – bezeichnet werden können. Es wird noch einmal schwieriger, wenn diese Begriffe ins Koreanische übersetzt werden müssen. Zum Problem der sinnvollen Wortwahl kommt das mindestens ebenso komplexe Problem der Translation im Koreanischen hinzu. Es finden sich häufig Übersetzungen wie *kwagŏch'ŏngsan*, *kwagŏgŭkpok* oder *kwagŏsajŏngni*. Ich möchte an dieser Stelle nicht darüber sprechen, wie sinnvoll oder nicht die Übersetzungen im koreanischen Sprachkontext sind. Es zeigt jedoch, wie schwierig die Unterhaltung sein kann – oder wie anregend! Wie gesagt ist es bereits im Deutschen eine Herausforderung. Ich versuche mal, etwas Licht ins Dunkel zu bringen und die Dinge zu ordnen.

Wie kam es in Deutschland zur Erinnerungskultur, von der so häufig die Rede ist? Ich stütze mich auf verschiedene Quellen, von denen ich eine explizit nennen möchte und zwar Aleida Assmann, die sich schon länger mit der Thematik auseinandersetzt. Unter anderem ihr Buch „Das neue Unbehagen der Erinnerungskultur" ist für unsere Diskussion eine hilfreiche Landkarte zur Erkundung der Erinnerungskultur in Deutschland und anderswo.[1] Assmann spricht von vier Modellen der Erinnerungspolitik: ① Dialogisches Vergessen, ② Erinnern, um niemals zu vergessen, ③ Erinnern, um zu überwinden und ④ Dialogisches Erinnern. Jedes dieser Modelle ist eine Verallgemeinerung von Formen und Praktiken der Erinnerung von Geschichte (Assmann 2020: 180-204). Die beiden ersten Modelle entsprechen den ersten Entwicklungsphasen der Erinnerungskultur in Deutschland. Damit werde ich mich zunächst beschäftigen. Anschließend behandele ich Entwicklungen und Beispiele der Erinnerungspolitik in Südkorea. Die Fälle, die ich bespreche, können mit den übrigen zwei Modellen von Erinnerungspolitik in Verbindung gebracht werden.

Vergangenheitsüberwindung / -bewältigung – Dialogisches Vergessen: Verleugnung, Verdrängung, Vergessen

Kommen wir nun also zu den zwei ersten Modellen der Erinnerungspolitik. Assmann nennt sie „dialogisches Vergessen" und „Erinnern, um niemals zu vergessen". Etwas klarer wird die Unterscheidung, wenn man sie „Vergangenheitsüberwindung" oder „-bewältigung" und „Vergangenheitsaufarbeitung" nennt. In der ersten Phase nach dem Zweiten Weltkrieg ging es in Deutschland um Vergangenheitsüberwindung im Sinne von Vergessen und Verdrängen. Man wollte einen „Schlussstrich" unter die offenen Rechnungen ziehen. In der zweiten Phase ab Mitte der 1980er Jahre dann gab es den Wandel hin zu einer Erinnerungspolitik, die die Geschichte tatsächlich aufarbeiten wollte, die also die Vergangenheit nicht durch Vergessen oder Verdrängen überwinden, sondern im Gegenteil bewahren (!) wollte.

Dass die kritische Auseinandersetzung mit der Vergangenheit in Deutschland nicht gleich nach Ende des Krieges begann, ist mittlerweile hinlänglich bekannt. Doch es lohnt sich, einmal genauer hinzuschauen, um zu verstehen, was dazu beigetragen hat, dass sich zunächst eine Phase des Vergessens eingestellt hat, und wie sich das Blatt dann gewendet hat zu einer Bewegung des Erinnerns, die gemeint ist, wenn heute von Deutschlands Erinnerungskultur gesprochen wird. Wir wissen, dass die Besatzungsmächte verschiedene Optionen auf dem Tisch hatten, wie sie mit Deutschland verfahren wollten. Der Morgenthau-Plan war die Idee, Deutschland zu einem reinen Agrarstaat zu machen – einem komplett abgerüsteten Agrarstaat, der – entnazifiziert – künftig unfähig zum Angriffskrieg sein sollte. Ich erinnere mich jetzt noch, wie perplex ich war, als ich davon zum ersten Mal als Schüler im Geschichtsunterricht erfuhr! Ich stellte mir ein Land vor mit grünen Hügeln soweit das Auge reicht. Ein bisschen so wie die Grabhügel in Kyŏngju hatte ich mir das vorgestellt. Also eigentlich ganz schön, aber eben auch bedrückend. Der Maler Anselm Kiefer hat dies künstlerisch in einer Art blühenden Landschaft ausgedrückt. Man war sich dann aber bald einig, dass eine „Umerziehung" der Deutschen ausreichen würde, um eine Wiederholung der deutschen Tragödie zu verhindern. Auch die Entnazifizierung war entscheidend für die Besatzermächte. Die Nürnberger Prozesse fanden gleich 1945-46 statt. Das war natürlich wichtig, jedoch letztlich nur für die Spitze des Eisberges ausreichend. Einige Dinge sprachen dafür, nicht zu rigoros vorzugehen. Das kennen wir aus anderen Kontexten. Im Nachkriegseuropa war das schlagende Argument der aufziehende Kalte Krieg zwischen den sich herausbildenden Blöcken der neuen bipolaren Weltordnung.

Sinnbildlich für die Erinnerungskultur des dialogischen Vergessens zu dieser Zeit war Winston Churchills berühmte Züricher Rede 1946, in der er seine Idee der „Vereinigten Staaten Europas" vorstellte. Das war nur kurze Zeit nach Beendigung der Nürnberger Prozesse, und auch er sagte, dass man „dem Gräuel der Vergangenheit den Rücken kehren" und nach vorne blicken müsse, wenn man in Europa eine Zukunft haben wolle. Und dass diese Verdrängung ein „segensreicher Akt des Vergessens" sei. Nur wenn wir schnell vergessen, was an Grausamkeiten passiert ist, können wir nach vorne schauen. Und nur wenn wir das unsagbare Leid vergessen können, verhindern wir, dass Hass und Groll aufkommen, die schließlich wieder zu Krieg und neuen Gräueln führen. Was in diesem Zusammenhang häufig bemüht wird, ist die Niederlage Deutschlands im Ersten Weltkrieg und die sogenannte „Kriegsschuldlüge", die benutzt wurde, um einen weiteren Weltkrieg zu rechtfertigen.

Was dieser Argumentation, dieser Logik entscheidend zur Seite stand, war die realpolitische Entwicklung im Nachkriegseuropa – also der Kalte Krieg. Angesichts der sich immer deutlicher abzeichnenden Polarisierung der Weltmächte mussten die westlichen Besatzungsmächte abwägen zwischen einer grundlegenden und nachhaltigen Entnazifizierung und Umerziehung Deutschlands auf der einen und der Stärkung Westdeutschlands zu einem „Bollwerk gegen den Kommunismus" im Sinne der Eindämmungspolitik der Westalliierten auf der anderen Seite. Die Lage in Deutschland insbesondere in Berlin spitzte sich Ende der 1940er Jahre immer mehr zu als Folge von kontinuierlichen Provokationen auf beiden Seiten. Als dann noch im Juni 1950 der Koreakrieg ausbrach, also der Teufel, den man an die Wand gemalt hatte, auf einmal leibhaftig geworden in Form eines heißen Krieges vor einem stand, hat man auf Seiten der westlichen Besatzungsmächte schnell Entscheidungen getroffen. Im Angesicht des Schreckgespenstes eines weiteren Weltkrieges wollte man lieber Deutschland wieder aufrüsten als kleinhalten. So wurde Deutschland wiederbewaffnet und erhielt auch bald seine nationale Souveränität zurück. Man brauchte jetzt einen starken Partner und konnte es sich nicht leisten, ihn an einer geopolitisch zentralen Schnittstelle schwach zu halten.

Das „dialogische Vergessen" wird auch an folgendem Beispiel sehr deutlich. Im Jahr 1962 feierten der französische Präsident Charles De Gaulle und Bundeskanzler Konrad Adenauer gemeinsam eine Messe im französischen Reims und nahmen danach eine Parade französischer und deutscher Truppen ab. Es war ein historisches Treffen in der Geschichte der Annäherung zwischen Frankreich und Deutschland. Die Geschichte sollte auch hier lieber vergessen werden, man wollte keine schlafenden Hunde wecken. In seiner Tischrede sagte Adenauer:

> *„Aber ach, welche Berge von Schutt, welche Opfer, welches Leid hatten die vergangenen Jahre zwischen uns aufgehäuft. Wir haben diese Hügel abgetragen, wir haben die Gräben zugeworfen, wir haben das Gelände geebnet. Und auf diesem Gelände haben wir den Baum des Friedens und der Freundschaft zwischen dem französischen und deutschen Volk errichtet. Im Schatten dieses Baumes, der seine Äste und Zweige weit hinausstreckt, werden wir, das fran-*

zösische und das deutsche Volk, fortan leben.“

Ähnlich sprach es Adenauer auch vier Jahre später bei seinem historischen Staatsbesuch in Israel aus. Sein Credo der Stunde hieß Frieden durch Vergessen und das ehrlich und gut gemeint, keine Frage:

> *„Ich kann nur sagen, daß wir alles getan haben und jeden Beweis geliefert haben und dass wir bestrebt sind, diese Zeit der Greuel, die man nicht überwinden kann, die man nicht ungeschehen machen kann, zu überwinden. Wir sollten sie nun aber der Vergangenheit überlassen.“*

Wie kommt es dann später, etliche Zeit später (!), zum Sinneswandel in der Bundesrepublik – hin zur Vergangenheitsaufarbeitung? Die Studentenbewegung in den Jahren 1967-1968 wird hier häufig erwähnt – zu Recht! Die jungen Menschen hinterfragten, was ihre Eltern bzw. die Elterngeneration im Krieg gemacht haben. Sie wollten das Schweigegelübde brechen, das die Eltern nach Kriegsende abgelegt zu haben schien. Sie hatten sich in Schweigen gehüllt aus Schmerz, Scham und viele auch aus Angst belangt zu werden – was unter der vorherrschenden Erinnerungspolitik des Vergessens auch gelingen konnte. Aber es waren nicht die Student: innen allein bzw. ihre Fragen fielen nicht vom Himmel. Sie hatten diesen kritischen Geist entwickelt in der Auseinandersetzung mit Überlegungen, die schon kurz nach dem Kriegsende angelegt worden waren. Bereits 1949 wurde das Postulat nach der unantastbaren Würde des Menschen verfassungsrechtlich in Artikel 1 des Grundgesetzes verankert. Aber es waren vor allem auch die kritischen Ideen in den Schriften von Hannah Arendt und Max Horkheimer und vielen anderen der neuen Strömung der Kritischen Theorie, die ein wichtiges Fundament für den Wandel im Denken in Deutschland legten. Arendt schrieb in den frühen 1950ern über die Ursprünge totaler Herrschaft und legte mit ihrer These zum „Zivilisationsbruch“ einen entscheidenden Grundstein für nachfolgende Diskussionen über Menschenrechte und ethische Erinnerung. Sie vertrat bereits 1951 eine deutliche Position bezüglich des Erinnerns. Danach sind „alle Anstrengungen umsonst, sich aus der bitteren Gegenwart in die Nostalgie einer noch intakten Vergangenheit zu stürzen oder in das Vergessen in Hoffnung auf eine bessere Zukunft“. Sie tritt damit der damaligen Haltung entgegen, die Herrschaft der Nationalsozialisten als „Unfall" herunterzuspielen, für den das nachfolgende Deutschland keine Verantwortung übernehmen wollte. Diese Haltung ist bekanntlich vor kurzem von einem Politiker erneut zum Ausdruck gebracht worden, als er vom „*Vogelschiss*" in der deutschen Geschichte sprach.

Kommen wir aber in 1960er Jahre zurück. Zwischen 1963 und 1965 fanden die ersten Auschwitzprozesse statt. Hier wurde 20 Jahre nach Kriegsende nun endlich der Holocaust juristisch aufgearbeitet. Nach den Nürnberger Prozessen 1946 und dem Eichmann-Prozess 1961 in Jerusalem haben diese Prozesse in Frankfurt Mitte der 1960er Jahre eine weitere entsprechende Wirkung auf die Öffentlichkeit. Chefankläger war Staatsanwalt Fritz Bauer, der eine kompromisslose Meinung zum Umgang mit der Vergangenheit hatte:

> *„Nichts gehört der Vergangenheit an. Alles ist Gegenwart und kann wieder Zukunft werden."*

Für den wissenschaftlich-intellektuellen Bereich war die Aufsatzsammlung von Alexander und Magarete Mitscherlich aus dem Jahr 1967 ein wichtiger Impetus, die Debatte über den Umgang mit der Vergangenheit erneut weiter anzufachen. Aus sozialpsychoanalytischer Perspektive und gestützt auf empirische Befunde legten die Autoren dar, dass die deutsche Gesellschaft ihre Vergangenheit verdrängt, verleugnet und ausblendet, um mit der Niederlage und dem Grauen umgehen zu können. Die Erinnerungspolitik des Verdrängens wird dargestellt und eine Behandlungsmethode mitgegeben: sich der Vergangenheit endlich zu stellen, also sie zu erinnern und aufzuarbeiten! Diese ideengeschichtlichen, intellektuellen Entwicklungsströmungen sind es gewesen, die von der Student: innenbewegung und anderen sogenannten Neuen Bewegungen der Zeit aufgenommen wurden, von denen sie sich inspirieren ließen, um schließlich auf die Barrikaden zu gehen. Diese Dynamiken begannen dann ihrerseits auch in die Institutionen zurückzuwirken. Bereits 1952 war die Bundeszentrale für Heimatdienst gegründet worden. Sie wurde jedoch erst 1963 in Bundeszentrale für politische Bildung umbenannt – auch weil man sich erst später bewusst wurde, wie behaftet die Bezeichnung „Heimatdienst" war. Die Behörde war als Organisation gedacht worden, die Umerziehung der

Deutschen in die Tat umzusetzen. Doch auch hier verblieb man anfangs noch lange auf der Ebene einer staatsbürgerlichen Bildung, die Demokratie als Staatsform verstand. Erst unter dem Eindruck der sich entwickelnden kritischen Strömungen in der Gesellschaft, die sich zunehmend in sozialen Bewegungen bahnbrachen, kam es Ende der 1960er Jahre zu einer grundlegenden Neuorientierung der Bundeszentrale. Mehr und mehr wurde Demokratie nicht nur als Staatsform, sondern vor allem als Lebensform verstanden. Daraus folgte, dass politische Bildung nicht nur technisches Wissen zum Aufbau des Staates, Funktionsweisen von Wahlen und Rechte und Pflichten der Staatsbürger vermitteln musste. Sondern jetzt stand mehr und mehr die ganzheitliche Idee von mündigen Bürger: innen im Zentrum.

Der berühmte Kniefall von Willy Brandt 1970 in Polen ist ein Meilenstein des sich langsam einstellenden Wandels in der Erinnerungskultur Deutschlands. Es war eine wichtige Geste der Demut und Verantwortung, die auf der ungeschönten Erinnerung der geschehenen Verbrechen basierte. Und zwar von einem deutschen Staatsoberhaupt. Das ging zu Recht in die Geschichtsbücher ein und steht als Anfangssymbol für die Beziehungen zwischen Deutschland und Polen. Was jedoch nicht so prominent in den Geschichtsbüchern steht, ist, dass damals, also 1970, immer noch 48 Prozent der Westdeutschen den Kniefall als eine übertriebene Geste empfanden. Nur 41 Prozent fanden es angemessen, sich so demütig zu zeigen, wie eine damalige Umfrage ergab.[2] Das zeigt also relativ anschaulich, dass man 1970 in Deutschland noch weit entfernt war von einer richtigen Erinnerungskultur.

Auch wie man politische Bildung betreiben sollte, war noch keine ausgemachte Sache zu dieser Zeit. Es gab heftige Auseinandersetzungen darüber, was politische Bildung vermitteln sollte. Die Konservativen hatten Bedenken, dass politische Bildung zum Werkzeug des Klassenkampfes gemacht wurde. Die Sozialdemokraten befürchteten, dass die Demokratisierung der Gesellschaft verhindert werden könnte, wenn die Inhalte zu konservativ ausgelegt wurden. Mitte der 1970er Jahre konnte man sich jedoch zumindest auf technische Neutralität einigen, die einen parteilichen Missbrauch der politischen Bildung verhinderte. Dies war der sogenannte Beutelsbacher Konsens, der drei Grundprinzipien festlegte. Nach dem „Überwältigungsverbot" dürfen Menschen von politischer Bildung nicht einseitig indoktriniert werden. Das „Kontroversitätsgebot" besagt, dass was in Wissenschaft und Politik kontrovers ist, auch im Unterricht kontrovers erscheinen muss. Schließlich kann man mit „Mündigkeitsgebot" das Prinzip beschreiben, Menschen dazu ausbilden zu müssen, sich selbst eine Meinung bilden zu können und sie damit zu befähigen, nach ihren Interessen an Politik aktiv mitzuwirken. Dieser Konsens war ein ganz wichtiger Wendepunkt, der in Deutschland eine politische Bildung ermöglicht hat, die auch der Entwicklung und Pflege der Erinnerungskultur zuträglich war.

Vergangenheitsaufarbeitung – Erinnern, um niemals zu vergessen: Aufarbeiten, Bewahren, Erinnern

Die Entwicklungen Mitte der 1980er Jahre sind entscheidend in der Wende der Erinnerungspolitik. Eine Art Scheitelpunkt ist erreicht als Bundeskanzler Helmut Kohl und US-Präsident Ronald Reagan bei einem offiziellen Staatsbesuch gemeinsam den Soldatenfriedhof von Bitburg besuchen. Sie gedenken aller Gefallener, einschließlich der SS-Angehörigen, die dort begraben liegen. Vor dem Hintergrund der sechs Millionen Juden und anderer Menschen, die von den Nazis ermordet wurden, war der Eklat vorprogrammiert. Entfernt ist die Kritik vergleichbar mit der Ehrerbietung japanischer Politiker am Yasukuni-Schrein in Tokio. Das soll an dieser Stelle jedoch nur der Verdeutlichung der explosiven Stimmung damals im sich wandelnden Deutschland dienen und weniger ein richtiger Vergleich sein. Wie dem auch sei, brachte dieser Eklat etwas in Gang in der deutschen Gesellschaft. Und der Schwung wurde nur kurze Zeit später aufgenommen und weitergetragen von der historischen Rede des Bundespräsidenten Richard von Weizäckers 1985. Die Rede des Bundespräsidenten zum 40. Jahrestag der Befreiung von der Naziherrschaft ist immer wieder als Leuchtturm des Wandels in der Erinnerungspolitik und Erinnerungskultur bezeichnet worden. So sehr zuvor die Geschichtsvergessenheit vom Bundeskanzler im In – und Ausland für einen Skandal gesorgt hatte, so stark war jetzt das Signal für die Erinnerung der Vergangenheit, das von dieser vielbeachteten Rede ausging. Weizäcker sagte ganz deutlich:

> *„Es geht nicht darum, Vergangenheit zu bewältigen. Das kann man gar nicht. (...) Wer aber vor der Vergangenheit die Augen verschließt, wird blind für die Gegenwart. Wer sich der Unmenschlichkeit nicht erinnern will, der wird wieder anfällig für neue Ansteckungsgefahren."*

Damit läutete Weizäcker das Ende der Tradition der Schlussstrich-Politik ein, die einfach alles hinter sich lassen wollte, und ebnete entscheidend den Weg für die Erinnerungskultur, die sich seitdem in Deutschland entwickelt hat. Es war die Erkenntnis und das Bekenntnis, dass es keinen Schlussstrich geben kann. Ein ganz wesentlicher Beitrag im akademischen Bereich war der sogenannte Historikerstreit in den Jahren 1986-87. Hier setzten sich Historiker und andere Intellektuelle in einer öffentlich geführten Debatte intensiv darüber auseinander, welche Bedeutung dem Holocaust in der deutschen Geschichte beigemessen werden müsse. Dies war also das entsprechende Pendant zum Wandel der offiziellen Erinnerungspolitik auf akademischer Ebene. Die Erinnerungspolitik der Bundesregierung ist bis heute relativ konstant dem Beispiel von Weizäcker gefolgt. Vor Kurzem sagte Bundespräsident Steinmeier in seiner Rede zum 75. Jahrestag des Endes des Zweiten Weltkrieges 2020:

> *„Nur weil wir Deutsche unserer Geschichte ins Auge sehen, weil wir die historische Verantwortung annehmen, nur deshalb haben die Völker der Welt unserem Land neues Vertrauen geschenkt. (...) Wer das nicht erträgt, wer einen Schlussstrich fordert, der verdrängt nicht nur die Katastrophe von Krieg und NS-Diktatur. Der entwertet auch all das Gute, das wir seither errungen haben – der verleugnet sogar den Wesenskern unserer Demokratie. (...) Nein, nicht das Erinnern ist eine Last – das Nichterinnern wird zur Last. Nicht das Bekenntnis zur Verantwortung ist eine Schande – das Leugnen ist eine Schande!“*

Was können wir nun also zusammenfassend festhalten zur Erinnerungskultur in Deutschland? Immer mal wieder wird gesagt oder geschrieben, die Deutschen seien „Erinnerungsweltmeister“. Meistens ist das natürlich ironisch gemeint. Also, dass in Deutschland so viel erinnert und Reue gezeigt wird wie sonst nirgendwo. Es mag sein, dass man in Deutschland besonders Wert auf die selbstkritische Auseinandersetzung mit der Vergangenheit legt. Wichtig an dieser Stelle: Man hat in Deutschland aber auch allen Grund dazu! Unabhängig von dieser Weltmeister-Frage kann man der Erinnerungskultur Deutschlands durchaus bescheinigen, dass sie den ehrlich gemeinten und zugleich sehr schwierigen Versuch darstellt, der Schwere der begangenen Verbrechen gerecht zu werden. Und dieses unentwegte Versuchen, dieser Wille und dieses Bemühen hat die meisten Menschen außerhalb Deutschlands von seiner Aufrichtigkeit überzeugt und einen entsprechenden Effekt. Natürlich steht dahinter vor allem das unsägliche Leid, das alle Vorstellungskraft übersteigt, und dass von Hannah Arendt treffend die „Offenbarung des absoluten Bösen" genannt wurde. Diese Unglaublichkeit, vor der jeder Mensch erstarrt, weil es am Fundament des Menschseins rüttelt, ist natürlich die eigentliche Quelle der Autorität und Strahlkraft der Erinnerungskultur in Deutschland. Man kann zusammenfassen, dass es sich bei der Erinnerungskultur Deutschlands um einen wichtigen Referenzpunkt für Erinnerung und Umgang mit der Geschichte in anderen Teilen der Welt handelt.

Dialogisches Erinnern – verhindert

Ein aktuelles Beispiel für die Wirkung Deutschlands Erinnerungskultur als Referenzpunkt ist die Kontroverse um den Abriss der Mädchenstatue in Berlin-Moabit. Und damit komme ich zum zweiten Teil meines Vortrages. Es handelt sich um die Skulptur eines Mädchens in traditioneller koreanischer Tracht, die auf einem Stuhl sitzt mit den Händen zu Fäusten geballt auf den Oberschenkeln. Sie steht stellvertretend für die vielen Mädchen und Frauen, die von der kaiserlichen japanischen Armee verschleppt und sexuell versklavt wurden. Die meisten waren Mädchen und Frauen aus Korea, aber auch solche aus anderen Ländern waren darunter. Sie steht aber auch, laut der Organisatoren für sexuelle Gewalt gegen Frauen in Kriegszeiten überall auf der Welt. Kurz nachdem die Statue aufgestellt wurde, übte die japanische Regierung offenbar Druck auf deutsche Behörden aus. Das führte dazu, dass man die Erlaubnis zum Aufstellen der Statue wieder zurückzog und anordnete, die Statue zu entfernen. Es gab einen Aufschrei und Proteste. Der Abriss der Statue wurde auf Eis gelegt und die Frage liegt nun vor Gericht. Dieser Fall hat viele wichtige Facetten, die ich hier nicht alle diskutieren kann. Ich möchte mich auf Folgendes beschränken. Die Statue wurde offiziell und rechtens in Berlin aufgestellt und ist damit Teil der hiesigen Denkmallandschaft. Da braucht es eine sehr gut argumentierte Begründung, dies wieder rückgängig zu machen. Es wird nicht einfach sein, diplomatische Interessen über Fragen der Menschenwürde zu stellen. Denn in Deutschland wird die Erinnerung an Verbrechen gegen Menschlichkeit sehr ernstgenommen, wie wir gerade gesehen haben. Darüber hinaus ist gerade erst im vergangenen Jahr eine von Deutschland eingebrachte Resolution im UN-Sicherheitsrat verabschiedet worden, die zum Ziel hatte, sexuelle Gewalt als Kriegshandlung zu ächten und die Opfer zu stärken. Man kann diesen Fall lange diskutieren. Man kann dafür oder dagegen sein. Und Alternativen vorschlagen. Und ich hoffe, dass eine lebhafte Auseinandersetzung in Gang kommt. Interessant für unseren Zusammenhang hier ist, dass es sich im Nachhinein als ein Coup herausgestellt hat, die Statue hier aufzustellen, da man mit Deutschland und Berlin eben diesen besonderen Referenzpunkt hat. Dies eröffnet nun die Möglichkeit, die Thematik der sogenannten „Trostfrauen" noch viel effektiver in den öffentlichen Diskurs zu tragen.

Erinnern, um zu überwinden

Ich möchte ein weiteres Beispiel anführen, das den Bezug südkoreanischer Akteure zum Referenzpunkt Deutschland verdeutlicht. Der Erinnerungsdiskurs zum Aufstand von Kwangju 1980. In diesem Fall war es bekanntlich so, dass bis zur formalen Demokratisierung Ende der 1980er Jahre der Aufstand samt dem Massaker als solches geleugnet und allein darüber zu sprechen unter Strafe gestellt wurde. Ganz zu schweigen von Erinnerung daran. Es ging also damals darum, dafür zu kämpfen, die Ereignisse überhaupt als Tatsachen anerkannt zu bekommen. Wir sehen bei diesem Beispiel auch gleich ganz gut eine ganze Reihe von Hindernissen, die in Südkorea der Entwicklung einer Erinnerungskultur im Weg stehen: die nationale Teilung, der Koreakrieg, Entwicklungsdiktatur, Antikommunismus, Regionalismus und politische Polarisierung. Alle diese Aspekte spielen zusammen als Ausdruck der für Südkorea charakteristischen postkolonialen Bedingung (*postcolonial condition*).[3]

Aber zurück zum Erinnerungsdiskurs zu Kwangju. Erst Ende der 1990er Jahre wurde der 18. Mai offiziell zum nationalen Gedenktag. Und erst im Jahr 2000 nahm mit Kim Dae-jung zum ersten Mal ein Staatspräsident offiziell an der jährlichen Gedenkfeier in Kwangju teil – das heißt 20 Jahre nach dem eigentlichen Ereignis. Mit anderen Worten, es hat knapp 20 Jahre gedauert, bis man die Verbrechen der Militärdiktatur offiziell anerkannte. Bis heute ist der Erinnerungsdiskurs um Kwangju umkämpft. Rechtskonservative Kräfte versuchen, den Aufstand bis heute als von Nordkorea gelenkt zu verunglimpfen. Auch wenn dies weniger geworden ist. Eine zentrale Strategie gegen diesen Geschichtsrevisionismus war und ist eine Internationalisierungsstrategie des Erinnerungsdiskurses. Etwas verkürzt gesagt, hat man den Aufstand assoziiert mit international anerkannten Demokratiebewegungen bzw. Verbrechen gegen die Menschlichkeit. Man könnte auch Kosmopolitisierung des Erinnerungsdiskurses sagen.[4] Nicht zuletzt wird deshalb das Massaker auch häufig in einem Atemzug mit dem Holocaust genannt. Hier haben wir also wieder den Referenzpunkt. Sich dort anzuschließen an diesen international und universal anerkannten Modellfall ist eine Strategie, die sich vielerorts findet. So auch in Südkorea. Indem man Bezug nimmt auf einen Fall bzw. eine Ebene, die schwer zu hinterfragen ist und die entsprechende Autorität genießt, kann man so in den nationalen Kontext hineinheben, um sich gegen die Infragestellung der Rechtskonservativen zu wehren. Sehr gut deutlich wird diese Strategie am Beispiel, den Kwangju-Aufstand in das UNESCO-Weltdokumentenerbe aufzunehmen. Das ist 2011 geschehen. Wie wichtig das war, diese Strategie zu verfolgen, zeigt sich auch daran, dass nur kurze Zeit später, im Jahr 2013, auch die Neue-Dörfer-Bewegung ins Weltdokumentenerbe aufgenommen wurde. Der Kampf um die Geschichtserinnerung wird also auch auf der internationalen Ebene weitergeführt. Auch hier bleibt die Frage der Selbstbehauptung offensichtlich sehr zentral. Das ist selbstverständlich nur e i n e Dimension der Erinnerungspraxis in Kwangju, wenn auch eine strategisch wichtige. Neben diesem archimedischen Hebel ist genauso wichtig, den Erinnerungsdiskurs auch inhaltlich und performativ zu führen, anzureichern und umzusteuern. Dazu gehört neben weiteren empirischen Untersuchungen und Zeitzeugenaussagen sowie Untersuchungsergebnissen auch der rituelle Umgang.

Hierzu habe ich eine kleine Fallstudie zu offiziellen Reden von Staatspräsidenten Südkoreas zum Gedenken an die Kwangju Demokratiebewegung gemacht.[5] Im Vergleich zeigt sich, dass konservative Präsidenten nicht nur seltener Reden in Kwangju hielten, sondern dass sie auch deutlich kürzer ausfielen. Noch stärker jedoch sind die qualitativen Unterschiede. Konservativen Präsidenten beschränkten sich in ihren Reden auf das nötige formale Minimum einer Gedenkrede. Sie zollen den Opfern und Hinterbliebenen Respekt, sie bringen ihre Dankbarkeit für den Beitrag zur Demokratisierung zum Ausdruck und sie sprechen vom bewundernswerten Geist Kwangjus, der von der gesamten Gesellschaft mitgetragen werden solle. Im Vergleich zu den Gedenkreden der progressiven Präsidenten jedoch fällt auf, dass sie nicht darüber sprechen, was die Gründe für den Aufstand waren, wie die Bürger: innen Kwangjus gehandelt haben und was man daraus lernen sollte. Auch die Qualität der Empathie, die sich in der Wortwahl zeigt, liegt bei den progressiven Präsidenten deutlich höher. Kurz gesagt, es zeigt sich ein deutlicher Unterschied in der Authentizität der Gedenkreden. Natürlich ist dieses Ergebnis nicht wirklich überraschend vor dem Hintergrund der politischen Polarisierung. Worauf ich hier eher den Fokus legen möchte, ist diese neue, engagierte Erinnerungskultur, die zunehmend gepflegt wird, und die sich an den Unterschieden ziemlich deutlich ablesen lässt. Hinzu kommen wichtige Gesten wie die Umarmung durch den Präsidenten. Es ist ganz offensichtlich, dass die Internationalisierungs- bzw. Globalisierungsstrategie zur Selbstbehauptung gegenüber revisionistischen Herausforderungen die notwendige Bedingung ist. Die sich abzeichnende neue Erinnerungskultur ist die hinreichende Bedingung.

Ein letztes Beispiel, das ich anführen möchte, ist eines mit Bezug zur offiziellen Erinnerungskultur, die aus gegebenen Gründen noch viel stärker von der postkolonialen Bedingung des Landes geprägt und vereinnahmt ist. Aber auch hier sind deutliche Entwicklungen eines schrittweisen Aufbrechens dieser monolithischen Struktur zu erkennen. Das Herz der offiziellen Gedenklandschaft ist der Nationalfriedhof in Seoul, der Seoul National Cemetery oder Hyŏnch'ungwŏn.[6] Denn der Nationalfriedhof symbolisiert vor allem die Opfer des Koreakriegs, der den Kern der nationalen Identität Südkoreas bildet. Weil der Koreakrieg ein Krieg auf Leben und Tod der Nation war, ist die Bedeutung der Kriegstoten so fundamental. Die Jahrzehnte unter den sich abwechselnden Diktaturen haben zu der Konservierung und Verstärkung einer eng geführten Erinnerung beigetragen. Diese förderte in erster Linie eine nationale Identifikation durch Verabsolutierung Nordkoreas als den äußeren Feind, und gleichzeitig diente dieses dominante Erinnerungsnarrativ der Unterdrückung aller Elemente im Innern, die die Führung in Frage stellten oder herausforderten. Erst mit der Beisetzung des progressiven Präsidenten Kim Dae-jung auf dem Nationalfriedhof im Jahr 2009 begannen die Widersprüche und Bruchlinien dieses zentralen Erinnerungsortes vermehrt zu Tage zu treten. Das Interpretations-Monopol von Konservativen über die symbolische Ruhestätte wurde gebrochen und Auseinandersetzungen über die weitere Bedeutung begannen sich zu häufen. Es bildet sich eine zunehmend kritische Auseinandersetzung mit dieser und anderen zentralen Gedenkstätten und im Falle des Nationalfriedhofes gibt es bereits Versuche alternativer Würdigungen. Hinzu kommt neuerdings das Errichten von alternativen Gedenkstätten. Mit anderen Worten, indem neue, alternative Gedenkstätten teilweise als Initiativen aus der Zivilgesellschaft heraus, wird die Gedenkstätten- und damit die Erinnerungslandschaft Südkoreas diversifiziert. Auf diesem Weg kann das Staatsmonopol einer eng gefassten Erinnerungskultur schrittweise aufgelöst werden. In dieser Entwicklung meine ich eine Demokratisierung der Erinnerungskultur zu erkennen.

Schlussbemerkungen

Und damit komme ich denn auch zum Schluss meiner Ausführungen. Ich habe im ersten Teil über die Herausbildung der Erinnerungskultur in Deutschland gesprochen. Ich habe versucht zu veranschaulichen, wie lange es gedauert hat und welche unterschiedlichen Impulse es gebraucht hat, die „Erinnerungspolitik des Vergessens und Verdrängens" zur „Erinnerungspolitik des Aufarbeitens und Erinnerns" werden zu lassen. Mit dem Holocaust-Gedenken in Deutschland und weltweit hat sich schließlich ein Referenzpunkt für den Umgang mit der Vergangenheit in Korea ergeben. Der Umgang mit der Vergangenheit ist immer kontextabhängig. Dennoch können Deutschland und Südkorea voneinander lernen. Darüber hinaus sind die Prozesse, die wir uns hier angeschaut haben, durchaus als Teil einer globalen oder universalen Konvergenz in der Erinnerungskultur zu verstehen.

Park, Kyeong-kyu
(Dr. jur., Wissenschaftlicher Mitarbeiter des Korean Institute of Criminology)

40. Gedenkjahr der Demokratiebewegung vom 18. Mai (1980)

- Beitrag der Strafrechtstheorie zur Wahrheitsfindung und Erinnerungskultur

Vergangenheitsbewältigung und-aufarbeitung bzw. die Transitional Justice umfasst folgende Bereiche:

① *Die Ermittlung der Wahrheit über Ursachen und Hintergründe von Menschenrechtsverletzungen und staatlichen Unrechts (bzw. staatliche Gewalttaten)*
② *Maßnahmen zum Entschädigung und zur Schadensbehebung für die Betroffenen*
③ *Einleitung von Strafmaßnahmen inkl. Strafverfolgung gegenüber den Verantwortlichen*
④ *Erinnerung und Gedenken an die Gewalttaten zur Vermeidung von Wiederholung*
⑤ *Hinwirken auf einen gesellschaftlichen Frieden und -ausgleich und durch die genannten Aktivitäten*

Die Bereiche ① bis ④ stehen gleichberechtigt nebeneinander.[1] Nur wenn alle vier umfassend durchgeführt werden, kann das in Punkt ⑤ beschriebene Ziel erreicht werden. Dies bedeutet: Im Idealfall sollten Ursachen, Hintergründe und die Tragödie erinnert bzw. ihrer gedacht werden; parallel zur Wahrheitsermittlung, Entschädigung und Schadensbehebung sollten gleichzeitig Maßnahmen zur Reform und Verbesserung des Systems durchgeführt werden. Natürlich kann es vorkommen, dass der Staat, in dem schwerwiegende staatliche Gewalttaten begangen wurden, im Zuge der Transitional Justice angesichts von Hindernissen und Beschränkungen bzw. gesetzliche Einschränkungen den Schwerpunkt auf eine Aktivität unter den Punkten legt. Doch ggf. ist dies eher als einLösungsansatz zu verstehen, zu dem staatlichen Stellen aufgrund rechtlicher Vorgaben gezwungen sind.

2020 ist das 40. Gedenkjahr der Demokratiebewegung vom 18. Mai gewesen. Das Urteil des Obersten Gerichtshofes vom Jahr 1997, das die strafrechtliche Verantwortlichkeit für den Staatsstreich vom 12. Dezember 1979 und die Niederschlagung der Demokratiebewegung betraf,[2] ist insofern höchst bedeutend, als es Persönlichkeiten des Neuen Militärs, die durch einen Staatsstreich an die Macht gekommen waren, der Meuterei und des Hochverrats für schuldig befand und entsprechende Bestrafung anordnete. Doch damals gab es im koreanischen Rechtswesen keine Regelungen für „Verbrechen gegen die Menschlichkeit", so dass der Oberste Gerichtshof beim Schuldspruch das gewaltsame Vorgehen gegen die Demonstranten als „eine Ausschreitung des Neuen Militärs zur Machtergreifung", also als Rebellion[3] definierte - die Handlung konnte nicht eindeutig dem „Staatsverbrechen", insbesondere dem „Verbrechen gegen die Menschlichkeit" zugeordnet werden.

Doch mit der Annahme des Römischen Statuts des Internationalen Strafgerichtshofs (Rome Statute of the International Criminal Court, „Rom-Statut") 1998 und Errichtung des Internationalen Strafgerichtshofes (International Criminal Court, „ICC"), das beim Kernverbrechen des Völkerstrafrechts (core international crime)[4] wie Verbrechen gegen die Menschlichkeit eine komplementäre Gerichtsbarkeit ausüben kann, wird nun das „Verbrechen gegen die Menschlichkeit" in vielen Staaten durch das geschriebene Gesetz geregelt. Auch Korea verabschiedete am 21. Dezember 2007 das *Gesetz zur Bestrafung von Verbrechen, die der Gerichtsbarkeit des Internationalen Strafgerichtshofes unterliegen* (*„Gesetz zu Verbrechen des Völkerstrafrechts"*) als Gesetz zur Implementierung des Rom-Statuts[5] und somit werden „Verbrechen gegen die Menschlichkeit" durch das geschriebene Rechtgeregelt. Doch bezüglich der rückwirkenden Strafbarkeit von „Verbrechen gegen die Menschlichkeit" vor der Einführung des Gesetzes wurde nichts Näheres bestimmt.

Aufgrund der mangelhaften Wahrheitsermittlung bezüglich der Niederschlagung der 5·18-Demokratisiebewegung in Gwangju und in dessen Zuge begangene Menschenrechtsverletzungen wurde das *Sondergesetz zur Wahrheitsermittlung in Bezug auf die Demokratiebewegung vom 18. Mai* erlassen.[6] Das Komitee für die Wahrheitsermittlung über die 5·18-Demokratisiebewegung, das gemäß des Gesetzes zustande kam, ist eine Art Wahrheitskommission (Truth Commission), deren Ziele in der Ermittlung der Tatbestände folgender Punkte liegen:

> *1) schwerwiegende Menschenrechtsverletzungen wie Tötung von Zivilisten, Tötung nach Verletzung, Verletzungen, sexuelle Gewalt sowie Herbeiführung von geistiger oder körperlicher Traumatisierung durch eine Staatsgewalt wie Militär und Polizei,*
> *2) Menschenrechtsverletzungen im Zuge der Verhaftung, Inhaftierung und Leibesvisitation der Opfer,*
> *3) Aufklärung der Hintergründe und der Verantwortung für den Schusswaffengebrauch durch das Militär,*
> *4) Klärung der Fragen um Schüsse aus Hubschraubern durch das Militär,*
> *5) massenhafte Tötung von Zivilisten durch das Militär,*
> *6) Anzahl und Verbleib der Vermissten der 5·18 Demokratiebewegung,*
> *7) heimliches Verscharren von Leichen; Maßnahmen zur Suche der sterblichen Überreste und Bergung der Leichen,*
> *8) Unterdrückung und Manipulation der Wahrheit bezüglich der Demokratiebewegung durch das Verteidigungsministerium, das Militär und den Nachrichtendienst,*
> *9) der angebliche Präsenz der nordkoreanischen Armee bei der 5·18-Demokratiebewegung und die erfundene Infiltration durch die nordkoreanische Armee,*
> *10) Unterdrückung der Opfer durch die Staatsgewalt etc.,*
> *11) Anzahl der Toten und Verletzten beim Militär und bei der Polizei, die bei der 5·18-Demokratiebewegung zum Einsatz kamen,*
> *12) sowie andere Punkte, bei denen das Komitee für die Wahrheitsermittlung über die 5·18-Demokratiebewegung gemäß Art. 4 eine Ermittlung für notwendig hält.*

Art. 44 des Gesetzes besagt, dass das Komitee beim Generalstaatsanwalt Anzeige erstatten muss, wenn die untersuchten Vermutungen sich als wahr erwiesen haben und der Verdacht auf ein Verbrechen bestätigt wurde. Ferner kann es eine Ermittlung bei einer Untersuchungsbehörde fordern, wenn bei der Wahrheitsermittlung eine hohe Wahrscheinlichkeit für kriminelles Handeln festgestellt wurde. Doch auf welchen Straftatbestand klagend kann das Komitee eine Untersuchung beantragen, wenn bei der Wahrheitsermittlung Verbrechen wie Morde, sexuelle Gewalt und heimliche Bestattungen festgestellt wurden? Handelt es sich um ein übliches Individualverbrechen im Strafrecht oder um ein Verbrechen gegen die Menschlichkeit?

Erst nach der Annahme des Rom-Statuts des ICC begannen verschiedene Staaten, „Verbrechen gegen die Menschlichkeit" durch das geschriebene Gesetz zu regeln. Dementsprechend ist die Systematisierung in der strafrechtlichen Theorie bezüglich des „Verbrechens gegen die Menschlichkeit" noch nicht abgeschlossen. Bei der Entwicklung nationaler Strafrechtstheorien orientierte man sich bisher an Individualverbrechen - die durch ein Individuum begangen werden. Doch die eigentliche Motivation hinter der Annahme des Rom-Statuts des ICC war es, die Staaten indirekt dazu zu zwingen, die Tatsache, dass die repräsentativsten[7] und der Gerichtsbarkeit des ICC unterliegenden Straftaten eines Staates, also die vier Kernverbrechen des Völkerstrafrechts, zu den schwerwiegendsten Arten gehören, in jeweiligen nationalen Gesetzen zum Ausdruck kommen. Damit die sich zunehmend im Gesetz verschiedener Staaten verankernden Regelungen zu Verbrechen gegen die Menschlichkeit nicht bei einer rein deklaratorischen Regelung bleiben, sollte eine Strafrechtstheorie, die sowohl individuelle Straftaten als auch staatliche Straftaten umfasst, systematisiert werden. Vor allem in Korea ist diese Notwendigkeit besonders hoch, denn die Bestrafung der Verantwortlichen des 5·18-Massakers ist immer noch ungelöst. Vor diesem Hintergrund möchte ich in dieser Arbeit unter den vielen Streitpunkten das Prinzip des Rückwirkungsverbots näher betrachten. Im Kapitel II wird die Frage behandelt, ob der Staat ein strafbarer Träger der strafrechtlichen Verantwortung sein kann und welche strafrechtliche Verantwortung dem Staat bei einem Staatverbrechen zugewiesen wird. Anschließend wird im Kapitel III der Grund untersucht, warum eine Bestrafung eines Verbrechens gegen die Menschlichkeit auf der Grundlage des im Nachhinein erlassenen Gesetzes kein Verstoß gegen das Prinzip des Rückwirkungsverbots darstellt.

Bedeutung der strafrechtlichen Verantwortung des Staates bei Staatsverbrechen

1. Judikatur und Problemformulierung

In der koreanischen Judikatur wird die Position vertreten, dass eine juristische Person nicht ein Objekt der Strafverfolgung sein kann: „Auch wenn im Falle einer Pflichtverletzung gemäß Art. 355 Abs. 2 des Strafgesetzbuches eine juristische Person der Träger der Pflicht bzgl. der Ausführung von Tätigkeiten eines Anderen ist, gilt die juristische Person lediglich im privatrechtlichen Sinne als Verantwortungsträger, d.h. sie besitzt keine Strafmündigkeit. Da die Tätigkeit des Anderen nur durch die Entscheidung eines repräsentativen Organs – einer natürlichen Person, die die juristische Person repräsentiert – als entsprechende repräsentative Handlung ausgeführt werden kann, könnte man sagen, dass das repräsentative Organ verpflichtet ist, die Tätigkeit gemäß des Tätigkeitsinhaltes, dem die juristische Person dem Anderen gegenüber verpflichtet ist, durchzuführen. Deshalb kann die juristische Person bezüglich der Tätigkeit eines Anderen, zu der sie verpflichtet ist, kein Subjekt einer Pflichtverletzung sein, sondern die natürliche Person als repräsentatives Organ, das, die juristische Person repräsentierend, Tätigkeiten ausführt, ist diejenige Person, die die Tätigkeit des Anderen ausführt, also Subjekt der Pflichtverletzung.“[8]

Von der Position ausgehend, dass eine juristische Personen keine Fähigkeit zum Begehen von Straftaten, also keine Strafmündigkeit besitzen kann, sieht das koreanische Gesetz im Falle einer Straftat einer natürlichen Person, die einer juristischen Person angehört, die Sonderregelungen vor, auch der juristischen Person Geldstrafen aufzuerlegen zu können. Diese Sonderregelungen beruhen auf der sog. „doppelten Haftung“. Die Frage, ob eine Kommune ein Objekt der doppelten Haftung sein kann, verneint ein koreanischer Präzedenzfall indirekt, indem wie folgt entschieden wurde:

> *„Die einzelnen Regelungen aus Art. 117 der Verfassung, Art. 3 Abs. 1, Art. 9 und 93 des Gemeindegesetzes sowie Art. 54, 83 und 86 zusammenfassend könnte man sagen, dass im Falle einer einem Organ übertragene Tätigkeit, bei dem der Staat den Leiter der Kommune mit einem Teil seiner Tätigkeit beauftragt, die Kommune als ein Teil des Staatsorgans betrachtet werden kann,*

doch wenn die Kommune eigene Tätigkeiten ausführt, ist sie nicht als ein Teil des Staatsorgans, sondern als eine davon unabhängige öffentliche juristische Person zu sehen, weshalb eine Kommune, deren Beamter bei der Ausführung von der Kommune-eigenen Tätigkeiten gegen Regelungen aus Art. 81 bis 85 des Straßengesetzes verstoßen hat, gemäß der Regelung der doppelten Haftung laut Art. 86 des Straßengesetzes zu den strafbaren juristischen Personen gehört."[9]

Im obigen Fall mit der Frage, ob einer Kommune auf Grund der doppelten Haftigkeit Strafe auferlegt werden kann, wurde entschieden, dass „im Falle einer einem Organ übertragene Tätigkeit, bei dem eine Kommune mit Tätigkeiten des Staates beauftragt wird, kann die Kommune als ein Teil des Staatsorganes gesehen werden und daher gehört sie nicht zu den juristischen Personen, die auf Grund der doppelten Haftigkeit bestraft werden können". Also basierend auf der Ansicht, dass der Staat nicht zu den juristischen Personen, die Subjekt einer Strafverfolgung sein können, gehört, wurde entschieden, dass abhängig davon, ob die von der Kommune ausgeführte Tätigkeit sich um eine einem Organ übertragene Tätigkeit oder der Kommune-eigene Tätigkeit handelt, nur im letzteren Fall die Kommune zu den juristischen Personen gehört, die auf Grund der doppelten Haftigkeit bestraft werden können. Diese Position des Präzedenzfalls basiert auf der Idee, dass „ein Staat als Strafbefugnis ausübendes Subjekt kein Subjekt eines Verbrechens sein kann und weder das Subjekt einer strafrechtlichen Verantwortlichkeit noch das Objekt einer strafrechtlichen Bestrafung sein kann".

Aber wie man am Begriff „Staatsverbrechen" an sich schon erkennen kann, bedeutet er „ein Verbrechen des Staates" oder „ein Verbrechen durch den Staat". Ein „Staatsverbrechen" kann nur als solches anerkannt werden, wenn die Möglichkeit der Subjektivierung des Staates bezüglich eines Verbrechens oder einer strafrechtlichen Verantwortlichkeit bejaht wird – daher wäre es also schwierig, basierend auf den Präzedenzfällen in Korea, die dies nicht akzeptieren, in strafrechtlicher Hinsicht über „Staatsverbrechen" zu diskutieren?[10] Der Grund, warum „Verbrechen gegen die Menschlichkeit" – die typischste Form des Staatsverbrechens – als ein „Verbrechen" anerkannt wird, deutet darauf hin, dass der Begriff oder das Konzept des „Staatsverbrechens" nicht auf die Bestrafung des Staates per se zielt, und dass die Strafrechtstheorie, die bisher mit „Individualverbrechen" im Zentrum gebildet bzw. entwickelt wurde, in Zukunft zu einer sowohl „Individualverbrechen" als auch „Staatsverbrechen" umfassende Strafrechtstheorie systematisiert werden muss.

2. Merkmale von „Verbrechen gegen die Menschlichkeit" und strafrechtliche Verantwortlichkeit

Im Art. 9 des Gesetzes zu Verbrechen des Völkerstrafrechts werden „Verbrechen gegen die Menschlichkeit" wie folgt definiert:

Art. 9 des Gesetzes zu Verbrechen des Völkerstrafrechts – Verbrechen gegen die Menschlichkeit

① Wer im Rahmen der Maßnahmen des einen Angriff auf Zivilisten beabsichtigenden Staates, Vereins oder Organs durch einen umfangreichen oder systematischen Angriff auf Zivilisten Menschen getötet hat, kann zum Tode oder zu einer Mindestfreiheitsstrafe von 7 Jahren verurteilt werden.

② Wer im Rahmen der Maßnahmen des einen Angriff auf Zivilisten beabsichtigenden Staates, Vereins oder Organs durch einen systematischen Angriff eine der folgenden Taten begangen hat, kann zu einer lebenslangen Haft oder zu einer Mindestfreiheitsstrafe von 5 Jahren verurteilt werden:

1. Vorsätzliche Anordnung von Lebensbedingungen, die partielle Ausrottung von Bürgern verursachen könnten
2. Versklavung von Menschen
3. Völkerrechtswidrige Vertreibung von Bürgern aus rechtmäßigem Wohngebiet oder Umsiedlungszwang
4. Völkerrechtswidrige Inhaftierung von Menschen oder sonstiger körperlicher Freiheitsentzug
5. Folterung von Personen bei rechtloser Festnahme oder Kontrolle durch Zufügung von schwerwiegenden körperlichen oder geistigen Leiden
6. Vergewaltigung, sexuelle Versklavung, Zwangsprostitution, Zwangsschwangerschaft, Zwangssterilisation oder sonstige schwerwiegende sexuelle Gewalttaten
7. Entzug des elementaren Menschenrechts bei einer Menschengruppe oder einem Gruppenmitglied aus politischen, rassischen, nationalen, ethnischen, kulturellen, religiösen, geschlechtsbedingten oder sonstigen völkerrechtswidrigen Gründen
8. Eine der folgenden Taten, die mit Genehmigung, Unterstützung oder Tolerierung seitens eines Staates bzw. einer politischen Gruppe mit dem Ziel begangen werden, jemanden vom Schutz des Gesetzes auszuschließen:

a. Verweigerung zur Kundgabe von Informationen wie Tatsachen zu Festnahmestatus, persönlichen Daten, Gesundheitsstatus, Verbleib, etc. oder Angabe falscher Informationen über festgenommene, inhaftierte, gefangengenommene oder angelockte („Festnahme, etc.") Personen

b. Verweigerung von Kundgabe von Informationen oder Angabe falscher Informationen von jemandem, der zur Kundgabe der in a. angegebenen Informationen verpflichtet ist

9. Zufügung eines schweren körperlichen oder geistigen Leidens durch eine andere Tat als die unter Nr. 1 bis 9 genannten

③ Wer als Mitglied einer Rassengruppe mit dem Ziel, ein System zur Unterdrückung und Kontrolle anderer Rassengruppe/n aufrechtzuerhalten, eine der Taten gemäß Abs. 1 oder 2 begangen hat, wird wie im betreffende Absatz angegeben bestraft.

④ Wer irgendeine der in Abs. 2 genannten Taten oder eine Tat gemäß Abs. 3 – beschränkt auf eine der unter Abs. 3 – begangen hat und Menschentod verursacht hat, wird gemäß Abs. 1 bestraft.

⑤ Wer eine Tat aus Abs. 1 bis 3 zu begehen versucht hat, wird bestraft.

Damit eine Tat als ein Verbrechen gegen die Menschlichkeit gewertet werden kann, muss die Tat gemäß Art. 9 als „ein umfassender oder systematischer Angriff im Rahmen der Maßnahmen des einen Angriff auf Zivilisten beabsichtigenden Staats, Vereins oder Organs" begangen worden sein. Diese Bedingungen werden als „kontextuelle Elemente (contextual element)" bezeichnet. Zur Erfüllung der Elemente muss folgendes gelten:

① *Der Angriff muss sich gegen zivile Bürger gerichtet haben.*
② *Der Angriff muss in umfassender oder systematischer Form geschehen sein.*
③ *Der Angriff muss im Rahmen oder entsprechend der Maßnahmen eines Staates, Vereins, Organs durchgeführt worden sein.*
④ *Einzelne Handlungen, die zu den Taten gemäß Art. 9 gehören, müssen als ein Teil des Angriffs begangen worden sein.*

Straftaten wie Mord, Verletzung und Folter, die die kontextuellen Elemente nicht erfüllen, werden als Straftaten der individuellen Täter gewertet. – Um „Verbrechen gegen die Menschlichkeit" handelt es sich in solchen Fällen nicht.[11]

Ein wesentlicher Unterschied zwischen dem Verbrechen gegen die Menschlichkeit und dem üblichen Individualverbrechen des Strafrechts besteht darin, dass ersteres „eine Straftat, die durch ein die Macht besitzendes Staatsorgan oder ähnliche Organisation bzw. Gruppe in organisierter und systematischer Form oder im großen Umfang begangen" wird.[12] Traditionelle Straftaten im Sinne des Strafrechts einzelner Staaten können in Ausnahmenfallen ein Gruppenverbrechen wie Hochverrat sein, doch grundsätzlich kommen sie in Form eines Individualverbrechens vor, das durch eine natürliche Person begangen wird. Dagegen ist ein Verbrechen gegen die Menschlichkeit, das die Bedingungen der kontextuellen Elemente erfüllen muss, eine Gruppenkriminalität, die nur durch eine Organisation oder Gruppe verübt werden kann.

Ein Verbrechen gegen die Menschlichkeit, das das Begehen durch einen Staat oder eine staats-ähnliche Organisation voraussetzt, kann ohne die auf der Ebene der Führung innerhalb der Gruppe angeordneten Maßnahmen niemals begangen werden. Die Rechtskraft des Staates kann nur durch ein Mitglied des Staatsorgans ausgeübt werden. Wenn ein solches Mitglied, insbesondere ein hochrangiges Mitglied der Staatsführung, bei der Ausübung seines Amtes Maßnahmen zum umfangreichen oder systematischen Angriff auf Bürger (Zivilisten) beschlossen hat, kann dies als ein Staatsakt angesehen werden. Das heißt, wer solche Maßnahmen plant, haftet strafrechtlich als eine natürliche Person für das Verbrechen gegen die Menschlichkeit, das durch die Anordnung an Zivilisten begangen wurde. Neben den natürlichen Personen – insbesondere denjenigen höheren Ranges innerhalb des Staatssystems-, die strafrechtliche Verantwortung übernehmen, muss auch dem Staat eine gewisse Verantwortlichkeit zugewiesen werden, da die Straftat auch als staatliches Handeln an anzusehen ist. Die Verantwortlichkeit des Staates in diesem Sinne ist nicht mit den für natürliche Personen üblichen Strafen wie Geld- oder Freiheitsstrafen verbunden.

In moderner Zeit besitzt allein der Staat Hoheitsrechte. Das Rückwirkungsverbotsprinzip und Verjährungsregelungen hängen eng mit der Ausübung der Hoheit des Staates zusammen. Wenn ein Mitglied eines Staatsorgans bei der Ausübung seiner Rechtskraft Bürger (Zivilisten) massenweise angegriffen und somit ein Verbrechen begangen hat, und in diesem Fall – wie bei Individualverbrechen – die Prinzipien des Rückwirkungsverbots und der Verjährung angewendet werden, kann es zu Ungerechtigkeiten führen. Da die Straftat von hochrangigen Führungspersonen des Staates beschlossenen Maßnahmen basierend ausgeführt wurde und die Rechtskraft – inkl. Strafbefugnis – durch eben diese Führungspersonen ausgeübt wird, können diese nicht strafrechtlich verfolgt werden, solange sie die Macht in der Hand halten. Dementsprechend könnten sich bezüglich von Verbrechen gegen die Menschlichkeit, die in diesem Fall Gruppenverbrechen durch die Führungsschicht darstellen, dass das Rückwirkungsverbot und das Konzept der Verjährung anerkannt werden. In diesem Sinne ist festzustellen, dass die Verantwortung des Staates bei Staatsverbrechen darin liegt, bei Straftaten staatlicher Organisationen (wie bspw. Menschenrechtsverletzungen) differenziertere Rechtswirkungen als bei traditionellen strafrechtlichen Individualverbrechenanzuerkennen und zu akzeptieren. Dies würde im Falle von Staatsverbrechen bedeuten, dass andere Rechtswirkungen als bei Individualverbrechen anzuwenden sind – nicht der Staat per se zu bestrafen ist.[13]

Verbrechen gegen die Menschlichkeit und das Rückwirkungsverbotsprinzip

1. Problemlage

Das Komitee für die Wahrheitsermittlung über die Demokratiebewegung vom 18. Mai 1980 muss bei der Generalstaatsanwaltschaft eine Anzeige erstatten, wenn die untersuchten Vermutungen sich als wahr erwiesen haben und der Verdacht auf ein Verbrechen bestätigt wurde, und kann eine Ermittlung bei einer Untersuchungsbehörde fordern, wenn bei der Wahrheitsermittlung eine hohe Wahrscheinlichkeit von Kriminalität festgestellt wurde. Wenn das Komitee also herausfinden sollte, dass die Menschenrechtsverletzungen im Zuge der Niederschlagung der Demokratisierungsbewegung durch das Militär ein Verbrechen gegen die Menschlichkeit darstellt und daraufhin eine Ermittlung bei einer Untersuchungsbehörde beantragen würde, könnte die Staatsanwaltschaft dann die Verantwortlichen des Verbrechens gegen die Menschlichkeit anklagen?

In Korea wird ein „Verbrechen gegen die Menschlichkeit" im Gesetz zu Verbrechen des Völkerstrafrechts durch geschriebene Gesetzesnormen als eine Straftat definiert. Doch die Frage, ob das Gesetz auch beim Verbrechen gegen die Menschlichkeit, das vor seiner Einführung begangen wurde, angewendet werden kann, wird darin nicht beantwortet. Laut des Gesetzlichkeitsprinzips – eines der Leitprinzipien des Strafrechts – ist eine strafrechtliche Verfolgung einer Tat, deren Strafbarkeit zum Zeitpunkt ihrer Begehung im geschriebenen Gesetz nicht festgelegt war, nach Inkrafttreten des einschlägigen Gesetzes ein Verstoß gegen die dem Gesetzlichkeitsprinzip untergeordneten Prinzipien des geschriebenen Gesetzes und des Rückwirkungsverbots. Im Gesetz über Verbrechen gegen das Völkerstrafrecht wird darüber geschwiegen, ob das Verbrechen gegen die Menschlichkeit, das vor Inkrafttreten des Gesetzes begangen wurde, ebenfalls Gegenstand des Gesetzes sein kann. Könnte das so zu verstehen sein, dass gemäß des Rückwirkungsverbots die Anwendung des Gesetzes bei einem vor Inkrafttreten des Gesetzes begangenen Verbrechen unzulässig ist? Das ist eine der Fragen, über die zu diskutieren ist. Im folgenden Teil werden einige Gründe erläutert, warum im Falle des Verbrechens gegen die Menschlichkeit eine Strafverfolgung durch ein im Nachhinein eingeführtes Gesetz keine Verletzung des Prinzips des Rückwirkungsverbots darstellt.

2. Präzedenzfall des Internationalen Militärgerichtshofes, Artikel 15 des IPbpR und Art. 7 der EMRK

Die Frage, ob eine Tat, deren völkerstrafrechtliche Verfolgung als sie begangen wurde nicht geregelt war, auf Grundlage eines im Nachhinein erlassenen Gesetzes strafbar sein kann, wurde bereits während des Prozesses gegen die Kriegsverbrecher aus dem 2. Weltkrieg diskutiert. Ausfolgenden Gründen entschied der Internationale Militargerichtshof (in Nürnberg), dass es kein Verstoß gegen das Rückwirkungsverbotsprinzip sei:

> *„Das Gesetzlichkeitsprinzip ist keine Beschränkung der Souveränität, sondern ein allgemeines Gerechtigkeitsprinzip. Wer Verträge und Verpflichtungen grundlos hintergeht und die Nachbarländer ohne jegliche Vorwarnungen (...) angreift, muss sich sicherlich im Klaren darüber gewesen sein, dass es sich um ein Vergehen handelt und eine Bestrafung dafür nicht ungerecht sein kann.“*[14]

> *„Aus Sicht der Gerechtigkeit und Fairness kann es nicht beklagt werden, dass die Bestrafung solcher Handlungen auf der Grundlage von Nr. 10 des Kon-*

trollratsgesetzes einen Verstoß gegen das Gesetzlichkeitsprinzip darstelle, da die Beschuldigten sich der Strafbarkeit der Handlungen gemäß des nationalen Strafrechts bewusst gewesen sein müssen.“[15]

Wenn man das Gesetzlichkeitsprinzip nicht aus formeller, sondern aus praktischer Sicht interpretiert, besitzt es nur beim Verbrechen, das je nach dem Staat die strafrechtliche Bestrafbarkeit variiert – also bei geringfügigen oder verwaltungsrechtlichen Straftaten – eine grundlegende Bedeutung. Wenn Verstöße gegen das Naturrecht oder jene, die in jedem Staat durch das nationale Gesetz zweifellos als strafrechtliche Verbrechen befunden werden, als Verbrechen einstuft und strafrechtlich verfolgt, tritt also die Voraussetzung, dass „ein geschriebenes Gesetz darüber existieren muss“ in den Hintergrund und die Forderung nach Gerechtigkeit in den Vordergrund.[16] Im obigen Präzedenzfall des Internationalen Gerichtshofes wurde entschieden, dass selbst wenn im Zeitpunkt der Tatbegehung der Kriegsverbrechen des 2. Weltkriegs keine durch das geschriebene Gesetz geregelte Normen zur strafrechtlichen Verfolgung im Völkerstrafrecht existierten, die Identifizierung und Bestrafung dieser Taten als völkerrechtliches Verbrechen keinen Verstoß gegen das Rückwirkungsverbot darstelle, da die Täter sich im Klaren darüber waren, dass die Taten schon allein durch das nationale Gesetz bestrafbar wären.[17] Diese Logik bzw. dieser Rechtsgrundsatz ist im Internationalen Pakt über bürgerliche und politische Rechte (IPbpR) sowie in der Europäischen Menschenrechtskonvention (EMRK) niedergelegt.

Art. 15 des IPbpR regelt über das Rückwirkungsverbot wie folgt:[18]

IPbpR Article 15

1. Niemand darf wegen einer Handlung oder Unterlassung verurteilt werden, die zur Zeit ihrer Begehung nach inländischem oder nach internationalem Recht nicht strafbar war. Ebenso darf keine schwerere Strafe als die im Zeitpunkt der Begehung der strafbaren Handlung angedrohte Strafe verhängt werden. Wird nach Begehung einer strafbaren Handlung durch Gesetz eine mildere Strafe eingeführt, so ist das mildere Gesetz anzuwenden.

2. Dieser Artikel schließt die Verurteilung oder Bestrafung einer Person wegen einer Handlung oder Unterlassung nicht aus, die im Zeitpunkt ihrer Begehung nach den von der Völkergemeinschaft anerkannten allgemeinen Rechtgrundsätzen strafbar war.

Laut Art. 15 Abs. 2 des IPbpR ist eine Bestrafung einer Tat, die „im Zeitpunkt ihrer Begehung nach den von der Völkergemeinschaft anerkannten allgemeinen Rechtgrundsätzen strafbar war", keine Verletzung des Rückwirkungsverbots. Art. 15 Abs. 2 des IPbpR und Art. 7 Abs. 2 der EMRK sind Einzelnormen, die zur Ermöglichung strafrechtlicher Verfolgungen von Staatsverbrechen oder Verbrechen des Völkerstrafrechts wie dem Verbrechen gegen die Menschlichkeit erlassen wurden.[19] Der Grund, warum die beiden Regelungen eine strafrechtliche Verfolgung von Staatsverbrechen wie das Verbrechen gegen die Menschlichkeit auf der Grundlage des im Nachhinein eingeführten Gesetzes für zulässig halten, wird schnell nachvollziehbar, wenn man sich die Charakteristika von Verbrechen gegen die Menschlichkeit genauer anschaut.

3. Eigenschaften des Verbrechens gegen die Menschlichkeit

Eins Verbrechen gegen die Menschlichkeit ist ein Verbrechen, das nur bei Erfüllung der Bedingungen „kontextueller Elemente" zustande kommen kann, d.h. notwendigerweise durch einen Staat oder ähnliche Organisation begangen wird. So wird beispielsweise eine Mordtat, die die Bedingungen nicht erfüllt, lediglich als ein traditionelles Verbrechen des Strafrechts – Mord in diesem Falle – anerkannt, während eine umfangreiche oder systematische Mordtat im Rahmen eines Angriffs auf Zivilisten als „Verbrechen gegen die Menschlichkeit" erachtet wird. D.h. einzelne Mordtaten, die einen Bestandteil des „Mordes als Verbrechen gegen die Menschlichkeit" darstellen, werden als Mord im Sinne von Individualverbrechen befunden, auch wenn das Verbrechen gegen die Menschlichkeit nicht anerkannt wird.

Einzelhandlungen – Mord, Versklavung, gesetzwidrige Festnahme, Inhaftierung, Folterung, etc., die im Art. 9 des Gesetzes über völkerrechtliche Verbrechen als einzelne, Verbrechen gegen die Menschlichkeit bildende Handlungen genannt werden-, die zu einzelnen Verbrechen gegen die Menschlichkeit-z.B. „Mord als Verbrechen gegen die Menschlichkeit" oder „Versklavung als Verbrechen gegen die Menschlichkeit" – bilden, gehören, auch wenn sie einzeln begangen wurden, bereits zu traditionellen Straftaten des Strafrechts. Ein Verbrechen gegen die Menschlichkeit liegt dann vor, wenn diese bereits durch das Strafrecht bestrafbaren Einzelhandlungen durch einen Staat oder ähnliche Organisation im Rahmen der „Maßnahmen zum Angriff auf zivile Bürger", d.h. als ein Teil solcher Maßnahmen in einer umfangreichen oder systematischen Form begangen wurden. Folglich sind Regelungen bezüglich Verbrechen gegen die Menschlichkeit nicht als solche zu verstehen, welche die bisher nicht strafrechtlich verfolgten Taten erneut strafbar machen – sondern es ermöglichen, die Taten, die bereits zum Zeitpunkt der Begehung durch das Strafrecht strafbar waren und durch den Staat oder eine ähnliche Organisation in umfangreicher und systematischer Form begangen wurden, als „Verbrechen gegen die Menschlichkeit" zu ahnden. Darüber hinaus kann nicht argumentiert werden, dass eine Verletzung des Rückwirkungsverbots vorliege, wenn die Regelungen bezüglich des Verbrechens gegen die Menschlichkeit höhere Strafen vorsehen als allgemeine strafrechtliche Regelungen und dennoch bei der Anwendung der ersteren keine strengeren Strafen als jene gemäß letzterer verhängt werden.[20]

4. Bedeutung des Art. 24 des Rom-Statuts

Art. 24 Abs. 1 (Rückwirkungsverbot) des Rom-Status des Internationalen Strafgerichtshofes besagt, dass niemand „nach diesem Statut für ein Verhalten strafrechtlich verantwortlich" sei, „das vor Inkrafttreten des Statuts stattgefunden hat". Ist diese Regelung so interpretiert werden, das ein Staat Verbrechen gegen die Menschlichkeit die vor Inkrafttreten des Rom-Status begangen wurden nicht als solche bestrafen darf?

Die Befugnis, bestimmte Handlungen als Straftat zu definieren und die Täter dieser Handlungen zu betrafen, wird als „Strafbefugnis" bezeichnet, und wie ein Staat ein Verbrechen, das innerhalb des Staates von einem Staatsbürger an einem anderen Staatsbürger verübt wurde, zu bestrafen hat, ist grundsätzlich eine innere Angelegenheit – andere Staaten oder die Weltgemeinschaft sind nicht befugt, einzugreifen. Doch wenn bei Verbrechen, die der Gerichtsbarkeit des Internationalen Strafgerichtshofes unterliegen wie dem durch die Machthaber eines Staates begangenen Gruppenverbrechen, die Verantwortlichen – insbesondere verantwortliche

Funktionäre höchsten Ranges – aufgrund ihrer mächtigen Position nicht strafrechtlich verfolgt oder nicht ordnungsgemäß bestraft werden, kann das nicht als eine innerstaatliche Angelegenheit begrenzt werden, auch wenn das Unrecht innerhalb des Staates durch die nationalen Machthaber nur an den eigenen Bürgern verübt wurde. Wenn bei Verbrechen, die nur durch Inhaber der Staatsmacht zustande kommen können, die Verantwortlichen auf Grund ihrer mächtigen Position nicht ordnungsgemäß bestraft werden und nichts dagegen unternommen wird, könnte nicht nur im betroffenen Staat, sondern auch im Rest der Welt die Menschenwürde und das Menschenrechts an Bedeutung verlieren, was wiederum Frieden, Sicherheit und Wohl der Weltgemeinschaft gefährden kann.[21] Folglich sollte man im Falle eines „Gruppenverbrechens durch Machthaber“ wie Völkermord, Kriegsverbrechen, Verbrechen gegen die Menschlichkeit und Verbrechen der Aggression – auch wenn es innerhalb eines Staatsgebiets durch den Staat oder eine Organisation des Staates nur an den nationalen Bürger verübt wurde – diese nicht nur als eine nationale Angelegenheit erachten, sondern sie als eine die gesamte Weltgemeinschaft berührende Angelegenheit verstehen, sodass die Täter eines solchen schwerwiegenden Verbrechens nicht mehr unbestraft davonkommen. Genau zu diesem Zweck wurde der internationale Pakt, das Rom-Statut, angenommen und der Internationale Strafgerichtshof errichtet.

Das Rom-Statut und der Internationale Strafgerichtshof kamen zustande, um Völkermord, Kriegsverbrechen, Verbrechen gegen die Menschlichkeit und Verbrechen der Aggression ordnungsgemäß zu bestrafen. Aber um eine weltweite Auswirkung des Rom-Statuts durch eine möglichst große Anzahl von Vertragsstaaten zu entfalten und den Aufgabenbereich des Internationalen Gerichtshofes auf das Machbare zu begrenzen, beschränkte die Weltgemeinschaft die Gerichtsbarkeit der Organisation auf zwei Wege. Einer davon ist das Prinzip der ergänzenden Gerichtsbarkeit – selbst wenn es sich um ein völkerrechtliches Verbrechen im Vertragsstaat handelt, das nach Inkrafttreten des Rom-Statuts begangen wurde, kann der Internationale Strafgerichtshof seine Gerichtsbarkeit nur dann ausüben, wenn ein Anderer mit vorrangiger Gerichtsbarkeit-z. B. der Staat, in dem das Verbrechen begangen wurde – nicht fähig oder willens ist, die Täter strafrechtlich zu verfolgen.[22]

Der andere ist die Regelung gemäß Art. 11 (Gerichtsbarkeit *ratione temporis*) des Statuts, wonach der Internationale Strafgerichtshof nur bei Verbrechen, die nach Inkrafttreten des Rom-Status verübt wurden, ergänzende Gerichtsbarkeit besitzt. Für die ersten 60 Staaten, die dem Vertrag beitraten und ihn auch ratifizierten, trat er am 1. Juli 2002 in Kraft. D.h., in den Staaten, die noch vor Inkrafttreten des Statuts beigetreten sind bzw. es ratifiziert haben, besitzt der Internationale Strafgerichtshof nicht bei allen, sondern nur bei denjenigen Verbrechen gegen die Menschlichkeit, die nach dem 1. Juli 2002 begangen wurden, eine ergänzende Gerichtsbarkeit.[23] Wenn die ergänzende Gerichtsbarkeit der Organisation sich auf die vor Inkrafttreten des Statuts verübte Verbrechen wie Verbrechen gegen die Menschlichkeit erstrecken würde, würde nicht nur die Anzahl der zukünftigen Vertragsstaaten sinken, sondern der Aufgabenbereich des Strafgerichtshofs würde in unbeherrschbarem Ausmaß wachsen. Daher gilt die ergänzende Gerichtsbarkeit des Internationalen Strafgerichtshofs laut des Rom-Statuts selbst bei Vertragsstaaten nur bezüglich der Verbrechen gegen die Menschlichkeit, die nach Inkrafttreten des Statuts in einem Vertragsstaat verübt wurden.

Das Gesetzgebungsverfahren nach Art. 11 und 12 sowie einschlägige Literatur über internationales Strafrecht zeigen, dass Art. 24 Abs. 1 eine in Sinne des Art. des Rom-Status die Gerichtsbarkeit des Internationalen Strafgerichtshofes beschränkende Regelung ist[24] und nicht die Bestrafung von vor Inkrafttreten des Rom-Statuts begangenen Verbrechen gegen die Menschlichkeit mithilfe nichtständiger internationaler Gerichtshofe – wie jene der Vereinten Nationen – auf Grundlage des im Nachhinein erlassenen Gesetzes für unzulässig erklärt. Die Täter von Verbrechen gegen das Völkerstrafrecht, die vor er Errichtung des Internationalen Gerichtshofes verübt wurden, konnten bisher durch

① *eine Justizbehörde des betroffenen Staates,*
② *die Errichtung eines nichtständigen internationalen Gerichtshofes der Vereinten Nationen (UN ad hoc tribunal),*
③ *oder die Errichtung eines hybriden Gerichtshofes (hybrid tribunal/court)*

strafrechtlich verfolgt und geahndet werden. Internationale Strafgerichtshöfe wie der Internationale Militärgerichtshof, das Internationale Militärtribunal für den Fernen Osten, der Internationale Strafgerichtshof für das ehemalige Jugoslawien und der Internationale Strafgerichtshof für Ruanda, die noch vor der dem Internationalen Strafgerichtshof errichtet wurden, verabschiedeten allesamt nach der Begehung völkerrechtlicher Verbrechen eine Charta oder ein Statut, sodass die Täter auf Grundlage der im Nachhinein erlassenen Regelungen bestraft wurden.

5. Präzedenzfälle: Kanada und Estland

In Kanada und Estland wurde mit der Aufnahme des Verbrechens gegen die Menschlichkeit ins strafrechtliche System gleich die Möglichkeit der Bestrafung von vor Erlass des Gesetzes begangener Verbrechen in einem festgeschriebenen Gesetz verankert.

Kanada erlaubte bereits bei Einführung der Regelungen zur strafrechtlichen Verfolgung von Kriegsverbrechen und Verbrechen gegen die Menschlichkeit im Jahr 1987 die rückwirkende Anwendung der Regelungen. Nach dem Beitritt zum Rom-Statut[25] wurden 2000 im *Gesetz über Verbrechen gegen die Menschlichkeit und Kriegsverbrechen* *(Crimes Against Humanity and War Crimes Act)* bestehende Regelungen aus dem *kanadischen Strafgesetzbuch* und jene aus dem Rom-Statut zusammengefasst und die Strafbefugnis Kanadas in Bezug auf Völkermord, Verbrechen gegen die Menschlichkeit und Kriegsverbrechen festgelegt. Art. 4 Abs. 3 über Völkermord, Verbrechen gegen die Menschlichkeit und Kriegsverbrechen definiert das Verbrechen gegen die Menschlichkeit wie folgt und macht deutlich, dass auch die vor Inkrafttreten des Gesetzes verübten Verbrechen geahndet werden können.

> **Genocide, etc., committed in Canada Definitions**
>
> (3) *The definitions in this subsection apply in this section. crime against humanity means murder, extermination, enslavement, deportation, imprisonment, torture, sexual violence, persecution or any other inhumane act or omission that is committed against any civilian population or any identifiable group and that, at the time and in the place of its commission, constitutes a crime against humanity according to customary international law or conventional international law or by virtue of its being criminal according to the general principles of law recognized by the community of nations, whether or not it constitutes a contravention of the law in force at the time and in the place of its commission.* *(crime contre l'humanité)*

Der zweite Beispielsstaat, Estland, wurde von 1941 bis 1944 von Deutschland und nach der Kriegsniederlage Deutschlands von der Sowjetunion besetzt, bis es 1991 seine Unabhängigkeit erlangte. Bei dem 1992 erlassenen Strafgesetzbuch Estlands wurden bei der Revision im Jahr 1994 nicht nur neue Regelungen über Völkermord, Verbrechen gegen die Menschlichkeit und Kriegsverbrechen eingefügt, sondern durch die Klausel über „die vom Begehungszeitpunkt unabhängige Strafbarkeit" auch die Rückwirkung für zulässig erklärt. Nach dem Beitritt und der Ratifizierung des Rom-Statuts wurde das Strafgesetz revidiert und herkömmliche Regelungen des Strafgesetzbuches mit denen des Rom-Statuts vereinigt – heute sind die drei völkerrechtlichen Verbrechensarten in Art. 88 bis 109 des Strafgesetzbuches geregelt. Die Rückwirkungszulassung wurde im heutigen Art. 5 (Gültigkeitszeitraum des Strafgesetzes) Abs. 4 durch die Bedingung „Verbrechen gegen die Menschlichkeit und Kriegsverbrechen müssen ungeachtet des Begehungszeitpunktes bestraft werden" aufrechterhalten.[26]

Schlussbermerkungen

Bisher wurde das Strafrecht des jeweiligen Landes in Orientierung Individualverbrechen, die von einzelnen Personen begangen werden, entwickelt. Nach der Annahme des Rom-Statuts des Internationalen Gerichtshofes wurde in verschiedenen Staaten die Aufnahme des „Verbrechens gegen die Menschlichkeit" in das geschriebene Gesetz beschleunigt. Auch Korea verabschiedete 2007 das *Gesetz zur Bestrafung von Verbrechen, die der Gerichtsbarkeit des Internationalen Strafgerichtshofes unterliegen* (*Gesetz über Verbrechen des Völkerstrafrechts*), das in Form eines geschriebenen Gesetzes Verbrechen gegen die Menschlichkeit regelt – doch wie man schon an der Bezeichnung erkennen kann, handelt es sich eher um ein Gesetz zur Implementierung des Rom-Statuts des Internationalen Gerichtshofes, weniger um ein Gesetz mit dem Ziel, die Strafbefugnis des nationalen Rechtspflegeorgans bezüglich völkerrechtlicher Verbrechen wie des „Verbrechens gegen die Menschlichkeit" vollständig zu regeln. Da erst 2007 Verbrechen dieser Art durch das geschriebene Gesetz ins koreanische Gesetzessystem ausgenommen wurden, konnte die Systematisierung der Strafrechtstheorie zu einer sowohl Individualverbrechen als auch Staatsverbrechen wie Verbrechen gegen die Menschlichkeit umfassenden Strafrechtstheorie noch nicht abgeschlossen werden – vielmehr befindet sich der Systematisierungsprozess erst in der Anfangsphase. Auch wenn das „Verbrechen gegen die Menschlichkeit" – als typischste Art von Staatsverbrechen – durch geschriebenes Gesetz geregelt wurde, ist eine solche Systematisierung unbedingt notwendig, damit es nicht bei einer symbolischen Regelung, die nur im Gesetzbuch existiert und nicht angewendet wird, bleibt.

Wie oben erwähnt, stellt Art. 24 des Rom-Statuts kein Strafverfolgungsverbot von vergangenen Verbrechen gegen die Menschlichkeit auf Grundlage von nachträglich erlassenen Gesetzen dar. Wie die Präzedenzfälle Kanadas und Estlands zeigen, kann man nicht von einem Verstoß gegen das Gesetzlichkeitsprinzip sprechen, selbst wenn Verbrechen gegen die Menschlichkeit durch die im Nachhinein erlassenen Gesetze geahndet werden. Anders ausgedrückt heißt es: Es ist nicht ein „Gesetz", dass eine Strafverfolgung auf Grundlage von nachträglicher Gesetzgebung das Rückwirkungsverbot verletzt. Vielmehr geht es bei der Frage über die Bestrafung von Verbrechen gegen die Menschlichkeit durch spätere Gesetzgebung – also ob ein Staat im Nachhinein Gesetze erlassen kann, deren Gültigkeit sich bis auf die vergangenen Verbrechen gegen die Menschlichkeit erstrecken – um realistische Themen, z.B. inwieweit das Rechtsstaatsprinzip in dem Staat angestrebt wird oder der Staat in der Lage ist, bei der Erlassung einschlägiger Gesetze Widerstand zu überwinden.

Das Komitee für die Wahrheitsermittlung über die 5·18-Demokratiebewegung ist keine Untersuchungsbehörde, sondern lediglich ein Ausschuss zur Wahrheitsfindung. Doch wenn während des Prozesses der Wahrheitsfeststellung der Verdacht auf eine Straftat bestätigt wurde, kann es bei der zuständigen Behörde eine Untersuchung beantragen. Das *Sondergesetz zur Wahrheitsermittlung in Bezug auf die Demokratisierungsbewegung vom 18. Mai* ergänzt nicht nur die mangelhaften Ermittlungsrahmen – dessen Erlass ist auch insofern bedeutend, dass durch das Gesetz in Korea Diskussionen über Merkmale von „Verbrechen gegen die Menschlichkeit", den Anwendungsbereich des Gesetzes über Verbrechen gegen das Völkerstrafrecht sowie die Anwendung des Rückwirkungsverbots bei Verbrechen gegen die Menschlichkeit initiiert werden. Anschließend an diese Debatten sollte man sich auch mit der Frage auseinandersetzen, ob das Gesetz durch eine Überarbeitung des Gesetzes zu Verbrechen des Völkerstrafrechts auch auf die vor der Gesetzgebung verübten Verbrechen gegen die Menschlichkeit angewendet werden könnte. Selbst wenn es nicht zu einer tatsächlichen Revision kommen würde, könnte allein durch deren Thematisierung die Tatsache, dass die Niederschlagung der 5·18-Demokratiebewegung ein „Verbrechen gegen die Menschlichkeit" darstellt, von der Gesellschaft unumstritten aufgenommen werden. Die Niederschlagung der 5·18-Bewegung sollte also nicht nur als Hochverrat oder Rebellion, sondern als ein „Verbrechen gegen die Menschlichkeit" erinnert werden.

Lars Bergmeyer
(Leiter des DAAD-Informationszentrums Seoul)

Einige Betrachtungen zur „Friedensstatue" in Berlin-Moabit

In dieser essayistischen Betrachtung sollen einige Beobachtungen und Kommentare zur so genannten Friedensstatue in Berlin-Moabit vorgenommen werden, deren Aufstellung beziehungsweise Abbauanordnung zu einem weit über landespolitische Kreise Berlins hinausreichenden Politikum geworden wurde.

Zur Vorgeschichte

Die bronzene Statue zum Gedenken an sexuell versklavte Koreanerinnen durch das japanische Militär während des Asien-Pazifikkrieges (1931-1945) war im September 2020 nach Genehmigung durch das Berliner Bezirksamt vom „Korea-Verband" in Berlin Moabit aufgestellt worden und wurde schnell zu einem heiß diskutierten Thema in der Hauptstadt. Während die einen die Neutralität Deutschlands, die Notwendigkeit gleichermaßen guter Beziehungen zu Südkorea und Japan sowie die Notwendigkeit einer mehr universalen Behandlung sexualisierter Gewalt in Kriegen betonten, fokussierten andere auf die grundsätzliche Unverhandelbarkeit des durch die so genannten Trostfrauen erfahrenen Leids, die Zurückweisung von japanischem Geschichtsrevisionismus sowie die Freiheit der Kunst von regierungsamtlicher Beeinflussung. Nachdem sich nach Presseberichten in direkter und indirekter Form die japanische Seite, das deutsche Auswärtige Amt sowie die Berliner Senatskanzlei in den Fall eingeschaltet hatten, widerrief das formal zuständige Bezirksamt Berlin-Mitte die für ein Jahr ausgestellte Aufstellungsgenehmigung, was zu massiven Protesten von in der Sache engagierten Koreanern und Deutschen führte. Wohl von der Reaktion überrascht, sicherte daraufhin Bezirksbürgermeister von Dassel eine weitere, an den Interessen aller Seiten orientierte Prüfung zu; im Dezember 2020 stimmt schließlich die Bezirksverordnetenversammlung Berlin-Mitte für die Aufhebung der Abbauanordnung, sodass die Statue mitsamt einer Informationstafel nun am Platz bleiben kann.

Schafft die „Friedensstatue" positive Signale für einen Aufarbeitungs- und Versöhnungsprozess zwischen Südkorea und Japan?

Unumstößliches Faktum ist zunächst, dass Korea bereits 1910, also weit vor dem Asien-Pazifikkrieg, Opfer einer Kolonialisierungspolitik des imperialistischen Japans wurde, welche die Usurpierung der Regierungsgewalt mit einer brutalen Assimilierungspolitik zuungunsten der freien Entfaltung der koreanischen Kultur verband.

Der Komplex der „Trostfrauen" wurde zuletzt in einem bilateralen Regierungsabkommen zwischen Japan und Südkorea im Jahr 2015 behandelt, und zwar mit dem formulierten Ziel, das Thema gegen eine Entschuldigung Japans und die Zahlung von damals umgerechnet 7,3 Millionen Euro an die noch lebenden Opfer final beizulegen. Problematisch war allerdings, dass diese zwischenstaatliche Vereinbarung nicht die erheblichen Vorbehalte und Verletzungen von Betroffenen, koreanischer Zivilgesellschaft und Wissenschaft[1] mindern konnte, sodass das Thema auf der Agenda blieb, sogar auf höchster politischer Ebene. So erklärte im März 2018 der derzeitige südkoreanische Präsident Moon Jae In, ein ehemaliger Menschenrechtsanwalt, dass Japan als Täter die Angelegenheit nicht für beendet erklären dürfe. Es handelt sich mithin ohne Frage um ein historisch hochgradig aufgeladenes, nicht ausreichend aufgearbeitetes Thema, das nicht autoritativ mit bilateralen Abkommen „erledigt" werden konnte, sondern in verschiedenen gesellschaftlichen Subsystemen Südkoreas, aber auch Japans weiterhin sehr emotional behandelt wird.

Vor diesem Hintergrund wäre nun allerdings nach dem Ziel der Aktion des

„Korea-Verbandes" zu fragen. Was soll mit der Errichtung der „Friedensstatue" erreicht werden? Die verstärkte Anerkennung des begangenen Unrechts durch Japan, konkret der sexualisierten Versklavung unschuldiger koreanischer Mädchen und Frauen? Generierung von Aufmerksamkeit in der deutschen Gesellschaft und weltweit sowohl für die verübten Gräueltaten wie auch für mutmaßlichen japanischen Geschichtsrevisionismus, der beispielsweise in der Intervention gegen die Aufstellung der Statue deutlich wird? Die nachhaltige Aufarbeitung begangenen Unrechts? Die Versöhnung beider Länder?

Ohne Frage sind dies durch das Leid der Opfer legitimierte Ziele. Allerdings sollten m.E. zwei Komplexe unterschieden werden: Zum einen die Schaffung von Gegenöffentlichkeit und der Aufbau politischen Drucks, um die japanische Regierung zu einer verstärkten Befassung mit dem Thema und zu einer verstärkten Aufarbeitung zu zwingen. Zum anderen ein Prozess, der im Namen der Statue bereits deutlich zu werden scheint: Frieden und Versöhnung zwischen Tätern und Opfern. Betrachtet man die Formensprache der Figur und die angefügte Informationstafel entsteht der Eindruck, dass im Sinne der ersteren Betrachtung eine strikte Dichotomie zwischen der Gruppe der Täter und der Gruppe der Opfer aufgebaut werden soll: Allein durch die koreanische Tracht ist unschwer zu erkennen, dass die dargestellte Frau eine Koreanerin ist, somit die Behandlung des Leids von koreanischen „Trostfrauen" im Vordergrund steht und eine künstlerisch vermittelte Thematisierung und Verurteilung von sexualisierter Gewalt in Kriegen generell trotz gegenteiliger Bekundungen des Korea-Verbandes nicht unmittelbar sichtbar wird. So ist auf den Seiten des Koreaverbandes zu lesen:

> *„Das Mädchen trägt eine* ***koreanische Tracht*** *(Hanbok) [optische Hervorhebung durch den Korea-Verband], wie koreanische Mädchen es damals oft taten, als sie zu Opfern der systematischen Kriegsverbrechen des japanischen Militärs wurden. Das Mädchen ist etwa 13-15 Jahre alt, so wie viele der ehemaligen „Trostfrauen", als sie verschleppt wurden."*[2]

Es ist wohl zu konstatieren, dass möglicherweise weniger durch die Aufstellung, als durch die unglücklich wirkende Intervention der japanischen Regierung ein hohes Maß an Aufmerksamkeit für das berechtigte Anliegen der Vertretung der koreanischen „Trostfrauen“ geschaffen werden konnte. Allerdings lassen sich in der deutschen Presseberichterstattung Belege für eine Dichotomisierung und auch Verkürzung des dabei entstandenen Diskurses finden. So ist im „Open Source“-Projekt der halb-boulevardesken Berliner Zeitung (BZ) die reichlich dramatisierende Einschätzung zu lesen, dass der (grüne) Bezirksbürgermeister von Dassel als „verlängerter Arm der japanischen Regierung“ fungiere[3] und die auch die seriöseren DW News [Deutsche Welle] machen auf Facebook mit einer martialisch wirkenden Meldung auf:

> *„A Berlin memorial to the victims of forced sex work in WWII has sparked controversy and diplomatic tension. Japan wants it axed, but activists are showing resistance.“*[4]

Die Frage wäre nun: Wenn selbst in einem Land (Deutschland), das trotz des Hintergrunds der eigenen faschistischen Gräueltaten in der laufenden, historisch belasteten Auseinandersetzung zwischen Südkorea und Japan eher die Rolle einer dritten Partei annimmt, der Diskurs solch binären Formen annimmt, wie muss es sich dann erst zwischen Südkorea und Japan verhalten? Andersherum gefragt: Besitzt angesichts dieses auch in den sozialen Medien erkennbar dichotomisch und auch bitter verlaufenden Diskurses – aus in jeder Hinsicht nachvollziehbaren Gründen – ein heilender Erinnerungs- und vielleicht sogar Versöhnungsprozess das Potenzial einer Entfaltung?

Die notwendige Inklusivität eines nachhaltigen Aussöhnungsprozesses

Stärker noch als Japan hat sich Deutschland monumentaler, die menschliche Vorstellungskraft sprengender Verbrechen schuldig gemacht, die derart gravierend und verstörend waren, dass dafür im Vorfeld der Nürnberger Kriegsverbrecherprozessen die Kategorie der „Verbrechen gegen die Menschlichkeit“ konzipiert beziehungsweise aktualisiert wurde. Anderes als Japan allerdings war in Deutschland der Wunsch und Gedanke nach einer Anerkennung der eigenen Schuld und der Wunsch nach Aufarbeitung der Verbrechen mit dem Ziel des „Nie wieder“ spätestens nach den Emanzipations- und Demokratisierungsbewegungen der späten 60er und 70er Jahre stark; dies ist auch trotz der Defizite der Entnazifizierung international anerkannt worden. Trotzdem hielt sich auch in Deutschland lange das Narrativ der (Kriegs-) „Niederlage" Deutschlands, als sei mit dem faschistischen Eroberungskrieg ein Konflikt begonnen worden, der entweder im Sieg oder in einer Niederlage hätte enden können. Dieses verhängnisvolle Narrativ wurde final in einer Bahn brechenden Rede des damaligen Bundespräsidenten Richard von Weizsäcker gebrochen, der anlässlich des 40-jährigen Jahrestages de Ende des Zweiten Weltkrieges am 8. Mai 1985 im Deutschen Bundestag ausführte:

> *„Der 8. Mai war ein Tag der Befreiung. Er hat uns alle befreit von dem menschenverachtenden System der nationalsozialistischen Gewaltherrschaft."*

Während diese Sätze in ihrer Ablehnung an Geschichtsrevisionismus und Relativierung der Nazigräuel tief in das deutsche kollektive Bewusstsein eingedrungen sind und von Weizsäcker das Verdienst zukommt, mit dieser Rede einen antifaschistischen am Westen orientierten Konsens in dieser Frage erschaffen zu haben,[5] ist noch ein weiterer Teil seiner Rede bemerkenswert:

> *„Wir gedenken heute in Trauer aller Toten des Krieges und der Gewaltherr schaft. Wir gedenken insbesondere der sechs Millionen Juden, die in deutschen Konzentrationslagern ermordet wurden. Wir gedenken aller Völker, die im Krieg gelitten haben, vor allem der unsaglich vielen Bürger der Sowjetunion und der Polen, die ihr Leben verloren haben. Als Deutsche gedenken wir in Trauer der eigenen Landsleute, die als Soldaten, bei den Fliegerangriffen in der Heimat, in Gefangenschaft und bei der Vertreibung ums Leben gekommen sind. Wir gedenken der ermordeten Sinti und Roma, der getöteten Homosexuellen, der umgebrachten Geisteskranken, der Menschen, die um ihrer religiösen oder politischen Überzeugung willen sterben mussten. Wir gedenken der erschossenen Geiseln. Wir denken an die Opfer des Widerstandes in allen von uns besetzten Staaten. Als Deutsche ehren wir das Andenken der Opfer des deutschen Widerstandes, des bürgerlichen, des militärischen und glaubensbegründeten, des Widerstandes in der Arbeiterschaft und bei Gewerkschaften, des Widerstandes der Kommunisten.*

Wir gedenken derer, die nicht aktiv Widerstand leisteten, aber eher den Tod hinnahmen, als ihr Gewissen zu beugen.“[6]

In diesem Passus wird die historisch singuläre planmäßige Vernichtung von Juden und Judentum zuerst erwähnt und ihrer gedacht. Es fällt allerdings auch die Nennung von weiteren Opfergruppen auf, die von den Nationalsozialisten erbittert verfolgt, drangsaliert und ermordet wurden und deren Schicksale leider besonders im unmittelbaren Anschluss an den Krieg weniger Aufmerksamkeit erfahren haben, nämlich der Sinti und Roma, der Homosexuellen, der Geisteskranken und all derjenigen, die wegen einer anderen politischen Meinung oder religiösen Glaubens verfolgt wurden. Auch wird der millionenfachen Opfer gedacht, die während des Angriffskriegs der deutschen Wehrmacht ihr Leben lassen mussten, besonders die Bürger der Sowjetunion und Polens. Die multiplen Verbrechen der Nationalsozialisten bedingen, dass damit die Nennung der Opfer noch nicht abgeschlossen ist.

Für die Argumentation dieser Betrachtung bedeutsam ist nun ferner, dass es zum einen moralisch unmittelbar nachvollziehbar und sogar an einem solchen Gedenktag moralisch unmittelbar geboten war, den Opfern der Gewaltherrschaft Ehre zu erweisen. Bemerkenswert ist allerdings ebenfalls die Erwähnung in der Rede von Weizsäckers der „eigenen Landsleute“, die „als Soldaten“ vielfach ums Leben gekommen waren. Diese nicht unumstrittene Passage seiner Rede ruft zunächst Stirnrunzeln hervor: Hatte der damalige Bundespräsident nicht ebenfalls von einer Befreiung vom „menschenverachtenden System der nationalsozialistischen Gewaltherrschaft“ gesprochen, den Begriff der „Niederlage“ verworfen und die vielen Opfer von Faschismus und Angriffskrieg genannt, dessen Teil die deutsche Wehrmacht ja war?

Eine Auflösung dieses Unwohlseins bietet das Nachdenken über die in der Rede vorgenommene Dialektik der Versöhnung: Allein durch die emphatische Nennung der vielen Opfer der nationalsozialistischen deutschen Gewaltherrschaft begreift und erläutert von Weizsäcker zum einen die Schuld der Täter als eindeutig, unausweichbar und übermächtig. Aber in einem dialektischen Gebäude von Schuld, moralischer Verwerfung und Erinnern legt er gleichzeitig den Keim der Versöhnung an, indem er auch Mitglieder der insgesamt schwer belasteten deutschen Wehrmacht erwähnt, ohne explizit eine individuelle Schuldzuweisung vorzunehmen. Während dies ohne Frage für viele Opfer schwer zu ertragen war, wusste von Weizsäcker wohl um den harten Weg der nachhaltigen Versöhnung, zu der immer beide gehören: Opfer wie auch Täter. Während jedes historische Verbrechen auf spezifischen Bedingtheiten fußt, bisweilen aber auch in seiner Vehemenz auf eine Verletzung der Menschheit schlechthin weist, erscheint die Versöhnung hier als ein beinahe überzeitliches Motiv. Grundsätzlich wäre sicher zu betonen, dass am Anfang eines Versöhnungsprozesses die Einsicht der Täter stehen muss. Aber auch vor diesem Hintergrund bleibt die nicht einfache Frage, ob der von v. Weizsäcker gewählte Ansatz der Ermöglichung von Versöhnung durch die Erwähnung von zumindest möglichen Tätern nicht etwas wäre, was auch im vorliegenden Fall der „Friedensstatue" eine Anregung zu einem weniger binären Umgang mit der japanischen Seite sein könnte.

Verengung des Diskurses?

Gerade in aufgeladenen Diskursen, die monumentale historische Schuld zum Thema haben, ist das vielfache Leid der Opfer ein Moment, vor dem sich wahre Größe in Verneigung und Kniefall zeigt; unlängst jährte sich der Kniefall des damaligen Bundeskanzlers Willy Brandt vor dem Mahnmal des Warschauer Ghettos zum fünfzigsten Mal. Der eigentliche Anstoß zur Versöhnung muss immer vom Täter kommen, kann aber wie oben angeführt wurde, möglicherweise in einem Klima der Ermöglichung wachsen.

In der Debatte um Formen von Aufarbeitung und Versöhnung erscheinen vor diesem Hintergrund strikte binäre Denkformen und Dichotomien moralisch berechtigt, aber möglicherweise dennoch wenig konstruktiv, weil sie Handlungsmöglichkeiten der Bearbeitung von Schuld erschweren. Ich möchte das bereits oben verwendete Zitat aus den „DW News" noch einmal anführen, weil hier eine durch berechtigte moralische Empörung vermittelte Eindimensionalität des Denkens sichtbar wird:

> *„DW News: A Berlin memorial to the victims of forced sex work in WWII has sparked controversy and diplomatic tension. Japan wants it axed, but activists are showing resistance."*

Politische Reaktionsmöglichkeiten werden hier auf einen festen Satz an Akteuren und eine feste Handlungsoption eingeengt: Das zumindest mittelbar axtbewehrte Japan ist „böse", die „Widerstand" leistenden Aktivisten besetzen die Gegenposition Die „Friedensstatue" steht in historischem Rückgriff für den Antifaschismus und wird durch die aktuelle moralische Bewehrtheit in ihrer Konzeption *unangreifbar.* Die Frage wäre allerdings: Sollte ein notwendigermaßen politischer Diskurs über Formate der Erinnerungskultur wirklich so konzipiert sein? Sind dem Konflikt nicht noch andere Aspekte zu eigen, die drohen, nicht mehr als Teil des Diskurses wahrgenommen zu werden?

So wäre ein bedenkenswerter Punkt der auch vom Berliner Bezirksamt in der ursprünglichen Argumentation angebrachte Punkt der Neutralität bei zwischenstaatlichen Konflikten[7] und dessen Operationalisierung. Verhält man sich offen sichtbar als Partei und sei dies in moralischer Betrachtung noch so berechtigt, so beraubt man sich einer möglicherweise in einem späteren Stadium nachgefragten Vermittlerrolle, eines von beiden Seiten in einem Prozess der Wiedergutmachung geschätzten „ehrlichen Maklers". Außerdem wäre die angesichts der eigenen deutschen Verstrickung in monumentale Verbrechen nicht einfach zu schaffende Legitimationsgrundlage zu bedenken: Verschafft die gerade nicht vollständige, allerdings international durchaus anerkannte Aufarbeitung der eigenen Vergangenheit wirklich ausreichend Legitimitätsgrundlage, um in einem anderen Konflikt scheinbar natürlich die Partei der Opfer ergreifen zu können und die Täter in einem dichotomen Verfahren pauschal zu ächten?

Ferner wäre bei einem so zu hinterfragenden Selbstverständnis einer deutschen humanitären, globalen Anwaltschaft zu bedenken: Wie verhält man sich mit gleichem Recht, auch bezüglich einer Erinnerungskultur im öffentlichen Raum zum Völkermord an den Armeniern (im Bundestag behandelt)? Zum Kurdenkonflikt? Zur Unterdrückung und Kasernierung von Uighuren in der Volksrepublik China? Diese sehr heikle Frage der Priorisierung der Moral, die das Potenzial zu Überdehnung und Ungleichbehandlung in sich trägt, wurde von Heinrich August Winkler, einem der führenden deutschen Historiker angesichts eines andersartigen Gegenstandes, nämlich der Flüchtlingskrise von 2015 und der folgenden Jahre wie folgt thematisiert und kritisiert: „Die Auseinandersetzung mit dem schrecklichsten Kapitel der deutschen Geschichte gehört seit Langem zum Fundament der politischen Kultur der Bundesrepublik. Deutschland würde aufhören, eine westliche Demokratie zu sein, wenn es von seinem selbstkritischen Selbstverständnis abließe. Selbstkritik ist freilich nicht gegen die Gefahr gefeit, in ein neues, moralisch überhöhtes Selbstbewusstsein umzuschlagen.“[8] Als Beispiel nennt er Katrin Göring-Eckardt, die damalige und derzeitige Fraktionsvorsitzende der Grünen im Bundestag, die im September 2015 im deutschen Parlament die Deutschen als „Weltmeister der Hilfsbereitschaft und der Menschenliebe“ apostrophierte. Vor diesem Hintergrund sei die durchaus provokante Frage gestellt: Haben wir es auch im vorliegenden Konflikt um die Aufstellung der „Friedensstatue“ zumindest potenziell mit der Teilnahme eines „Weltmeister[s] der Moral“, zu tun, der sich möglicherweise mit diffuser Legitimitätsgrundlage versehen, unter Druck oder Ehrgeiz sieht, im öffentlichen Raum als eine Art universale Schutzmacht der Erinnerungskulturen in bilateralen Konflikten zu agieren? Wäre dies nicht eine Überdehnung der internationalen Rolle Deutschlands und würde beispielsweise durch Parteinahme mögliche Vermittlerrollen in akuten internationalen Konflikten gefährden?

Ein Vorschlag eines Gesprächs

Im Jahr 2016 entspannte sich im baden-württembergischen Freiburg eine ähnliche Auseinandersetzung um die Errichtung einer Friedensstatue, die im Rahmen einer Städtepartnerschaft mit der südkoreanischen Stadt Suwon errichtet werden sollte. Letztendlich entschied man sich jedoch dagegen. Reinhard Zöllner, Historiker, Japanologe und Professor an der Abteilung für Japanologie und Koreanistik der Universität Bonn befürwortete diese Entscheidung mit dem Verweis, dass der einzig sinnvolle Platz einer solchen Statue in Japan selbst sei. Bedenkenswert erscheint ebenfalls seine Deutung einer Rolle Deutschlands abseits von prekär hergeleiteten moralischen Superlativen. Nach seiner Argumentation sei zum einen Japan „noch weit entfernt“ davon, durch die Errichtung einer Friedensstatue in Japan selbst seine historische Schuld uneindeutig anzuerkennen, zum anderen könne Deutschland anders helfen als mit der Duldung eines umstrittenen Mahnmals unter einem prekär erscheinenden moralischen Imperativ. Zöllner spricht in diesem Zusammenhang von der Schuld deutscher Soldaten im Zweiten Weltkrieg: Auch diese hätten in SS-Bordellen und an der Front sexuelle Gewalt gegen Frauen praktiziert; noch heute sei in diesem Zusammenhang mangelnde Aufklärung und auch fehlendes

Gedenken von deutscher Seite zu konstatieren. Sein Vorschlag nun, der für mich konstruktiv und praktikabel zugleich erscheint, lautet:

> *„Hier könnte Deutschland dennoch sinnvoll helfen: Indem es sich endlich seiner eigenen Verantwortung stellt und (zum Beispiel in einer gemeinsamen historischen Kommission) mit Japan zusammen nach Versöhnung sucht, mit den Frauen, denen Unrecht geschehen ist, ihren Familien und ihren Nationen. Deutschland ist den Weg der Wiedergutmachung und Versöhnung schon so oft gegangen – nun hat es die Chance, ihn noch einmal zu gehen, gemeinsam mit einem Land, das sich auf diesem Weg verirrt hat und das sich genauso nach Frieden sehnt wie seine Opfer.“*[9]

Melanie Bono
(Leiterin der Abteilung Ostasiatischer Kultur des Goethe-Instituts in Seoul)

Zur Rolle der Erinnerungskultur in der weltweiten Kulturarbeit des Goethe-Instituts

Die Erinnerungskultur spielt für die Kulturarbeit des Goethe-Instituts eine wesentliche Rolle. Sie hat – eng verwoben mit der Geschichte der Bundesrepublik – die Grundsätze und das Wesen des Goethe-Instituts geprägt. Erinnerungskultur lebt vom fortgesetzten Interesse für das Vergangene und dessen Bezug zur Gegenwart, sie erfordert daher die stetige Aktualisierung, um lebendig und aktuell zu bleiben. Nur durch zeitgemäße Formen der Erinnerung, neue Stimmen und Perspektiven, bleibt die Vergangenheit für jeweils neue Generationen lesbar und relevant. Diese Herausforderung ist bis heute eine Quelle neuer Impulse für die Arbeit des Goethe-Instituts.

Die Kulturarbeit des Goethe-Instituts beginnt Anfang der 1960er Jahre und ist eng verbunden mit dem Aufbau der jungen Bundesrepublik. Die Ära ist geprägt vom allgemeinen Wunsch, das durch die Zeit des Nationalsozialismus verlorengegangene Vertrauen zu Deutschland zurückzugewinnen. Viele deutsche Kulturinstitutionen, die heute noch das deutsche Kulturleben bestimmen, entstehen in diesem Geist, so zum Beispiel die erste documenta 1955. Auch das Goethe-Institut wollte an kulturelle Strömungen und Diskurse vor 1933 und damit an die aus ihnen hervorgegangenen zeitgenössischen Tendenzen der Moderne anknüpfen, die nun das kulturelle Leben vor allem des westlichen Europas und Nordamerikas prägten.

Der Blick blieb in dieser Zeit in die Zukunft gerichtet. Die Vergangenheit wurde wenig thematisiert, von einer größeren gesellschaftlichen Debatte zu Fragen von Verantwortung und Schuld oder gar einer Erinnerungskultur kann damals keine Rede sein. Erst der Prozess gegen den Nationalsozialisten Adolf Eichmann in Jerusalem 1961 und die sogenannten Ausschwitz-Prozesse ab 1963 in Frankfurt am Main, in denen der Holocaust juristisch aufgearbeitet wurde, ließen durch die große öffentliche Aufmerksamkeit das Bewusstsein für die Verbrechen der nationalsozialistischen Zeit wachsen. Die Auseinandersetzung mit dem Vergangenen sowie den daraus zu ziehenden gesellschaftlichen und moralischen Konsequenzen wurden zu einem vorrangigen Thema in der zeitgenössischen bundesrepublikanischen Kultur und spätestens durch die Studentenproteste der 1968er Jahre auch nachdrücklich zum Gegenstand einer breiten öffentlichen Debatte. Ebenso ebnete die von Bundeskanzler Willy Brandt ab 1969 praktizierte Friedens- und Entspannungspolitik den Weg für ein öffentliches Erinnern und somit für die Entstehung einer tatsächlichen Erinnerungskultur. Und auch die Kulturarbeit des Goethe-Instituts wendet sich in dieser Zeit vermehrt der zeitgenössischen Kunst und Kultur sowie der kritischen Beschäftigung mit gesellschaftspolitischen Themen zu.

Mitte der 1970er Jahre entwickelt der deutsch-britische Soziologe Ralf Dahrendorf im Auftrag des Auswärtigen Amts die „Leitsätze für auswärtige Kulturpolitik“ und stärkte und verankerte dadurch die auswärtige Kulturarbeit neben der klassischen Diplomatie und der Wirtschaftspolitik. Das Goethe-Institut wurde durch einen Rahmenvertrag mit dem Auswärtigen Amt institutionell gefestigt. Als Lehre aus der Nazizeit, in der Kunst und Kultur für die nationalsozialistische Propaganda missbraucht wurden, blieb das Goethe-Institut ganz bewusst eigenverantwortlicher Teil der Zivilgesellschaft und ist damit bis heute weitgehend inhaltlich unabhängig vom Staat.

Die Aufarbeitung der nationalsozialistischen Zeit trägt seit den 1970er Jahren auch wesentlich zur Aneignung des „erweiterten Kulturbegriffs“ durch das Goethe-Institut bei. Er definiert die Grundlagen der Kulturarbeit im Ausland, deren primäres Ziel es nicht ist, die eigenen kulturellen Leistungen im Ausland zu präsentieren, sondern die Rahmenbedingungen für echte Begegnungen, für die gemeinsame Gestaltung von Kulturprojekten und für einen vielstimmigen, respektvollen Austausch zu schaffen. Zum Dialog gehört es, den Themen und Anliegen der Partner vor Ort wirklich zuzuhören, unterschiedlichen, auch kontroversen Perspektiven Raum zu geben. Diese Arbeitsgrundsätze und die inhaltliche Unabhängigkeit haben dem Goethe-Institut geholfen, über die Jahre eine besondere Vertrauens- und Glaubwürdigkeit aufzubauen, die es ermöglicht, mit vielen, sehr unterschiedlichen Partnern, Meinungen und Perspektiven in Kontakt zu bleiben. Auf dieser Grundlage trägt das Goethe-Institut auch dazu bei, Impulse, Ideen und Gedanken aus der ganzen Welt in die öffentlichen Diskussionen in Deutschland einzubringen und auch die Erinnerungskultur durch neue weltweite Perspektiven und Impulse lebendig zu halten. Im Wissen um die Erfahrungen und Perspektiven anderer Länder entstehen neue Formen und Inhalte der Erinnerung.

Die deutsche Erinnerungskultur entwickelt sich stetig weiter. Sie ist mit dem Fall der Mauer 1989 und der deutschen Wiedervereinigung um die Aufarbeitung des Unrechts in der DDR-Geschichte um ein weiteres gewichtiges Thema gewachsen. Zudem hat in den letzten Jahren die weltweite Debatte um die Aufarbeitung der gewaltvollen Geschichte der Kolonialzeit auch in Deutschland große Aufmerksamkeit auf sich gezogen. Alte Erzählungen werden unter der Perspektive des Fortdauerns gewaltbasierter ungleichgewichtiger Machtgefüge zunehmend hinterfragt, gemeinsam müssen neue Definitionen und Verhältnisse diskutiert und entwickelt werden. So engagiert sich das Goethe-Institut mit seinem weltweiten Netzwerk seit einigen Jahren intensiv für den weltweiten dekolonialen Dialog und bemüht sich, die eigene Arbeit entlang der neuen Erkenntnisse zu verändern und anzupassen.

Quellen

1 „Geschichte der Erinnerungskultur in der DDR und BRD" von Edgar Wolfrum, 2008 in: Dossier Geschichte und Erinnerung, Bundeszentrale für politische Bildung, abrufbar (11.12.2020): https://www.bpb.de/geschichte/zeitgeschichte/geschichte-und-erinnerung/39814/geschichte-der-erinnerungskultur

2 Zur Geschichte des Goethe-Instituts, abrufbar (11.12.2020): https://www.goethe.de/de/uun/org/ges.html

3 „Die Chancen der auswärtigen Kultur- und Bildungspolitik" von Johannes Ebert und Ronald Grätz in: Deutschland und die Welt 2030, 2018, abrufbar (11.12.2020): https://www.goethe.de/de/uun/prs/int/gen/21499713.html

Tsche, Kwang-Jun
(Commissioner, Truth and Reconciliation Commission, Republic of Korea / Professor Dr. iur., Kyung Hee University Law School)

Vergangenheitsbewältigung in Korea

– Ein historischer Überblick

Die koreanische Nachkriegsgeschichte wurde durch zwei wesentliche Faktoren geprägt. Dies war zum einen die inner-koreanische Spaltung, – der erbitterte Konflikt zwischen der kommunistisch-stalinistischen Volksrepublik im Norden unter Diktatur der kommunistischen Partei und dem, der westlichen Welt zugerechneten Süden-, der im Koreakrieg (1950 - 1953) seinen überaus gewalttätigen Höhepunkt gefunden hatte. Zum anderen war dies die Erfahrung des autokratischen und diktatorischen Regimes, die das Leben der Menschen in der südkoreanischen Republik bis Ende der 1980er-Jahre nachhaltig prägte. Insbesondere unter den langen, aufeinander folgenden Militärregimen der Generäle Park Chung-hee (1961 - 1979) und Chun Doo-hwan (1979 - 1987) wurden Freiheitsbestrebungen innerhalb der Bevölkerung, wie sie insbesondere immer wieder in Demonstrationen ihren Ausdruck fanden, konsequent unterdrückt. Viele Regimegegner wurden von den Kräften der Diktatur, insbesondere ihrem Geheimdienst KCIA gefoltert und ermordet, darunter viele unschuldige junge Menschen. Das Regime nannte oft „Selbstmord“ oder „Unfall“ als angebliche Todesursache, doch konnte es damit nicht überzeugen. Aus diesem Grund wurde in diesen Fällen von „suspekten Todesfällen“ gesprochen. So etwa auch im „ungeklärten Fall Park Jong-cheols“: Park war in den 1980er-Jahren Präsident des Studentenrates der Sprachwissenschaftlichen Fakultät der Seoul National University und gehörte zu den Aktivisten, die sich öffentlich gegen die Diktatur von Chun Doo-hwan und die Folgen des Gwangju-Massakers von 1980 wandten. Nachdem er im Rahmen der Ermittlungen zu seinen Widerstandsaktivitäten festgenommen worden war, wurde so sehr gefoltert, dass er schließlich an den Folgen der Folterung starb - Auch dieser Fall blieb lange ein „suspekter Todesfall", bis er später vollständig aufgeklärt wurde.

Im August 1986 gründeten Hinterbliebene von Opfern staatlicher Gewalttaten, darunter auch solche von Opfern dieser „suspekten Todesfälle", den „Rat der Hinterbliebenen der Opfer aus den Reihen der Demokratisierungsbewegung" (kurz: „Hinterbliebenenrat"). Dieser forderte die Aufklärung von Gewalttaten der Diktatur und die Rehabilitierung der Opfer. Die noch immer herrschende Militärdiktatur wies derartige Forderungen zwar vehement zurück, war aber bereits angezählt..

In Folge der sich landesweit ausbreitenden Demokratisierungsbewegung beschritt Korea ab Juni 1987 schließlich den langen Weg zur Demokratie, nicht indessen, ohne dass die Machthaber des Militärregimes weiterhin einflussreich blieben und das Vorankommen der Demokratisierung behindern konnten. So wurden auch die Anstrengungen zur Untersuchung der „suspekten Todesfälle" weiter hinausgezögert.

Im Februar 1998 brachte der Wahlsieg der Oppositionspartei Kim Dae-jung in das Amt des Präsidenten, nachdem seine Partei die Wahlen gewonnen und den ersten demokratischen Regierungswechsel seit dem Staatsstreich vom 19. April 1961 erreicht hatte.

Kim Dae-jung selbst war mehrfach zum Opfer staatlicher Repression und Gewalt unter dem Militärregime geworden. In Folge des Gwangju Massakers verhaftet und im September 1980 zum Tode verurteilt, verbrachte er nach einer durch internationalen Druck erwirkten Begnadigung und kurzen Haft einige Zeit im Exil. Einige Jahre zuvor, unter dem Regime von Park Chung-hee, war Kim 1973 von der berüchtigten Korea Central Intelligence Agency (KCIA) entführt und vermochte es nur knapp dem Tod durch Versenken im Meer zu entgegen, nach dem die ein Flugzeug der japanischen Streitkräfte zu seiner Rettung auf Hoher See eingriff.

Umso größer waren die Erwartungen und Hoffnungen der Hinterbliebenen der Opfer der „suspekten Todesfälle" gegenüber dem neuen Präsidenten Kim. Die

Klärung der Todesursachen und die Rehabilitierung der Opfer von „suspekten Todesfällen" hatte während des Wahlkampfes 1998 sogar zu Kims Wahlversprechen gehört. Doch da Kim Dae-jung zur Erringung der Präsidentschaft politische Bündnisse mit früheren Vertretern der Militärdiktatur eingegangen war, insbesondere mit Kim Jong-pil, der den Militärputsch vom 16. Mai 1961 mit angeführt hatte, war es nicht möglich, alle einflussreichen Persönlichkeiten des Militärregimes ganz und gar von der Regierungsmacht fernzuhalten. Infolgedessen sahen sich die Ermittlungsarbeiten zu „suspekten Todesfällen", die beim Amtsantritt Kims noch vielversprechend begonnen hatten, bald wieder mit ernsten Hindernissen konfrontiert. Die Hinterbliebenen, die die zögerliche Haltung der Regierung satthatten, begannen darauf im November 1998 bei eisiger Kälte mit einer Sitzblockade vor dem Parlamentsgebäude, welche 422 Tage andauerte. Im Laufe der Zeit fanden die Hinterbliebenen immer mehr Gehör in weiteren Kreisen der südkoreanischen Bevölkerung. Im Dezember 1999 verabschiedete das Parlament schließlich das „Sondergesetz zur Ermittlung von suspekten Todesfällen". Auf dessen Grundlage wurde anschließend im Oktober 2000 die *Präsidiale Wahrheitskommission zur Erforschung von suspekten Todesfällen* als erste umfassende Kommission zur offiziellen Vergangenheitsbewältigung in Korea gegründet.

Auch diese Kommission konnte jedoch die erhofften Erfolge nicht erzielen, denn einerseits waren die ihr zugeteilten Befugnisse sehr eng definiert und andererseits war die für sie im Gesetz vorgesehene Zeit ihrer Tätigkeit zu eng begrenzt. Darüber hinaus konnten gemäß dem Sondergesetz zur Erforschung suspekter Todesfälle lediglich Klagen zugelassen werden, die sich auf „im direkten Zusammenhang mit der Demokratisierungsbewegung stehende" Fälle bezogen. Dies führte dazu, dass die Klage zurückgewiesen werden musste, wenn ein solcher „Zusammenhang mit der Demokratisierungsbewegung" nicht gegeben war oder sich nicht nachweisen ließ, selbst wenn ein Todesfall als Ergebnis einer „direkten oder indirekten Intervention der staatlichen Gewalt" bestätigt wurde.

Damals war sich die Gesellschaft in weiten Teilen zudem nicht wirklich bewusst, dass die „suspekten Todesfälle" zur schwerwiegendsten Art der Menschenrechtsverletzung – der „Verletzung des Lebensrechts" – gehörten und die Frage der Teilnahme der Opfer dieser Staatsverbrechen an der Demokratisierungsbewegung nicht entscheidend für die strafrechtliche Bewertung der Gewalttaten sein konnte.

Später wurde dann zur Überwindung solcher Beschränkungen und zum Ziel einer umfassenderen Vergangenheitsbewältigung die *Kommission für Wahrheit und Aussöhnung* (kurz: „*Wahrheitskommission*") gegründet. Diese sollte bis zum Ende ihrer Tätigkeit im Dezember 2010 u.a. einiges zur Aufdeckung der Wahrheit über die zahlreichen Massaker während des Koreakrieges und die Opfer von falschen Spionageanschuldigungen beitragen. Dennoch blieben auch nunmehr viele Fälle und die Umstände zahlreicher Staatsverbrechen ungeklärt.

Nach langen und anstrengenden Bemühungen wurde schließlich am 10. Dezember 2020 die 2. Wahrheitskommission gegründet, womit einem lang gehegten Wunsch weiter Teile der Zivilgesellschaft, vor allem der Opfer und deren Hinterbliebenen, entsprochen wurde. Im Mai 2020 wurde in der Plenarsitzung des Parlaments dann das revidierte *Rahmengesetz für Wahrheit und Aussöhnung* verabschiedet, wonach die 2. Wahrheitskommission aus 9 Mitgliedern einschließlich des Vorsitzenden bestehen und drei Jahre lang aktiv sein kann, wobei die Zeit ihrer Tätigkeit je nach Bedarf um höchstens ein Jahr verlängert werden kann. Diese Regelungen unterscheiden sich deutlich von denjenigen des Rahmengesetzes für die 1. Wahrheitskommission aus dem Jahr 2005, das fünfzehn Mitglieder, vier Jahre Tätigkeit der Kommission und eine maximale Verlängerung von zwei Jahren vorsah.

Die koreanische Regierung entschied sich somit formal zwar für eine Wahrheitsermittlung auf staatlicher Ebene, doch wurden letztlich eben keine umfassenden Maßnahmen zum Ausgleich für Menschenrechtsverletzungen in Betracht gezogen[1] sodass die Justiz weiterhin mit zahlreichen Herausforderungen konfrontiert ist.

Zwar erforscht der Staat in der koreanischen Situation die Wahrheit durch Einsatz der Kommission für suspekte Todesfälle und einer Wahrheitskommission, doch als Beklagter vertritt er – ausnahmslos in jedem einzelnen Verfahren – die Position, bezüglich der ermittelten Taten keine Verantwortlichkeit übernehmen zu wollen, da die Verjährungsfrist abgelaufen sei.[2] Wie sollte die Justiz unter derartigen Umständen entscheiden?

Die koreanische Justiz löste das Problem, indem sie die Einrede der Verjährung durch den insoweit beklagten Staat wegen Rechtsmissbrauchs und Verstoßes gegen den Grundsatz von Treu und Glauben seitens des Staates als unzulässig ansah. So konnte ein Großteil der juristisch im Zusammenhang mit der Verjährungsfrist auftretende Probleme gelöst werden.

Doch im Plenumsbeschluss des Obersten Gerichtshofes vom 16. Mai 2013 (Aktenzeichen 2012DA202819) wurde gleichzeitig entschieden, dass innerhalb eines angemessenen Zeitraums nach dem Wahrheitsermittlungsbeschluss der Wahrheitskommission entsprechend Klage erhoben werden müsse, um die Einrede der Verjährung durch den beklagten Staat auszuschließen. Die Einfügung der Klausel der „Klageerhebung innerhalb eines angemessenen Zeitraums" sorgte für hitzige Diskussionen.

In der Entscheidung war festgelegt worden, dass der „angemessene Zeitraum", soweit nicht besondere Umstände vorliegen, der zivilrechtlichen Verjährungsfrist entsprechend auf eine kurze Zeit beschränkt werden und die Dauer der kurzfristigen Verjährung von drei Jahren nicht überschreiten sollte. Demzufolge sei eine Klage, die nach zwei Jahren und zehn Monaten nach der Wahrheitsermittlung erhoben wurde, noch innerhalb des angemessenen Zeitraums erhoben worden.

Durch die Entscheidung waren zahlreiche Instanzgerichte dazu gezwungen, zu prüfen, ob die ihnen vorliegende Klage innerhalb des „angemessenen Zeitraums" eingelegt wurde. Schließlich wurden drei Jahre als Maßstab festgesetzt, anhand dessen über die Zulassung der Verjährungseinrede zu entscheiden ist.

Allerdings wurde in einem weiteren Urteil des Obersten Gerichtshofes vom 12. Dezember 2013 (Aktenzeichen 2913DA201844) ferner festgestellt, dass der Kläger einer Staatshaftungsklage wegen rechtswidriger staatlicher Maßnahmen, die er infolge seiner Rehabilitierung durch ein Wiederaufnahmeverfahren erhebt, seine Rechte grundsätzlich innerhalb von sechs Monaten (der zivilrechtlichen Verjährungsfrist entsprechend) nach dem Freispruch im Wiederaufnahmeverfahren ausüben muss, es sei denn, es liegen besondere Umstände vor. Dieser Widerspruch verwirrte viele Opfer der Menschenrechtsverletzungen.

Das schließlich zur Sache ergehende Urteil des Verfassungsgerichtshofes aus dem Jahr 2018, das die Regelung über den objektiven Fristbeginn gemäß Art. 166 Abs. 1 und Art. 766 Abs. 2 des koreanischen BGB für verfassungswidrig erklärte, da diese die Besonderheit der Fälle zur Vergangenheitsbewältigung nicht berücksichtige, kann dementsprechend hohe Bedeutung beanspruchen.

Die Gründung der 2. Kommission für Wahrheit und Aussöhnung im Jahr 2020 ist von vielen Bürgern gefeiert worden, wurde jedoch auch von der Sorge begleitet, wie es nach Abschluss der Wahrheitsermittlung weitergehen werde. Für den Menschen, nicht nur in Korea, gehört es auch zum Umgang mit traumatisierenden

Vorfällen der Vergangenheit, sich an Leben und Tod der Opfer erinnern zu wollen, schon damit solche menschenrechtswidrigen Straftaten sich nicht wiederholen.[3] Denn wenn wir uns nicht an die Opfer erinnern und sie in Vergessenheit geraten lassen, geben wir damit auch unsere eigenen Werte als Bürger und Menschen zu einem guten Stück auf. Die Erinnerung an die Opfer von schweren Menschenrechtsverletzungen ist wichtig und erforderlich, um die Menschenwürde und die Werte der Menschheit zu bewahren. Das heißt letztendlich, dass wir alle dazu aufgefordert, ja verpflichtet sind, uns an die Opfer staatlicher Gewalt zu erinnern. Die Frage bleibt nun, wie wir dieser Pflicht nachkommen können.

Hierzu werden vorliegend zunächst die Aktivitäten der Kommission für suspekte Todesfälle von 2000 erläutert. Im Anschluss soll die später eingesetzte Wahrheitskommission vorgestellt werden, die seit 2005 die Beschränkungen der Vorgängerkommission zu überwinden versuchte und auf eine umfassende Vergangenheitsbewältigung abzielte. Daran anschließend wird auf das rechtliche Problem des Schadensersatzanspruches gegen den Staat und des Ablaufs der Verjährungsfrist in Bezug auf die Entschädigung für Opfer eingegangen. Abschließend wird dann die Art und Weise der Erinnerung an die Opfer staatlicher Gewalttaten in Verbindung mit dem umfassenderen Phänomen der Erinnerungskultur diskutiert.

Präsidiale Wahrheitskommission zur Erforschung von suspekten Todesfällen

1. Kerninhalte des Sondergesetzes zur Ermittlung von suspekten Todesfällen

1) Ziele und Geltungsbereich

Das Ziel des Sondergesetzes zur Ermittlung von suspekten Todesfällen (kurz: „Sondergesetz zu suspekten Todesfällen“) liegt darin, „durch die Ermittlung von den mit der Demokratisierungsbewegung im Zusammenhang stehenden suspekten Todesfällen (…) zur nationalen Aussöhnung und Weiterentwicklung der Demokratie beizutragen“ (Art. 1 des Sondergesetzes über suspekte Todesfälle).

Dabei bedeutet „Demokratisierungsbewegung“ diejenige Bewegung, die in Art. 2 Abs. 1 des *Gesetzes zur Rehabilitierung und Entschädigung der Opfer der Demokratisierung* (kurz: „*Entschädigungsgesetz für Opfer der Demokratisierungsbewegung*“) definiert ist (Art. 2 Abs. 2 des Sondergesetzes über suspekte Todesfälle): Sie ist „eine Bewegung, die als

Widerstand gegen das autoritäre Regime, das seit 24. März 1964 die freidemokratische Ordnung durcheinander brachte und durch die Verfassung garantierte Grundrechte des Volkes verletze, durchgeführt wurde und so zur Etablierung von freiheitlich-demokratischer Grundordnung sowie Wiederherstellung und Stärkung von Freiheit und Recht des Volkes beigetragen hat."

Daraus folgte die Beschränkung, dass suspekte Todesfälle, die nicht im Zusammenhang mit der Demokratisierungsbewegung standen, von der Ermittlung ausgeschlossen wurden.

2) Ermittlungszeitraum

Laut des Gesetzes musste die Kommission bis zum 31. Dezember 2000 Anträge zur Wahrheitsermittlung annehmen (Art. 18 Abs. 2 des Sondergesetzes über suspekte Todesfälle) und sich innerhalb von 30 Tagen für eine Abweisung oder Ermittlung des jeweiligen Falles entscheiden (Art. 17 der Durchführungsverordnung). Wenn aber ein hinreichender Verdacht für einen suspekten Todesfall vorlag und dessen Inhalt als schwerwiegend erachtet wurde, konnte die Kommission von Amts wegen einer Ermittlung durchführen (Art. 21 Abs. 2 des Sondergesetzes über suspekte Todesfälle). Wenn eine Ermittlung eingeleitet wurde, musste diese „innerhalb von sechs Monaten" abgeschlossen werden (Art. 23 Abs. 1 des Sondergesetzes über suspekte Todesfälle) und wenn dies nicht möglich war, konnte die Frist nach Erklärung der Gründe vor dem Präsidenten einmal um höchstens drei Monate verlängert werden (Art. 23 Abs. 2 des Sondergesetzes über suspekte Todesfälle).

Eine weitere Beschränkung des Sondergesetzes lag somit darin vor, dass die Weiterführung der Ermittlungen unmöglich war, auch wenn kurz vor dem Ablauf der Ermittlungsfrist neue Erkenntnisse oder Beweise entdeckt wurden.

3) Maßnahmen der Kommission nach der Ermittlung

Wenn sich der Inhalt des Antrags bei der Prüfung als wahr erwies, war die Kommission zu folgenden drei Schritten verpflichtet:

① *Erstattung einer Strafanzeige bei der Staatsanwaltschaft oder beim Stabschef oder Beantragung einer Untersuchung,*
② *Beantragung eines Prüfverfahrens zur Entschädigung der Opfer bei der Re-*

habilitierungskommission, und

③ *Anfertigung eines Berichts über staatliche Maßnahmen bezüglich der Ermittlungsergebnisse und einzelner Fälle.*

4) Ermittlungsbefugnis der Kommission

Zu den Instrumenten, die der Kommission bei der Wahrheitsermittlung zur Verfügung standen, zählten u.a. die Anforderung von Stellungsnahmen durch Zeugen und Beschuldigte, deren Vorladung zur Ermittlung und Anhörung, Bestimmung von Gutachtern, Vergabe von entsprechenden Aufträgen und Vor-Ort-Ermittlungen (Art. 22 Abs. 1 bis 6 des Sondergesetzes über suspekte Todesfälle). Wenn die zur Ermittlung eingeladene Person ohne gerechtfertigten Grund der Vorladung nicht nachkam, konnte die Kommission einen Vorführungsbefehl erteilen (Art. 22 Abs. 8 bis 14 des Sondergesetzes über suspekte Todesfälle).

Gewaltanwendung gegen Kommissionsmitglieder, -mitarbeiter und Gutachter sowie Drohung und Behinderung der Ermittlungsarbeit auf Grundlage des hierarchischen Ranges konnten strafrechtlich verfolgt werden (Abs. 29 Art. 34 des Sondergesetzes zu suspekten Todesfällen). Wer zudem ohne berechtigten Grund der Forderung zur Einreichung von Unterlagen bzw. Gegenständen nicht nachkam oder gefälschte Unterlagen bzw. Gegenstände einreichte oder die Ermittlung ablehnte, behinderte oder umging, konnte zu einer Geldbuße von bis zu 10 Mio. Won verurteilt werden (Art. 37 des Sondergesetzes zu suspekten Todesfällen).

Ferner sah das Gesetz vor, dass niemand aufgrund der Informationsbereitstellung zur Ermittlung von suspekten Fällen benachteiligt werden sollte, die Kommission zu Zeugenschutz, Materialsicherung und Verhinderung von Beweisvernichtung Maßnahmen wie Schutz der persönlichen Daten von Zeugen und Durchführung von Schutzprogrammen ergreifen muss (Art. 29 Abs. 2 des Sondergesetzes über suspekte Todesfälle), und jemandem, der zur Wahrheitsermittlung beitrug oder Beweise oder einschlägige Unterlagen entdeckte oder übergab, eine Gegenleistung von bis zu 50 Mio. Won ausgezahlt werden konnte (Art. 29 Abs. 3 des Sondergesetzes über suspekte Todesfälle; Art. 22 der Durchführungsverordnung).

Bemerkenswert ist hierbei insbesondere Art. 37 des Sondergesetzes, wonach sich der Täter von der Anwesenheitspflicht befreien lassen kann, wenn er nur ein Bußgeld von bis zu 10 Mio. Won zahlt. Außerdem war es fraglich, ob eine Belohnung in Höhe von 50 Mio. Won für jemanden, der der Täter-Organisation angehörte oder noch dazugehört und einschlägige Informationen weitergeben soll, ausreichend ist.[4] Die Hinterbliebenen unternahmen daher Fundraising-Aktivitäten, um Belohnungen für Whistleblower bereitzustellen.

5) Einführung der Entscheidung „Unmöglichkeit der Wahrheitsermittlung"

Bei der Anwendung des Sondergesetzes über suspekte Todesfälle wurden ursprünglich „Abweisung", „Zurückweisung" und „Genehmigung" als Entscheidungsergebnisse verwendet. Doch auf Vorschlag der Hinterbliebenen der Opfer hin,[5] Fälle, bei denen u.a. durch die eng begrenzte Ermittlungsbefugnis der Kommission und die mangelhafte Bereitschaft betroffener Organisationen die Wahrheit nicht vollständig geklärt werden konnte, nicht als „zurückgewiesen" zu beurteilen, sondern für diese Wahrheitsermittlung „Unmöglichkeit" als Kriterium aufzunehmen, wurde bei der zweiten Revision des Sondergesetzes zu suspekten Todesfällen im Jahr 2002 dem Art. 24 Abs. 2 die alternative Regelung einer unmöglichen Wahrheitsermittlung hinzugefügt. Wenn die Kommission also nicht eindeutig feststellen konnte, ob der suspekte Todesfall sich im Laufe der Demokratisierungsbewegung ereignet hatte oder ob er durch eine direkte bzw. indirekte Ausübung der staatlichen Gewalt verursacht wurde, konnte der Fall inklusive seiner Begründung mit dem Urteil der unmöglichen Wahrheitsermittlung abgeschlossen werden. Der Einführung des Konzeptes der „Unmöglichkeit" kam in Korea bei der Vergangenheitsbewältigung große Bedeutung zu. *Auch im Rahmengesetz für Wahrheit und Aussöhnung, das zur Gründung der Kommission für Wahrheit und Aussöhnung nach* dem Abschluss der Ermittlungsaktivitäten zu suspekten Todesfällen erlassen wurde, wurde das Prinzip einer unmöglichen Entscheidung bei der Wahrheitsermittlung eingefügt.

Die auffälligsten Beschränkungen der Kommission für suspekte Todesfälle lagen in der mangelhaften Ermittlungsbefugnis und der Klausel, wonach der Umfang der Wahrheitsermittlung sich nicht auf die Gesamtheit der suspekten Todesfälle erstreckte, sondern nur auf jene der mit der Demokratisierungsbewegung zusammenhängenden Fälle.

2. Erfolge und Grenzen der Kommission

Bei der Kommission für suspekte Todesfälle, die im Oktober 2020 ihre Arbeit aufnahm, gingen bis Dezember desselben Jahres innerhalb von zwei Monaten 80 Anträge ein.[6] Zwei Fälle davon wurden als nicht zum Ermittlungsbereich gehörend abgewiesen und in fünf weiteren Fällen wurde entschieden, ohne Antrag von Amts wegen zu ermitteln. Bis zum Ablauf der gesetzlich geregelten Einsatzfrist, dem 16. September 2002, erkannte die Erste Kommission 19 von 83 untersuchten Fällen als mit der Demokratisierungsbewegung zusammenhängende suspekte Todesfälle durch Ausübung staatlicher Gewalt an. 33 von den Anträgen wurden zurückgewiesen und bei 30 Fällen wurde die Wahrheitsermittlung für unmöglich erklärt.

Auch wenn in 30 Fällen keine Ermittlungen erfolgen konnten, könnte man unter Berücksichtigung der begrenzten Befugnis und Einsatzdauer der Kommission sagen, dass diese überaus erfolgreich war, denn sie fand heraus, dass der Rechtsprofessor Tsche Chong-kil, dessen Tod zunächst als Selbstmord gedeutet worden war, während der Untersuchungshaft beim KCIA gefoltert wurde und die Wahrheit über die Umstände seines Todes gefälscht waren. Ferner wurde festgestellt, dass Park Yeong-du, ein ehemaliger Insasse des Samcheong-Umerziehungslagers, im Cheongsong-Gefängnis von Gefängniswärtern totgeschlagen wurde, und dass der Selbstmord des Gefreiten Heo Won-geun im Militärlager in Wirklichkeit ein verheimlichter Mord war. Darüber hinaus wurde ein Großteil der Zwangsmaßnahmen zur Konvertierung nordkoreanischer Langzeithäftlinge sowie der Zwangsrekrutierung und Überwachung von Studenten, die an der Demokratisierungsbewegung teilnahmen, geklärt.[7]

Jedoch blieben 30 Fälle – darunter der eine große Aufmerksamkeit erhaltende Fall des Politikers Jang Joon-ha-bis zum Ende ungelöst und ihre Ermittlung musste für unmöglich erklärt werden.

Um die Zeit, als die gesetzlich geregelte Einsatzfrist der Ersten Kommission ablief und die Kommission sich abschließenden Arbeiten wie der Berichterstattung widmete, lebte die Diskussion zur Revision des Sondergesetzes über suspekte Todesfälle wieder auf, sodass am 14. November 2002 der dritte Revisionsentwurf im Parlament verabschiedet wurde. Damit wurde der Kommission der Weg geöffnet, unter den 30 nicht ermittelbaren oder zurückgewiesenen Fällen maximal ein Jahr lang die Ermittlungen für diejenigen weiterzuführen, bei denen die Kommissionsmitglieder der Wiederaufnahme einstimmig zustimmten.

Dazu wurde im Juli 2003 die Zweite Kommission gebildet. Den Vorsitz behielt Han Sang-beom (Professor der Rechtswissenschaft), und Kim Hee-soo (Rechtsanwalt) und Hong Chun-Eui (Beamter) wurden zu ständigen Mitgliedern ernannt. Aus der Ersten Kommission führte nur Lee Seok-yeong (Professor der Agrarwissenschaften) sein Amt weiter, während Hwang Sang ik (Professor der Medizin), Seo Jae-kwan (Mediziner), Kang Gyeong-geun (Professor der Rechtswissenschaft), Lee Gi-wook (Rechtsanwalt) und Cheon Hae-cheol (Rechtsanwalt) neu ernannt wurden.

Die Zweite Kommission stieß trotz der kurzen Einsatzzeit auf zahlreiche Hindernisse. Als am 12. März 2004 im Parlament der Antrag für ein Amtsenthebungsverfahren des Präsidenten beschlossen wurde, veröffentlichten fünf Mitglieder der Kommission und 33 Ermittler aus dem Privatsektor eine Stellungnahme, in der die Annahme des Antrags zur Amtsenthebung des Präsidenten angeprangert wurde, und der ehemalige Premierminister Goh Kun, der damals die Aufgaben des Präsidenten wahrnahm, verurteilte dies als Verstoß gegen die Pflicht zu politischer Neutralität und das Verbot von Gruppenaktionen von Beamten. Schließlich musste sich die Kommission einer Sonderuntersuchung des koreanischen Rechnungshofes unterziehen und das ständige Mitglied Kim Hee-soo wurde bei der Staatsanwaltschaft wegen Verstoßes gegen das Beamtengesetz angeklagt.

Auch die Tatsache, dass die Fälle von Langzeithäftlingen Choi Seok-gi, Park Yeun-seo und Son Yun-gi, die u.a. durch Zwangskonvertierung und -ernährung ums Leben kamen, als suspekte Todesfälle anerkannt wurden, schlug hohe Wellen in der Gesellschaft. Die Erste Kommission schlussfolgerte aus den Ermittlungen, dass in den genannten Fällen eine gesetzwidrige Intervention der Staatsgewalt vorlag, ein Zusammenhang mit der Demokratisierungsbewegung jedoch fehlte, da der Wille des Staates zur Leugnung der Existenz und Sicherheit des Staates und zur Gefährdung der Ordnung zum Zeitpunkt des Todes der Häftlinge nicht angenommen werden könne. Im Gegensatz dazu entschied die Zweite Kommission, dass eine Spekulation über das Vorhandensein des Willens zur Gefährdung der Ordnung per se eine Verletzung des Grundsatzes der Gedanken- und Gewissensfreiheit sei. Darüber hinaus vertrat sie die Meinung, dass die Weigerung der Häftlinge zur politischen Konvertierung die Ausübung der Gewissensfreiheit als ein Grundrecht des Volkes darstelle und daher ein Zusammenhang mit der Demokratisierung bestehe.

Als die Entscheidung verkündet wurde, berichteten die Medien, dass die Kommission „Spione“ als Demokratisierungsaktivisten anerkannt hätte, woraufhin Mitglieder von antikommunistischen Vereinen vor dem Sitz der Kommission demonstrierten und sogar in ihr Büro stürmten.[8]

Die Zweite Kommission für suspekte Todesfälle griff 44 Fälle wieder auf – darunter 30 Fälle, die von der Ersten Kommission für nicht ermittelbar erklärt wurden, und 11 Fälle, gegen deren Entscheidung zur Zurückweisung Einspruch eingelegt wurde – und ermittelte bis zum 30. Juni 2004. Infolgedessen wurden 11 Fälle als mit der Demokratisierungsbewegung zusammenhängende suspekte Todesfälle durch Intervention der Staatsgewalt anerkannt, sieben Fälle zurückgewiesen, und 24 Fälle erneut als nicht ermittelbar befunden. Beispielsweise fand die Zweite Kommission heraus, dass der Fall des Unteroffiziers Cheong Yeon-kwan, dessen Tod im Jahr 1987 als Folge eines einfachen Überfalls erklärt wurde, in Wirklichkeit mit der Wahlkorruption bei der Briefwahl des koreanischen Wehrdienstes im Zuge der Präsidentschaftswahl zusammenhing. Auch die Tatsachen bezüglich der Zwangsrekrutierung der an der Demokratisierungsbewegung teilnehmenden Studenten, deren Überwachung und Ausnutzung als Geheimagenten sowie die Zwangskonvertierung der nordkoreanischen Häftlinge wurden enthüllt.[9] Darüber hinaus bemühte sich die Zweite Kommission um die Erarbeitung rechtlicher und institutioneller Rahmen zur Vermeidung von ähnlichen Vorfällen, indem sie u.a. den *Gesetzentwurf zur Prüfung der Todesursache* zur Vermeidung von suspekten Todesfällen entwickelte und eine öffentliche Anhörung zur Gesetzgebung durchführte. Damit wurde die Einsatzzeit der zweiten Kommission, die zwei Jahre und neun Monate amtierte, abgeschlossen.[10] Die „nicht ermittelbar“ gebliebenen Todesfälle konnten nun durch die Kommission für Wahrheit und Aussöhnung, die im Folgenden beschrieben wird, aufgegriffen werden.

Kommission für Wahrheit und Aussöhnung (Wahrheitskommission)

Roh Moo-hyun, der im Februar 2003 Präsident wurde, verkündete vier Reformaufgaben wie die Aufhebung des Gesetzes zur Nationalen Sicherheit, die Vergangenheitsbewältigung und die Revision der Regelungen für Privatschulen und des Mediengesetzes. Insbesondere bezüglich der Vergangenheitsbewältigung schlug er in seiner Rede zum 60. Tag der Unabhängigkeit vom 15. August 2004 eine „auf einen allgemeinen Ansatz basierende, umfassende Vergangenheitsbewältigung" vor.[11] [12]

Damit wurden die Aktivitäten zur Verabschiedung relevanter Gesetze von Bürgerinitiativen und Opfervereinen, die Aktivitäten zur Vergangenheitsbewältigung durchführten, in Gang gebracht. Am 9. November 2004 wurde zur umfassenden Behandlung von bis dahin ungelöst gebliebenen Themen die Bürgervereinigung für richtige *Vergangenheitsbewältigung* (kurz: „*Bürgervereinigung*") ins Leben gerufen. Die Bürgervereinigung bemühte sich um den Erlass eines umfassenden Gesetzes zur Vergangenheitsbewältigung, das neben den von den vorherigen Kommissionen wegen diverser Beschränkungen ungelöst gebliebenen Fällen auch die nicht mit der Demokratisierungsbewegung zusammenhängenden suspekten Todesfälle im Militär und Massaker von Zivilisten – die aufgrund der im Sondergesetz über suspekte Todesfälle vorgesehenen Bedingung eines Zusammenhangs mit der Demokratisierung nicht behandelt werden konnten – in seinen Geltungsbereich einschließt, und in Zusammenarbeit mit der Politik trieb sie Aktivitäten zum Gesetzeserlass voran.

Doch durch Konfrontationen[13] im politischen Bereich bezüglich des Gesetzes zur Vergangenheitsbewältigung wurde die Erreichung des Ziels immer wieder hinausgeschoben.

1. Gesetzgebungsprozess

Um die Beschränkungen der Kommissionen zu suspekten Todesfällen zu überwinden, erarbeitete die Bürgervereinigung den *Entwurf der Bürgervereinigung*.

Dem Ziel entsprechend waren im Gesetzesentwurf mehrere Regelungen zur Stärkung der Ermittlungsbefugnis der Kommission enthalten.[14] So konnte z.B. jemand, der einer Zeugenvorladung nicht nachkam, strafrechtlich belangt werden, und die Regel über den Befehl zur Materialeinreichung an staatlichen Einrichtungen besagte, dass Einrichtungen, die diesen Befehl erhalten haben, ihn nicht ohne berechtigten Grund ablehnen dürfen. Darüber hinaus wurden sonstige Befugnisse wie zum Befehl zur Transaktionsunterlageneinreichung an Finanzinstituten, zur Hemmung der Verjährung sowie das Recht zur Beantragung des Erlasses von Einziehungs-, Durchsuchungs- und Verifizierungsbefehlen ergänzt.

Die damalige Regierungspartei, die Yeollin Uri Party (kurz: „*Uri Party*"), zeigte jedoch deutliche Vorbehalte gegenüber dem Gesetzesentwurf der Nationalen Kommission. Sie behauptete, dass bei Nichtbefolgen einer Zeugenvorladung eine strafrechtliche Verfolgung durch eine Geldbuße ersetzt werden solle. Ferner sollten Staatsgeheimnisse in puncto Militär, Diplomatie und innerkoreanischer Beziehungen bei einer Stellungnahme durch die zuständigen Minister ausnahmsweise von der Pflicht zur Materialvorlage ausgenommen werden. Darüber hinaus war sie der Meinung, dass die Befugnis zur Öffentlichkeitsarbeit überflüssig sei – die Kommission dürfe vor der Berichterstattung die ermittelten Inhalte bezüglich des Beschuldigten und seiner Taten nicht in den Medien oder in Publikationen veröffentlichen und Ermittlungsinhalte nicht vor dem Ende der Untersuchungen bekannt machen.

Die größte Oppositionspartei von damals, die Hannara Party, vertrat die Position, dass Aktivitäten zur Vergangenheitsbewältigung auf Wissenschaftsebene unter dem Forschungsthema „moderne Geschichte" vorangetrieben werden sollten und dafür eine Institution – Kommission zur Untersuchung und Forschung der modernen Geschichte Koreas – bei der National Academy of Sciences gegründet werden sollte.[15] Des Weiteren sollte der Umfang der Wahrheitsermittlung auf den „Unabhängigkeitskampf gegen die japanische Kolonialherrschaft, suspekte Todesfälle koreanischer Mitbürger in Japan sowie Menschenrechtsverletzungen durch die Macht, die die Legitimität Koreas leugnet" erweitert werden.

Schließlich wurden bei der Eröffnung der 17. Legislaturperiode von allen Parteien jeweils unterschiedliche Gesetzesentwürfe vorgelegt. Von der Uri Party wurde das *Rahmengesetz zur Wahrheitsermittlung und Aussöhnung* (von Won Hye-yeong und weiteren 150 Abgeordneten, 20.10.2004), von der Hannara Party das *Rahmengesetz zur Untersuchung und Erforschung der Modernen Geschichte Koreas* (von Yu Gi-joon und weiteren 120 Abgeordneten, 23.09.2004) und von der *Democratic Labor Party* (kurz: *„DLP"*) *das Integrierte Sondergesetz zur Vergangenheitsbewältigung für die Zukunft der Wahrheit* (von Lee Yeong-soon und weiteren 10 Abgeordneten, 21.10.2004) eingereicht, doch die Parteien konnten sich auf keinen der Vorschläge einigen, sodass in der ordentlichen Sitzung des Parlaments kein relevanter Gesetzesentwurf verabschiedet werden konnte.[16]

Nach langem Hin und Her wurde schließlich am 3. Mai 2005 in der ordentlichen Sitzung des Parlaments das *Rahmengesetz für Wahrheit und Aussöhnung* (kurz: *„Rahmengesetz"*) verabschiedet. Es wurde am 31. Mai 2005 verkündet und trat am 1. Dezember 2005 in Kraft.

Tabelle 1: Vergleich der Gesetzesentwürfe I (Grundstruktur)

	Uri Party	Hannara Party	DLP
Bezeichnung des Gesetzesentwurfs	Rahmengesetz zur Wahrheitsermittlung und Aussöhnung	Rahmengesetz zur Untersuchung und Erforschung der modernen Geschichte Koreas	Integriertes Sondergesetz zur Vergangenheitsbewältigung für die Zukunft der Wahrheit
Bezeichnung der zuständigen Institution	Kommission für Wahrheit und Aussöhnung	Kommission zur Untersuchung und Erforschung der modernen Geschichte Koreas	Kommission für Wahrheit und Zukunft
Organisationsart	unabhängige Staatsorganisation	eine der National Academy of Sciences zugehörige Organisation	unabhängige Staatsorganisation
Ermittlungszeitraum	4 Jahre (Verlängerung um 2 Jahre möglich)	6 Jahre (Verlängerung um 3 Jahre möglich)	4 Jahre (Verlängerung um 4 Jahre möglich)
Mitglieder	13 Mitglieder (1 Vorsitzender, 4 ständige Mitglieder)	7 Mitglieder (1 Vorsitzender, 1 ständiges Mitglied)	25 Mitglieder (1 Vorsitzender, 8 ständige Mitglieder)

2. Wesentlicher Inhalt des Rahmengesetzes

1) Ziele und Geltungsbereich

Gemäß Art. 1 des Rahmengesetzes liegt das Ziel darin, „durch Ermittlungen zum Unabhängigkeitskampf gegen die japanische Kolonialherrschaft sowie zu Menschenrechtsverletzungen, Massenmorden, suspekten Todesfällen o.ä. durch antidemokratische oder gegen die Menschlichkeit verübte Taten entstellte oder verheimlichte Wahrheiten aufzudecken und dadurch zur Etablierung der Legitimität der Nation und zur Integration des Volkes für künftigen Fortschritt durch Aussöhnung mit der Vergangenheit beizutragen."

Zu den Bereichen der Wahrheitsermittlung werden in Art. 2 folgende Beispiele genannt:

① *Widerstandskampf während oder kurz vor der japanischen Besatzungszeit*

② *Todesfälle von Koreanern im Ausland, die nach der japanischen Besatzungszeit zur Wahrung der Souveränität des Staates und Erhöhung der nationalen Stärke beigetragen haben*

Tabelle 2: Vergleich der Gesetzesentwürfe I (Befugnisse der Kommissionen)

	Uri Party	Hannara Party	DLP
Befugnisse der Kommission (Aufgaben und Durchführungs-methoden)	1. Wahrheitsermittlung: · Aufforderung zu Stellungnahme und Materialvorlage; Prüfung von persönlichen Daten; Auftragsvergabe zur Begutachtung, etc. · Vor-Ort-Ermittlung und Aufforderung zu Materialvorlage (bei Weigerung: Erklärung → Befehl; Vorbehaltsklausel) · Prüfung von Mobilfunknutzung · Antrag auf Einziehungs-, Durchsuchungs- und Verifizierungsbefehl (Vorbehaltsklausel) · Vorladung (bei Ablehnung: Bußgeld) · Anhörung 2. Aussöhnungsaktivitäten · Antrag auf Begnadigung bzw. Wiederherstellung von Rechten der Opfer · Einleitung bzw. Beantragung von Rechtswegen für Täter, die ihre Taten zugeben 3. Erstattung von Anzeigen und Beantragung von Ermittlungen (Antrag auf Feststellung) 4. Schutz von Zeugen, etc. 5. Berichterstattung (inkl. Empfehlungen) 6. Durchführung von Arbeiten zur Prozessführung	1. Ermittlung und Erforschung: · Aufforderung zu Materialeinreichung und-einsicht · Vorladung zu Ermittlungen und Abgabe von Stellungnahmen · Auftragsvergabe zur Begutachtung und Vor-Ort-Ermittlung 2. Anfertigung von Ermittlungsberichten 3. Schutz von Zeugen, etc.	1. Wahrheitsermittlung: · Aufforderung zu Stellungnahme und Materialeinreichung; Prüfung von persönlichen Daten; Auftragsvergabe zur Begutachtung, etc. · Vor-Ort-Ermittlung und Aufforderung zu Materialeinreichung (bei Weigerung: Erklärung → Befehl) · Antrag auf Einziehungs-, Durchsuchungs- und Verifizierungsbefehl ► Bei dringenden Angelegenheiten: Einziehung, Durchsuchung oder Verifizierung ohne Befehlserlass möglich (nachträgliche Beantragung erforderlich) · Vorladung und Prüfung von Mobilfunknutzung; Forderung nach Finanztransaktions-unterlagen · Anhörung; Antrag auf Beweissicherung · Antrag auf Zeugenvernehmung 2. Forschung zur Geschichte 3. Aussöhnungsaktivitäten und Begnadigung, etc. · Rehabilitierung; Gedenkaktivitäten und Begnadigung; Antrag auf Straferlass und Wiederherstellung der Rechte der Opfer · Entschädigung und Unterstützung für Lebenshaltungskosten · Verbesserung relevanter Gesetze, Regelungen und Maßnahmen; Gedenkaktivitäten 4. Erstattung von Anzeigen und Beantragung von Ermittlungen 5. Schutz von Zeugen, etc. 6. Berichterstattung (inkl. Empfehlungen) 7. Öffentlichkeitsarbeit

③ *gesetzeswidrige Massentötung von Zivilisten, die nach dem 15. August 1945 sowie vor und nach dem Koreakrieg begangen wurde* (*2020 wurde dieser Punkt zu „gesetzeswidrige Massenmord-, Massenverletzungs- und Vermisstenfälle von Zivilisten, die sich nach dem 15. August 1945 sowie vor und nach dem Koreakrieg ereigneten" revidiert*)

④ *Mord-, Verletzungs- und Vermisstenfälle, die sich vom 15. August 1945 bis zur autoritären Herrschaft durch eine gesetzeswidrige bzw. eindeutig ungerechte Ausübung von Staatsgewalt wie durch Verletzung der Grundordnung ereigneten, sowie sonstige schwerwiegende Menschenrechtsverletzungen und falsche Anschuldigungen*

⑤ *Menschenrechtsverletzungen, Gewalttaten, Massenmord und suspekte Todesfälle, die durch die nationale Legitimität der Republik Korea Leugnende oder dem Staat gegenüber feindlich Eingestellte begangen wurden*

⑥ *Fälle von hoher historischer Bedeutung, deren Ermittlung die Kommission zur Erreichung des Zieles dieses Gesetzes für erforderlich erachtet*

2) Aufbau der Kommission

Gemäß Art. 4 des Rahmengesetzes a.F. (Zusammensetzung der Kommission) musste die Kommission aus 15 Mitgliedern, darunter vier ständigen Mitgliedern, bestehen, wobei acht vom Parlament gewählte Mitglieder (einschließlich zweier ständiger Mitglieder), vier vom Präsidenten ernannte Mitglieder (einschließlich zweier ständiger Mitglieder) und drei vom Präsidenten des Obersten Gerichtshofes ernannte Mitglieder durch den Präsidenten bestellt werden mussten.

Doch bei der Revision 2020 wurde Art. 4 des Rahmengesetzes dahingehend verändert, dass die Kommission nun aus neun Mitliegern einschließlich drei ständigen Mitgliedern bestehen muss, wobei ein Mitglied vom Präsidenten ernannt und acht Mitglieder vom Parlament (vier aus der Fraktion, zu der der Präsident gehört oder gehörte und vier aus anderen Fraktionen) gewählt werden, die schließlich durch den Präsidenten bestellt werden. Die Amtszeit der Mitglieder begann gemäß Art. 2 des Rahmengesetzes am Tag des Inkrafttretens des Gesetzes, also am Gründungstag der Kommission für Wahrheit und Aussöhnung.

Die Mitglieder mussten eine der folgenden Bedingungen erfüllen (keine Änderung seit 2005):

① *Tätigkeit als Vollzeit-Professor/in von mindestens zehn Jahren an einer staatlich anerkannten Universität oder an einer Stelle höheren Ranges,*
② *Tätigkeit als Richter/in, Staatsanwalt/-anwältin oder Rechtsanwalt/-anwältin von mindestens zehn Jahren,*
③ *Tätigkeit als Beamter/Beamtin von Rang 3 oder höher von mindestens zehn Jahren oder*
④ *Tätigkeit als Geistliche (r) oder als Beteiligter an Forschungsaktivitäten zur Geschichte bzw. Historiographie von mindestens zehn Jahren*

3) Auswahl des Ermittlungsgegenstands und Entscheidung zur Einleitung der Ermittlung

Die Kommission nahm gemäß Art. 19 des Rahmengesetzes (Antrag zur Wahrheitsermittlung) ein Jahr lang nach dem Inkrafttreten des Rahmengesetzes Anträge von Opfern, Hinterbliebenen und Verwandten der Opfer sowie von Personen, die wichtige Fakten über die ungeklärten Fälle bezüglich der Wahrheitsermittlung kannten, entgegen. Wenn der Antrag nicht einem der abzuweisenden Fälle nach Art. 21 Abs. 1 des Rahmengesetzes entsprach, wurde die Einleitung des Verfahrens beschlossen und eine Ermittlung durchgeführt, und wenn erforderlich, wurde zuvor eine Voruntersuchung durchgeführt, deren Ergebnis als Grundlage zur Entscheidung diente. Über Fälle, bei denen ein hinreichender Verdacht existierte, dass es sich um einen Fall von großer historischer Bedeutung sowie Notwendigkeit zur Wahrheitsermittlung handelte und die Wahrheitsermittlung von besonders großer Bedeutung sei, konnten Amtsermittlungen durchgeführt werden. Wenn ein Antrag jedoch zum Ermittlungsgegenstand der Kommission gehörte, der Inhalt des Antrages als eindeutig falsch oder unbegründet befunden wurde oder zu einem bereits einmal abgewiesenen Inhalt erneut eingereicht wurde, musste der Antrag gemäß Art. 21 des Rahmengesetzes (Entscheidung zur Abweisung) abgewiesen werden.

In Art. 19 Abs. 2 des revidierten Rahmengesetzes aus dem Jahr 2020 wurde die Frist für die Antragsstellung auf zwei Jahre (nach dem Inkrafttreten des Rahmengesetzes) verlängert.

4) Ermittlungsbefugnis

Gemäß Art. 23 ist die Kommission befugt,

① *von Personen, gegen die ermittelt wird, bzw. Zeugen eine Stellungnahme zu fordern,*
② *Personen, gegen die ermittelt wird, oder Zeugen vorzuladen oder zu verhören,*
③ *Material oder Gegenstände über Personen, gegen die ermittelt wird, bzw. über Zeugen oder relevante Organisationen, Einrichtungen, Vereinen etc. anzufordern oder diese aufzubewahren,*
④ *Tatsachen oder Informationen, die mit relevanten Organisationen, Einrichtungen, Vereinen etc. im Zusammenhang stehen, zu erforschen und*
⑤ *einen Gutachter zu beauftragen bzw. einen Begutachtungsauftrag zu erteilen.*

Darüber hinaus war die Kommission gemäß Art. 24 des Rahmengesetzes (Vorladung) befugt, basierend auf einem Kommissionsbeschluss eine Festnahme anzuordnen, wenn jemand, der entscheidende Beweisunterlagen oder relevante Informationen bezüglich der entstellten oder verdeckten Wahrheiten durch antidemokratische bzw. der Menschlichkeit widersprechende Ausübung von Staatsgewalt etc. besitzt, ohne Rechtfertigung insgesamt drei Mal der Vorladung nicht nachkommt.

Als bemerkenswerteste Veränderung bei der Revision aus dem Jahr 2020 gilt die Einführung der Regelung über Anhörungen, die 2005 zwar vorgeschlagen, aber nicht eingefügt worden war. Da jedoch Anhörungen gemäß dem Gesetz in geschlossener Form durchgeführt werden mussten, war die Wirksamkeit der Regelung eher fraglich. Gemäß Art. 24 Abs. 2 des revidierten Rahmengesetzes (Durchführung von Anhörungen) konnte die Kommission – wenn es als für die Arbeitsdurchführung erforderlich empfunden wurde – Aussagen, Begutachtungsergebnisse oder Stellungnahmen von Zeugen und Gutachtern aufnehmen und basierend auf einem Kommissionsbeschluss eine Anhörung durchführen, damit diese als Beweise akzeptiert werden können. Doch die Anhörung wurde in geschlossener Form durchgeführt und durfte nicht zur Verletzung der Privatsphäre führen oder mit dem Ziel durchgeführt werden, bei der Anklage eines Falles in das laufende Verfahren oder dessen Untersuchung zu intervenieren. Wenn für die Anhörung die Einreichung von Material bzw. Gegenständen gefordert oder Zeugen bzw. Gutachter vorgeladen werden mussten, musste der Kommissionsvorsitzende der betroffenen Person oder

Institution eine schriftliche Aufforderung dazu zukommen lassen (Art. 24 Abs. 3 des revidierten Rahmengesetzes).

Darüber hinaus konnte die Kommission gemäß Art. 23 Abs. 3 des 2020 revidierten Gesetzes von relevanten Einrichtungen wie dem Ministerium für Verwaltung und Sicherheit oder dem Obersten Gerichtshof persönliche Unterlagen wie Melde- oder Familienstandregistrierung des Betroffenen anfordern, wenn es als notwendig erachtet wurde. In diesem Fall war die angefragte Einrichtung verpflichtet, relevante Unterlagen vorzulegen.

5) Ermittlungszeitraum

Gemäß Art. 25 (Ermittlungszeitraum) führte die Kommission ab dem ersten Ermittlungstag, dem 25. April 2006, vier Jahre lang Ermittlungen durch. Laut des Rahmengesetzes hätte die Kommission drei Monate vor Einsatzablauf, dem 24. April 2020, durch eine Mitteilung an den Präsidenten und das Parlament basierend auf dem Beschluss der Kommission die Einsatzzeit um bis zu zwei Jahre verlängern können, doch unter der Regierung von Lee Myung-bak verzichtete die Erste Kommission für Wahrheit und Aussöhnung auf die Möglichkeit einer vollen Verlängerung und ließ sie nur um zwei Monate – bis zum 30. Juni 3010 – verlängern.

Bei der Revision 2020 wurde der Ermittlungszeitraum verkürzt. Laut Art. 25 des aktuellen Gesetzes kann die Kommission drei Jahre lang Ermittlungen durchführen und die Einsatzzeit um ein Jahr verlängern.

6) Entscheidung zu Ermittlungen und zu deren Unmöglichkeit

Wenn gemäß Art. 26 des Rahmengesetzes (Entscheidung zur Wahrheitsermittlung) die Ermittlungen abgeschlossen sind und die Wahrheit ermittelt wurde, wird das Ermittlungsergebnis basierend auf einem Beschluss der Kommission entschieden. Darüber hinaus wurde das Prinzip der „Entscheidung zur Unmöglichkeit der Wahrheitsermittlung“ im Sinne des Sondergesetzes zu suspekten Todesfällen durch Art. 27 ebenfalls in das Rahmengesetz aufgenommen. Wenn die Wahrheit trotz Ermittlungen nicht geklärt werden konnte, wurde sie mithin als unnachweisbar erklärt.

7) Aktivitäten zur Aussöhnung

Die Kommission ist befugt, verschiedene Aktivitäten zur Aussöhnung zu unternehmen.

Art. 36 Abs. 1 des Rahmengesetzes (Entschädigung und Rehabilitierung) besagt, dass die Regierung verpflichtet ist, der ermittelten Wahrheit entsprechend angemessene Maßnahmen zu ergreifen, um die Opfer und ihre Hinterbliebenen zu entschädigen und zu rehabilitieren.

Laut Art. 37 des Rahmengesetzes (Sonderbegnadigung und Wiederherstellung von Rechten des Opfers) kann die Kommission ferner beim Präsidenten eine Sonderbegnadigung oder Wiederherstellung von Rechten der Opfer, die aufgrund der Wahrheitsverheimlichung oder -entstellung verurteilt wurden oder deren Rechte gemäß dem Gesetz entzogen oder beschränkt wurden, beantragen. Diesbezüglich sind die relevanten Staatseinrichtungen dazu verpflichtet, die Entscheidung bzw. den Antrag der Kommission zu akzeptieren. Außerdem kann die Kommission gemäß Art. 38 des Rahmengesetzes bei einschlägigen Einrichtungen für Täter, die sich während der Ermittlung zu ihren Taten bekannt haben und äußerst kooperativ waren – und so lange die durch den Täter bekannten Inhalte der Wahrheit entsprechen – eine Nichtbestrafung oder einen Straferlass bei Untersuchungen bzw. Prozessen beantragen und im Falle einer Verurteilung durch ein strafrechtliches Verfahren dem Präsidenten eine Sonderbegnadigung oder Wiederherstellung von Rechten vorschlagen. Laut Art. 39 (Aussöhnung zwischen Täter und Opfer bzw. Hinterbliebenen) sind die Kommission und Regierung dazu verpflichtet, eine Aussöhnung zwischen Täter und Opfer bzw. Hinterbliebenen nachdrücklich zu empfehlen.

In Art. 40 des Rahmengesetzes (Gründung der Stiftung zur Vergangenheitsforschung) wird des Weiteren geregelt, dass die Regierung befugt ist, zur Gründung einer solchen Stiftung, die u.a. Gedenkaktivitäten durchführen und Archivierungseinrichtungen betreiben bzw. verwalten soll, Finanzmittel bereitzustellen. In Abs. 3 werden folgende Aktivitäten als Aufgaben der Stiftung genannt:

① *Durchführung von Gedenkaktivitäten und Betreibung bzw. Verwaltung von Archivierungseinrichtungen*
② *Unterstützung von zusätzlichen Projekten zur Wahrheitsfindung*

③ *Unterstützung von kulturellen bzw. wissenschaftlichen Aktivitäten im Zusammenhang mit der Wahrheitsermittlung*
④ *sonstige Aktivitäten.*

Die Erste Kommission für Wahrheit und Aussöhnung interpretierte den Umfang des Art. 32 des Rahmengesetzes (Berichterstattung und Vergabe von Gelegenheiten zur Stellungnahme) und Kapitel 4 (Aktivitäten des Staates und der Kommission zur Aussöhnung) sehr weitreichend und schlug dementsprechend Empfehlungen für den Staat bezüglich ermittelter Einzelfälle vor. Dabei wurden dem Präsidenten und dem Parlament folgende Maßnahmen vorgelegt:

① *Erlass eines Entschädigungssondergesetzes für Opfer von Massenangriffen auf Zivilisten vor und nach dem Koreakrieg*
② *Suche nach sterblichen Überresten und Bestattung der Opfer von Massenangriffen auf Zivilisten vor und nach dem Koreakrieg*
③ *Gründung einer Stiftung zur Vergangenheitsforschung.*

Doch bis zum jetzigen Zeitpunkt sind diese Empfehlungen von der Regierung immer noch nicht akzeptiert worden.

Die wesentlichen Unterschiede zwischen dem Rahmengesetz 2005 und der Revision 2020 werden in folgender Tabelle zusammengefasst.

3. Erfolge und Grenzen

Während der Einsatzzeit der Ersten Kommission für Wahrheit und Aussöhnung wurden insgesamt drei Personen zum Kommissionsvorsitz ernannt, als erster Song Gi-in (katholischer Priester, Amtszeit: 01.12.2005 – 30.11.2007), gefolgt von Ahn Byeong-wook[17] (Geschichtsprofessor, Amtszeit: 01.12.2007 – 30.11.2009) und als dritter Lee Yeong-jo[18] (ständiges Mitglied der Kommission für Wahrheit und Aussöhnung, Amtszeit: 01.12.2009 – 13.12.2010).

Die Kommission für Wahrheit und Aussöhnung bestand aus insgesamt 15 Mitgliedern – darunter ein befanden sich ein Vorsitzender, drei ständige Mitglieder und 11 nichtständige Mitglieder. Die Amtszeit jedes Mitgliedes betrug zwei Jahre und aufeinanderfolgende Amtszeiten waren erlaubt.

Die Kommission nahm vom 1. Dezember 2005, dem Tag des Inkrafttretens des

Tabelle 3: Vergleich des alten und des revidierten Rahmengesetzes

Inhalt	Rahmengesetz 2005	Revision 2020
Umfang der Ermittlungen (Art. 2 Abs. 1)	Nr. 3: gesetzeswidrige Massenmordfälle an Zivilisten (vom 15. August 1945 bis vor und nach dem Koreakrieg)	Nr. 3: gesetzeswidrige Massenmord-, Verletzungs- und Vermisstenfälle von Zivilisten (vom 15. August 1945 bis vor und nach dem Koreakrieg)
Aufbau der Kommission (Art. 4 Abs. 1 und 2)	4 vom Präsidenten (inkl. 2 ständiger Mitglieder), 8 vom Parlament (inkl. 2 ständiger Mitglieder) und 3 vom Obersten Richter am Obersten Gerichtshof ernannt	1 vom Präsidenten (inkl. 1 ständiges Mitglied), 8 vom Parlament (4 von der Regierungspartei und 4 von der Oppositionspartei jeweils inkl. 1 ständiges Mitglied) ernannt
	Nr. 5 (neu): Anforderungen an Mitglieder	Nr. 5: wer über die zur Wahrheitsermittlung erforderliche Expertise und Erfahrungen verfügt
Frist für Antragsstellung (Art. 19 Abs. 2)	innerhalb von 1 Jahr nach dem Inkrafttreten dieses Gesetzes	innerhalb von 2 Jahren nach dem Inkrafttreten dieses Gesetzes
Ermittlungszeitraum (Art. 25 Abs.1 und 2)	4 Jahre nach der ersten Entscheidung zur Ermittlung (Verlängerung um zwei Jahre möglich)	3 Jahre (Verlängerung um 1 Jahr möglich)
u.a. Methoden zur Wahrheitsermittlung (Art. 23 Abs. 3)	(neu)	Anforderung von Material zu persönlichen Daten
Anhörung (Abs. 24 Satz 2 bis 7)	(neu)	Einführung der geschlossenen Anhörung
Erstellung und Änderung des Familienregisters (Art. 37 Satz 2)	(neu)	Erstellung bzw. Änderung des Familienregisters der Opfer
Beschränkung der Unterstützungsvereine für Opfer (Art. 43 Satz 2)	(neu)	Beschränkung von gewinnorientierten Organisationsaktivitäten unter dem Vorwand der Unterstützung von Opfern bzw. Hinterbliebenen
Strafe und Geldbuße (Art. 45 und 47)	(neu)	Einfügung von u.a. Regelungen zur Bestrafung falscher Aussagen bzw. Begutachtung bei Anhörungen

Vergangenheitsbewältigungsgesetzes, bis zum 30. November 2006 Anträge zur Wahrheitsermittlung entgegen (Art. 1 des Vergangenheitsbewältigungsgesetzes). Während des Zeitraums von einem Jahr wurden insgesamt 10.860 Anträge eingereicht, wovon die Fälle von Massenmord an Zivilisten (7.922 Anträge) und die Fälle von Anti-Regierungs-Aktivitäten (1.687 Anträge) mit 88,6% den größten Teil einnahmen. Die Kommission befand 8.450 Fälle als ermittlungserforderlich und 528 Fälle als nicht ermittelbar, während 1.729 Fälle abgewiesen wurden.[19]

97 Fälle wurden an andere Einrichtungen wie dem Verteidigungsministerium, der Kommission für suspekte Todesfälle des Militärs und der Agentur für Patrioten und Kriegsveteranen weitergeleitet, während bei 351 Fällen der Antragsteller den Antrag zurückzog [Kommission für Wahrheit und Aussöhnung 2010, S. 76-78]. Nachdem die Kommission bis 30. Juni 2010 insgesamt bei 11.175 Fällen durch 10.860 Ermittlungsverfahren auf Antrag, 15 Amtsermittlungsverfahren und 11.175 Trennungs- bzw. Konsolidierungsverfahren die Wahrheit ermittelt und darüber einen Gesamtbericht erstellt hatte, wurde sie am 31. Dezember 2010 aufgelöst.

Trotz zahlreicher Beschränkungen gelang es der Kommission, wichtige Menschenverletzungsfälle zu klären, was zu einem Wiederaufnahmeverfahren oder zur Rehabilitierung bzw. Entschädigung von Hinterbliebenen führte. Im Bereich des Unabhängigkeitskampfes wurden z.B. der Widerstandskampf durch Unabhängigkeitskämpfer aus der Shinheung Ausbildungsstätte für Unabhängigkeitsarmee sowie die Vertreibung von Aktivisten gegen den Vormundschaftsvertrag nach Russland und im Bereich des Massenangriffs auf Zivilisten z.B. das Massaker in der Höhle Geumjeong-gul in Goyang, jenes in der Kobaltmine in Kyeongsan und jenes durch die 11. Division des Militärs ermittelt. Des Weiteren wurde im Bereich der Menschenrechtsverletzung z.B. der Fall des Vorsitzenden des Zeitungsverlages Minjok Ilbo Cho Yong-soo, die falsche Anschuldigung des Studenten Kang ki-hoon wegen Testamentfälschung und die falsche Spionageanschuldigung des ehemaligen Vorsitzenden der nordkoreanischen Nachrichtenagentur Lee Soo-keun erfolgreich aufgedeckt.

Vor allem die Zivilistentötung aus der Vor- und Nachkriegszeit nahm mit 73,4% einen überaus großen Anteil ein. Bereits vor der Gründung der Kommission wurden auf der Regierungsebene einige Fälle wie das Massaker in Geochang, das 4·3-Massaker auf Jeju-do oder die Massentötung in Nogeun-ri behandelt, doch durch die Kommission für Wahrheit und Aussöhnung untersuchte erstmals die Gesamtheit der Massenmorde von Zivilisten während des Koreakrieges flächendeckend und umfassend. Dadurch wurden z.B. das Massaker von Mitgliedern des Pressebundes, jenes von fälschlich als Landesverräter verdächtigten Zivilisten während der Besatzung durch die nordkoreanische Armee und Gewalttaten der amerikanischen Armee an Zivilisten geklärt.[20]

Doch aus folgenden Gründen wurde die Kommission auch scharfer Kritik ausgesetzt:[21]

① *Obwohl die Erste Kommission für Wahrheit und Aussöhnung die Befugnis zur Amtsermittlung besaß, stützte sie sich zu sehr auf die Anträge von Opfern und Hinterbliebenen, sodass zu viele Fälle unbeachtet geblieben sind.*[22]

② *Bei der Ersten Kommission wurden zu viele Anträge abgewiesen oder als nicht ermittelbar erklärt.*[23]

③ *Es mangelte an Folgemaßnahmen nach der Ermittlung – insbesondere die Empfehlungen zu Entschädigungsmaßnahmen wie der Erlass eines Entschädigungssondergesetzes, die der Regierung vorgelegt wurden,*[24] *und der Vorschlag zur Errichtung einer Stiftung zur Vergangenheitsforschung wurden von der Regierung nicht akzeptiert.*[25]

④ *Als Übergangsorganisation war die Kommission verschiedenen Grenzen und einer zeitlichen Beschränkung ausgesetzt, und der Kommission mangelte es an Expertise.*[26]

⑤ *Die Kommission wurde weniger von der Zivilgesellschaft als von Parteien oder der politischen Lage beeinflusst.*[27]

⑥ *Da die Veröffentlichung von Ermittlungsinhalten während des Ermittlungsprozesses nicht erlaubt war, mangelte es an Gelegenheiten zu gesellschaftlichem Lernen, das zur Weiterentwicklung des historischen Bewusstseins oder des Bürgersinns hätte beitragen können.*[28]

Von den verschiedenen Modellen der Transitional Justice[29] basiert das Rahmengesetz nicht auf dem Modell der Wahrheitsgerechtigkeit, dessen Hauptbestandteil die Bestrafung der Verantwortlichen ist, sondern auf dem Modell der Wahrheit und Aussöhnung, bei dem das Miteinander von Tätern und Opfern im Mittelpunkt steht. Damit das Modell erfolgreich umgesetzt werden kann, müssen Betroffene festgestellt und Geständnis oder Abbitte vom Täter als Grundlage der Vergebung geleistet und für das Opfer akzeptable Wiedergutmachungsmaßnahmen als Mindestanforderungen erfüllt werden.[30] Doch die Kommission als eine vorübergehende Organisation war nicht in der Lage, solche Aufgaben zu erfüllen. Es existieren Ansichten, dass ein Vergangenheitsaufarbeitungsprozess ohne Bestrafung zwangsweise zu unzureichenden Ergebnissen wie diesen führt.[31]

Eine weitere Beschränkung der Kommission lag darin, dass sie sich im Gegensatz zu an „Ausgleich" orientierten üblichen Kommissionen zu sehr auf „Aufarbeitung" fokussierte. Während das Erstere eine nachdrücklichere und aktivere Lösung darstellt, gehört Letzteres zu den nachgiebigeren und passiveren Lösungswegen.[32]

Urteile in Vergangenheitsbewältigungsfällen und Einrede der Verjährung

Da es an umfassenden Entschädigungsmaßnahmen der Regierung für die Opfer staatlicher Gewalt während der Jahre der Diktatur fehlte, waren die Opfer gezwungen, gegen den Staat Klage auf Entschädigung zu erheben. Dabei war der Ablauf der Verjährungsfrist stets ein Problem. Der Staat als Beklagter erhob ausnahmslos die Einrede, dass seit dem Zeitpunkt der Tat zu viel Zeit vergangen und die Verjährungsfrist daher abgelaufen sei. Doch hierbei muss man die Verjährungsfrist des Strafrechts von jener des Zivilrechts unterscheiden: Während die strafrechtliche Verfolgungsverjährung als Verfahrenshindernis Maßnahmen der Ermittlung und Verfolgung entgegensteht, hat die zivilrechtliche Verjährung keine derart allgemeingültige Wirkung. Der Beklagte kann vielmehr frei entscheiden, ob er sich auf die Verjährung beruft oder nicht. Wie im deutschen Recht stellt die Verjährung auch im koreanischen Zivilrecht eine Einrede dar. Dies bedeutet, dass der Staat als Beklagter selbst entscheiden kann, ob er sich gegen eine Klage wegen der Tötung oder Schädigung einer Person durch den Staat auf den Ablauf der Verjährungsfrist berufen möchte oder nicht. Der koreanische Staat hat jedoch in allen Staatshaftungsprozessen wegen staatlichen Unrechts aus Zeiten der Diktatur die Einrede der Verjährung geltend gemacht.[33]

In einzelnen Fällen kam es vor, dass das Gericht auf der Grundlage des Grundsatzes von Treu und Glauben die Einrede des Staates nicht zuließ. Doch der Oberste Gerichtshof entschied, dass der geschädigte Kläger innerhalb eines angemessenen Zeitraums ab der Entscheidung der Kommission – wie jener der Kommission für Wahrheit und Aussöhnung – seine Rechte ausüben müsse, um eine Nichtzulassung der Verjährungseinrede zu erreichen. Die unklare und teils ungerechte Definition von „angemessenem Zeitraum", welche zwischen „drei Jahren" und „sechs Monaten nach der Entscheidung zum Wiederaufnahmeverfahren" variierte, war für die Opfer verwirrend. Vor diesem Hintergrund ist die Entscheidung des Verfassungsgerichts, dass beim objektiven Fristbeginn gemäß Art. 166 Abs. 1 und Art. 766 Abs. 2 des koreanischen Bürgerlichen Gesetzbuches die Besonderheit der Fälle zur Vergangenheitsbewältigung nicht berücksichtigt worden seien und der Artikel somit verfassungswidrig sei, von äußerst hoher Bedeutung.

Im nächsten Abschnitt werden verschiedene Formen des Grundsatzes von Treu und Glauben, die die Erhebung der Einrede der Verjährung entgegenstehen können, kurz vorgestellt und die Urteile des Obersten Gerichtshofes kritisch analysiert. Anschließend wird auf Grundlage der Entscheidung des Verfassungsgerichts über die Daseinsberechtigung der Verjährungsfrist diskutiert.

1. Formen der Verjährungsfrist und des Grundsatzes von Treu und Glauben

Die Rechtsprechung, die auf dem Grundsatz von Treu und Glauben beruht, kann in folgende vier Kategorien unterteilt werden:[34]

① *Wenn ein Schuldner vor Ablauf der Verjährungsfrist die Rechtsausübung des Gläubigers oder die Hemmung der Verjährungsfrist unmöglich gemacht bzw. schwerwiegend behindert hat oder durch bestimmte Handlungen den Schuldner hat glauben lassen, dass die Rechtsausübung oder Hemmung der Verjährungsfrist unnötig sei (Kategorie I);*

② *Wenn der Gläubiger sich in einer Lage befindet, bei der die Rechtsausübung objektiv gesehen behindert wird (Kategorie II);*

③ *Wenn der Schuldner durch bestimmte Handlungen den Gläubiger hat glauben lassen, dass er auch nach Ablauf der Verjährungsfrist die Einrede der Verjährung nicht erheben werde (Kategorie III); oder*

④ *Wenn besondere Umstände vorliegen-z.B. wenn der Gläubiger besonders*

> *schutzbedürftig ist oder ein anderer Gläubiger unter denselben Bedingungen bereits Schadensausgleich erhalten hat -, sodass die Genehmigung der Verweigerung eines Schadensausgleichs als eindeutig ungerecht oder unfair befunden wird* (Kategorie IV).

Zur Kategorie I gehören Fälle, in denen der Schuldner durch aktive Handlungen, z.B. physische Störung der Rechtsausübung oder Versetzung des Gläubigers in eine Lage, in der dieser die Rechtsausübung zwangsläufig aufschieben muss, die rechtzeitige Rechtsausübung des Gläubigers verhindert. Wenn solche aktiven Handlungen nicht vorliegen oder wenn diese nicht zur Störung der Rechtsausübung geführt haben, kommt kein Verstoß gegen den Grundsatz von Treu und Glauben in Betracht.

Kategorie II umfasst Umstände, die faktische Hinderungsgründe darstellen, die eine Rechtsausübung durch den Gläubiger aus objektiver Sicht unmöglich machen. Gemäß einem Urteil des Obersten Gerichtshofes muss zur Erfüllung der Kategorie II die Annahme bestehen, dass aus allgemeiner Sicht die Rechtsausübung des Gläubigers nur schwer möglich sei. Ferner muss die Nichtausübung des Rechts des Gläubigers aus gesellschaftlicher Sicht gesehen angemessen sein, wobei ein Verschulden des Schuldners nicht notwendigerweise vorliegen muss.[35] [36]

Kategorie III ähnelt der Kategorie I, denn in beiden wird die Nichtausübung des Rechts des Gläubigers durch „aktive Handlungen und Worte des Schuldners" verursacht. Der Unterschied beider Kategorien besteht darin, dass bei Kategorie III die Handlung des Schuldners nach dem Ablauf der Verjährungsfrist ausschlaggebend ist.

Kategorie IV umfasst Fälle, in denen besondere Gründe vorliegen, z.B. wenn die Zulassung der Verjährungseinrede eindeutig ungerecht oder unfair wäre, d.h. wenn sie ganz und gar inakzeptabel ist. Da zur Erfüllung solcher Bedingung ein eindeutiges Ungleichgewicht vorliegen muss, gehört diese Kategorie zur unwahrscheinlichsten der vier Kategorien.

2. Problematische Urteile des Obersten Gerichtshofes

1) Positionen des Obersten Gerichtshofes

Der Plenumsbeschluss des Obersten Gerichtshofes vom 16. Mai 2013 (Aktenzeichen: 2012DA202819) handelt von der Massentötung von als Landesverrätern beschuldigten

Zivilisten im Oktober 1950, dem so genannten „Massaker auf der Insel Jin-do", bei dem am 14. Februar 2012, also zwei Jahre und zehn Monate nach der Entscheidung der Kommission für Wahrheit und Aussöhnung vom 6. April 2009 eine Entschädigungsklage gegen den Staat erhoben wurde. Das Plenum vertrat eine deutlich differenziertere Position als in üblichen Urteilen bezüglich der Beschränkung der Einrede der Verjährung seitens des Staates. Er bezog sich auf die Kategorie III des Verstoßes gegen den Grundsatz von Treu und Glauben und verlangte vom Kläger eine Rechtsausübung innerhalb eines angemessenen Zeitraums, wobei der „angemessene Zeitraum" mit drei Jahren, welche die kurze Verjährungsfrist nach dem Privatrecht ist – nach der Wahrheitsermittlungsentscheidung von Kommissionen zur Vergangenheitsbewältigung, z.B. der Kommission für Wahrheit und Aussöhnung, angegeben war. Demzufolge ging man in der Folge unter Opfern vergangenen Staatsunrechts von einer dreijährigen Rechtsausübungsfrist aus. Doch das Urteil des Obersten Gerichtshofes vom 12. Dezember 2013 (Aktenzeichen 2013DA201844) setzte bei einem Fall der Kategorie II des Ausschlusses der Verjährungseinrede wegen Verstoßes gegen Treu und Glauben fest, dass die Kläger innerhalb von sechs Monaten – die Dauer der Hemmung der Verjährung im Sinne des Privatrechts – ab dem Zeitpunkt der Feststellung des Freispruchs im Wiederaufnahmeverfahren und der Entscheidung über eine strafrechtliche Entschädigung ihre Rechte ausüben müssen. Damit war der „angemessene Zeitraum" deutlich verkürzt, was viele Opfer vergangener staatlicher Gewalttaten irritierte.

Die Urteile des Obersten Gerichtshofes können wie folgt zusammengefasst werden:[37]

① *Die Urteile beriefen sich auf die oben genannte Kategorie III und erklärten: Wenn das Opfer dem Verhalten des Staates, aus dem es darauf schloss, dass sich der Staat nicht auf die Verjährung berufen werde, Vertrauen schenkte und innerhalb eines „angemessenen Zeitraums" seine Rechte ausgeübt hat, stellt die Verjährungseinrede einen Machtmissbrauch des Staates und einen Verstoß gegen den Grundsatz von Treu und Glauben dar; in diesem Fall kann die Verjährungseinrede daher nicht anerkannt werden.*

② *Mit den Urteilen wird die Ansicht vertreten, dass der Staat, der u.a. das Gesetz für Wahrheit und Aussöhnung beschlossen hat und sich heute für die Ermittlung der Wahrheit und Entschädigung von Opfern und deren Hinterbliebenen einsetzt, damit zum Ausdruck bringe, dass er der Ergreifung des Rechtsweges durch Opfer und Hinterbliebene durch Staatshaftungsklagen somit zustimme; dies beinhalte dann aber auch, dass er sich in einzelnen Prozessen nicht auf Verjährung berufen könne*[38] [39]

③ *Laut dem Obersten Gerichtshof stellt die Einrede der Verjährung seitens des Staates in den Fällen, die in den Geltungsbereich des Gesetzes für Wahrheit und Aussöhnung fallen, für die aber keine Anträge zur Wahrheitsermittlung gestellt wurden, ohne Vorliegen besonderer Umstände keinen Rechtsmissbrauch dar.*

④ *Auch wenn der Staat zum Schutz des Volkes verpflichtet ist, bedeutet dies nicht, dass der Staat als Beklagter anders behandelt werden sollte als jeder normale Privatschuldner.*

⑤ *Der „angemessene Zeitraum", womit die Einrede der Verjährung des Staates beschränkt werden kann, soll ohne Vorliegen besonderer Umstände der Verjährungshemmung im Sinne des Privatrechts entsprechend auf eine kurze Dauer begrenzt sein. Gleichzeitig darf er die kurze Verjährungsfrist von drei Jahren nicht überschreiten. Ferner muss der Gläubiger sein Recht innerhalb der sechsmonatigen Dauer der Verjährungshemmungs im Sinne des Privatrechts ab dem Zeitpunkt des Freispruchs im Wiederaufnahmeverfahren und der Entscheidung zur strafrechtlichen Entschädigung ausüben.*

Seitdem urteilten der Oberste Gerichtshof und Gerichte unterer Instanzen konsequent den oben genannten Urteilen entsprechend.[40]

2) Kritische Analyse

(1) Vertrauensstruktur

Der Grund, warum der Oberste Gerichtshof sich auf die Kategorie III des Verstoßes gegen den Grundsatz von Treu und Glauben beruft, hängt zusammen mit der Logik, die seit der Gründung der Kommission für suspekte Todesfälle im Jahr 2000 von den Hinterbliebenen vertreten wurde: Das Verhalten des Staates, zuerst eine präsidiale Kommission zu errichten und die Tatsachen zu klären, sich dann aber auf Verjährung zu berufen, um die Entschädigungspflicht abzuwenden, sei widersprüchlich und nicht nachvollziehbar. Infolgedessen forderten die Hinterbliebenen der Opfer der suspekten Todesfälle vom Staat, auf die die Einrede der Verjährung zu verzichten bzw. von der Justiz, diese Einrede nicht zuzulassen. Doch der Staat bestand in jedem einzelnen Prozess ausnahmslos darauf, sich auf Verjährung zu berufen und enttäsuchte so das Vertrauen und die Erwartungen der Hinterbliebenen. Erst 2005, als alle Arbeiten der Zweiten Kommission für suspekte Todesfälle abgeschlossen waren, wurde die Kommission für Wahrheit und Aussöhnung gegründet. Hätte man denn 2002, als Verfahren zu den ermittelten suspekten Todesfällen liefen, nicht ahnen können, dass selbst nach der Feststellung der Verantwortlichkeit des Staates durch die Kommission für Wahrheit und Aussöhnung die Einrede der Verjährung als ein großes Hindernis in nachfolgenden Prozessen wirken würde? Kann man davon ausgehen, dass die Opfer von Menschenrechtsverletzungen trotz dieser Gegebenheiten sich darauf verließen, dass der Staat wenigstens bei den von der Kommission für Wahrheit und Aussöhnung ermittelten Fällen nicht auf Verjährung bestehen würde? Ja, vielleicht, als die Kommission für suspekte Todesfälle die Wahrheit einschlägiger Fälle klärte und die Hinterbliebenen 2002 zu klagen begannen, aber unter den Klägern, die mit den von der Kommission für Wahrheit und Aussöhnung ermittelten Fällen[41] im Zusammenhang standen, gab es sicherlich niemanden, der nicht mit der konsequenten Haltung des Staates zur Verjährung vertraut war, die bei den Prozessen bezüglich der suspekten Todesfälle begann.[42] Wäre es also nicht denkbar, dass die Hinterbliebenen selbst nach der Entscheidung der Kommission für Wahrheit und Aussöhnung zögerten, eine Klage zu erheben? Oder dass sie eine längere Vorbereitungszeit benötigten, da sie gegen einen Staat vorgehen mussten, sich u.a. durch die Berufung auf Verjährung seiner Verantwortlichkeit zu entziehen? Solche Überlegungen wurden in den Urteilen des Obersten Gerichtshofes überhaupt nicht berücksichtigt.

Abgesehen von der Frage, ob die Hinterbliebenen tatsächlich vom Nichtbestehen der Verjahrung seitens des Staates ausgegangen sind oder nicht: Wenn man sich im Sinne der Urteile des Obersten Gerichtshofs darauf einigen kann, dass sich aus dem Verhalten des Staates, der die Kommission für suspekte Todesfälle und die Kommission für Wahrheit und Aussöhnung gründete, darauf schließen lasse, dass er die Wahrheit über die Menschenrechtsverletzungen der Vergangenheit aufklären wolle, und man daraus auch seine Absicht zur Entschädigung ableitet, man jedenfalls den Rückschluss auf eine solche Entschädigungsabsicht für objektiv vernünftig hält, können die Gründung der Kommissionen bzw. der Erlass einschlägiger Gesetze und die Bestätigung von Wahrheitsermittlungsentscheidungen als vorausgegangene Handlungen erachtet werden. Damit kann die Erhebung der Verjährungseinrede als eine widersprüchliche Handlung interpretiert und das Ganze als Verstoß gegen den Grundsatz widersprüchlichen Handelns gewertet werden.[43]

(2) Differenzierung zwischen Staat und Individuum

Der Oberste Gerichtshof berief sich nicht auf objektive Behinderungsgründe, sondern erklärte, dass der Staat in Bezug auf die Schutzbedürftigkeit des Gläubigers nicht anders als ein normaler Privatschuldner behandelt werden dürfe. Dementsprechend liege ein Machtmissbrauch nur vor, wenn wie im Falle der Verjährung für übliche Gläubiger besondere Umstände vorliegen. Daraus ergibt sich die Frage, ob die Justiz damit nicht den Willen zur Vergangenheitsbewältigung aufgegeben oder ihn abgeschwächt hat. Laut Art. 10 der Verfassung ist der Staat verpflichtet, „unantastbare Grundrechte des Individuums zu identifizieren und zu garantieren."[44] Die Existenz des Staates wird also durch die Pflicht zum Schutz des Volkes gerechtfertigt. Wenn der Staat jedoch seine Macht missbraucht, das Leben und die Freiheit des Volkes verletzt und so seine Daseinsberechtigung leugnet, darf dies nicht unter denselben Aspekten wie eine Angelegenheit zwischen Privatpersonen betrachtet werden. Kein Individuum ist dazu verpflichtet, zur Garantie von Grundrechten ein anderes Individuum zu schützen, d.h. die Pflicht des Staates zum Schutz des Volkes ist anderer Natur als jene eines normalen Schuldners gegenüber anderen Individuen. Der Oberste Gerichtshof war der Meinung, dass der Staat nicht anders als Individuen (normale Schuldner) behandelt werden sollte, nur weil er zum Schutz des Volkes verpflichtet ist. Doch wenn man sich überlegt hätte, was „Pflicht zum Schutz des Volkes" ausmacht, wie die Nichterfüllung der Pflicht sich auf unsere gesellschaftliche Ordnung auswirken kann oder welch fatalen Auswirkungen eine über die Menschenrechtsverletzungen gegenüber dem Volk durch Machtmissbrauch hinausgehende systematische Verheimlichung und Manipulation solcher Verbrechen auf unsere gesellschaftliche Ordnung ausüben kann, hätte man die Pflicht zum Schutz des Volkes nicht als unwichtig abtun können.

Diese Position des Obersten Gerichtshofes ergab sich vermutlich aus der Absicht, die Rechtsfigur der Verjährung, die bisher bei Angelegenheiten zwischen Privatpersonen angewendet wurde, beim Staat als dem Beklagten in gleicher Weise anzuwenden und somit Rechtsstabilität zu sichern. Doch diese Absicht beruht auf einer falschen Interpretation von Rechtsstabilität, denn diese wird nicht allein durch die Anwendung derselben Regelungen in verschiedenen Fällen garantiert. Vielmehr sollte man zum Schutz der Rechtsstabilität nach einer gerechten Lösung suchen, die aus der Sicht der Allgemeinheit am wahrscheinlichsten und nachvollziehbarsten ist. Die Absicht, den Staat wie ein jedwedes Individuum zu behandeln, ist kein Weg zur Rechtsstabilität, sondern eine äußerst gefährliche Idee, die zur Zerstörung der Rechtsstabilität und der gesellschaftlichen Ordnung führen kann.

Die Erklärung der Vereinen Nationen, bei schwerwiegenden Menschenrechtsverletzungsfällen auf Grundlage der UN-Grundsätze keine Verjährungsfrist bei den Entschädigungsklagen anzuwenden, ergab sich aus der Ansicht, dass Menschenrechtsverletzungen durch Staatsgewalt anderer Natur sind als solche durch ein Individuum.[45]

Die Pflicht zur Grundrechtsgarantie durch Wiederherstellung von Menschenrechten gilt nicht nur für den Verwaltungssektor, sondern auch für die Justiz. Das Verfassungsgericht erklärte: „(…) das Gericht agiert als primäres Subjekt beim Schutz und bei der Durchsetzung von Grundrechten. So wie alle anderen Arten von Staatsgewalt, die an die Verfassung gebunden sind, ist auch die Justiz an Grundrechte als Teil der Verfassung gebunden, und dementsprechend muss das Gericht bei seiner Rechtsprechung die Grundrechte beachten und sie umsetzen. Da das Gericht an Grundrechte gebunden ist, ist es nur selbstverständlich, dass es Grundrechtverletzungen durch Verwaltungsbehörden oder Gerichte unterer Instanzen untersagt. Der Schutz von Grundrechten stellt nicht nur für das institutionell unabhängige Verfassungsgericht, sondern für alle Gerichte eine der wichtigsten Aufgaben dar."[46]

3) Der Begriff des „angemessenen Zeitraums"

Der Oberste Gerichtshof erklärte, dass die Frage der Rechtsausübung innerhalb eines angemessenen Zeitraums „unter umfassender Berücksichtigung von Sachverhalten wie der Beziehung zwischen dem Gläubiger und Schuldner oder der Handlungen des Schuldners und Motiven, Umständen, Zielen und eigentlichen

Absichten der Handlungen sowie besonderer Umstände, die zur zwangsläufigen Aufschiebung der Rechtsausübung geführt haben, beantwortet" werde, legte jedoch gleichzeitig fest, dass der angemessene Zeitraum letztendlich der Dauer der Verjährungshemmung entsprechend auf maximal sechs Monate begrenzt werden solle. Es stellt sich jedoch die Frage, ob es nun gerecht ist, Menschenrechtsverletzungsfälle wie übliche Verjährungshemmungsfälle zu behandeln. Im Allgemeinen wird eine Verjährungshemmung bei Fällen genehmigt, in denen sich der Gläubiger mit Sachverhalten bezüglich des Täters und der Taten gut auskennt und der Gläubiger während der Verjährungsfrist, die im Begehungszeitpunkt begann, durch Ereignisse zur Verjährungshemmung wie Krieg oder Aufstand keinen Rechtsschutz bekommen konnte. Dahinter steht die Absicht, für die Dauer solcher Ereignisse die Verjährung anzuhalten und innerhalb eines angemessenen Zeitraums eine Klage zu gestatten, sobald diese Ereignisse beendet waren. Der „angemessene Zeitraum" in diesen Fällen bedeutet in Anbetracht des Justizsystems „schnellstmöglicher Zeitpunkt". Auf dieser Grundlage wurde die Dauer der Verjährungshemmung auf ein bis sechs Monate gesetzlich festgelegt. Fraglich ist jedoch, warum bei der Festlegung des „schnellstmöglichen Zeitpunktes" bei Menschenrechtsverletzungen aus der Vergangenheit dieselben Maßstäbe gelten sollen. In solchen Fällen wurde die Wahrheit meistens durch staatliche Instanzen systematisch verheimlicht bzw. entstellt, sodass das Volk nichts über die Taten oder die Täter wusste. In dieser Hinsicht unterscheiden sich Menschenrechtsverletzungsfälle grundlegend von üblichen Verjährungshemmungsfällen. Sie wurden erst durch Wahrheitsermittlungen u.a. von der Kommission für Wahrheit und Aussöhnung geklärt, d.h. in den meisten Fällen kannten nicht einmal die Hinterbliebenen der Opfer die Wahrheit. Sicherlich würden auch die Opfer von Menschenrechtsverletzungsfällen aus der Vergangenheit zustimmen, dass sie innerhalb eines „angemessenen Zeitraums" eine Klage zum Rechtsschutz erheben müssen; doch es ist schwer nachvollziehbar, dass der Maßstab dafür wie in üblichen Verjährungshemmungsfällen der „unter Berücksichtigung des Justizsystems schnellstmögliche Zeitpunkt" sein soll. Die Hinterbliebenen, die erst nach Jahrzehnten die Wahrheit erfahren hatten, waren nun gezwungen, erst einmal den Schock zu überwinden[47] und rational und realistisch denkend die schwierige Klage gegen den Staat vorzubereiten. Ferner musste man damit rechnen, dass der Staat als Beschuldigter seine Verantwortlichkeit per se leugnen würde, weil die Entscheidung der Kommission zur Wahrheitsbewältigung – wie im Urteil des Obersten Gerichtshofes bestimmt wurde – als nichts Weiteres als ein Beweis erachtet wurde. Wenn glücklicherweise die Identität des verantwortlichen Beamten festgestellt wurde, hätten die Hinterbliebenen sich um sein Geständnis bemühen müssen, und all das erfordert zusätzliche Zeit. Es scheint, dass das Gericht die Umstände, denen die Opfer der Menschenrechtsverletzungen ausgesetzt waren, nicht begriffen hat. Das könnte die Erklärung dafür sein, warum auch in Menschenrechtsverletzungsfällen eine kurze Dauer wie in den üblichen Fällen als Maßstab für die Hemmung der Verjährungsfrist angesetzt wurde. Man hätte berücksichtigen müssen, dass die Opfer von Menschenrechtsverletzungen vor dem Hintergrund der sich wiederholenden Einrede der Verjährung seitens des Staates besonderen Umständen ausgesetzt waren, allein auf Grundlage der Entscheidung der Kommission für Wahrheit und Aussöhnung voreilig Klage zu erheben. Um sich mithilfe der Entwicklung einer juristischen Logik, die die Einrede der Verjährung in einzelnen Fällen beschränken kann, vorzubereiten, benötigt man, einschließlich der Beauftragung eines Rechtsanwalts, der sich in solchen Streitigkeiten auskennt, viel Vorbereitungszeit. Wenn man die Verjährungsfrist nicht aus der Sicht des Schuldners, sondern aus jener des Gläubigers sieht, wird innerhalb dieser Frist stets das Recht auf Durchsetzung seines Rechts garantiert, d.h. während des Zeitraums wird dem Gläubiger Rechtsschutz gewährt. Während dieser Zeit kann der Gläubiger u.a. Beweise sammeln, beispielsweise indem er nach Zeugen sucht. Außerdem hat er das Recht, innerhalb des Zeitraums einen für sich selbst passenden Zeitpunkt zur Klageerhebung frei zu wählen. Doch bei Fällen von Menschenrechtsverletzungen wird eine solche Zeit für den Gläubiger nicht eingeräumt. Für den Gläubiger, der so lange nicht einmal die Wahrheit gekannt hat, ist so gut wie gar keine Zeit zum Rechtsschutz vorhanden. Das Gericht verlangt also von jemandem, der gerade erst von seinen Ansprüchen als Gläubiger erfahren hat, zum „im Rahmen des Justizsystems schnellstmöglichen Zeitpunkt" seine Rechte wahrzunehmen. Zusammenfassend könnte man sagen, dass die Dauer der Hemmung der Verjährung von sechs Monaten ungerechterweise zu kurz sei.[48] Folglich sind manche der Meinung, dass im Falle einer Menschenrechtsverletzung aus der Vergangenheit die Anwendung einer kurzen Verjährungsfrist von drei Jahren vernünftig wäre.[49]

Entscheidung des Verfassungsgerichts und Daseinsberechtigung der Verjährungsfrist

1. Inhalt der Entscheidung des Verfassungsgerichts

Die Entscheidung des Verfassungsgerichts aus dem Jahre 2018[50] besagte, dass Art. 166 Abs. 1, Art. 766 Abs. 1 und 2 des koreanischen Bürgerlichen Gesetzbuches, Art. 96 Abs. 2 des Nationalen Finanzgesetzes sowie Art. 96 Abs. 2 des Haushaltsrechnungsgesetzes prinzipiell verfassungskonform seien, im Falle zur Vergangenheitsbewältigung jedoch Art. 166 Abs. 1 und Art. 766 Abs. 2 des koreanischen Bürgerlichen Gesetzbuches verfassungswidrig seien.[51]

Das Verfassungsgericht war der Ansicht, dass die Regelung zur Anwendung des objektiven Fristbeginns gemäß Art. 166 Abs. 1 und Art. 766 Abs. 2 des koreanischen Bürgerlichen Gesetzbuches bei wichtigen Vergangenheitsbewältigungsfällen gemäß dem Gesetz für Wahrheit und Aussöhnung[52] wie Massentötung von Zivilisten, schwerwiegenden Menschenrechtsverletzungen und falschen Anschuldigungen an sich schon eine Verfassungswidrigkeit darstelle. Eine Gleichstellung der Vergangenheitsbewältigungsfälle, in denen der Staat dem Volk gegenüber Menschenrechtsverletzungen beging, mit einer unerlaubten Handlung eines Individuums gegen ein anderes Individuum sei aufgrund der übermäßigen Priorisierung von Rechtsstabilität und Täterschutz mittels Verjährung nicht haltbar. Ferner werde die Notwendigkeit der Garantie des Anspruchs auf staatliche Entschädigung in Bezug auf Vergangenheitsbewältigung nicht berücksichtigt, was insofern verfassungswidrig sei, als es über die Gestaltungsfreiheit der Gesetzgebung hinaus den Anspruch auf staatliche Entschädigung des Klägers verletze.

Als konkrete Gründe wurden folgende genannt:

① *Unter Berücksichtigung des Entstehungshintergrundes und der Ziele des Gesetzes für Wahrheit und Aussöhnung können Vergangenheitsbewältigungsfälle als solche definiert werden, in denen aufgrund systematischer Verheimlichung und Entstellung von Wahrheiten durch staatliche Einrichtungen die Opfer nichts Genaueres über den Täter, die Taten sowie die kausale Beziehung zwischen Taten und Schäden wissen und so von der Wahrheit ferngehalten wurden. Da sie aus diesem Grunde grundsätzlich anders zu behandeln sind als unerlaubte Handlungen zwischen Individuen oder übliche Klagen auf staatliche Entschädigung, stelle die Anwendung des für letztere Fälle gültigen Prinzips der Verjährung bei Vergangenheitsbewältigungsfällen einen Verstoß gegen den Gleichheitsgrundsatz des Art. 11 der Verfassung dar.*[53]

② *Aufgrund dieser Besonderheiten der Vergangenheitsbewältigungsfälle können die beiden legislativen Intentionen zur Verjahrungsfristregelung – „Vermeidung von doppelter Erfüllung aufgrund des Beweismangels des Schuldners" oder „Notwendigkeit zur Beschränkung von fahrlässiger Rechtsausübung des Gläubigers*[54] *sowie die schutzbedürftige Vertrauenswürdigkeit des Schuldners" nicht als Grundlage dienen.*

③ *Dass der laut Verfassung gemäß Art. 10 Satz 2 zum Schutz der Grundrechte verpflichtete Staat trotz der lang anhaltenden Umstände, unter denen die Ausübung des Anspruchs auf staatliche Entschädigung für Vergangenheitsbewältigungsfälle nur schwer möglich war, die Verjährungsfrist vom Fristbeginn gemäß Art. 766 Art 2 oder Art. 166 Art 1 des Bürgerlichen Gesetzbuches ausgehend berechnet und den Anspruch auf staatliche Entschädigung als erloschen erklärt, sei ein Verstoß gegen Art. 10 der Verfassung.*

④ *Die Forderung nach Rechtsstabilität durch Anwendung des Verjährungsprinzips könne nicht als dermaßen wichtig erachtet werden, dass dafür die Pflicht des Staates zum Schutz der Grundrechtes gemäß Art. 10 und die Notwendigkeit zur Garantie des Anspruchs auf staatliche Entschädigung gemäß Art. 29 Abs. 1 der Verfassung vollständig ausgeschlossen werden dürfen.*

⑤ *Wenn man auch bei Vergangenheitsbewältigungsfällen, in denen aufgrund ihrer Besonderheit häufig die Wahrheitsermittlung des Opfers behindert wurde und eine Entschädigungsklage gegen den Staat nur schwer möglich war, den objektiven Fristbeginn auf den Begehungszeitpunkt ansetzen würde, entstünde ein Ungleichgewicht zwischen Opfer- und Täterschutz, was nicht konform mit dem Leitprinzip der fairen und angemessenen Verteilung des Schadens wäre.*

Bezüglich des objektiven Fristbeginns und der kurzen Verjährungsfrist gemäß

Art. 766 Abs. 1 des Bürgerlichen Gesetzbuches erklärte das Verfassungsgericht, dass diese bei Klagen zur Entschädigung des durch Gesetzeswidrigkeiten entstandenen Schadens zur Gleichgewichtsherstellung zwischen Opfer- und Täterschutz dienen und auch bei Vergangenheitsbewältigungsfällen vernünftige Gründe für deren Anwendung vorliegen. Folglich müssen die Opfer von „Massentötungen von Zivilisten" den Staat innerhalb von drei Jahren nach „Kenntnisnahme der Ermittlungsentscheidung" der Kommission für Wahrheit und Aussöhnung auf Entschädigung verklagen, und die durch „schwerwiegende Menschenrechtsverletzungen und falschen Anschuldigungen" verurteilten Opfer müssen innerhalb von drei Jahren nach der „Kenntnisnahme der Entscheidung zum Wiederaufnahmeverfahren" Klage erheben, um damit die Zulässigkeit der Verjährungseinrede gemäß Art. 766 Abs. 1 des Bürgerlichen Gesetzbuches beschränken zu können.[55]

2. Daseinsberechtigung der Verjährungsfrist

In diesem Kapitel wird die Daseinsberechtigung der Verjährungsfrist in Bezug auf die Fälle zur Vergangenheitsbewältigung analysiert und überprüft, ob dabei ebenfalls Schlussfolgerungen im Sinne der Entscheidung des Verfassungsgerichts abgeleitet werden können.

Generell werden Stärkung der Rechtssicherheit, Rechtsschutz im Falle mangelnder Beweisbarkeit und Auferlegung von Restriktionen für grob fahrlässige Rechtsausübung als Gründe für die Existenz der Verjährung genannt, wobei in einigen Fällen der Schutz des Vertrauens des Schuldners, dass der Anspruchsinhaber seinen Anspruch nicht mehr ausüben wird, als vierter Grund hinzugefügt wurde.[56] Aber zu welchen Ergebnissen würde es führen, wenn man diese allgemeinen Begründungen auf die Verjährung in Fällen der Menschenrechtsverletzungen anwenden würde?

① Stärkung der Rechtssicherheit

Wenn ein bestimmter Zustand lange Zeit anhält, geht die Gesellschaft davon aus, dass der Zustand den tatsächlichen Rechtsverhältnissen entspricht, und daraus entsteht eine auf solchen neuen Rechtsverhältnissen basierende Gesellschaftsordnung. Diese solle mittels Verjährung geschützt werden. Andernfalls werde die Sicherheit von Transaktionen gefährdet und damit auch die Gesellschaftsordnung. Es stellt sich die Frage, ob man hier von der Gefährdung von Transaktionen und Gesellschaftsordnung sprechen kann, wenn der zum Schutz des Volkes verpflichtete Staat das Recht des Volkes verletzte und mithilfe seiner überlegenen Position für eine sehr lange Zeit alle Möglichkeiten zum Rechtsweg blockierte und nun Verantwortung dafür übernehmen soll. Das Gegenteil ist jedoch der Fall: Zur Stärkung der Rechtssicherheit darf in Fällen zur Vergangenheitsbewältigung, in denen der Staat mittels seiner überlegenen Position die Wahrheit verheimlichte bzw. die Wahrheitsfindung behinderte, die Einrede der Verjährung seitens des Staates als Schuldner nicht zugelassen werden.

② Rechtsschutz im Falle mangelnder Beweisbarkeit

Bei Gerichtsverfahren, die auf unerlaubten Handlungen beruhen, muss grundsätzlich der Kläger/Anspruchsteller sämtliche Tatbestände wie die kausale Beziehung zwischen Tat und Schaden darlegen und bei Bestreiten beweisen. Wenn es in einem Prozess zu Streitigkeiten kommt, wird auch der Beklagte dazu aufgefordert, sich durch Vorbringung von Gegenbeweisen zu verteidigen. Doch in Vergangenheitsbewältigungsfällen, bei denen wie bei Menschenverletzungen aus der Vergangenheit durch Bemühungen der Kommission für Wahrheit und Aussöhnung Beweise abgesichert wurden, könnte man nicht von mangelnder Beweisfähigkeit des Klägers sprechen, und beim (Gegen-)Argumentieren bezüglich der Menschenrechtsverletzung wird die Grundvoraussetzung zur mangelnden (Gegen-)Beweisfähigkeit des Staates als sich in einer überlegenen Position befindlicher Beklagter nicht erfüllt, womit auch diese Theorie zur Berechtigung der Einrede der Verjährung ihre Gültigkeit verliert.

③ Restriktionen gegen fahrlässige Rechtsausübung

Häufig berufen sich die Befürworter der Verjährung auf den Grundsatz: „Diejenigen, die auf ihren Rechten schlafen, werden nicht durch das Gesetz geschützt.“[57] Also sollen diejenigen Anspruchsinhaber, die trotz des Vorhandenseins der Rechte die Rechtsausübung unterlassen haben, benachteiligt und dem Schuldner das Recht eingeräumt werden, sich auf die Verjährung zu berufen. Doch bei Vergangenheitsbewältigungsfällen konnte die Wahrheit aufgrund der Verheimlichung von Wahrheiten, Behinderung der Wahrheitsermittlung oder Pflichtvernachlässigung des

Staates als Beklagter für eine sehr lange Zeit nicht aufgedeckt werden. Demzufolge kann den Opfern, die nicht einmal über die unerlaubten Handlungen durch die Staatsgewalt Bescheid wussten, nicht die Nichtausübung von Rechten zur Last gelegt werden.

④ Schutz des Vertrauens des Schuldners auf Nichtausübung von Gläubigerrechten

Diese Begründung basiert auf dem Gedanken, dass der Gläubiger durch die lange anhaltende Nichtausübung von Rechten den Schuldner habe glauben lassen, dass dies auch in Zukunft nicht mehr geschehen werde und dass dieses Vertrauen des Schuldners mittels Verjährung geschützt werden solle. Doch bei Vergangenheitsbewältigungsfällen, die aufgrund der Verheimlichung von Wahrheiten, Behinderung der Wahrheitsermittlung oder Pflichtvernachlässigung des Staates nicht geklärt werden konnten, kann aus demselben Grund wie in ③ nicht davon ausgegangen werden, dass mit der Nichtausübung von Rechten des Opfers gerechnet wurde.

Da der Staat zum Schutz des Volkes verpflichtet ist, gilt im Allgemeinen, dass das Volk dem Staat vertraut und von der Rechtmäßigkeit staatlicher Handlungen ausgeht. Dieses Vertrauen in den Staat kann jedoch nicht als ein schuldhaftes Verhalten oder als eine fahrlässige Rechtsausübung gedeutet werden. Wenn also der Staat, der Gesetzeswidrigkeiten begangen hatte, aber nichts zur Wiedergutmachung unternahm, gegenüber den Opfern, die erst im Nachhinein die Wahrheit erfuhren, mit Verjährung argumentiert, kann das nicht einmal aus der Sicht der Daseinsberechtigung der Verjährung akzeptiert werden. Ferner würde die Anwendung von Verjährungsfristen bei gesetzeswidrigen Handlungen des Staates, der die Gesetze erlässt bzw. umsetzt, damit zur Befreiung des Staates von seiner Verantwortlichkeit und dazu führen, dass das Gesetz an Wert verliert, was sich wiederum fatal auf die Rechtsstabilität auswirken würde.[58]

Als Ergebnis der obigen Prüfung von Verjährungsbegründungen in Vergangenheitsbewältigungsfällen kann man also sagen, dass keine der Begründungen in den genannten Fällen die Einrede der Verjährung seitens des Staates rechtfertigt.

In einem Urteil des Oberlandesgerichts[59] wurde folgende Ansicht über die Natur des Verjährungsprinzips vertreten: „Generell dient die Verjährung dazu, eine über einen bestimmten Zeitraum andauernde Gesellschaftsordnung aufrechtzuerhalten, im Falle einer mangelnden Beweisabsicherung aufgrund Zeitablaufs Rechtsschutz zu bieten und diejenigen vom Rechtsschutz auszuschließen, die ihre Rechte nicht ausüben und sie nicht in Anspruch nehmen. Das soll heißen: Da die Verjährung zur Absicherung der Rechte des wirklichen Rechtsinhabers und zur Vermeidung von doppelter Erfüllung dienen soll, sollte zum Zweck des Rechtsschutzes kein tatsächlich existierendes Recht, bei dem ein falscher Rechtsinhaber oder ein vorausgegangener Schuldenausgleich eindeutig ausgeschlossen werden kann, aufgeopfert werden. Ferner liegt der Sinn der Verjährung nicht in einem Rechtsentzug von einem Rechtsinhaber, sondern darin, bei einer unbegründeten Anspruchsausübung als Schutz des Schuldners die Möglichkeit zu gewähren, sich ohne Feststellung der Tatsachen verteidigen zu können. Unter Berücksichtigung solcher Natur der Verjährung würde die Zulassung des auf Verjährung basierenden Arguments bezüglich der Klage auf die staatliche Entschädigung im vorliegenden Fall nicht mit dem Zweck der Verjährung übereinstimmen."

Aus demselben Grund wird in internationalen Konventionen zum Schutz der Menschenrechte wie der Allgemeinen Erklärung der Menschenrechte und dem Internationalen Pakt über Bürgerliche und Politische Rechte der Vereinten Nationen sowie der Europäischen Menschenrechtskonvention die Anwendung der Verjährung ausgeschlossen.[60]

Abschließend könnte man sagen, dass die Zulassung der Einrede der Verjährung seitens des Staates in Fällen von Menschenrechtsverletzungen, bei denen die Verantwortlichkeit des Staates erwiesen wurde, weder mit dem Zweck der Verjährung noch mit der Intention der Gesetzgebung übereinstimmt.[61] Im Falle eines Konfliktes zwischen Wiederherstellung von Menschenrechten und Verjährung würde es eher dem Zweck der Verjährungsregelung entsprechen, den Menschenrechten den Vorrang einzuräumen.

Die oben dargelegte Ansicht bezüglich der Verjährungsregelung[62] existiert bereits seit mehreren Jahren. Bisher fand sie in Präzedenzfällen nur wenig Beachtung, doch dass das Verfassungsgericht auf derselben Grundlage die Anwendung einer dem Zivilrecht entsprechenden Verjährungsfrist als verfassungswidrig befand, verdient eine positive Bewertung.[63]

Bemühungen zur Erinnerung an die Opfer (Erinnerungskultur)

Man muss damit rechnen, dass auch nach der Wiederaufnahme von Aktivitäten der 2. Kommission für Wahrheit und Aussöhnung immer noch viele Fälle ungelöst bleiben werden. Ob geklärt oder ungeklärt, alle solchen Fälle gehören zur Tragödie der koreanischen Geschichte. Auch wenn die staatlichen Gewalttaten der Vergangenheit in verschiedene Fallgruppen aufgeteilt werden können, gemeinsam ist ihnen, dass es um „Menschenrechtsverletzungen" geht.[64] Aus diesem Grund können die diversen Verfahren zur Vergangenheitsbewältigung als Bemühungen um Wiedergutmachung von Fällen der Menschenrechtsverletzungen, also um Wiederherstellung der Menschenrechte verstanden werden.

Dabei hätte die Regierung bereits bei der Planung der Aufklärung der Menschenrechtsverletzungen der Vergangenheit eine umfassende Roadmap entwickeln müssen, die verschiedene Aspekte wie Entschädigung, Heilung von seelischen Traumata der Opfer,[65] Erinnerung an das Leben und den Tod der Opfer sowie Maßnahmen zur Bildung über Menschenrechte, etc. beinhaltet. Denn der wahre Sinn der Vergangenheitsbewältigung liegt darin, über die Wahrheitsfindung hinaus umfassende Rehabilitierungsmaßnahmen einschließlich der Entschädigung der Opfer zu ergreifen.[66] Die hauptsächliche Aufgabe der Vergangenheitsbewältigung ist die Erinnerung an die Opfer.

Darüber hinaus sollten auch an Namen und Leben solcher Opfer, die wegen der unvollständigen Aufklärung von Wahrheit den Staat nicht zur Verantwortung ziehen konnten, deren Tod jedoch unter Berücksichtigung vieler Umstände durch staatliche Gewalttaten verursacht zu sein scheint, und an ihre Hinterbliebenen, die fest davon überzeugt leben oder lebten, erinnert werden. Kein einziges von ihnen sollte in Vergessenheit geraten. Nicht nur aufgeklärten, sondern auch die ungelösten Fälle müssen einschließlich der Umstände, die nicht aufgeklärt werden konnten, dokumentiert und erinnert werden. Doch es ist alles andere als leicht, dieser Erinnerungsaufgabe nachzukommen. Außerdem kann man niemanden zwingen, sich dieser Aufgabe zu stellen. Was könnte man also tun? Wie können die Menschen von heute an Opfer und Hinterbliebene erinnern?

Wertlos ist dabei die Erinnerung an die Täter. Sich zu erinnern, wer getötet hat oder wie er getötet hat, ist sinnlos. Ganz im Gegenteil – die Täter sollten besser in Vergessenheit geraten. Wichtig ist, wer getötet wurde und wie er getötet wurde.

Was für ein Leben hat das Opfer geführt? Was waren seine Hoffnungen und Träume? Allein Erinnerungen an die Opfer sind für die Menschheit von Bedeutung. Daraus ergibt sich die Frage, *wie* sie erinnert werden sollten. Diesbezüglich könnten die Erinnerungsaktivitäten in Deutschland als gutes Beispiel dienen. Bemerkenswert wären auch Bemühungen zum Gedächtnis an Opfer im Kunstbereich.

1. Erinnerungskultur in Deutschland

Der Begriff „Erinnerungskultur" ist in Korea relativ wenig verbreitet, doch in Deutschland wird der umfassende Begriff zu den Bemühungen um die Besinnung auf vergangenes Unrecht und die Erinnerung an die Opfer alltäglich benutzt. Dies zeigt, dass in Deutschland Bewegungen zur Erinnerungskultur[67] aktiv umgesetzt werden. Die Notwendigkeit der Systematisierung von Erinnerung an die Opfer zu einer eigenen Kultur wurde erstmals von Aleida und Jan Assmann postuliert.[68]

Durch die Aktivitäten zur Erinnerungskultur in Deutschland wurden hunderte „Gedenkstätten",[69] nicht nur in Deutschland, sondern auch an verschiedenen Orten auf der ganzen Welt errichtet. Diese Gedenkstätten wurden in unterschiedlichsten Formen und Größen angefertigt – von kleinen Gedenksteinen bis hin zu Museen. Die Zahl der Gedenkstätten auf der ganzen Welt beträgt über 200,[70] wobei in Korea mehr davon errichtet werden sollten.

Auf deutschen Fußgängerwegen findet man hier und da goldene Messingtafeln in Handgröße, die so genannten „Stolpersteine", die mit dem Namen, Geburts- und Todesdatum und kurzer Beschreibung zum Tod der Opfer von staatlichen Gewalttaten beschriftet sind. Am Todestag des Opfers sind manchmal Blumen oder angezündete Kerzen am Stolperstein zu finden. Diese „ortsbezogenen Kunstwerke (site specific artwork)" werden an Orten, die im Zusammenhang mit dem Leben des Opfers stehen, verlegt. Das Projekt, das vom Künstler Gunter Demning mithilfe von Bürgervereinen[71] zur Erinnerung an Holocaust-Opfer initiiert wurde, entwickelte sich im Laufe der Zeit zu einer landesweiten Bewegung.[72] Der Erfolg des Projekts zeigt, dass sozial aktive Künstler im Zuge der Erfüllung der Erinnerungspflicht und der Errichtung von „Gedenkstätten" eine bedeutende Rolle spielen können, denn Kunstwerke sprechen Gefühle von Menschen an und können Emotionen wecken.

Ende des 20. Jahrhunderts entwickelte sich im Bereich des Gedenkens an die Holocaust-Opfer die neue Tendenz, sich von der statischen Gedenkmalform der modernen Zeit zu lösen und das Konzept des „Counter-Monuments“ anzuwenden. Im Zuge dieser auch vom Postmodernismus beeinflussten Bewegung wurden bei der Gedenkmalerrichtung transitorische oder invisible Formen verwendet. Counter-Monumente stellen die Grundanforderungen an Denkmäler in Frage und durch Leugnung einer eigenen Daseinsform sollen sie zum Hervorheben der historischen Bedeutung anstatt des bloßen Andenkens dienen.[73] „The Missing House“, das von Christian Boltanski zum Gedenken an die Holocaust-Opfer installiert wurde, ist ein prominentes Beispiel dafür. Wie die Bezeichnung schon verrät, existiert statt des Hauses nur eine Lücke, in der einst ein vier- bis fünfstöckiges Mehrfamilienhaus stand. Das Denkmal besteht aus nichts weiter als aus an den Mauern der zu beiden Seiten angrenzenden Häuser befestigten Metallplatten, die mit dem Namen, Bewohnungsdauer und Beruf der ehemaligen Bewohner beschriftet sind. Doch das reicht schon, um die Betrachter dieser Ausstellung – wenn man sie so nennen kann – zu Tränen zu rühren, denn die meisten der Bewohner waren Juden, die alle in ein Konzentrationslager deportiert wurden. Das einst von den Juden bewohnte Haus wurde im Februar 1945, kurz vor dem Ende des Zweiten Weltkrieges, durch einen Bombenangriff der Alliierten zerstört. „The Missing House“, in dem die künstlerische Gestaltung und historischen Beweise vereint werden, fungiert als ein Medium, das die individuellen Emotionen der Besucher miteinander verbindet.[74]

Neben dem „Counter-Monument“ wurde auch das Konzept des „Non-Monuments“[75] entwickelt. Ein prominentes Beispiel dafür ist „Bus Stop“ vor dem Brandenburger Tor in Berlin, eine Idee, die von Renate Stih und Frieder Schnock gemeinsam entworfen und 1994 erstmals realisiert wurde. Das Nichtmonument besteht aus einer Fahrt mit dem roten Bus, dessen Zielort als „Ravensbrück“ – Konzentrationslager Ravensbrück – gekennzeichnet ist. Durch die Verknüpfung des Gedächtnisses an Holocaust-Opfer mit einer alltäglichen Busfahrt wird verdeutlicht, dass die terroristischen Taten des Nazi-Regimes ebenfalls unter solchen alltäglichen Umständen begangen wurden. Die Passagiere des Busses stellen sich nicht nur am Konzentrationslager als Zielort der Busfahrt, sondern während der gesamten Fahrt das Leben der damals dorthin transportierten Juden vor. In diesem Fall fungiert weder die Bushaltestelle noch das Konzentrationslager als Monument, sondern die Busfahrt per se.

Die zahlreichen Gedenkstätten in Deutschland werden von unabhängigen Stiftungen zur Vergangenheitsbewältigung betrieben. Dementsprechend ist auch eine große Anzahl solcher Stiftungen vorhanden. Repräsentativ dafür ist die Stiftung Erinnerung, Verantwortung und Zukunft, welche im Jahr 2000 zur Entschädigung und für Gedächtnisaktivitäten für die Opfer der Zwangsarbeit unter dem Nazi-Regime gegründet wurde. Zur Gründung dieser Stiftung als Sondergesellschaft musste zur Finanzierung zunächst ein einschlägiges Gesetz erlassen werden, doch letztendlich wird die Stiftung unabhängig vom Staat betrieben. Die meisten Gedenkstätten in Deutschland werden von solchen Stiftungen unterhalten. Auch in Korea ist die Gründung derartiger „Stiftungen zur Vergangenheitsbewältigung“[76] als Sondergesellschaften zum Gedenken an Leben und Tod der Opfer von Menschenrechtsverletzungen durch staatliche Gewalttaten erforderlich.

2. Bemühungen um Erinnerung

Die berühmte deutschjüdische Philosophin Hannah Arendt, die während des Zweiten Weltkriegs in die USA emigrierte, übersetzte ihr auf Deutsch geschriebenes Werk *Vita Activa oder Vom tätigen Leben* selbst ins Englische und veröffentlichte es unter dem Titel *The Human Condition*, worin das aktive menschliche Leben als aus Grundaktivitäten des Menschen wie „Arbeiten, Herstellen und Handeln“, bestehend erklärt wird.[77] Laut Ahrendt kann „Arbeiten“ als ein biologischer Prozess des Körpers, „Herstellen“ als Ergebnis der Unnatürlichkeit und Künstlichkeit menschlichen Wesens, und „Handeln“ als Pluralität menschlichen Seins, also als Ergebnis der Tatsache, dass unterschiedliche Individuen auf der Welt existieren, verstanden werden. Ahrendt argumentiert, dass das „Handeln“ die überlegenste menschliche Fähigkeitsoption sei und „Kunst“ als Aktivität zur Kreation von Sichtbarem zum „Handeln“ gehöre. Nach Arendt liegt die Besonderheit des „Handelns“ darin, Bestehendes zu verändern, Neues hinzuzufügen oder Bestehendes durch grundlegend Neues zu ersetzen. Demzufolge existiere im Wesen jedes Anfangs etwas „Plötzliches“ oder „Unerwartetes“. Die Künstler der modernen Zeit scheinen „Handeln“ eine größere Bedeutung beizumessen als „Arbeiten“. Letztendlich können sie als nach „unerwartetem“ und „ungeahntem“ Novum Strebende, sich laut Arendt nach der „kompletten Freiheit“ sehnende und dabei auf Selbstverwirklichung zielende Subjekte des „Handelns“ gesehen werden.

Im folgenden Abschnitt wird eine Auswahl von Beispielen für Kunstwerke zum

Thema „Erinnerungen an Menschen“ vorgestellt.

1) *Breathing* von Song Dong und Spuren der Erinnerung

Der chinesische Künstler Song Dong geht an einem kalten Wintertag zum Platz des Himmlischen Friedens (Tian’anmen), kniet etwa vierzig Minuten lang auf dem Boden nieder und haucht den Boden an, damit sich eine dünne Eisschicht darauf bildet. Diese schmilzt im Nu und verschwindet spurlos. Doch die Erinnerung bleibt im Herzen. Eine Spur muss nicht immer in materieller Form bleiben. Durch diese Performance weckt der Künstler die Erinnerung, die er in sich getragen hatte. Erinnerung ist etwas Vergangenes und hinterlässt keine Spuren – das bedeutet aber nicht, dass eine Erinnerung nutzlos ist. Das Ereignis hinterließ keine Spuren, aber es ist tatsächlich passiert. Am Ort des Geschehens erinnert sich Song Dong nochmals daran und prägt es sich nochmals ein. „Nirgendwo ist eine Spur davon geblieben, aber schau dir meinen Hauch an. Ich, der Träger von Erinnerungen, bin noch am Leben.“[78]

Der Künstler erinnert sich, er sei über Nacht ein komplett anderer Mensch geworden, als 1989 die Panzer bis zur Stadtmitte von Peking vordrangen und viele Zivilisten ums Leben kamen.[79] Seine *Breathing*-Performance aus dem Jahr 1996 ist der vergebliche Versuch, am Ort der sieben Jahre zuvor geschehenen Tragödie den Opfern wieder Leben einzuhauchen und der gescheiterten Demokratisierungsbewegung zu gedenken. Sein „Hauch“, das Nichtmonument, bildet zuerst eine dünne Eisschicht, zerschmilzt, fließt in’s Meer, und sickert durch den Boden, unter dem die Opfer begraben wurden. Das heißt, er verschwindet nicht ganz und hinterlässt irgendwo Spuren – aber eben unsichtbare. *Breathing* ist eine äußerst private Gedächtnisaktion, die den Opfern des Tian’anmen-Massakers gewidmet ist.[80]

2) Wodiczko und *My Wish*[81]

Der polnische Künstler Krzysztof Wodiczko realisiert großflächige Videoprojektionen mit Interviews mit Menschen aus gesellschaftlich vernachlässigten Schichten.

Nach der so genannten „Kerzendemonstration“ installierte er im National Museum of Modern and Contemporary Art in Seoul das Werk „My Wish“ – dabei wurden Interviews von Teilnehmern an der Demonstration auf die Statue des Unabhängigkeitsaktivisten Kim Gu projiziert und bot den Betrachtern Gelegenheit, ihren Geschichten Gehör zu schenken. Diese Aktion sorgte für eine große Sensation.

In einem seiner berühmtesten Werke, *Hiroshima Projection*, wurden Interviews von direkten und indirekten Opfern des Atombombenangriffs auf die so genannte Atombombenkuppel, deren zerstörte Form bewahrt wurde, projiziert. Dabei wurde das Bild so eingestellt, dass nur die Hände der Opfer zu sehen und ihre Stimme zu hören waren, sodass die Kuppel wie ein sprechender Kopf der Opfer erschien. Zur Projizierung des vierzig Minuten langen Films mit fünfzehn Interviews kamen über fünftausend Zuschauer und er wurde landesweit im Fernsehen übertragen. Bemerkenswert war, dass die Opfer weder die Position der japanischen Regierung noch jene offizieller Ausschüsse bzw. Vereine vertraten – es waren Erzählungen von einfachen Menschen. Im Film waren auch Aussagen über die Zwangsprostitution koreanischer Frauen für das japanische Militär während der japanischen Kolonialherrschaft zu hören – der Teil der Vergangenheit, den Japan so sehr zu verdrängen versucht, wurde mit den Worten einer in Japan lebenden Koreanerin erzählt.

Als eine unerwartete Entdeckung bzw. Wirkung des Projektes stellte sich heraus, dass die interviewten Opfer anfangs Schwierigkeiten hatten, sich an die schmerzhaften Ereignisse zu erinnern, doch während der Teilnahme am Projekt gemerkt hatten, dass ihre Wunden langsam geheilt wurden und sie sich danach stärker fühlten.[82]

3) Gedenkstätte [81+]

In Korea wurde [81+] als ein Zeichen zum Gedenken an die Opfer von Menschenrechtsverletzungen vorgeschlagen.[83] Zu den achtzig Opfern, über deren Tod durch die Kommission über suspekte Fälle – die erste umfassende Kommission zur Vergangenheit Koreas – ermittelt wurde, wurde „+1“ hinzugefügt, was sämtliche Opfer der vergangenen staatlichen Gewalttaten wie die Zivilisten während des Koreakriegs symbolisieren soll. Doch [81+] sollte nicht nur als ein Ort des Gedenkens an die Opfer, sondern als ein Kultur- und Kunstzentrum für alle, insbesondere jüngere Menschen, eingerichtet werden. Die Absicht dahinter war, die Menschen durch verschiedene Ausstellungen, Konzerte, Aufführungen und wissenschaftliche Konferenzen auf natürliche Weise dazu zu bringen, sich an die Opfer von Menschenrechtsverletzungen zu erinnern. Ferner wird Informationsmaterial über das Leben der Opfer oder Aufklärung über Menschenrechte durch platzsparende Medien wie digitale Archive zur Verfügung gestellt – auch Interviews mit Hinterbliebenen sollten dazugehören. Der restliche Raum wird für Bildungsprogramme über Menschenrechte, Kunstausstellungen und Aufführungen freigehalten. So werden die Besucher durch Teilnahme an Seminaren über Menschenrechte, Ausstellungen, Konzerten etc. in ihrem Alltag an die Bedeutung des Menschenrechts und [81+] sowie an das Leben der Opfer erinnert. Auf diese Weise werden Menschen von heute den Opfern in ihrem Alltag begegnen, und ich glaube, diese Art des Gedenkens würden auch die Opfer bevorzugen.

Schlussbemerkungen

Auch wenn staatliche Gewalttaten aus der Vergangenheit nach verschiedenen Arten bzw. Fällen kategorisiert werden können – sie alle haben gemeinsam, dass sie sämtlich „Menschenrechtsverletzungsfälle“ sind. Einfachheitshalber wird bei der Kategorisierung die „Massentötung von Zivilisten“ von den „allgemeinen Menschenrechtsverletzungen“ unterschieden, doch gerade die „Massentötung von Zivilisten“ ist das repräsentativste Beispiel für „Menschenrechtsverletzung“.

Die Regierung hätte bereits bei der Planung zur Ermittlung von vergangenen Menschenrechtsverletzungen eine umfassende Roadmap entwickeln müssen, die verschiedene Aspekte wie Entschädigung, Heilung von seelischen Traumata der Opfer, Erinnerung an das Leben und den Tod der Opfer und Maßnahmen zur Bildung über Menschenrechte etc. beinhaltet.

Man sollte sich darauf gefasst machen, dass auch nach der Wiederaufnahme von Aktivitäten der Zweiten Kommission für Wahrheit und Aussöhnung – trotz bestmöglicher Bemühungen innerhalb der ihr zugeteilten Befugnisse – immer noch viele Fälle ungelöst bleiben werden. Ob geklärt oder ungeklärt – allesamt gehören sie zur Tragödie der koreanischen Geschichte.

Die wichtigste Aufgabe der Vergangenheitsbewältigung ist die Erinnerung an die Opfer. Auch an Namen und das Leben des Opfers, das wegen unvollständiger Aufklärung von Wahrheiten den Staat nicht zur Verantwortung ziehen konnte, dessen Tod jedoch unter Berücksichtigung vieler Tatbestände durch staatliche Gewalttaten verursacht zu sein scheint, und an seine Hinterbliebenen, die fest davon überzeugt leben oder lebten, muss erinnert werden. Nicht nur die ermittelten Wahrheiten von abgeschlossenen Fällen, sondern auch die ungelösten Fälle müssen samt unaufgeklärt gebliebenen Inhalten dokumentiert werden und in die Erinnerung eingehen.

Wahrheitsermittlung, Bestrafung der Täter und Rechtsschutz der Opfer gelten als die wichtigsten Prinzipien bei der Vergangenheitsbewältigung. Da es allerdings an umfassenden Entschädigungsmaßnahmen der Regierung für die Opfer von Taten aus der Vergangenheit fehlte, waren die Opfer gezwungen, gegen den Staat Klage auf Entschädigung zu erheben. Dabei wirkte der Ablauf der Verjährungsfrist stets als ein Problem. Der Staat als Beschuldigter protestierte ausnahmslos mit dem Argument, dass seit dem Begehungszeitpunkt zu viel Zeit vergangen und daher die Verjährungsfrist abgelaufen sei. Doch hierbei muss man die Verjährungsfrist des Strafrechts von jener des Zivilrechts unterscheiden, d.h. die Verjährungsfrist besitzt keine allgemeingültige Bedeutung. Ob der Schuldner nun damit argumentieren will oder nicht, das kann er frei entscheiden. Anders ausgedrückt bedeutet dies, dass der Staat als Beschuldigter selbst entscheiden kann, ob er bei einer Klage von einer Person, deren Tod oder Schaden der Staat verschuldet hat, mit dem Ablauf der Verjährungsfrist argumentieren möchte oder nicht. Im Falle Koreas ließ der Staat als Beschuldigter bei einer Klage auf Schadensersatz zur Vergangenheitsaufarbeitung kein einziges Mal die Gelegenheit aus. In manchen Präzedenzfällen wurde basierend auf dem Grundsatz von Treu und Glauben die Einrede der Verjährung seitens des Staates als des Beklagten für unzulässig erklärt, doch eine neue Bedingung wurde auferlegt, dass die Opfer innerhalb „eines angemessenen Zeitraums“ Klage erheben müssen, wobei dieser Zeitraum mal auf drei Jahre, mal auf sechs Monate festgesetzt wurde, was die Opfer verwirrte. Vor diesem Hintergrund bot die Entscheidung des Verfassungsgerichts aus dem Jahr 2018, wonach der Staat als Beschuldigter und individuelle Schuldner unterschiedlich behandelt werden müssen, einen Ausweg für die Opfer – die Entscheidung scheint der Forderung einiger Zivilrechtsexperten nachgekommen zu sein.

Bei der Vergangenheitsbewältigung im wahrsten Sinne ist es mit einzelnen Auszahlungen von Schadensersatz nicht getan. Dafür sollte die Stiftung Wahrheit und Aussöhnung wie die deutsche Stiftung Erinnerung, Verantwortung und Zukunft[84] gegründet werden, um Maßnahmen auf staatlicher Ebene zu ergreifen, die den Opfern einen umfassenden Schutz einschließlich Entschädigungen und Traumata-Behandlung bieten und umfangreiche Aktivitäten zur Erinnerung und Wiederholungsvermeidung ermöglichen. Beim Erforschen von konkreten Wegen zur Erinnerung der Opfer können diverse Erinnerungskulturaktivitäten in Deutschland als gute Beispiele dienen. In Korea wurde die Gedenkstätte [81+] in Form eines Kulturraums zu diesem Zweck vorgeschlagen, welcher als eine Einrichtung dienen soll, an der Besucher durch Teilnahme an Ausstellungen, Konzerten, Seminaren, etc. im Alltag an die Bedeutung der Menschenrechte und der Bezeichnung „81+" sowie an das Leben der Opfer erinnert werden können. Auf diese Weise werden Menschen von heute den Opfern in ihrem Alltag begegnen, und ich bin der Überzeugung, dass dergleichen eine Art und Weise des Gedenkens wäre, die auch die Opfer bevorzugen würden.

Ich hoffe, dass der erfolgreiche Einsatz der Zweiten Kommission für Wahrheit und Aussöhnung von der Gründung der Stiftung Wahrheit und Aussöhnung [85] begleitet und somit ein Ort entstehen wird, der allen Opfern von vergangenen staatlichen Gewalttaten gewidmet ist und Gedenk- und Bildungsmöglichkeiten bietet.

미주

축적과 단편 - 기억으로 엮인 도시

1 같은 제목의 한스 블루멘베르크의 책은 다음을 참조. Hans Blumenberg, *Arbeit am Mythos*(신화에 대한 작업), 1st edition, Frankfurt am Main Suhrkamp, 1979.
2 Quintilian, trans. H. E. Butler, *Institutio oratoria*, Harvard University Press, 1980, pp. 11-16.
3 Stefan Goldmann, "Statt Totenklagen Gedächtnis: Zur Erfindung der Mnemotechnik durch Simonides von Keos(애도 대신 기억: 케오스의 시모니데스에 의한 기억술 발명에 대하여)," in *Poetica* 21, 1989, pp. 43-66.
4 Goldmann, 같은 곳.
5 슈톨퍼슈타인 프로젝트 https://www.stolpersteine.eu/start [최종 검색일: 2022.7.7.]
6 베르나우어 슈트라세(Die Bernauer Straße) https://www.stiftung-berliner-mauer.de/de/gedenkstaette-berliner-mauer [최종 검색일: 2022.7.7.]
7 Niklas Maak, "Holocaust-Mahnmal: Peter Eisenman im Stelengang," FAZ.NET, 2003.8.16. https://www.faz.net/aktuell/feuilleton/holocaust-mahnmal-peter-eisenman-im-stelengang-1118767.html [최종 검색일: 2022.11.15.]

한국 국가폭력의 제도적 청산과 기억문화 - 사죄와 용서를 중심으로

1 이들은 5·18 시국회의, 5·18 구속자회 서울지부, 5·18 민주운동부상자회 서울지부 회원들이었다.
2 김경훈, "시민들 분노에 '무릎 꿇은 전두환 동상' 머리 박살… '당분간 때리지 말라' 안내문", 서울경제, 2019.12.27. https://www.sedaily.com/NewsVIew/1VS8KRIXZZ [최종 검색일: 2022.7.8.]
3 'apology'는 한국어로 사죄 또는 사과로 번역되는데, 사죄와 사과(excuse)는 어감이 다르다. 사죄는 윤리적 양심적인 법률적 차원의 잘못에 대한 것이라면, 사과는 일상적 행동적 차원에서의 잘못이나 지나침에 대하여 양해를 구하는 것으로 간주된다. 사죄는 용서와 함께, 다른 한편으로는 분노와 함께 논의된다.
4 신진욱, 〈사회운동의 연대 형성과 프레이밍에서 도덕감정의 역할〉, 《경제와 사회》 제73권, 2007, 203-243면.
5 김명희, 〈한국 이행기 정의의 감정동학에 대한 사례연구 웹툰 〈26년〉을 통해 본 5·18 부인(denial)의 감정생태계〉, 《기억과 전망》 제34권, 2016, 55-101면; 김소륜, 〈한강 소설에 나타난 '분노의 정동' 연구-장편소설 《소년이 온다》(2014)를 중심으로〉, 《이화어문논집》 제44권, 2018, 5-21면.
6 김백영·김민환, 〈학살과 내전, 공간적 재현과 담론적 재현의 간극: 거창사건추모공원의 공간 분석〉, 《사회와 역사》 제78권, 2008, 5-33면.
7 Fritz Stern, "Der Kniefall Willy Brandts," *Zu Hause in der Ferne*, Verlag C. H. BECK, 2015, pp.

185-200.

8 Erving Goffman, *Relations in Public: Microstudies of the Public Order*, New York, Harper and Row, 1971.

9 Nicholas Tavuchis, *Mea Culpa: A sociology of apology and reconciliation*, Stanford, Calif.: Stanford University Press, 1991.

10 이준서는 이를 수치심 문화와 자책감 문화의 차이로 설명했다. 이준서, 〈수치심 문화와 죄책감 문화의 과거사 극복 방식-동아시아의 상황에서 본 독일의 사례〉, 《브레히트와 현대연극》, 제34권, 2016, 437-458면.

11 Daniel W. Shuman, "The Role of Apology in Tort Law," *Judicature*, Vol. 83, 2000.

12 Alfred Allan, "Apology in Civil Law: A Psycho-Legal Perspective," *Psychiatry Psychology and Law*, Vol. 14, 2007.

13 A. Lazare, *On apology*, New York: Oxford University Press, 2004.

14 Michael Murphy, "Apology, Recognition, and Reconciliation," *Human Rights Review*, Vol. 12 (1), 2010, pp. 47-69.

15 R. M. Eisinger, "The Political Non-Apology," *Society*, Vol. 48 (2), 2011, pp. 136-141.

16 Blatz & Schumann & Ross, "Government Apologies for Historical Injustices," *Politial Psychology*, Vol. 30 (2), 2019, pp. 219-241.

17 이재승, 〈'피해자 권리장전'에 비추어 본 거창사건〉, 《일감법학》 제42권, 2019, 71-108면.

18 이영록, 〈사과(Apology)의 법이론〉, 《서울법학》 제27권(4), 2020, 381-414면.

19 Nick Smith, *I Was Wrong: The Meanings of Apology*, Cambridge University Press, 2008, pp. 28-107. 그는 사죄를 11개의 요소로 설명했다.

20 Martha Nussbaum, *Anger and forgiveness: Resentment, generosity, and justice*, Oxford University Press, 2016/ 마사 C. 누스바움, 강동혁 옮김, 《분노와 용서: 적개심, 아량, 정의》, 뿌리와이파리, 2018.

21 김영수, 〈남아공의 진실과 화해위원회(TRC)와 개혁적 사회통합-민주주의 이행과정으로서의 과거사정리 정책〉, 《국제지역연구》 제12권 4호, 2008, 67-88면.

22 M. Murray, *Commemorating and Forgetting: Challenges for the New South Africa*, University of Minnesota Press, 2013.

23 이준서, 〈수치심 문화와 죄책감 문화 담론에 대한 비판적 고찰〉, 《브레히트와 현대연극》, 제32권, 2015, 311-334면; 이준서, 〈수치심 문화와 죄책감 문화의 과거사 극복 방식-동아시아의 상황에서 본 독일의 사례〉, 《브레히트와 현대연극》 제34권, 2016, 437-458면.

24 한인섭, 〈거창 양민학살사건의 법적 해결〉, 《법학》, 2001, 4-42면.

25 이들은 남자 327명, 여자 392명으로, 이 중에서 '15세 이하 남녀 어린이가 359명, 16세~60세가 300명, 60세 이상 노인이 60명이었다.

26 거창사건추모공원에는 신중목 거창군 제2대 국회의원의 공적비가 있다. 그는 한국전쟁 때 무고한 거창군 신원면민 719명이 국군에 의해 학살당했다는 소식을 전해 듣고 국회에서 진실을 밝히고자 노력했으며, 거창사건희생자유족회에서 그의 공적을 기리는 비를 세웠다.

27 한인섭, 〈1951년 거창사건 형사재판의 검토〉, 《법학》, 2003, 2-44면.

28 김백영·김민환, 〈학살과 내전, 공간적 재현과 담론적 재현의 간극: 거창사건추모공원의 공간 분석〉, 《사회와 역사》 제78권, 2008, 23면, 주 20.

29 김백영·김민환, 같은 곳.

30 김백영·김민환, 같은 글, 30면.

31 Ian Buruma, The wages of guilt: Memories of war in Germany and Japan, Johnathan Cape: New York, 1994 ; Sebastian Conrad, "Entangled Memories: Versions of the Past in Germany and Japan, 1945-2001," Journal of Contemporary History, Vol. 38, No. 1, 2003, pp. 85-99.

32 김서경·김운성, 《빈 의자에 새긴 약속-평화의 소녀상 작가노트》, 말, 2016; 백지홍, 〈인터뷰: 비극과 희망을 담은 소녀상〉, 《미술세계》 제40권, 2016, 56-65면.

33 이택광, 〈소녀상의 상징과 판타지 그리고 진실〉, 《미술세계》 제40권, 2016, 66-69면; 윤지환, 〈평화의 소녀상을 통해 형성된 위안부 기억의 경관과 상징성에 관한 연구〉, 《대한지리학회지》 제54권 (1), 2019, 51-69면.

34 송진원·안병학, 〈평화의 소녀상을 통해 나타난 시각 문화의 상징성과 사회적 기억의 확산〉, 《기초조형학연구》 제20권 (5), 2019, 239-250면.

35 Jungsil Lee and Dennis P. Halpin eds., *Comfort Women: A Movement for Justice and Women's Rights in the United States*, Hollym International Corp, 2020.

36 김은성, "소녀상에 무릎 꿇는 아베…<영원한 속죄> 공개", 경향신문, 2020.7.25. https://www.khan.co.kr/national/national-general/article/202007252131001 [최종 검색일: 2022.7.8.]

37 이주엽, "'무릎 꿇은 아베'를 보는 불편함", 한국일보, 2020.7.27. https://www.hankookilbo.com/News/Read/A2020072713590002316?did=NA [최종 검색일: 2022.7.8.]

38 정근식, 〈5월운동의 성과와 한계: 과거청산과 이행기 정의 사이에서〉, 《경제와 사회》 제126권, 2020, 12-46면.

39 천정인, "'전두환 치욕 동상' 제작한 정한봄씨 '법 대신 민심의 심판'", 연합뉴스, 2020.5.2. https://www.yna.co.kr/view/AKR20200501004100054?input=1195m [최종 검색일: 2022.7.8.]

40 유연재, "전두환은 역사의 수치…누구든 와서 뺨이라도 한 대 치시라", 광주일보, 2020.4.27. http://kwangju.co.kr/article.php?aid=1587985200694546028 [최종 검색일: 2022.7.8.]

41 보도에 따르면, 평소 정씨와 교류하던 노무현 대통령 경제수석 출신 김태동 교수와 공직자 출신 류현선씨가 선뜻 제작비를 보탰다. 특히 류씨는 암 투병 중이었지만 흔쾌히 제작비를 지원해줬다.

42 경기·강원·전북 등지를 발로 뛰어다녔지만, 제작하겠다는 작가를 찾는 건 쉽지 않았다. 처음엔 의욕적으로 제작을 해보자던 작가들도 일주일 만에 못 하겠다고 연락이 오기도 했다. 제작자는 "이 조형물을 만들면 불이익을 당할 수 있다는 주변의 우려가 영향을 미친 것으로 보인다"고 추측했다. 더욱이 '예술성'을 중요시하는 작가들이 '상징성'을 강조해달라는 제작자의 요구를 받아들이지 못하기도 했다.

43 유연재, 같은 글.

44 5·18민주화운동 당시 헬기 사격을 증언한 고 조비오 신부에 대한 사자명예훼손 혐의로 재판에 넘겨진 전씨의 두 번째 공판기일이었다.

45 그는 "비상계엄이 전국으로 확대된 1980년 5월 17일, 저는 대학 연구실에 있었다. 이틀 전 학생들이 시위를 중단할 것이라는 발표를 듣고 밀려 있는 강의 준비에 열중하던 중"이라며 "광주에서 발포가 있었고 희생자가 발생했다는 소식은 얼마간의 시간이 지난 뒤에야 알게 됐다. 위법행위에 직접 참여하는 것도 잘못이지만 알고도 침묵하거나 눈 감은 행위, 적극 항변하지 않은 소극성 역시 작지 않은 잘못"이라고 했다.

46 빌리 브란트 전 수상의 바르샤바 참회 30주년을 기념하여 2000년 12월 바르샤바에서 그의 기념비가 헌정되었다.

47 김윤나영, "김종인, 광주 시민 항의 속 5·18 묘지 참배-5·18 관계자 '국보위 훈장 반납하고 오라'", 프레

시안, 2016.1.31. https://www.pressian.com/pages/articles/132944?no=132944&ref=nav_search [최종 검색일: 2022.7.8.]

48 이소영, 〈기억의 규제와 '규제를 통한 기억하기'?: 홀로코스트 부정(Holocaust denial) 규제 법제와 사회적 기억의 구성〉, 《법학연구》 제21권(4), 2013, 405-430면.

49 실재하는 것보다 더 현실적으로 재현되었다는 의미이다.

50 여기에서 real, actual, virtual을 좀 더 자세히 설명할 필요가 있다. 평택 매향리 폭격 연습장의 경우, 이곳은 한국의 영토에 속하지만(real), 실질적으로 미군이 지배하는 공간이며(actual), 미군은 이를 북한 영토로 상정(virtual)하고 폭격훈련을 한다.

51 조리(strainer)돌림은 잘못된 행동을 한 사람에게 조리를 씌워 마을을 돌게 함으로써 공개적인 수치심을 안겨주고 다시는 그런 행동이 반복되지 않도록 유도하는 전통적인 벌주기 퍼포먼스이다.

독일의 기억문화와 한국에서의 시사점

1 Aleida Assmann, *Das neue Unbehagen an der Erinnerungskultur*(기억문화의 새로운 불편함), München: Verlag C. H. Beck, 2020.

2 독일을 위한 대안당 대표 알렉산더 가울란트(Alexander Gauland)가 "히틀러와 나치는 1,000년 동안 이어진 독일의 성공적인 역사에 있어 새똥 하나에 지나지 않는다"라고 발언한 것을 의미한다.(역주)

3 "Durfte Brandt knien?/ Der Kniefall von Willy Brandt," *Der Spiegel* No. 51, 1970.12.14. bis 1970.12.20., p. 27.

4 식민지 시대 유산의 결과물로 나타난 한국 사회의 정치적, 문화적, 경제적 조건들을 의미한다.

5 이와 관련하여 다음을 참조. Hannes B. Mosler, "The Cosmopolitization of Remembrance-The Kwangju Uprising and the UNESCO 'Memory of the World' Register," *ASIEN-The German Journal on Contemporary Asia* 133 (2014.10.), pp. 73-89.

6 이와 관련하여 다음을 참조. Hannes B. Mosler, "The Contested Political Remembrance of the Kwangju Uprising and Presidential Speeches in South Korea," *S/N Korean Humanities* 6(1), 2020, pp. 47-92.

7 이와 관련하여 다음을 참조. Hannes B. Mosler, "Contentious Memory Politics in South Korea: The Seoul National Cemetery," *Special Issue*, 2021: "Politics of Memory in Korea," *ASIEN-The German Journal on Contemporary Asia* 154/155, 2020(1/4), pp. 66-92.

5·18 40주년과 기억의 과제-올바른 진상규명과 기억을 위한 형사법 이론의 과제

1 예컨대 2005년 전문가 그룹에 의해 유엔인권위원회(Commission on Human Rights)에 제출된 《불처벌에 투쟁하기 위한 원칙들 증보판》은 이행기 정의 활동에서 책임자에 대한 형사처벌이 포기되어서는 아니 된다는 원칙을 제시하고 있다. 이에 대해서는 다음을 참조. UN Economic and Social Council, *Report of the independent expert to update the Set of principles to combat impunity*, E/CN.4/2005/102/Add.1, 8 February 2005, Principle 5, 8, 19, 28.

2 대법원 1997.4.17. 선고 96도3376 판결.

3 5·18 관련자들에 대한 사건에서 검사는 '피고인 전두환, 노태우, 유학성, 황영시, 차규헌, 허화평, 허삼수, 이학봉, 이희성, 주영복, 정호용이 공모하여, 국헌을 문란할 목적으로 광주에서의 시위와 시민들의 무장 상황을 보고받고 피고인들의 시국수습방안에 따라 정국을 장악하기 위해서는 강경진압이 불가피하다고 판단하여, 광주에서 피고인들의 퇴진과 민주화를 요구하며 저항하는 시위대를 무장 폭도로 규정하고 계엄군으로 하여금 광주 외곽을 봉쇄하고 자위권발동이라는 명목으로 발포를 하게 하여 사상자가 발생하더라도 조속히 진압하기로 공모하고, 자위권의 발동을 지시한 다음 실탄을 배부하고, 시위대에 총격을 가함으로써 작당하여 병기를 휴대하고 반란하였고, …작당하여 계엄군의 무력으로 저항하는 시민들을 강경하게 진압함으로써 폭동하여 내란죄를 범하였고', …무장한 계엄군들이 시위대와 시민들에게 총격을 가하여 피해자들을 각 사망하게 함으로써 내란목적살인죄를 범하였다'고 하면서 피고인들을 기소하였다(서울고법 1996.12.16. 선고 96노1892 판결, 44면, 122-128면). 검사의 이러한 주장에 대해 항소심 법원과 대법원은 광주사태에서 강경진압행위는 내란죄의 폭동에 해당하고, 내란의 과정 중에 폭동에 수반하여 이루어진 살상행위는 내란행위의 한 구성요소를 이루는 것이므로 원칙적으로 내란행위에 흡수되어 별도로 내란목적살인죄에 해당하지 않는다고 보았다(서울고법 1996.12.16. 선고 96노1892 판결, 31-41면; 대법원 1997.4.17. 선고 96도3376 판결, 26-33면 참조). 다만 특정인 또는 일정한 범위 내의 한정된 집단에 대한 살해가 내란의 와중에 폭동에 수반하여 일어난 것이 아니라 그것 자체가 의도적으로 실행된 경우에는 이러한 살해행위는 반란이나 내란에 흡수될 수 없고, 내란목적살인의 별죄를 구성한다고 하면서 광주재진입작전 수행과정에서 발생한 시위대원 살해에 대해서만 내란목적살인죄를 별도로 인정하였다(서울고법 1996.12.16. 선고 96노1892 판결, 41-46면; 대법원 1997.4.17. 선고 96도3376 판결, 33면, 39면 참조). 즉, 검사는 광주사태에서 시위진압 과정에서 발포를 통해 시위대원 및 비시위대원들을 사망케 한 행위를 별도의 내란목적살인죄로 기소하였지만, 항소심법원과 대법원은 시위대원 및 비시위대원 살해행위는 원칙적으로 내란죄의 폭동행위에 해당되고, 광주재진입작전 수행과정에서 발생한 살해행위만이 내란목적살인죄에 해당한다고 본 것이다.

4 ICC는 제노사이드, 전쟁범죄, 인도에 반한 죄 및 침략범죄에 대해 보충적으로 관할권을 행사하는 상설 국제형사재판소이고, ICC가 보충적으로 관할권을 가지는 4개 국제범죄를 가리켜 '핵심 국제범죄'라고 한다.

5 동 법률은 제정과 동시에 시행되었다.

6 동 법률은 2018년 3월 13일에 제정된 후 총 4차례 개정되었는데, 최근 2021년 1월 5일에는 '5·18민주화운동 진상규명조사위원회'의 조사범위를 확대하고, 진상규명 조사방법을 다양화하기 위반 법 개정이 있었다.

7 ICC 관할범죄가 국가범죄의 가장 전형적인 형태라는 것에 대해서는 다음을 참조. 유진·강석구·박경규·김아람, 《과거사 청산을 위한 국가폭력 연구: 노역동원을 중심으로(I)-1960년대 초법적 보안처분과 국토건설사업》, 한국형사정책연구원, 2019, 29면.

8 대법원 1984.10.10. 선고 82도2595 전원합의체 판결 등 다수.

9 대법원 2005.11.10. 선고 2004도2657 판결; 같은 취지 대법원 2009.6.11. 선고 2008도6530 판결.

10 이에 대해 자세히 다루는 글로는 김혜경, 〈국가폭력범죄의 개념과 국가 책임구조〉, 《형사법의 신동향》 통권 제58호, 2018, 175면 이하 참조.

11 이에 대해서는 많은 문헌이 있지만, Carsten Stahn, A Critical Introduction to International Criminal Law, Cambridge University Press, 2019, pp. 22, 128; 김기준, 《국제형사법》, 박영사, 2017, 172-173면 참조.

12 이에 대해서는 많은 문헌이 있지만 특히 다음을 참고할 수 있다. Antonio Cassese, International Criminal Law, OUP, 2008, pp. 53-55; George Fletcher, Romantics at War: Glory and Guilt in

the Age of Terrorism, Princeton University Press, 2002, p. 17 et seq.; Kai Ambos, Der Allgemeiner Teil des Völkerstrafrechts, Duncker & Humblot, 2002, s. 50ff.; Satzger, Internationales und Europäisches Strafrecht, Nomos, 2018, § 12 Rn. 2; 이윤제, 〈국제범죄에 대한 지휘관책임의 연구〉, 서울대학교 박사학위 논문, 2016, 30-48면.

13 박경규·김성규·김재윤, 《반인권적 국가범죄의 법적 쟁점과 입법론적 대안》, 한국형사정책연구원, 2021, 58-59면.

14 IMT, *Trial of the Major War Criminals before the International Military Tribunal*, Nürnberg, 14 November 1945-1 October 1946, Volume 1, Published at Nuremberg, Germany, 1947, p. 219.

15 United States Government Printing Office, *Trials of War Criminals Before the Nürnberg Military Tribunals Under Control Council Law No. 10*, Volume IV, 1950, p. 977.

16 Kai Ambos, *Internationales Strafrecht*, 4. Aufl., 2014, s. 107f. 앰버스(Ambos) 교수는 죄형법정주의를 이와 같이 이해하는 것은 죄형법정주의 원칙을 형식적으로 이해하는 것을 탈피하여 죄형법정주의를 규범적으로 충전하면서 죄형법정주의를 실질적 정의의 요청으로 만드는 것이라고 표현하고 있다.

17 보다 상세히는 이윤제, 〈일본군 '위안부'에 대한 국제범죄와 죄형법정주의〉, 《일감법학》 제38호, 2017.10., 117-128면 참조.

18 ECHR 제7조도 일부 표현상의 차이 외에는 ICCPR 제15조와 같은 내용으로 규정되어 있다.

19 이윤제, 같은 곳 참조.

20 이에 대해서는 박경규·김성규·김재윤, 앞의 글, 249면 이하 참조.

21 로마규정 전문/서문은 다음과 같이 선언하고 있다. "이 규정의 당사국들은, 모든 사람은 공동의 유대로 결속되어 있으며 우리의 문화는 공유의 유산으로 결합되어 있다는 것을 의식하고, 이러한 섬세한 모자이크는 어느 때라도 깨질 수 있음을 우려하면서, 금세기 동안 수백만의 아동·여성 및 남성이 인류의 양심에 깊은 충격을 주는 상상하기 어려운 잔학 행위의 희생자가 되어 왔음에 유념하며, 그러한 중대한 범죄가 세계의 평화·안전과 복지를 위협하고 있음을 인정하며, 국제공동체 전체의 관심사인 가장 중대한 범죄는 처벌되지 않아서는 안 되고, 국가 차원에서 조치를 취하는 것과 국제협력을 강화함으로써 그러한 범죄에 대한 실효적 기소가 담보되어야 함을 확인하며, 이러한 범죄를 범한 자들이 처벌받지 않는 상태를 종식시키고, 이를 통하여 그러한 범죄의 예방에 기여하기로 결정하며, 국제범죄에 책임이 있는 자들에 대하여 형사관할권을 행사하는 것은 모든 국가의 의무임을 상기하며, …이 규정에 따라 설립되는 국제형사재판소는 국가의 형사관할권을 보충하는 것임을 강조하며, …다음과 같이 합의하였다."

22 이에 대해서는 로마규정 제17조 참조.

23 2002년 7월 1일 이후에 로마규정을 가입·비준한 당사국의 경우 로마규정이 그 당사국에 대해 발효되는 날 이후에 그 당사국에서 범해진 인도에 반한 죄에 한해서만 ICC가 보충적 관할권을 가진다.

24 Bassiouni/Schabas(ed.), *The Legislative Histroy of the International Criminal Court*, Vol. I, 2016, p. 136; Pangalangan, *Article 24*, in: Triffterer/Ambos, *The Rome Statute of the ICC*, 3rd ed. 2016, mn 3-8; Schabas, *The International Criminal Court: A Commentary on the Rome Statute*, 2nd ed. 2016, p. 556.

25 캐나다는 1998년 12월 18일에 로마규정에 가입하였고, 2000년 7월 7일에 로마규정을 비준하였다.

26 에스토니아는 이러한 규정들에 근거하여 1940년대 후반 및 1950년대 초반에 범해진 인도에 반한 죄에 해당하는 행위를 인도에 반한 죄로 유죄판결하였다. 유죄판결 받은 자가 유럽인권재판소에 권리구제를 신청하였는데, 유럽인권재판소는 ECHR 제7조제2항을 근거로 그러한 유죄판결은 소급효금지원칙에 반하지

않는다고 하였다. 이에 대한 자세한 소개는 박경규·김성규·김재윤, 《반인권적 국가범죄의 법적 쟁점과 입법론적 대안》, 한국형사정책연구원, 2021.2., 253면 이하 참조.

베를린 모아빗의 평화상(소녀상)에 관한 몇 가지 생각

1 이와 관련하여 다음 라이프치히대학교 일본학과 홈페이지의 요약문을 참고. https://www.uni-leipzig.de/newsdetail/artikel/7-was-bedeutet-es-dass-eine-friedensstatue-in-form-einer-trost-frauaufgestellt-wurde-2020-10-05 [최종 검색일: 2022.9.26.]

2 코리아협의회(KOREAVERBAND). https://www.koreaverband.de/trostfrauen/friedensstatue/ [최종 검색일: 2022.9.30.]

3 Aro Kuhrt, "Wie Japan dafür sorgt, dass in Berlin ein Denkmal verschwindet," *Berliner Zeitung*, 2020.12.10. https://www.berliner-zeitung.de/open-source/tokios-arm-reicht-bis-nach-moabi-li.110818?pid=true [최종 검색일: 2020.12.15.]

4 "Korean 'comfort women' memorial in Berlin angers Japan," *DW(Deutsche Welle) News*, 2020.10.20. https://www.facebook.com/deutschewellenews/videos/korean-comfort-women-memorial-in-berlin-angers-japan/1256585218059308/ [최종 검색일: 2020.12.15.]

5 이와 관련하여 다음을 참고. Heinrich August Winkler, *Geschichte des Westens*(서독의 역사), Band 3., München: Verlag C. H. Beck, pp. 871-872.

6 연설문의 정확한 언어 표현은 다음을 참조. Richards von Weizsächer, "Der 8. Mai war ein Tag der Befreiung," Tagesschau(ARD), 2015.5.8. https://www.tagesschau.de/inland/rede-von-weizsaecker-wortlaut-101.html [최종 검색일: 2020.12.15.]

7 "Friedensstatue in Moabit darf vorerst bleiben," *Süeddeutsche Zeitung*, 2020.10.13. https://www.sueddeutsche.de/politik/demonstrationen-berlin-friedensstatue-in-moabit-darf-vorerst-bleiben-dpa.urn-newsml-dpa-com-20090101-201013-99-927771 [최종 검색일: 2020.12.15.]

8 Heinrich August Winkler, "Es gibt kein deutsches Moralmonopol(독일에 도덕성 모노폴은 존재하지 않는다)," *Zeit*, 2016/18. https://www.zeit.de/2016/18/fluechtlingspolitik-europa-angela-merkel-moral/seite-2?utm_referrer=https%3A%2F%2Fwww.google.com%2F [최종 검색일: 2020.12.15.]

9 Reinhard Zöllner, "Freiburg erhält doch keine Trostfrauen-Statue(프라이부르크에 <평화의 소녀상> 설치하지 않기로)," Kotoba, 2016.9.31. http://kotoba.japankunde.de/?p=5664 [최종 검색일: 2020.12.15.]

한국의 과거청산 - 역사적 개관

1 사건유형별로 과거사 사건 일부에 대해서는 보상의 문제를 고려하기도 했지만, 국가의 책임에 의한 인권침해 전반에 관한 배·보상의 문제를 함께 고민하지 못했다. 그동안 있어왔던 과거사정리위원회의 설치 근거 법령들을 보면 다음과 같다. 5·18민주화운동등에관한특별법(법률 제5029호, 1995.12.21. 시행), 거창사

건등관련자의명예회복에관한특별조치법(법률 제5148호, 1996.4.6. 시행), 민주화운동관련자명예회복및보상등에관한법률(법률 제6123호, 2000.5.13. 시행), 제주4·3사건진상규명및희생자명예회복에관한특별법(법률 제6117호, 2000.4.13. 시행), 의문사진상규명에관한특별법(법률 제6170호, 2000.1.16. 시행), 5·18민주화유공자예우에관한법률(법률 제6650호, 2002.7.27. 시행), 삼청교육피해자의명예회복및보상에관한법률(법률 제7121호, 2004.7.30. 시행), 노근리사건희생자심사및명예회복에관한특별법(법률 제7175호, 2004.6.6. 시행), 진실과화해를위한과거사정리기본법(법률 제7542호, 2005.12.1. 시행), 군의문사진상규명등에관한특별법(법률 제7626호, 2006.1.1. 시행), 10·27 법난피해자의명예회복등에관한법률(법률 제8995호, 2008.6.29. 시행), 6·25 전쟁납북피해진상규명및납북피해자명예회복에관한법률(법률 제10190호, 2010.9.27. 시행), 부마민주항쟁관련자의명예회복및보상등에관한법률(법률 제11851호, 2013.12.5. 시행) 등. 이 중에서 특히 의문사진상규명에관한특별법이나 진실화해를위한과거사정리기본법에는 배·보상에 관한 내용이 결여되어 있었다.

2 2000년대부터 의문사유가족이 과거사 사건을 담당하는 법무부 소속 담당 검사에게 "과거사 사건에 있어 피고인 국가는 소멸시효로 항변하지 말 것"을 공식서한을 보내 촉구한 바 있으나 그때마다 "피고인 국가로서는 모든 가능한 항변 수단을 사용할 수밖에 없다"는 의례적인 한 줄 답변만을 받을 수 있었을 뿐이었다. 지금도 이러한 정부의 입장에 변함이 없다는 점을 매우 안타깝게 생각한다.

3 국내에서의 기억논의에 관해서는 정근식, 〈한국에서의 사회적 기억 연구의 궤적〉, 《민주주의와 인권》 제13권 제2호, 2013, 347면 이하 참조.

4 최광준, 〈과거청산의 의의와 '의문사진상규명에 관한 특별법'에 대한 개정의 필요성〉, 《경희법학》 제38권 제1호, 2003, 192면.

5 '불능' 개념의 도입 논의는 의문사 유가족 중 어느 법학과 교수의 제안으로 처음 시작되었다. 그는 의문사진상규명위원회 활동은 법원을 통한 사법적 판단과는 성격을 달리하는 것이기 때문에 '인용' 또는 '기각' 중에서 하나만을 선택하려고 하는 율사의 논리를 벗어나 새로운 개념인 '불능'을 도입해야 할 필요가 있음을 역설했다.

6 원래 유족단체들은 40여 건 정도를 예상했으나 이를 훨씬 상회하는 수의 진정서가 접수되었다.

7 홍석률, 〈의문사 진상규명-과거청산을 위한 진상규명의 시도와 쟁점〉, 《민주사회와 정책연구》, 2005, 116면.

8 홍석률, 같은 글, 119면.

9 홍석률, 같은 글, 119면.

10 당시 의문사특별법은 조사 권한이 취약했다는 점이 가장 큰 문제점으로 지적되었다. 의문사특별법은 임의적인 진술에만 의존하여 조사할 수 있도록 규정되어 있었고, 동행명령권이 있었으나 단지 과태료에 처할 수 있는 미약한 힘으로는 출석을 거부할 경우 다른 진상파악의 방법이 제도적으로 전무하였다. 또한 위원회에 나와서 허위진술을 일삼아도 이 또한 진상파악을 할 수 있는 다른 방법이 전혀 고안되어 있지 아니하였다는 점, 권위주의적 통치하에서 이루어진 국가폭력의 개입 여부가 의문사 사건들의 대다수 핵심적인 사항이었는데도 정작 국정원, 기무사 등 관련 국가기관들이 정보공개 등에 비협조로 일관하여도 관련 정보에 접근할 수 있는 방법이 전무하여 진상파악을 하는 데에는 본질적인 취약점을 갖고 있었다. 또한 국가기관이 아닌 개인이나 단체 등이 진상파악에 필요한 자료를 갖고 있는 것이 분명한데도 소지인이 임의제출하지 않는 이상 진상파악에 필요한 그 어떠한 조치도 취할 수 없는 한계를 지니고 있었다는 점이 지적되기도 했다; 김성길, 〈과거사법 제정 과정과 현황, 이후 방향에 대하여-통과된 과거사법의 문제점을 중심으로〉, 《광복 60년(제6차) 종합학술대회 올바른 과거청산을 위한 전국순회 심포지엄 종합자료집: 청산하지 못한 역사 어떻게 할 것인가?》, 올바른과거청산을위한범국민위원회 2005, 41-42면.

11 "반민족 친일행위만이 진상규명의 대상은 아닙니다. 과거 국가권력이 저지른 인권침해와 불법행위도 그 대상이 되어야 합니다. 진상을 규명해서는 다시는 그런 일이 없도록 해야 할 것입니다. 저는 이 자리를 빌려 지난 역사에서 쟁점이 됐던 사안들을 포괄적으로 다루는 진상규명특별위원회를 국회 안에 만들 것을 제안드립니다. 이미 국회에서는 진상규명과 관련하여 열세 건의 법률이 추진되고 있습니다. 그러나 법안마다 기준이 다르고 이해관계가 엇갈리기 때문에 개별적으로 다루기가 어려운 것이 사실입니다. 국회가 올바른 진상규명이라는 원칙에만 동의한다면 구체적인 방법은 국민 여러분의 의견을 수렴해서 충분히 합의할 수 있을 것입니다. 그리고 그동안 각종 진상조사가 이루어질 때마다 국가기관의 은폐와 비협조 문제가 논란의 대상이 되어왔습니다. 그러나 이번만은 그런 시비가 없어야 할 것입니다. 고백해야 할 일이 있으면 기관이 먼저 용기 있게 밝히고 새롭게 출발해야 합니다"(대통령비서실, 《노무현 대통령 연설문집》 제2권, 2005, 258면).

12 노무현 대통령의 8·15 경축사 이후 국정원, 경찰청, 국방부는 자체적으로 진실규명위원회를 구성하기에 이른다. 경찰은 2004년 9월 민간이 참여하는 '경찰청 과거사진상규명위원회'를 조직하고 2007년 11월까지 대표적인 경찰 관련 과거사 사건 10개를 선정하여 진상을 규명했다. 이 10개의 사건은 서울대 깃발 사건, 민청련 사건, 강기훈 유서대필 사건, 남민전 사건, 대구 10-1 사건, 보도연맹원 학살 의혹 사건, 나주부대 사건, 신보의련 사건 등이었다. 국가정보원 또한 2004년 11월 민간위원을 포함한 '국정원 과거사건진실규명을통한발전위원회'를 발족시켜 2007년 10월까지 국정원사건들에 대한 진상규명활동을 했는데, 조사과정과 내용은 비공개를 원칙으로 하되 조사 결과는 공개하는 방식을 취했다. 국정원이 조사한 주요 사건으로는 김형욱 실종사건, 김대중 납치사건, 동백림 사건, 부일장학회 강제헌납, 경향신문 매각사건, 민청학련 및 인혁당 사건, 남한조선노동당 사건, KAL기 폭파사건 등이 있었다. 국방부는 다른 국가기관보다 늦게 2005년 5월 국방부과거사진상규명위원회를 조직하고 2007년 1월까지 국방부 관련 과거사 사건들을 조사했다. 국방부 관련 주요 사건들은 12·12쿠데타, 5·17 비상계엄확대, 5·18 사건, 삼청교육대 사건, 강제징집·녹화사업, 실미도 사건, 10·27 법난 사건과 신군부집권 기간의 언론통제, 보안사 민간인 사찰, 재일동포 및 일본관련 간첩 조작 의혹사건 등이었다. 국정원, 경찰청, 국방부 등 관련기관의 진상규명활동은 여러 가지 내재적인 한계를 지니고 있었지만, 부분적이나마 과거의 잘못을 관련기관이 직접 나서서 조사했다는 점에서 그 의의를 찾을 수 있을 것이다.

13 당시 언론을 통해 발표된 정치권의 갑론을박에 관해 상세한 것은 한현숙, 〈민주화 이후 한국의 과거청산-진실과화해위원회의 성과와 한계를 중심으로〉(서강대 석사학위논문), 2014, 46면 이하 참조.

14 김성길, 앞의 글, 41면: "과거청산 범국민위에서 작성한 법률안은 그동안 과거청산과 관련된 각종 법률과 의문사위원회에서의 활동경험 등을 종합하여 가장 효과적인 과거청산법안이 무엇인지를 반영한 법안이었다. 의문사진상규명에 관한 특별법은 수없이 지적되었듯이 조사 권한상으로 본질적인 진상규명이 어려운 조건으로 구성된 법률이었다."

15 당시 한나라당 대표 박근혜는 '과거사 진상조사 특별위원회'를 수용하되, 해방공간 및 한국전쟁 과정의 친북 좌익 행위도 조사해야 한다고 주장했다. 이번 기회에 과거의 역사를 되짚어보고 교훈을 얻기 위해서 "중립적인, 검증적인 학자들이 과거사를 짚어보고" "6·25 전쟁 때 정말 우리나라를 해방 후 자유민주주의와 공산주의로 헷갈려 있을 때, 우리의 선택이 옳았던 것인가? 6·25 침략으로부터 누가 지켜냈고, 6·25 때 만행으로 피해를 입었던 사람들도 밝혀내고, 4·19혁명이 일어날 지경까지 부정부패하고 무능했던 사람들은 누구냐? 5·16 후 산업화 과정의 공과는 무엇이고, 공산주의와 자유민주주의가 대립한 냉전시대에 국가안보를 누가 지켜냈고, 위협했나? 누가 피해를 입었는가를 이번 기회에 공정하게 규명해보자"는 것이었다. 박근혜 대표의 발언은 이후 한나라당이 제출한 현대사정리법의 방향과 일치하는 것이었는데 '과거의 공과를 모두 따지자'는 그녀의 주장은 그녀와 당시 보수세력이 과거청산의 문제가 피해자인 국민의 인권 회

복과 재발 방지에 있다는 문제의식을 전혀 가지고 있지 않았음을 잘 보여주고 있다. 박근혜 전 대표의 발언 전문은 아래의 사이트에서 확인할 수 있다. ohmynews.com/NWS_Web/View/at_pg.aspx?CNTN_CD=A0000204900&CMPT_CD=SEARCH [최종 검색일: 2022.9.19.]

16 입법과정에 관해 상세한 것은 정근식, 〈민간인 학살사건 진상규명을 위한 활동의 현황과 과제〉, 《제노사이드연구》 제1호, 2007, 13면 이하 참조.

17 안병욱 위원장은 진실화해위의 전신인 의문사위의 비상임위원을 지낸 바 있다.

18 한국의 뉴라이트로 잘 알려져 있던 이영조 위원장이 임명될 당시는 보수진영의 이명박 대통령 시절인데, 이영조 위원장의 임명에 관해서는 많은 사회적 논란이 있었다. 이에 관해 상세한 것은 예를 들어 정희상, "뉴라이트가 접수한 과거사위원회", 《시사인》 제118호, 2009년 12월 21일 참조. https://www.sisain.co.kr/news/articleView.html?idxno=6060 [최종 검색일: 2022.9.19.]

19 각하 사건 중에는 항일독립운동 신청 사건이 많은데, 국가보훈처 등 관련기관에서 종결된 사건을 진실화해위에 재접수했거나 항일독립운동의 범주에 해당하지 않는 사건이 많았기 때문이라고 한다, 황현숙, 앞의 글, 61면 각주 46.

20 상세한 것은 김상숙, 〈진실과화해위원회의 활동을 중심으로 본 한국전쟁 전후 민간인학살 진상규명현황과 향후 과제〉, 《기억과 전망》 제27권, 2012, 131면 이하 참조.

21 김상숙, 〈진실화해법 개정과 2기 진실화해위의 과제〉, 《Issue & Review on Democracy》 51호, 2021, 4면 이하.

22 김상숙, 같은 글, 4면; 김태우, 〈진실화해위원회의 미군 사건 조사보고서에 대한 비판적 검토〉, 《역사연구》 제21호, 2011, 112면. 신청 사건 중심으로 접근함으로써, 과거사 정리를 개별화된 '희생자 중심'의 진상규명 및 경제적·상징적 보상이나 명예 회복 문제로 축소하는 결과를 낳았다는 비판도 있다. 김영수, 〈한국 과거사정리와 국가의 전략〉, 《역사연구》 제21호, 2011, 157면. 왜 애초의 예상보다 신청 건수가 적었는가에 대해서는 그 이유로 ① 법으로 정해진 신청기간(1년)이 짧았고 ② 신청기간에 공영방송 등을 통한 국민적 홍보 부족으로 피해자들이 위원회의 존재를 몰라 신청하지 못한 경우가 많았으며 ③ 일부 피해자들은 위원회의 존재를 알았다 해도 수십 년간 겪어온 연좌제 피해와 트라우마로 인해 국가기관에 대한 불신과 공포가 남아 있어 신청하지 못한 경우도 많았다고 한다. 김상숙, 〈진실과화해위원회의 활동을 중심으로 본 한국전쟁 전후 민간인학살 진상규명현황과 향후 과제〉, 135면.

23 불능이나 각하가 많이 나온 이유로는 사건의 진상을 입증할 증거자료가 아예 부족했던 경우뿐 아니라, 입증할 자료는 충분했으나 2010년 상반기 이명박 정부에서 이영조 위원장 등 위원 다수를 당시 친여권 인사로 새로 임명하면서 위원회의 진실규명 결정 기조가 바뀌면서 불능 또는 각하 결정된 경우로 나눌 수 있다고 하면서 그 근거로 진실규명 불능 결정한 454건 가운데 78%에 달하는 354건이 2010년 상반기에 처리되었다는 점을 들고 있다. 김상숙, 〈진실화해법 개정과 2기 진실화해위의 과제〉, 5면.

24 진실화해위 권고사항 이행의 전반에 관해서는 한성훈, 〈과거청산과 민주주의 실현: 진실화해위원회 활동과 권고사항의 이행기 정의를 중심으로〉, 《역사비평》 제93호, 2010 참조.

25 김상숙, 〈진실화해법 개정과 2기 진실화해위의 과제〉, 5-6면; 황현숙, 앞의 글, 70면 이하; 권고조치 중에서 위령사업은 그런대로 잘 추진되었지만 재심권고나 국가의 사과권고의 이행률이 매우 낮은 근본적인 원인은 국가기구 내에서 진실화해위의 위상이 낮게 배치되어 있고 위원회의 진실규명이나 권고의 법적 효력에 대한 규정이 모호하기 때문이라고 지적한다. 정긍식, 〈진실규명과 화해, 어디까지 왔는가? 진실화해위원회 활동의 결산〉, 《황해문화》 제67호, 2010, 109-110면. 이명박 정부에서의 후속처리 과정의 문제점에 관해서는 김동춘, 〈한국전쟁과 학살, 그 기억과의 전쟁-진실화해를 위한 과거사정리 위원회 활동을 중심으로〉, 《제주4·3연구소 국제세미나 자료집》, 제주4·3연구소, 2013, 120면 이하 및 김동춘, 《이것은 기억

과의 전쟁이다》, 사계절, 2013; 최정기, 〈과거청산에서의 기억전쟁과 이행기 정의의 난점들-광주민주화운동 관련 보상과 피해자의 트라우마를 중심으로〉, 《지역사회연구》 제14권 제2호, 2006, 3면 이하 참조.

26 김상숙, 〈진실화해법 개정과 2기 진실화해위의 과제〉, 4-5면: "진실화해위가 수행했던 진실규명의 주요 과제로는 ① 개별 희생자의 희생 사실 인정 ② 사건 전개 과정의 역사적 재구성을 통한 사건의 구조적 진실규명 ③ 가해의 지휘·명령체계 확인을 통한 국가 책임성 확인, 세 가지를 들 수 있다. 그런데 이 세 가지 과제는 서로 연관되어 있으면서도 각각 조사대상, 조사방법, 조사에 드는 기간, 필요한 결과물이 다르다. 그런데 진실화해위에서는 각각 다른 방식으로 수행해야 할 이 세 가지 차원의 조사 전체를 개별 조사관이 담당하고, 하나의 단위 사건 보고서 안에 종합하는 방식을 취했다. 이는 당시에는 전국 각지에서 발생한 사건에 대한 조사연구 결과가 거의 축적되어 있지 않은 상태였고, 진실화해위 역시 조사기간과 조사 권한의 제약, 유관기관의 비협조 등 조사 여건의 제약이 있는 상태에서 조사했기 때문에 불가피했던 것이라고 볼 수도 있으나 이로 인해 사건의 역사적·구조적 진실규명으로 나아가기에는 부족했으며, 학살을 지시한 최상부의 명령체계 등 사건의 전말을 규명할 수 있는 조사도 상당히 부족했다." 진실화해위의 구성원들은 내부의 의사소통이나 부서간 협조 수준이 그다지 높지 못했으며 전문성도 충분하지 않아 중요한 조사업무가 균등하게 분배되지 않고 일부의 구성원들에게 집중되는 현상이 있었다는 지적도 있다. 정근식, 〈진실규명과 화해, 어디까지 왔는가? 진실화해위원회 활동의 결산〉, 《황해문화》 제67호, 2010, 98면.

27 1기 진실화해위가 시민사회의 입법 운동에 의해 성사되었음에도 불구하고 위원회 설립 후 제도화된 활동단계에서는 시민사회단체들이 배제된 채 구체적 전략과 힘을 갖지 못했으며 과거청산 운동의 주요한 축이었던 피해자와 유족들은 이해집단 내지는 민원인으로 전락했다는 것이다. 김상숙, 〈진실화해법 개정과 2기 진실화해위의 과제〉, 6면.

28 정근식, 〈진실규명과 화해, 어디까지 왔는가? 진실화해위원회 활동의 결산〉, 110-111면.

29 '이행기 정의'의 개념에 관해서는 이재승, 〈이행기의 정의〉, 《법과 사회》 제22권, 2002, 47면 이하; 이영재, 〈이행기 정의의 본질과 형태에 관한 연구〉, 《민주주의와 인권》 제12권 1호, 2012, 121면 이하 참조. 5·18과 이행기 정의 개념에 관해서는 정근식, 〈5월운동의 성과와 한계: 과거청산과 이행기 정의 사이에서〉, 12면 이하 참조.

30 정근식, 같은 글, 95면.

31 한홍구, 〈이명박 시대의 과거청산과 역사논쟁〉, 《역사와 현실》 69호, 2009.

32 정근식, 같은 곳; '과거사 청산'이 아니라 '과거청산'이라고 해야 하는 이유는 분명히 과거는 '지나갔으며' 돌이킬 수 없지만 잘못된 과거의 사건이 현재의 정치 사회 내에서 영향력을 미칠 수 있는 지위에 남아 있으며 피해자가 생존해 있는 경우 어떤 형태로든 이것을 정리하지 않고서는 관계의 형성, 공공질서의 정상적인 작동이 어렵기 때문이라고 한다. 김동춘, 〈한국 과거청산의 성격과 방향〉, 《민주사회와 정책연구》, 제8호, 2005, 23면.

33 반인도적 국가범죄의 경우 피고인 국가가 소멸시효항변을 할 수 없다고 보는 것이 합당하다는 견해가 있다. 임상혁, 〈거창사건 피해자에 대한 국가배상: 입법적, 사법적 해결의 검토: 거창사건 관련 판결과 소멸시효 항변〉, 《법과 사회》 제27권, 2004, 177면.

34 대법원 1994.12.9. 선고 93다27604 판결. 이 네 가지 유형에 관해서는 이범균, 〈국가의 소멸시효 완성 주장이 신의칙에 반하여 권리남용에 해당하는지 여부에 관한 판단 기준〉, 《대법원판례해설》 제54호, 2006, 22면 이하 참조. 소멸시효항변을 저지할 수 있는 신의칙을 4가지 유형으로 구분하고 있는 견해로는, 강우찬, 〈국가배상소송에서 국가의 소멸시효 완성주장에 대한 기산점 인정 및 신의칙 위반 여부에 관한 검토〉, 《법조》 제55권 제2호, 2009, 268-269면; 김상훈, 〈과거사 국가배상사건에서 국가의 소멸시효 항변 제한법리-대법원 2013.12.12. 선고 2013다201844 판결 등 타당성 검토〉, 《민사법연구》 제22권, 대

한민사법학회, 2014, 35-36면; 김상훈, 〈재심절차에서 무죄 확정판결을 받은 자의 손해배상 청구에 대한 소멸시효 항변의 허용 여부〉, 《대법원판례해설》 제97호(2013하), 법원도서관, 2014, 17-18면; 남효순, 〈일제징용시 일본기업의 불법행위로 인한 손해배상청구권의 소멸시효남용에 관한 연구〉, 《법학》 제54권 제3호, 서울대학교 법학연구소, 2013, 410-411면; 박준용, 〈진실·화해를 위한 과거사정리 기본법에 따른 진실규명결정과 국가배상소송〉, 《판례연구》 제25집, 부산판례연구회, 2014, 377-378면; 이영창, 〈불법행위에 기한 손해배상청구에 대한 소멸시효 항변-과거사 사건을 중심으로〉, 《민사재판의 제문제》 제22권, 한국사법행정학회, 2013, 357면; 이영창, 〈과거사 사건의 사실확정 및 소멸시효 문제〉, 《대법원판례해설》 제95호 (2013상), 법원도서관, 2013, 440면; 최창호·유진·전성환, 〈과거사 사건에 있어 법원의 소멸시효 남용론에 대한 비판적 고찰〉, 《법조》 제686권, 법조협회, 2013, 50-51면; 한삼인·차영민, 〈국가의 소멸시효항변과 신의성실의 원칙-대법원 2013.5.16. 선고 2012다202819 판결을 중심으로〉, 《법학논고》 제43집, 경북대학교 법학연구원, 2013, 143면; 홍관표, "국가배상소송에서 국가의 소멸시효 완성주장에 대한 기산점 인정 및 신의칙 위반 여부에 관한 검토", 〈과거사 사건의 소멸시효와 신의성실의 원칙 문제-대법원 판결의 입장 변화를 중심으로〉, 《법조》 제713호, 법조협회, 2016, 123-126면. 조용환, 〈역사의 희생자들과 법-중대한 인권침해에 대한 소멸시효의 적용문제〉, 《법학평론》 제1권, 서울대학교 법학평론 편집위원회, 2010, 19-20면은 '제1유형'을 세분하여 채무자가 시효완성 전에 '채권자의 권리행사나 시효중단을 불가능 또는 현저히 곤란하게 한 경우'와 '채권자로 하여금 권리행사나 시효중단 조치가 불필요하다고 믿게 하는 행동을 한 경우'로 나누어 5가지 유형으로 구분하여 설명하고 있다.

35 이주현, 〈채권자의 권리행사가 객관적으로 불가능한 사실상의 장애사유가 있음에 불과한 경우 채무자의 소멸시효 항변이 신의칙에 반한다는 이유로 허용하지 않을 수 있는지 여부〉, 《대법원판례해설》 제42호, 2003, 577면.

36 그런데 국가가 우월적 지위를 이용하여 인권피해자의 권리행사를 객관적으로 불가능하게 만들었다면, 그 기간 동안에는 아직 민법 제166조 제1항상의 '권리를 행사할 수 있는 때'가 도래하지 않은 것으로 봐야 하지 않을까? 다수의 판례가 이러한 입장에서 판결하였다. 예를 들어 대판 1993.7.13., 92다39822; 대판 2001.4.27., 200000다31168; 대판 2003.2.11., 99다66427; 대판 2003.4.8., 2002다64957; 대판 2006.1.26., 2004다19104 등.

37 이 판결에서는 진실화해위 결정의 증명력에 대해서도 판단하였는데, 다수의견은 진실화해위의 결정을 하나의 '증거'로 보고 별도의 증거조사가 필요하다고 판단하였다. 이에 대해, 과거사정리법 및 진실화해위원회 설립 취지를 무시하고 결과적으로 사건을 진실규명이 없었던 원점으로 다시 돌려놓았다는 비판을 받고 있다. 이 판결에서 이인복, 이상훈, 김용덕, 김소영 대법관의 소수의견을 음미할 필요가 있다: "피해자가 정리위원회의 진실규명결정을 증거로 제출하면서 국가를 상대로 국가 소속 공무원의 불법행위를 원인으로 한 손해배상을 청구하는 경우, 진실규명결정은 그 내용에 중대하고 명백한 오류가 있는 등으로 인하여 그 자체로 증명력이 부족함이 분명한 경우가 아닌 한 매우 유력한 증거로서의 가치를 가진다고 할 것이어서 피해자는 그것으로써 국가 소속 공무원에 의한 불법행위책임 발생 원인 사실의 존재를 증명하였다고 봄이 타당하다. 이 경우 진실규명결정의 내용을 부인하며 가해 행위를 한 바가 없다고 다투는 국가가 그에 관한 반증을 제출할 책임을 부담한다고 보아야 한다. 즉 국가는 진실규명결정의 내용이 사실과 다르다는 점에 관한 구체적인 사유를 주장하고 이를 뒷받침할 만한 반증을 제출함으로써 진실규명결정의 신빙성을 충분히 흔들어야만 비로소 피해자 측에 진실규명결정의 내용과 같은 사실의 존재를 추가로 증명할 필요가 생기고, 국가가 그 정도의 증명에 이르지 못한 경우에는 함부로 진실규명결정의 증명력을 부정하고 그와 다른 사실을 인정할 수는 없다."

38 대법원은 "…국가가 과거사정리법의 제정을 통하여 수십 년 전의 역사적 사실관계를 다시 규명하고 피해자

및 유족에 대한 피해회복을 위한 조치를 취하겠다고 선언하면서도 그 실행방법에 대해서는 아무런 제한을 두지 아니한 이상, 이는 특별한 사정이 없는 한 그 피해자 등이 국가배상청구의 방법으로 손해배상을 구하는 사법적 구제방법을 취하는 것도 궁극적으로는 수용하겠다는 취지를 담아 선언한 것이라고 볼 수밖에 없고, 거기에서 파생된 법적 의미에는 구체적인 소송사건에서 새삼 소멸시효를 주장함으로써 배상을 거부하지는 않겠다는 의사를 표명한 취지가 내포되어 있다고 할 것이다"라고 판시하였다. 그런데 국가를 상대로 하는 소송에서 예외없이 소멸시효항변을 당하고 있는 피해자들이 실제로 이런 신뢰를 하고 있었을까? 적어도 진실화해위의 전신이라 할 수 있는 의문사위에서 의문사사건의 진실이 밝혀지고, 유가족들이 소를 제기하기 시작한 2002년 무렵에는 실제로 이러한 신뢰가 있었다고 할 수도 있겠지만, 의문사유가족이 제기한 국가배상청구소송에서부터 예외없이 소멸시효항변으로 일관하던 정부의 입장을 모르는 이는 적어도 진실화해위의 조사로 진실이 밝혀진 사건과 관련된 원고들 중에는 아무도 없었을 것이다.

39 그렇다면 소멸시효를 문제삼지 않고 피해자구제를 해줄 것처럼 선행위를 해놓고 이제 와서 소멸시효의 항변을 하는 것은 모순행위금지 또는 금반언의 원칙상 허용될 수 없다고 하는 것이 옳지 않을까? 이에 대해서는 최광준, 〈인권침해에 대한 국가의 책임: 소멸시효완성의 항변과 신의칙-대법원 2013.5.16. 선고 2012다202819 전원합의체 판결을 중심으로〉, 《경희법학》 제51권 제2호, 2016 참조.

40 좋은 예로서, 동영 빈산빈 학살사건에서 1심 법원은 객관적 장애사유와 채권자 보호의 필요성을 근거로 국가의 소멸시효 주장 원용을 배척했는데(서울중앙지방법원 2013.5.1. 선고 2012가합526022 판결), 이 대법원 판결 이후에 선고된 항소심에서 서울고등법원은 '채무자가 시효를 원용하지 않을 것 같은 태도를 보여 채권자로 하여금 신뢰하게 한 경우'에 해당한다고 보아 시효를 배척하였다(서울고등법원 2013.12.20. 선고 2013나2009206 판결).

41 진실화해위의 진실규명결정은 2007년 4월 17일에 이르러서야 시작되었다. 진실·화해를위한과거사정리위원회, 〈진실화해위원회 종합보고서 I〉, 진실·화해를위한과거사정리위원회, 2010, 229면 이하 참조.

42 같은 의견으로 홍관표, 앞의 글, 149-151면: "과거사정리위원회의 진실규명결정이 있으면 국가가 소멸시효의 완성을 들어 권리소멸을 주장하지는 않을 것이라는 신뢰를 가질 만한 특별한 사정이 있다고 인정했으나, 이는 사실이 아닌 가정 내지 상상에 기반한 것으로 실체적 진실과 부합하지 않는다. 대한민국은 과거사 사건과 관련하여 한 번도 시효완성 항변을 하지 않을 것이라는 신뢰를 피해자 및 유족에게 부여한 바 없고, 피해자나 유족 역시 대한민국이 손해배상소송에서 시효완성 항변을 하지 않을 것이라고 신뢰한 적이 없으며 이를 기대한 적도 없었다고 보는 것이 사실에 부합한다. 대한민국이 과거사 사건과 관련된 손해배상소송에서 1심부터 과거의 잘못을 인정하고 반성하면서 시효완성의 이익을 포기한 사례가 있었던가…. 이미 다른 진실규명결정에 따른 개별 손해배상청구 소송에서 피고 대한민국의 시효완성 항변이 현실적으로 지속되고 있는 상황에서, 2009년 4월 6일 진실규명결정에 이르러 갑자기 특별한 사정도 없이 피고 대한민국이 시효완성의 항변을 하지 않을 것이라는 신뢰를 유족들이 가질 만했다고 인정하는 것은 어불성설이다."

43 최광준, 〈인권침해에 대한 국가의 책임: 소멸시효완성의 항변과 신의칙-대법원 2013.5.16. 선고 2012다202819 전원합의체 판결을 중심으로〉, 2016.

44 민사법에 한정하지 않고, 국민에 대한 기본권보장이나 법해석학적 관점에서도 국가의 소멸시효항변이 허용될 수 없다는 취지의 견해로는 송기춘, 〈조작간첩사건과 법원의 판결에 대한 국가배상청구 가능성〉, 《세계헌법연구》 제13권 1호, 국제헌법학회 한국학회, 2007, 85면 이하; 이덕연, 〈거창사건에 대한 대법원판결(2008.5.29. 2004다33469)평석-견벽청야(堅壁淸野)의 군사작전과 법리구성의 구조적 유사점을 주목하여〉, 《저스티스》 제129호, 한국법학원, 2012, 297면 이하 및 김창록, 〈특집-고(故) 최종길 교수 30주기 추모학술회의: 과거청산과 시효〉, 《공익과 인권》 제1권 1호, 서울대학교 공익인권법센터, 2004 참조.

45 유엔이 유엔기본원칙을 통해 중대한 인권침해에 대해서는 민사적 손해배상청구에 대하여 소멸시효가 적용되지 않는다고 한 것은 무엇을 의미하겠는가? 국가를 개인과 동일하게 취급했다면 이러한 입장을 취하는 것이 가능했겠는가?.

46 헌재 1997.12.24. 선고 96헌마172 · 173(병합) 결정.

47 유가족이 극복해야 하는 정신적 문제에 대해서는 정원옥, 〈의문사 유가족의 애도 전략-유령과 함께 살기〉, 《민주주의와 인권》 제12권 3호, 전남대학교 5·18연구소, 2012, 235면 이하 참조.

48 홍성균, 〈소멸시효 기산점에 관한 객관적 체계의 완화-대법원 판례의 '객관적 인식가능성'을 중심으로〉, 《비교사법》 제25권 제4호, 2018, 1361면 이하에서는 시효정지의 사유는 모두가 채권자, 채무자에게 책임이 없는 경우임에 반하여, 소멸시효 항변의 신의칙에 따른 허용한계에 속하는 4개 사유는 모두 일정 정도 채무자에게 책임이 있는 경우이므로, 성격이 서로 다름에도 불구하고 시효정지기간을 기준으로 하는 것은 적절하지 못하다고 한다. 김제완, 〈국가폭력에 의한 특수유형 불법행위에 있어서 손해배상청구권의 소멸시효-거창사건 항소심판결(부산고법 2004.5.7. 선고 2001나15255)에 대한 비판적 검토〉, 《인권과 정의》 제368호, 대한변호사협회, 2007, 75-77면은 유사한 취지에서 국가와 국민과의 관계의 특수성을 강조하고, 당사자가 국가라는 사정만으로는 신의칙을 적용할 수 없다는 점을 수긍할 수는 있지만, 문제가 된 해당 권리의 성격과 일응 소멸시효기간이 만료하게 된 경위 등을 전혀 고려하지 않은 채 신의칙 적용의 타당성 여부를 판단할 수 없다고 한다.

49 최광준, 〈인권침해에 대한 국가의 책임: 소멸시효완성의 항변과 신의칙-대법원 2013.5.16. 선고 2012다202819 전원합의체 판결을 중심으로〉 참조.

50 헌재 2018.8.30., 2014헌바148, 162, 219, 466; 2015헌바50, 440(병합); 2014헌바223, 290; 2016헌바419(병합).

51 헌법재판소 결정에 관해 상세한 것은 홍관표, 〈국가에 대한 손해배상청구권과 소멸시효-과거사 사건을 중심으로〉, 《법학논총》 제39건 제2호, 2019; 송덕수, 〈이른바 과거사 사건에 관한 현재의 법 상태〉, 《법학논집》 제25권 제1호, 2020; 박보영, 〈과거사 사건에서 소멸시효의 적용-헌재 2018.8.30. 2014헌바148등(병합)에 대한 평석〉, 《저스티스》 제173권, 2019 참조.

52 과거사정리법 제2조 제1항 제3호 및 제4호.

53 이 헌법재판소의 결정 이전에도 국가와 개인은 달리 취급되어야 한다는 주장이 있었다. 최광준, 〈인권침해에 대한 국가의 책임: 소멸시효완성의 항변과 신의칙-대법원 2013.5.16. 선고 2012다202819 전원합의체 판결을 중심으로〉 참조.

54 이는 가해자가 국가인 경우와 일반 개인인 경우가 서로 다르게 취급되어야 한다는 주장을 받아들인 것으로 이해된다. 이 주장에 관해서는 최광준, 같은 곳 참조.

55 이는 다수의견을 정리한 것이다. 재판관 3인은 반대의견을 고수하였는데, 반대의견은 당해 사건에서 청구인들은 심판대상조항들에 대한 해석·적용을 다투기 위한 방편으로 헌법소원심판을 청구한 것으로, 법률조항 자체의 위헌 여부를 다투는 것이 아니라 당해사건 재판의 기초가 되는 사실관계의 인정이나 평가 또는 개별적·구체적 사건에서의 법률조항의 단순한 포섭·적용에 관한 법원의 해석·적용이나 재판 결과를 다투는 것에 불과하므로 재판소원을 금지한 헌법재판소법 제68조 제1항의 취지에 비추어 허용될 수 없고 부적법 각하하여야 한다는 것이었다.

56 곽윤직 편집대표, 《민법주해Ⅲ-총칙(3)》(윤진수 집필 부분), 박영사, 1992, 390-392면. 입증 곤란을 구제한다는 논거는 입증자료가 충분히 확보되어 현존하더라도 여전히 소멸시효가 적용된다는 점에서 소멸시효 제도를 지지하는 독자적 논거가 될 수 없고, 권리행사의 태만에 대한 제재라는 논거도 권리자에게 권리행사의 법적 의무가 부과되는 것이 아니라면 왜 권리불행사가 권리의 박탈이라는 결과를 가져오는지 설명

하기 어려운 점 등으로 미루어 소멸시효제도의 가장 강력한 존재근거는 법적 안정, 즉 유동적인 법률상태의 '매듭짓기'라는 견해가 유력하다. 권영준, 〈소멸시효와 신의칙〉, 《재산법연구》 제26권 제1호, 2009, 10면 및 김태봉, 〈국가기관의 인권침해행위에 기한 손해배상청구사례와 소멸시효항변의 제한 법리〉, 《법학논총》 제35권 제2호, 2015.12., 210면 참조.

57 이 로마법상의 원칙은 "ius vigilantibus scriptum est"로 직역하면 "법은 깨어있는 자를 위해 쓰여진 것이다"이다. 계속적으로 진실규명을 외쳐 온 과거사 사건 피해자들이 언제 깨어 있지 않았던 순간이 있었을까?

58 김태봉, 앞의 글, 224면.

59 서울고등법원 2006.2.14. 선고 2005나27906 판결. 이 판결 및 사건에 관해 상세한 것은 김평우, 〈소멸시효 항변과 신의칙-고(故) 최종길 교수 사건 [서울고등법원 2005나 27906호 손해배상(기)] 판결을 중심으로〉, 《서강법학》 제8권, 2006; 이광택, 〈차철권 전 중정수사관은 47가지 거짓말 하고 있다〉, 《신동아》 2002.6., 유봉인, 〈기억의 문제와 의문사진상규명-최종길 교수사건의 진상규명 조사를 중심으로〉, 《기억과 전망》 제4권, 민주화운동기념사업회, 2003 참조.

60 여기에 관해 상세한 것은 이재승, 〈집단살해에서 소멸시효와 신의칙〉, 《민주법학》 제53호, 민주주의법학연구회, 2013 참조.

61 기간, 실효 등 유사한 타제도와의 비교연구 및 시효제도의 본질에 관해서는 다음을 참조. Andreas Piekenbrock, *Befristung, Verjährung, Verschweigung und Verwirkung*, Mohr Siebeck: Tübingen, 2006.

62 최광준, 〈인권침해에 대한 국가의 책임: 소멸시효완성의 항변과 신의칙-대법원 2013.5.16. 선고 2012다202819 전원합의체 판결을 중심으로〉, 《경희법학》 제51권 제2호, 2016.

63 헌법재판소의 이 결정 이후 다수의 판례가 과거사 사건 피해자들에게 유리한 판결을 내리고 있다. 이들 판결에 대해서는 송덕수, 앞의 글, 52면 이하 참조.

64 분류의 편의상 '민간인학살사건'을 '일반 인권침해사건'과 구별하고 있지만, '민간인학살사건'이야 말로 대표적인 '인권침해사건'이라고 할 수 있다. 과거인권침해사건들의 개요와 관련 판례들에 관해서는 김태봉, 〈국가기관의 인권침해행위에 기한 손해배상청구사례와 소멸시효항변의 제한 법리〉, 《법학논총》, 전남대 법학연구소, 제35권 제2호, 2015, 193면 이하 참조.

65 과거사 피해자의 치유에 관해서는 정호기, 〈과거사의 상흔치유효과와 후과에 관한 성찰〉, 《기억과 전망》 제20호, 2009 참조.

66 헤이너(Hayner)는 피해구제(reparation)에 관해 설명하면서 "피해가 발생하기 이전의 상태로 되돌리는 원상회복(restitution), 금전배상(compensation), 법률적, 의료적, 심리적 치료를 통한 재활(rehabilitation), 사죄(satisfaction) 외에 재발방지책 마련 등 모든 방법을 포함"해야 한다고 설명한다. Priscilla B. Hayner, Unspeakable Truths: Facing the Challenge of Truth Commissions, Routledge: London, 2002, p. 171. 피해구제는 대체적으로 이와 같은 맥락에서 이해되고 있다. Martha Minow, Between Vengence and Forgiveness, Beacon Press: Boston, Massachusetts, 1998, p. 9 이하; A. James McAdams, Transitional Justice and the Rule of Law in New Democracies, University of Notre Dame Press: Notre Dame, 2001 등 참조. 국내 피해보상제도에 대한 비판적 검토에 관해서는 이영재, 〈과거사 피해보상에 대한 비판적 검토-광주민중항쟁 및 민주화운동에 대한 피해보상과 국가배상의 비교를 중심으로〉, 《기억과 전망》 제23권, 민주화운동기념사업회, 2010, 199면 이하 참조. 국내에서는 김근태 기념 치유센터 '숨'이 인권피해자들을 위한 치유와 재활프로그램의 제공, 국가폭력 피해와 피해자 치유에 관한 연구 조사, 고문과 공권력 남용 방지와 피해보상 법제화 추진, 국가폭력 피해자와 유족을 위한 사회연대 기금조성, UN과 국제 민간단체들과의 고문방지 협력사업을 주요사업목표로 내걸고 인

권피해자들의 트라우마 치료를 위해 노력하고 있는데, 이는 사실 국가적인 차원에서 실행되었어야 했다. 이 모두가 과거청산을 결정했던 초기 단계부터 계획안에 포함시켰어야 했던 것이다.

67 독일 기억문화의 특징은 ① 기억문화정책의 주도권을 국가나 정치권이 아니라 사회단체들이 가지고 있다. ② 기억문화활동의 범위가 1세를 넘어 2세, 3세로 확산되어 있다. ③ 형태에 있어서는 역사적 기록과 채증을 넘어 여러 문화적 매체들로 다양화하고 있다는 점이라고 한다. 탁선미, 〈포스트 트라우마 시대의 기억문화-그 쟁점과 함의〉, 《독일어 문학》 제44집, 2009, 472면.

68 Jan Assmann, *Das kulturelle Gedächtnis: Schrift, Erinnerung und politische Identität in frühen Hochkulturen*, Verlag C. H. Beck, München, 1992. Aleida Assmann, *Der lange Schatten der Vergangenheit: Erinnerungskultur und Geschichtspolitik*, Verlag C. H. Beck, München, 2006. 얀 아스만(Jan Assmann)은 그의 저서 서문에서 1986년 모리스 알박스(Maurice Halbwachs)를 읽고 신대륙을 발견한 것 같았고 나치에 의해 희생된 그의 죽음 앞에서 가해자와 피해자의 기억의 역사를 풀어나가야 하는 사명감을 가지게 되었다는 점을 밝히고 있다. 모리스 알박스는 1925년 집단기억(collective memory)의 개념을 처음으로 세상에 밝힌 프랑스의 학자이다. 그는 유대인이었던 그의 장인의 체포에 대해 항의하다 독일 게슈타포에 의해 체포·구금되었으며 결국 부헨발트(Buchenwald) 강제수용소에서 1945년 2월 사망했다. 알박스는 이미 1925년 집단기억에 관한 자신의 저서를 펴냈다(*Les Travaux de L'Année Sociologique*, Paris, F. Alcan, 1925). 이 저술은 1952년에 *Les cadres sociaux de la mémoire*(Paris, Presses Universitaires de France)로 다시 출간되었고 영어로 번역되었다(Maurice Halbwachs, *On collective memory*, The University of Chicago Press, 1992).

69 독일 '테러의 지형 재단(Stiftung Topographie des Terrors)'의 홈페이지 참조. https://www.gedenkstaetten-uebersicht.de [최종 검색일: 2022.9.22.]

70 현재 이 프로젝트를 주도하고 있는 시민단체는 사단법인 아크티프 뮤지엄(Aktives Museum)이다. https://www.aktives-museum.de/aktuelles [최종 검색일: 2022.9.19.]

71 이를 소개하는 국내의 논문으로는 이홍경, 〈독일의 홀로코스트 추모문화의 새로운 흐름 -'걸림돌 프로젝트' 연구〉, 《독어독문학》 제146집, 2018 참조.

72 전진성, 《역사가 기억을 말하다》, 휴머니스트, 2005, 220면 이하.

73 Aleida Assmann, *Erinnerungräume*, 1999, 375면 이하.

74 전진성, 앞의 책, 223-224면 참조.

75 기본법 제40조에서는 '과거사연구재단'이라는 표현을 사용하고 있으나, '과거사에 대한 연구'는 '과거청산재단'의 하나의 목표에 지나지 않을 것이다. 따라서 여기서는 '과거청산재단'이라는 용어를 사용하기로 한다. 이철 외, 〈과거사통합재단 설립·운영방안에 관한 연구 최종보고서〉, 행정안전부 용역연구 결과, 2017, 141면에서는 과거청산재단이 과거사 극복 및 미래지향적 사업이 지속적으로 추진되기 위해서는 국가의 재정적 기여를 전제로 하는 특수공익법인을 재단법인의 형태로 설립하는 것이 바람직하다고 한다.

76 한나 아렌트, 이진우 옮김, 《인간의 조건》 제2판, 한길사, 2019.

77 최광준, 〈기억과 책임과 미래 - 국가권력에 의한 인권침해사건의 해결과 미술의 역할〉, 《잠들지 않는 남도》(제주4·3 70주년 기념사업위원회), 제주도립미술관, 2018 참조.

78 우정아, 《남겨진 자들을 위한 미술》, 휴머니스트, 2015, 32면.

79 우정아, 같은 책, 33면.

80 크시슈토프 보디치코, 〈나의 소원〉 https://www.krzysztofwodiczko.com/my-wish [최종 검색일: 2022.8.17.]

81 신채기, 〈전쟁의 기억 - 보디치코의 (반)기념비 프로젝트〉, 《현대미술사연구》 39, 2016, 86면.

82 문화공간 〈81+〉가 처음 제안된 것은 2018년 이한열 기념관에서였다. 이에 관해서는 최광준, 〈기억과 책임과 미래 - 국가권력에 의한 인권침해사건의 해결과 미술의 역할〉 참조. 문화공간 〈81+〉의 소식을 우연히 접한 독일의 정치인 발터 콜(Walther Kohl), 헬무트 콜 전 독일수상의 장남은 자기 소유의 전시관을 'Raum 81+'로 명명하고 2019년 광주 5·18 사진전을 개최하였다. 이 전시관에 설치된 〈81+〉 표식의 제작과 부착은 류승환 미술작가의 재능기부로 성사되었다. 이에 관해서는 정희상, "최광준 교수가 아버지를 기억하는 방법", 시사인, 2020.4.3. https://www.sisain.co.kr/news/articleView.html?idxno=41596 [최종 검색일: 2022.7.11.] 〈81+〉에 관련한 미술전시에 관해서는 최리준 작가의 〈Erinnere 81+ 희생자에 대한 기억 [Remembrance of the victims]〉 전시 정보 참조. https://neolook.com/archives/20191007e [최종 검색일: 2022.7.11.]

83 이 재단에 관해서는 다음을 참조. Goschler, Constantin (Hrsg.), *Die Entschädigung von NS-Zwangsarbeit am Anfang des 21. Jahrhunderts: Die Stiftung 'Erinnerung, Verantwortung und Zukunft' und ihre Partnerorganisationen*, Wallstein, 2012.

84 "재단이 설립되면 진실규명한 사건의 홍보책자나 팸플릿 출간, 가해자나 피해자들의 증언집 발간, 유족의 정신적 피해 실태조사 및 국민적 공론화작업, 공론의 장으로 가해자들을 이끌어내 화해 도모, 사건을 문학 혹은 영화화, 중고등학생 교육용 교재 발간, 인권침해 현장이나 학살지 순례 및 탐방코스 개발, 외국 피해자들과의 연대 등 수많은 추가적인 작업이 진행될 수 있을 것이다", 김동춘, 〈지연된 진실규명, 더욱 지연된 후속작업-진실화해위원회 활동의 완수를 위한 과제들〉, 《역사비평》 통권 100호, 2012, 211-212면; 정근식 외, 〈화해·위령 및 과거사연구재단설립방안〉, 《진실화해위 연구용역 결과보고서》, 2009, 184-185면에서는 재단의 목적에 따라 ① (가칭)책임·화해·미래재단, ② (가칭)진실·화해 재단, ③ (가칭)과거사연구재단의 세 가지 명칭을 제안하고 있다.

Topoi, loci, Überlagerung und Fragment - Die Stadt als Erinnerungsgeflecht

1 Blumenberg, Hans: *Arbeit am Mythos*, 1. Aufl. Frankfurt am Main, 1979.

2 Quintilian, *Institutio oratoria*, s. 11, 2, 11-16.

3 Goldmann, Stefan: Statt Totenklagen Gedächtnis. Zur Erfindung der Mnemotechnik durch Simonides von Keos, in: *Poetica* 21 (1989), s. 43-66, hier s. 43.

4 Ebd.

5 http://www.stolpersteine.eu/start/.

6 https://www.stiftung-berliner-mauer.de/de/ gedenkstaette-berliner-mauer, 7.7.2022.

7 Peter Eisenman im Stelengang, in: FAZ, 16. August 2003.

Vergangenheitsbewältigung und Erinnerungskultur in Korea - In Bezug auf Abbitte und Vergebung

1 Zu den Aktivistengruppen zählen 5·18-Diskussionsrat, 5·18-Verein der ehemaligen Häftlinge Seoul und 5·18-Verein der Verletzten Seoul.

2 https://www.sedaily.com/NewsVIew/1VS8KRIXZZ, 27.12.2019.

3 Der englische Begriff „apology" wird im Koreanischen sinngemäß als „Abbitte" oder „Bitte um Verzeihung" übersetzt. Doch zwischen „apology" und „excuse" existiert eine merkliche Nuance: während „excuse" ethische, gewissenhafte, rechtliche Fragen betrifft, geht es bei „apology" oftmals um kleine Fehler oder Unangemessenheiten im alltäglichen Handeln. Diskussionen über „excuse" werden entweder in Bezug auf Verzeihung oder Zorn durchgeführt.

4 Shin Jin-wook, Herstellung der Solidarität bei gesellschaftlichen Bewegungen und Rolle des moralischen Gefühls bei Framing (사회운동의 연대 형성과 프레이밍에서 도덕감정의 역할), 경제와 사회, 73, 2007, s. 203-243.

5 Kim Myung-hee, Studie über Beispiele für emotionale Dynamiken von Transitional Justice in Südkorea: Ökosystem der Emotionen, die das Ereignis vom 18. Mai verleugnen-anhand von Webtoon „26 Jahre" (한국 이행기 정의의 감정동학에 대한 사례연구 웹툰 <26년>을 통해 본 5·18 부인(denial)의 감정생태계), 기억과 전망, Vol. 34, 2016, s. 55-101; Kim So-ryun, Studie über Affekte der Wut in Erzählungen von Han Kang mit Fokus auf den Roman „Der Junge kommt" (한강 소설에 나타난 '분노의 정동' 연구-장편소설 ≪소년이 온다≫ [2014]를 중심으로), 이화어문논집, Vol. 44. 2018, s. 5-21.

6 Kim Baek-yong & Kim Min-whan, Massaker und Bruderkrieg, Differenz zwischen räumlicher und diskursiver Wiedergabe: Räumliche Analyse des Geochang Massacre Memorial Park (학살과 내전, 공간적 재현과 담론적 재현의 간극: 거창사건추모공원의 공간 분석), 사회와 역사 Vol. 78, 2008, s. 5-33.

7 Stern, Fritz, Der Kniefall Willy Brandts, Verlag C.H.BECK, Zu Hause in der Ferne, 2015, s. 185-200.

8 Goffman, Erving, Relations in Public: Microstudies of the Public Order. New York, Harper and Row 1971.

9 Tavuchis (1991).

10 Lee Jun-suh identifizierte dies als die Differenz zwischen Scham-Kultur und Schuldgefühlskultur. Lee Jun-suh, Modus der Vergangenheitsbewältigung in der Scham- und Schuldkultur-Deutsche Beispiele mit Blick auf ostasiatische Verhältnisse (수치심 문화와 죄책감 문화의 과거사 극복 방식-동아시아의 상황에서 본 독일의 사례), 브레히트와 현대연극, Vol. 34, 2016, s. 437-458.

11 Shuman, Daniel W., "The Role of Apology in Tort Law," *Judicature*, 2000, Vol. 83.

12 Allan, Alfred, "Apology in Civil Law: A Psycho-Legal Perspective," *Psychiatry Psychology and Law*, 2007, Vol. 14.

13 Lazare, A., *On apology*, New York: Oxford University Press, 2004.

14 Murphy, Michael, "Apology, Recognition, and Reconciliation," *Human rights review*, Vol. 12 (1), 2010, s. 47-69.

15 Eisinger, R. M., The Political Non-Apology, *Society*, Vol. 48 (2), 2011, s. 136-141.

16 Blatz/Schumann/Ross, Government Apologies for Historical Injustices, *Political Psychology*, Vol. 30 (2), 2009, s. 219-241.

17 Lee Jae-seung, Implementierungsfehler der Entschuldigung (사죄의 수행상 오류), 민주법학 Vol. 59, 2015, s. 99-142.

18 Lee Young-rok, Rechtstheorie der Entschuldigung (사과 [Apology]의 법이론), 서울법학 Vol. 27 (4), 2020, s. 381-414.

19 Nick Smith, *I was Wrong: The Meanings of Apology*, Cambridge University Press, 2008, s. 28-107 (Smith nannte 11 Elemente der Entschuldigung).

20 Nussbaum, Martha, *Anger and forgiveness: Resentment, generosity, and justice*, Oxford University Press, 2016 (마사 C. 누스바움, 강동혁 역, 2018, ≪분노와 용서: 적개심, 아량, 정의≫, 서울: 뿌리와 이파리).

21 Kim Yong-soo, Südafrikas Wahrheits- und Versöhnungskommission (TRC) und reformorientierte gesellschaftliche Integration: Vergangenheitsaufarbeitungspolitik als Übergangsprozess zur Demokratie (남아공의 진실과 화해위원회 [TRC]와 개혁적 사회통합-민주주의 이행과정으로서의 과거사정리정책), 국제지역연구 12권4호, 2008, s. 67-88.

22 Murray, M., *Commemorating and Forgetting: Challenges for the New South Africa*, University of Minnesota Press, 2013.

23 Lee Jun-suh, Kritische Betrachtung des kulturellen Diskurses über Scham- und Schuldkultur (수치심 문화와 죄책감 문화 담론에 대한 비판적 고찰), 브레히트와 현대연극, Vol. 32, 2015, s. 311-334; Lee Joon-suh, Modus der Vergangenheitsbewältigung in der Scham- und Schuldkultur-Deutsche Beispiele mit Blick auf ostasiatische Verhältnisse (수치심 문화와 죄책감 문화의 과거사 극복 방식-동아시아의 상황에서 본 독일의 사례), 브레히트와 현대연극, Vol. 34, 2016, s. 437-458.

24 Han In-sup, Rechtliche Lösung des Massakers in Geochang (거창 양민학살사건의 법적 해결), 법학 42-4, 2001.

25 Darunter waren 327 Männer und 392 Frauen; 359 davon waren Kinder unter 15 Jahren, 300 16-bis 60-jährige, und 60 waren Ältere über 60 Jahre.

26 In der Gedenkstätte wurde ein Gedenkmal für den Abgeordneten der zweiten Legislaturperiode errichtet. Nachdem Shin von der Ermordung von 719 unschuldigen Bewohnern von Geochang-gun Shinwon-Myeon von der koreanischen Armee erfuhr, bemühte er sich um die Wahrheitsaufklärung im Parlament. Zum Andenken an seinen Einsatz ließ der Hinterbliebenenverein des Geochang-Massakers ein Denkmal zu seinen Ehren errichten.

27 Han In-sup, Überprüfung des strafrechtlichen Gerichtsprozesses des Massakers in Geochang im Jahr 1951 (1951년 거창사건 형사재판의 검토), 법학, s. 44-2, 2003.

28 Kim Baek-yung & Kim Min-whan, Massaker und Bruderkrieg, Differnz zwischen räumlicher und diskursiver Wiedergabe: Räumliche Analyse des Geochang Massacre Memorial Park (학살과 내전, 공간적 재현과 담론적 재현의 간극: 거창사건추모공원의 공간 분석), 사회와 역사 Vol. 78, 2008, s. 23 Fußnote 20.

29 Ebenda s. 23.

30 Ebenda s. 30.

31 Buruma, Ian, *The wages of guilt: Memories of war in Germany and Japan*, New York, 1994; Conrad, Sebastian, "Entangled Memories: Versions of the Past in Germany and Japan, 1945-2001," *Journal of Contemporary History*, Vol. 38, No. 1, 2003, s. 85-99.

32 Kim Seo-Kyung & Kim Eun-sung, Versprechen in leeren Stühlen: Notizen der Künstler der Mädchenstatuen (빈 의자에 새긴 약속: 평화의 소녀상 작가노트), 서울: 말 2016; Paik Ji-hong, Interview: Mädchenstatue der Tragödie und Hoffnung (인터뷰: 비극과 희망을 담은 소녀상), 미술세계, 2016, s. 56-65.

33 Lee Taek-gwang, Symbolik und Fantasie der Mädchenstatue und Wahrheit (소녀상의 상징과 판타지 그리고 진실), 미술세계, 2016, s. 66-69; Yoon Ji-whan, Studie über Landschaft der durch Mädchenstatuen hervorgerufene Erinnerung an Trostfrauen und deren Symbolik (평화의 소녀상을 통해 형성된 위안부 기억의 경관과 상징성에 관한 연구), 대한지리학회지, Vol. 54 (1), 2019, s. 51-69.

34 Song Jin-won & An Byung-hak, Symbolik der visuellen Kultur in Mädchenstatuen und Ausbreitung der gesellschaftlichen Erinnerung (평화의 소녀상을 통해 나타난 시각 문화의 상징성과 사회적 기억의 확산), 기초조형학연구, Vol. 20 (5), 2019, s. 239-249.

35 Jungsil Lee and Dennis P. Halpin eds., *Comfort Women: A Movement for Justice and Women's Rights in the United States*, Hollym International Corp, 2020.

36 Kim Eun-seong, Abes Kniefall vor der Friedensstatue - Veröffentlichung der Statue „die Ewige Abbitte," *Kyunghyang Daily News* vom 27.7.2020.

37 Lee Ju-yeop, „Unbehagen bei der Betrachtung des Kniefalls von Abe," Hankook Ilbo, 27.7.2020.

38 Jung Keun-sik, Errungenschaft und Grenze der Mai-Bewegung: Zwischen Vergangenheitsbewältigung und Transitional Justice (5월운동의 성과와 한계: 과거청산과 이행기 정의 사이에서), 경제와 사회 126, 2020, s. 12-46.

39 *Yonhap News,* 2. Mai 2020.

40 You Yeon-jae, „Chun Doo-hwan ist eine Schande der Geschichte - Jeder kann kommen und

ihm einen Klaps verpassen," *Gwangju Ilbo*, 27.4.2020.

41 Berichten zufolge wurde ein Teil der Kosten von Professor Kim Tae-dong, dem ehemaligen Finanzberater unter der Regierung Roh-Moo-hyun und dem ehemaligen Regierungsbeamten Ryu Hyeon-seon, die mit Chung in regelmäßigem Kontakt standen, finanziert. Ryu, der sich damals einer Krebsbehandlung unterzog, leistete bereitwillig seinen Beitrag.

42 Er suchte in verschiedenen Regionen wie in den Provinzen Gyeonggi-, Gangwon- und Jeollabuk-do, doch es war nicht leicht, einen geeigneten Künstler zu finden. Auch diejenigen, die anfangs sehr motiviert zu sein schienen, lehnten den Auftrag nach einer Woche wieder ab. Jeong vermutet, dass die Besorgnis der Angehörigen, dem Künstler könnte etwas zustoßen, die Entscheidung beeinflusst habe. Hinzu kam, dass einige Bildhauer, für die der „künstlerische Wert" im Vordergrund steht, mit der Forderung Jeongs nach Betonung des Symbolgehalts nicht einverstanden waren.

43 You Yeon-jae, „Chun Doo-hwan ist ein Schandfleck der Geschichte - Jeder kann kommen und ihm einen Klaps verpassen," *Gwangju Ilbo*, 27.4.2020.

44 Es war der zweite Verhandlungstermin für den Prozess, in dem Chun für eine Diffamierung des Priesters Cho Bi-oh, der über Hubschrauber-Schüssen auf Zivilisten bei der Demokratisierungsbewegung vom 18. Mai aussagte, angeklagt wurde.

45 Kim äußerte sich wie folgt: „Am 17. Mai 1980, als der Ausnahmezustand auf das ganze Land ausgeweitet wurde, befand ich mich im Forschungsraum an der Universität. Zwei Tage zuvor hatte ich gehört, dass die Studenten bald mit den Demonstrationen aufhören würden, und so konzentrierte ich mich auf die Vorbereitung der nachzuholenden Vorlesungen. Erst einige Zeit später erfuhr ich, dass in Gwangju Schießbefehle erlassen und Menschen getötet worden waren. Nicht nur eine direkte Teilnahme an einer Gesetzeswidrigkeit, sondern auch das Schweigen darüber und das Wegschauen, der Verzicht auf aktiven Widerstand dagegen sind keine geringen Verfehlungen."

46 Zum 30. Jahrestag der Abbitte Willy Brandts in Warschau wurde im Dezember 2000 ein Denkmal für den ehemaligen Bundeskanzler errichtet.

47 Kim Yoon Na-yeong, Vertreter des 5·18-Vereins: „Er soll erst kommen, wenn er die Medaille für seine Verdienste beim Spezialkomitee für Nationale Sicherheitsmaßnahmen zurückgegeben hat", *Pressian*, 31.1.2016.

48 Lee So-young, Regulierung der Erinnerung und „Sich-Erinnern durch Regulierung?": Gesetzliche Regularien über Holocaustverleugnung und Gestaltung der gesellschaftlichen Erinnerung (기억의 규제와 "규제를 통한 기억하기"?: 홀로코스트 부정 (Holocaust denial) 규제 법제와 사회적 기억의 구성), 법학연구 Vol. 21 (4), 2013, s. 405-430.

49 „Pro-realistisch" soll heißen: realistischer als die Realität.

50 Dabei sollten die Begriffe „real, faktisch, virtuell" näher erläutert werden: im Falle des Bombenabwurfplatzes in Maehyang-ri der Stadt Pyeong-taek gehört das Terrain zur koreanischen Republik (real), tatsächlich wird er von der US-Armee regiert (faktisch) und beim Militärtraining stellt die Armee sich vor, dass es sich um ein nordkoreanisches Gebiet handelt (virtuell).

51 Hierbei wird der schuldigen Person ein „Jori (Sieb)" auf den Kopf gesetzt und zu einem Rund-

gang durch das Dorf befohlen, damit er Schamgefühl empfindet und dieselbe Handlung in Zukunft vermeidet.

Erinnerungskultur in Deutschland und Perspektiven auf Südkorea

1 Assmann, Aleida, *Das neue Unbehagen an der Erinnerungskultur*, München: C. H. Beck, 2020.

2 *Der Spiegel*, 14. Dezember 1970, s. 27.

3 Die politischen, kulturellen und ökonomischen Realitäten der südkoreanischen Gesellschaft als Resultat des kolonialen Erbes.

4 Siehe Mosler, Hannes B., "The Cosmopolitization of Remembrance - The Kwangju Uprising and the UNESCO 'Memory of the World' Register," *ASIEN - The German Journal on Contemporary Asia* 133 (Oktober 2014), s. 73-89, 2014.

5 Siehe Mosler, Hannes B. 2020. "The Contested Political Remembrance of the Kwangju Uprising and Presidential Speeches in South Korea," *S/N Korean Humanities* 6 (1): s. 47-92.

6 Siehe Mosler, Hannes B., 2020 (im Erscheinen), „Contentious Memory Politics in South Korea: The Seoul National Cemetery," *Special Issue*: Politics of Memory in Korea, *ASIEN - The German Journal on Contemporary Asia* 154/155 (Januar/April 2020).

40. Gedenkjahr der Demokratiebewegung vom 18. Mai (1980) - Beitrag der Strafrechtstheorie zur Wahrheitsfindung und Erinnerungskultur

1 z.B. wird im *Bericht zur Aktualisierung der Grundsätze zur Bekämpfung der Straflosigkeit*, der 2005 von einer Expertengruppe der UN-Menschenrechtskommission vorgelegt wurde, erwähnt, dass bei der Transitional Justice die Strafverfolgung bei Verantwortlichen nicht unterlassen werden darf (Siehe dazu UN Economic and Social Council, *Report of the independent expert to update the Set of principles to combat impunity*, E/CN. 4/2005/102/Add. 1, 8.2.2005, vgl. mit u.a. Principle 5, 8, 19, 28).

2 Urteilsspruch vom 17. April 1997, Urteilsnummer: 96도 3376.

3 Im Verfahren gegen die Verantwortlichen für den Aufstand 5·18 1980- schrieb die Staatsanwaltschaft in der Anklageschrift folgendes: „Die Beschuldigten Doo-hwan, Roh Tae-woo, Yoo Hak-seong, Hwang Yeong-si, Cha Kyu-heon, Heo Hwa-pyeong, Heo Sam-soo, Lee Hak-bong, Lee Hee-seong, Choo Yeong-bok und Ho-yong schlossen sich zum Verstoß gegen die Verfassung zusammen und nach der Berichterstattung über die Demonstration in Gwangju und den bewaffneten Zustand der Bürger hielten sie ein gewaltsames Vorgehen für notwendig, um die politische Lage nach ihrer Art unter Kontrolle zu halten. So definierten sie die Demonstranten, die in Gwangju den Rücktritt der Beschuldigten und Demokratisierung forderten, als bewaffnete Rebellen, ließen die Soldaten des Kriegsrechtskommandos am Stadtrand eine Blockade aufstellen, ließen die Soldaten zwecks ‚Ausübung des Rechts zur Selbstverteidigung' Schüsse abzugeben um die Demonstration schnellstmöglich aufzulösen,

auch wenn es dabei Tote oder Verletzte geben sollte. Nach der Anweisung der Aktivierung des Rechts zur Selbstverteidigung verteilten sie scharfe Munition, ließen auf die Demonstranten schießen und formten sich zu einer Gruppe, die Kriegswaffen trug und rebellierte (···) formten sich zu einer Gruppe, die Rebellion und Hochverrat beging, indem sie mit der militärischen Macht des Kriegsrechtskommandos die protestierenden Bürger gewaltsam niederschlugen, (···) Die Beschuldigten begingen Morde zwecks Hochverrats, indem sie bewaffnete Soldaten des Kriegsrechtskommandos auf die Bürger schießen und töten ließen" (Oberlandesgericht Seoul, Urteilsspruch vom 16.12.1996, Urteilsnummer: 96노1892, s. 44, 122-128). Das Berufungsgericht und der Oberste Gerichtshof befanden, dass die gewaltsame Auflösung der Demonstranten in Gwangju eine Rebellion im Bereich des Hochverratstatbestands darstelle. Die Tötungen, die im Zuge des Hochverrats während der Rebellion begangen wurden, bildeten einen Bestandteil des Hochverrats-so werden sie prinzipiell dem Hochverrat zugerechnet, sodass sie gesondert keinen Mord zwecks Hochverrats darstellen (Vgl. Oberlandesgericht Seoul, Urteilsspruch vom 16.12.1996, Urteilsnummer: 96노1892, s. 31-41; Oberster Gerichtshof, Urteilsspruch vom 17.4.1997, Urteilsnummer: 96도3376, s. 26-33). Doch wenn die Tötung einer Person oder einer zu einem bestimmten Bereich begrenzten Gruppe nicht während eines Hochverrats im Zuge der Rebellion, sondern absichtlich begangen wurde, könne sie nicht unter Hochverrat oder Rebellion miterfasst werden, sie stelle eine gesonderte Schuld des Mordes zwecks Hochverrats dar-dementsprechend wurde lediglich die Tötung der Demonstranten während des Einsatzes zum Wiedereintritt in Gwangju gesondert als Mord zwecks Hochverrats eingestuft (vgl. Oberlandesgericht Seoul, Urteilsspruch vom 16.12.1996, Urteilsnummer: 96노1892, s. 41-46; der Oberste Gerichtshof, Urteilsspruch vom 17.4.1997, Urteilsnummer: 96도3376, s. 33, 39). Das heißt also, die Staatsanwaltschaft deutete die Handlung, die bei der Niederschlagung von Demonstranten in Gwangju durch Schüsse zur Tötung von Demonstranten und Nichtdemonstranten führte, als eine gesonderte Schuld des Mordes zwecks Hochverrats, doch nach Ansicht des Berufungsgerichts und des Obersten Gerichtshofes gehörte die Tötung von Demonstranten und Nichtdemonstranten prinzipiell zur Rebellion im Zuge des Hochverrats, und nur die Tötung während des Einsatzes zum Wiedereintritt in Gwangju stellte eine gesonderte Schuld des Mordes zwecks Hochverrats dar.

4 ICC ist ein ständiges internationales Strafgericht, das bei Völkermord, Kriegsverbrechen, Verbrechen gegen die Menschlichkeit und Verbrechen der Aggression eine komplementäre Gerichtsbarkeit besitzt, und die vier Tatbestände, die dieser unterliegen, werden als „Kernverbrechen des Völkerstrafrechts" bezeichnet.

5 Das Gesetz wurde gleichzeitig mit dem Zeitpunkt des Erlasses umgesetzt.

6 Das Gesetz wurde nach dem Erlass vom 13. März 2018 insgesamt vier Mal revidiert. Bei der letzten Revision vom 5. Januar 2021 wurde der Ermittlungsbereich des Komitees für die Wahrheitsermittlung zur 5·18-Demokratisierungsbewegung erweitert und die Ermittlungsmethoden diversifiziert.

7 Bezüglich der Meinung, dass die Straftaten unter der ICC-Gerichtsbarkeit zu den typischsten Staatsverbrechen gehören, vgl. Yu Jin, Kang Seok-gu, Park kyeong-kyu, Kim A-rang, Forschung über staatliche Gewalttaten zur Aufarbeitung der Vergangenheit: mit Fokus auf die Arbeits-

rekrutierung (I)-*supralegale Maßnahmen zur nationalen Sicherheit und Landaufbauprojekte in den 1960er Jahren* (과거사 청산을 위한 국가폭력 연구: 노역동원을 중심으로 (I)-1960년대 초법적 보안처분과 국토건설사업), 한국형사정책연구원, 2019, s. 29ff.

8 Oberster Gerichtshof, Urteilsspruch vom 10.10.1984, Urteilsnummer: 82도2595 u.a. Beschluss des Plenums (Die unterstrichene Stelle ist eine Hervorhebung durch den Autor).

9 Oberster Gerichtshof, Urteilsspruch vom 11.10.2005, Urteilsnummer: 2004도2657; im selben Sinne: Oberster Gerichtshof, Urteilsspruch vom 11.6.2009, Urteilsnummer: 2008도6530.

10 Für detaillierte Erläuterungen siehe Kim Hye-kyeong, „Der Begriff des Gewaltverbrechens des Staates und die Verantwortlichkeiten des Staates (국가폭력범죄의 개념과 국가 책임구조)," 형사법의 신동향, 통권 제58호, 2018, s. 175ff.

11 Dazu wurden zahlreiche Studien veröffentlicht, siehe z.B. Stahn, *A Critical Introduction to International Criminal Law*, Cambridge University Press, 2019, s. 22, 128; Kim Ki-jun, *Internationales Strafrecht* (국제형사법), 박영사, 2017, s. 172-173.

12 Dazu wurden zahlreiche Studien veröffentlicht, siehe z.B. Cassese, *International Criminal Law*, OUP, 2008, s. 53-55; Fletcher, *Romantics at War: Glory and Guilt in the Age of Terrorism*, Princeton University Press, 2002, s. 17 et seq.; Ambos, *Der Allgemeiner Teil des Völkerstrafrechts*, Duncker & Humblot, 2002, s. 50ff.; Satzger, *Internationales und Europäisches Strafrecht*, Nomos, 2018, § 12 Rn. 2; Lee Yun-jae, *Studie über Verantwortlichkeiten des Befehlshabers beim Verbrechen des Völkerstrafrehts* (국제범죄에 대한 지휘관책임의 연구), 서울대학교 박사학위 논문, 2016, s. 30-48.

13 Park Kyeong-gyu, Kim Seong-kyu, Kim Jae-yoon, *Streitpunkte bezüglich des Verbrechens gegen die Menschlichkeit aus rechtlicher Perspektive und legislative Alternativen* (반인권적 국가범죄의 법적 쟁점과 입법론적 대안), 한국형사정책연구원, 2.2021, s. 58-59.

14 Internationaler Militärgerichtshof, *Trial of the Major War Criminals before the International Military Tribunal*, Nürnberg, 14.11.1945-1.10.1946, Band 1, veröffentlicht in Nürnberg, Deutschland, 1947, s. 219.

15 United States Government Printing Office, *Trials of War Criminals Before the Nuernberg Military Tribunals Under Control Council Law* No. 10, Band IV, 1950, s. 977.

16 Ambos, *Internationales Strafrecht*, 4. Aufl., 2014, s. 107f.; Prof. Ambos erklärt, dass eine derartige Interpretation des Gesetzlichkeitsprinzips-über formelles Verständnis des Prinzips hinaus-zur normativen Ergänzung des Prinzips und Umwandlung des Prinzips zur Forderung nach praktischer Gerechtigkeit führe.

17 Für detaillierte Erklärung siehe Lee Yun-jai, „Verbrechen des Völkerstrafrechts bei Zwangsprostitution des japanischen Militärs sowie Gesetzlichkeitsprinzip (일본군 '위안부'에 대한 국제범죄와 죄형법정주의)," 일감법학, 통권 제38호, 2017, s. 117-128.

18 Unterstrichene Stelle ist eine Hervorhebung durch den Autor. Auch Art. 7 EMRK sieht diesbezüglich-abgesehen von teils unterschiedlichen Ausdrücken-gleiches vor wie Art. 15 des IPbpR.

19 Für detaillierte Erklärung siehe Lee Yun-jai, „Verbrechen des Völkerstrafrechts bei Zwangsprostitution des japanischen Militärs sowie Gesetzlichkeitsprinzip (일본군 '위안부'에 대한 국제범죄와 죄형법정주의)," 일감법학, 통권 제38호, 2017, s. 117-128.

20 Siehe dazu Park Kyeong-gyu, Kim Seong-kyu, Kim Jae-yoon, Streitpunkte bezüglich des Verbrechens gegen die Menschlichkeit aus rechtlicher Perspektive und legislative Alternativen (반인권적 국가범죄의 법적 쟁점과 입법론적 대안), 한국형사정책연구원, 2.2021, s. 249ff.

21 In der Präambel des Rom-Statuts wird erklärt: „Die Vertragsstaaten dieses Statuts - im Bewusstsein, dass alle Völker durch gemeinsame Bande verbunden sind und ihre Kulturen ein gemeinsames Erbe bilden, und besorgt darüber, dass dieses zerbrechliche Mosaik jederzeit zerstört werden kann, eingedenk dessen, dass in diesem Jahrhundert Millionen von Kindern, Frauen und Männern Opfer unvorstellbarer Gräueltaten geworden sind, die das Gewissen der Menschheit zutiefst erschüttern, in der Erkenntnis, dass solche schweren Verbrechen den Frieden, die Sicherheit und das Wohl der Welt bedrohen, bekräftigend, dass die schwersten Verbrechen, welche die internationale Gemeinschaft als Ganzes berühren, nicht unbestraft bleiben dürfen und dass ihre wirksame Verfolgung durch Maßnahmen auf einzelstaatlicher Ebene und durch verstärkte internationale Zusammenarbeit gewährleistet werden muss, entschlossen, der Straflosigkeit der Täter ein Ende zu setzen und so zur Verhütung solcher Verbrechen beizutragen, daran erinnernd, dass es die Pflicht eines jeden Staates ist, seine Strafgerichtsbarkeit über die für internationale Verbrechen Verantwortlichen auszuüben, (…) nachdrücklich darauf hinweisend, dass der aufgrund dieses Statuts errichtete Internationale Strafgerichtshof die innerstaatliche Strafgerichtsbarkeit ergänzt, (…) sind wie folgt übereingekommen."

22 vgl. dazu Rom-Statut Art. 17.

23 Bei Vertragsstaaten, die nach dem 1. Juli 2002 dem Statut beigetreten bzw. es ratifiziert haben, besitzt der Internationale Gerichtshof nur bei denjenigen Verbrechen gegen die Menschlichkeit, die nach dem Datum des Inkrafttretens im jeweiligen Land begangen wurden, ergänzende Gerichtsbarkeit.

24 Bassiouni/Schabas (Hrsg.), *The Legislative Histroy of the International Criminal Court*, Band. I, 2016, s. 136; Pangalangan, Article 24, in: Triffterer/Ambos, *The Rome Statute of the ICC*, 3. Aufl. 2016, Rn. 3-8; Schabas, *The International Criminal Court: A Commentary on the Rome Statute*, 2. Aufl. 2016, s. 556.

25 Kanada unterzeichnete am 18. Dezember 1998 den Vertrag zum Rom-Statut und ratifizierte ihn am 7. Juli 2020.

26 Auf dessen Grundlage wurden in Estland Verbrechen gegen die Menschlichkeit, die Ende 1940er Jahren und Anfang 1950er Jahren verübt wurden, als gleichnamiges Verbrechen anerkannt, woraufhin dessen schuldig befundene Beklagte beim Europäischen Gerichtshof für Menschenrechte den Rechtsweg einleiteten - doch basierend auf Art. 7 Abs. 2 der Europäischen Menschenrechtskonvention entschied der Gerichtshof, dass der Schuldspruch keinen Verstoß gegen das Rückwirkungsverbot darstelle. Für detaillierte Erläuterungen siehe Park Kyeong-gyu, Kim Seong-kyu, Kim Jae-yoon, *Streitpunkte bezüglich des Verbrechens gegen die Menschlichkeit aus rechtlicher Perspektive und legislative Alternativen* (반인권적 국가범죄의 법적 쟁점과 입법론적 대안), 한국형사정책연구원, 2.2021, s. 253ff.

Einige Betrachtungen zur „Friedensstatue“ in Berlin-Moabit

1 Siehe die Überblicksdarstellung der Japanologie der Universität Leipzig, https://www.uni-leipzig.de/newsdetail/artikel/7-was-bedeutet-es-dass-eine-friedensstatue-in-form-einer-trostfrauaufgestellt-wurde-2020-10-5, letzter Zugriff am 15.12.2020.

2 Siehe https://www.koreaverband.de/trostfrauen/friedensstatue/, letzter Zugriff am 15.12.2020.

3 Siehe https://www.berliner-zeitung.de/open-source/tokios-arm-reicht bis nach-moabi-li.110818?pid=true, letzter Zugriff am 15.12.2020.

4 Siehe https://www.facebook.com/deutschewellenews/videos/korean-comfort-women-memorial-in-berlin-angers-japan/1256585218059308/, letzter Zugriff am 15.12.2020.

5 Vgl. Winkler, Heinrich August, *Geschichte des Westens*, Band 3: Vom Kalten Krieg bis zum Mauerfall. Dritte, durchgesehene Auflage. München: CH Beck, s. 871f.

6 Siehe den Wortlaut der Rede, https://www.tagesschau.de/inland/rede-vonweizsaecker-wortlaut-101.html, letzter Zugriff am 15.12.2020.

7 Siehe https://www.sueddeutsche.de/politik/demonstrationen-berlin-friedensstatue-in-moabit-darf-vorerst-bleiben-dpa.urn-newsml-dpa-com-20090101-201013-99-927771, letzter Zugriff am 15.12.2020.

8 Heinrich August Winkler: Es gibt kein deutsches Moralmonopol, in *ZEIT* 18/2016, https://www.zeit.de/2016/18/fluechtlingspolitik-europa-angela-merkel-moral/seite-2?utm_referrer=https%3A%2F%2Fwww.google.com%2F, letzter Zugriff am 15.12.2020.

9 Reinhard Zöllner. Freiburg erhält doch keine „Trostfrauen“-Statue (Kotoba, 31.9.2016), http://kotoba.japankunde.de/?p=5664, letzter Zugriff am 15.12.2020.

Vergangenheitsbewältigung in Korea – Ein historischer Überblick

1 Die Frage der Entschädigung für staatliches Unrecht wurde nur für bestimmte Fallgruppen mit in Betracht gezogen; eine umfassende Staatshaftung war jedoch nicht angedacht. U.a. dienten folgende Gesetze als Grundlage bei der Bildung verschiedener Kommissionen zur Vergangenheitsbewältigung: Sondergesetz über die Demokratisierung vom 18. Mai (Gesetzesnummer 5029, in Kraft getreten am 21. Dezember 1995); Gesetz zu Sondermaßnahmen zur Rehabilitierung der Opfer des Geochang-Massakers (Gesetzesnummer 5148, in Kraft getreten am 6. April 1996), Gesetz zur Rehabilitierung und Entschädigung der Opfer der Demokratisierungsbewegung vom 18. Mai (Gesetzesnummer 6123, in Kraft getreten am 13. Mai 2000), Sondergesetz zur Wahrheitsermittlung sowie Rehabilitierung der Opfer des Jeju-Massakers vom 3. April (Gesetzesnummer 6117, in Kraft getreten am 13. April 2000); Sondergesetz zur Ermittlung von suspekten Todesfällen (Gesetzesnummer 6170, in Kraft getreten am 16. Januar 2000); Gesetz zur Ehrung der Kämpfer für die Demokratiebewegung am 18. Mai mit Verdienstauszeichnung (Gesetzesnummer 6650, in Kraft getreten am 27. Juli 2002); Gesetz zur Rehabilitierung und Entschädigung der Opfer des Samcheong-Umerziehungslagers (Gesetzesnummer 7121, in Kraft getreten am 30. Juli 2004); Sondergesetz zur Überprüfung und

Rehabilitierung der Opfer des Massakers von Nogeun-ri (Gesetzesnummer 7175, in Kraft getreten am 6. Juni 2004); Rahmengesetz für Wahrheit und Aussöhnung (Gesetzesnummer 7542, in Kraft getreten am 1. Dezember 2005); Sondergesetz zur Ermittlung von suspekten Todesfällen beim Militär (Gesetzesnummer 7626, in Kraft getreten am 1. Januar 2006); Gesetz zur Rehabilitierung der Opfer der Mönchs-Terrorisierung vom 27. Oktober (Gesetzesnummer 8995, in Kraft getreten am 29. Juni 2008); Gesetz zur Ermittlung von Entführungen nach Nordkorea und Rehabilitierung der Opfer der Entführung während des Koreakrieges (Gesetzesnummer 10190, in Kraft getreten am 27. September 2010); und Gesetz zur Rehabilitierung und Entschädigung der Opfer des Aufstandes in Busan und Masan (Gesetzesnummer 11851, in Kraft getreten am 5. Dezember 2013). Dabei blieben insbesondere bei dem Sondergesetz zur Ermittlung von suspekten Todesfällen und dem Rahmengesetz für Wahrheit und Aussöhnung die Entschädigungsaspekte unberücksichtigt

2 In den 2000er Jahren sandten Hinterbliebene des Opfers eines suspekten Todesfalles wiederholt Schreiben an den für den Fall zuständigen Staatsanwalt des Justizministeriums und forderten vom beklagten Staat, „sich in den Fällen zur Vergangenheitsbewältigung nicht auf die Einrede der Verjährung zu berufen", doch jedes Mal erhielten sie eine kurze Antwort, in der stand: „Als Beklagter ist der Staat dazu gezwungen, alle möglichen Einwendungen auszuschöpfen". Dass die Regierung immer noch diese Position vertritt, ist äußerst bedauernswert.

3 Zur Diskussion über die Erinnerungen in Korea siehe Jung Keun-sik, Entwicklung der Studien zum sozialen Gedächtnis in Korea, Democracy and Human Rights, Band 13 Nr. 2, 2013, s. 347ff.

4 Tsche Kwang-jun, Bedeutung der Vergangenheitsbewältigung und Notwendigkeit einer Revision des Sondergesetzes über suspekte Todesfälle, Kyung Hee Law Journal, Band 38 Nr. 1, 2003, s. 192.

5 Die Diskussion über die Einführung des Konzeptes der „Unmöglichkeit" wurde von einem Professor der Rechtswissenschaft unter den Hinterbliebenen der Opfer initiiert. Er vertrat die Meinung, dass-über die herkömmliche rechtswissenschaftliche Logik hinaus-den Entscheidungsalternativen „Genehmigung" und „Zurückweisung" das neue Konzept der „Unmöglichkeit" hinzugefügt werden müsse, da die Aktivitäten der Kommission für suspekte Todesfälle anderer Art seien als eine gerichtliche Entscheidung.

6 Die Hinterbliebenen der Opfer hatten mit ca. 40 Anträgen gerechnet, doch lag deren Anzahl am Ende viel höher als erwartet.

7 Siehe Hong Seok-ryul, Wahrheitsermittlung bei suspekten Todesfällen-Versuch zur Wahrheitsermittlung für Vergangenheitsbewältigung und Diskussionsthemen, Democratic Society and Policy Studies, 2005, s. 116.

8 Siehe Hong Seok-ryul, ebd. s. 119.

9 Siehe Hong Seok-ryul, ebd. s. 119.

10 Als größter Mangel des Sondergesetzes über suspekte Todesfälle wurde die begrenzte Untersuchungsbefugnis genannt. Daraus ergaben sich substanzielle Schwächen zur Wahrheitsermittlung: Das Gesetz erlaubte nur Ermittlungsverfahren, die auf freiwilligen Stellungsnahmen basierten. Außer einer Zeugenvorladung, der man mit der Zahlung eines Bußgelds

leicht entgehen konnte, existierten keine institutionellen Befugnisse, die bei der Ermittlung ausgeübt werden konnten. Selbst bei einer Falschaussage gab es keinen Weg, sie als solche zu identifizierten und die Wahrheit herauszufinden. Obwohl die Ausübung von staatlichen Gewalttaten unter der autoritären Herrschaft die Kernfrage bei suspekten Todesfällen darstellte, kam man bei dem unkooperativen Verhalten einschlägiger staatlicher Organisationen wie des KCIA oder des militärischen Sicherheitsdienstes nicht an relevante Informationen heran. Auch wenn der Besitz von zur Ermittlung notwendigen Unterlagen bei einem Individuum oder einer Organisation - keinem Staatsorgan - festgestellt wurde, konnte man zur Anforderung dieser Unterlagen nichts unternehmen, solange die Person sie nicht freiwillig einreichte. Siehe Kim Seong-gil, Gesetzgebungsprozess der Gesetze zur Vergangenheitsbewältigung und aktuelle Lage sowie zukünftige Entwicklung - mit Fokus auf die Problematik der bereits erlassenen Gesetze zur Vergangenheitsbewältigung, Informationsmaterial zur (6.) nationalen Wissenschaftskonferenz zum 60. Jahr der Unabhängigkeit Koreas über Angemessene Vergangenheitsbewältigung: Was tun mit der unbewältigt gebliebenen Vergangenheit?, Bürgervereinigung zur Vergangenheitsbewältigung, 2005, s. 41f.

11 „Nicht nur pro-japanische, anti-nationale Aktivitäten unter der japanischen Herrschaft gehören zu Themen der Vergangenheitsbewältigung - auch Menschenrechtsverletzungen und Gesetzeswidrigkeiten durch die Staatsgewalt aus der Vergangenheit sollten dazu gehören. Wir müssen die Wahrheit klären, damit solche Taten sich nicht wiederholen. Bei dieser Gelegenheit möchte ich vorschlagen, eine Sonderkommission zur Wahrheitsermittlung innerhalb des Parlaments zu errichten, die die umstrittenen Angelegenheiten aus der Vergangenheit umfassend behandelt. Im Parlament werden zurzeit bereits dreizehn Gesetze zur Wahrheitsermittlung erarbeitet. Da jedoch für jeweilige Gesetze andere Kriterien gelten und teilweise Interessenkonflikte existieren, ist es nicht einfach, alle Gesetze im Einzelnen zu behandeln. Wenn das Parlament sich auf den Grundsatz der angemessenen Vergangenheitsbewältigung einigen würde, würden wir konkrete Methoden unter ausreichender Berücksichtigung verschiedener Meinungen von all Ihnen ausarbeiten. Und bei Wahrheitsermittlungen verschiedenster Art wurden immer die Geheimhaltung und das unkooperative Verhalten staatlicher Einrichtungen kritisiert. Doch in Zukunft dürfen sich solche Konflikte nicht ergeben. Wenn eine Institution etwas zu gestehen hat, muss sie die Initiative ergreifen, alles mit Mut gestehen, und neustarten." [Sekretariat des Präsidenten, Sammlung der Reden vom Präsidenten Roh Mu-hyun, Band 2, 2005, s. 258]

12 Nach der Rede vom Präsidenten Roh Mu-hyun gründeten der Nachrichtendienst, die Polizei und das Verteidigungsministerium jeweils eine eigene Kommission zur Wahrheitsermittlung. Die Polizei errichtete im September 2004 die Kommission zur Vergangenheitsbewältigung der Polizei, bei der auch Vertreter aus dem Privatsektor mitwirkten, und deckte bis November 2007 die Wahrheit der repräsentativen zehn Fälle, die im Zusammenhang mit der Polizei standen, auf, darunter waren: der so genannte „Flagge-Fall" (Festnahme der Mitglieder des Demokratisierungsausschusses der Seoul National University, der die Untergrundzeitschrift „Flagge [Gitbal]" herausgab); der Fall des Studentenvereins zur Demokratisierung; die falsche Anschuldigung an den Studenten Kang ki-hoon zur Testament-Fälschung; der Fall des South

Korean People's Front Preparation Committee; der Daegu-Aufstand vom 1. Oktober; Tötung der Mitglieder des Pressebundes; der Massaker der Polizeieinheit in Naju-gun; der Fall des Vereins der Medizinischen Versorgung für Fortschritt und Solidarität, etc. Auch der Nachrichtendienst errichtete die Kommission zur Weiterentwicklung durch Wahrheitsermittlung des Nachrichtendienstes mit Vertretern aus dem Privatsektor und ermittelte bis Oktober 2007. Dabei wurden der Ermittlungsprozess und deren Inhalt geheim gehalten, während nur die Ergebnisse veröffentlicht wurden. Zu den ermittelten Fällen gehörten u.a.: der Fall des vermissten ehemaligen KCIA-Direktors Kim Hyeong-wook; die Entführung des ehemaligen Präsidenten Kim Dae-jung; der Fall der nordkoreanischen Spionagegruppe aus Ost-Berlin; die Zwangsübergabe der Boo-il Stiftung an das Regime; der öffentliche Verkauf der Zeitung The Kyunghyang Shinmun; der Fall des Landesweiten Studentenvereins zur Demokratisierung und der Revolutionären Volkspartei; der Fall der Joseon Arbeiterpartei in Südkorea; das Bombenattentat auf Korean-Air-Flug 858, etc. Das Verteidigungsministerium gründete vergleichsweise spät, im Mai 2005, die Kommission zur Wahrheitsermittlung des Verteidigungsministeriums und führte bis Januar 2007 Ermittlungen über die einschlägigen Fälle durch, darunter waren: der Staatsstreich vom 12. Dezember; Ausweitung des Ausnahmezustandes am 17. Mai; die Niederschlagung der Demokratisierungsbewegung vom 18. Mai; der Fall des Samcheong-Umerziehungslagers; Zwangsrekrutierung und Bewaldungsprojekte; der Fall der geheimen Spezialeinheit auf der Insel Silmi-do; die Mönchen-Terrorisierung vom 27. Oktober und Medienkontrolle des Neuen Militärs; illegale Überwachung von Zivilisten des militärischen Sicherheitsdienstes; falsche Spionageanschuldigungen gegen die in Japan lebenden Mitbürger. Auch wenn die Aktivitäten von den drei Einrichtungen von internen Beschränkungen begleitet wurden, sind sie insofern bedeutsam, als dass - wenn auch nur teilweise - die Institutionen über ihren eigenen Fehler aus der Vergangenheit selbst ermittelt haben.

13 Zu den damals in den Medien berichteten politischen Debatten siehe Hwang Hyeon-sook, Vergangenheitsbewältigung nach der Demokratisierung Koreas - mit Fokus auf Erfolge und Beschränkungen der Kommission für Wahrheit und Aussöhnung, Masterarbeit an der Sogang University, 2014, s. 46ff.

14 Siehe Kim Seong-gil, ebd. s. 41: „Der Gesetzesentwurf der Nationalen Kommission stellt den effektivsten Gesetzesentwurf zur Vergangenheitsbewältigung dar, welcher auf der Basis verschiedenster Gesetze zur Vergangenheitsbewältigung und Erfahrungen der Kommissionen für suspekte Todesfälle erarbeitet wurde. Das Sondergesetz über suspekte Todesfälle ist - wie oftmals kritisiert - ein Gesetz, das aufgrund der mangelnden Ermittlungsbefugnis wesentliche Untersuchungen erschwert."

15 Die damalige Parteivorsitzende Park Geun-hye erklärte, dass sie dem Vorschlag zur Errichtung „der Sonderkommission zur Wahrheitsermittlung" zustimme, dass allerdings auch die nordkoreafreundlichen Linken während des Zeitraums nach der Befreiung von der japanischen Kolonialherrschaft bis zur Gründung der Republik Korea sowie während des Koreakriegs untersucht werden müssten. Park meinte, „neutrale, verifizierungsfähige Wissenschaftler" sollten u.a. folgende Fragen beantworten, um auf die Vergangenheit zurückzublicken und

Lehren daraus zu ziehen: „Haben wir die richtige Entscheidung getroffen, als Korea nach der Befreiung des Landes und während des Koreakrieges in ein freidemokratisches und ein kommunistisches Lager aufgeteilt war? Wer schützte uns vor dem nordkoreanischen Überfall am 25. Juni 1950, wer identifizierte die Opfer des grausamen Angriffs und wer war es, der bis zum Ausbruch der Revolution vom 19. April 1961 durch Korruption und Unfähigkeit gekennzeichnet war? Was waren die Vor- und Nachteile der Industrialisierung nach dem Staatsstreich vom 16. Mai 1880, und wer schützte in Zeiten des Kalten Kriegs, in denen Kommunismus und freie Demokratie einander konfrontierten, die nationale Sicherheit und wer gefährdete sie? Lassen Sie uns doch mal bei dieser Gelegenheit herausfinden, wer die wirklichen Opfer hier waren." Die Ansicht Parks verfolgte dieselbe Richtung wie die des Vorschlags ihrer Partei zum Gesetz für Aufarbeitung der modernen Geschichte. Der Aufruf zur „Bilanzierung aller Beiträge und Fehler aus der Vergangenheit" zeigt, dass weder sie noch das damalige konservative Lager sich darüber im Klaren gewesen sind, dass es bei der Frage der Vergangenheitsbewältigung um die Rehabilitierung des Menschenrechts des Volkes und Wiederholungsvermeidung ging. Die gesamte Rede kann abgerufen werden unter: http://www.ohmynews.com/NWS_Web/ View/at_pg.aspx?CNTN_CD=A0000204900&CMPT_CD=SEARCH.

16 Näheres zum Gesetzgebungsprozess siehe Jung Keun-sik, Aktuelle Lage und Aufgaben der Aktivitäten zur Ermittlung über Massaker von Zivilisten, Korean Journal of Genocide Studies, Band 1, 2007, s. 13ff.

17 Vorsitzender Ahn Beong-wook war als nichtständiges Mitglied der Kommission für suspekte Todesfälle - der Vorgängerkommission der Kommission für Wahrheit und Aussöhnung - tätig.

18 Als Lee Yeong-jo, der für sein Engagement im New-Right-Lager bekannt war, wurde während der Regierungszeit von Lee Myeong-bak zum Vorsitzenden ernannt, welches für hitzige Auseinandersetzungen in der Gesellschaft sorgte. Siehe dazu u.a. Jeong Hee-sang, Kommission zur Vergangenheitsbewältigung in den Händen des New Rights, Sisain, 21.12.2009, abrufbar unter https://www.sisain.co.kr/news/articleView.html?idxno=6060.

19 Unter den abgewiesenen Fällen befinden sich viele Fälle, die den Unabhängigkeitskampf betreffen. Dies wurde damit begründet, dass es sich um Fälle handelte, die bereits bei anderen einschlägigen Einrichtungen wie bei der Agentur für Patrioten und Kriegsveteranen untersucht und abgeschlossen worden seien, oder um solche, die nicht zum Bereich des Unabhängigkeitskampf gehörten. Siehe dazu Hwang Hyeon-sook, ebd. s. 61, Fußnote 46.

20 Näheres siehe Kim Sang-sook, Aktuelle Lage und zukünftige Aufgaben der Wahrheitsermittlung bezüglich des Massakers an Zivilisten vor und nach dem Koreakrieg - mit Fokus auf die Aktivitäten der Kommission für Wahrheit und Aussöhnung, Journal of Memory & Vision, Band 27, 2012, s. 131ff.

21 Kim Sang-sook, Revision des Gesetzes für Wahrheit und Aussöhnung und Aufgaben der Zweiten Kommission für Wahrheit und Aussöhnung, Issue & Review on Democracy, Band 51, 2021, s. 4ff.

22 Kim Sang-sook, ebd. s. 4; Kim Tae-woo, Kritische Prüfung des Ermittlungsberichts der Kommission für Wahrheit und Aussöhnung über US-Militär-Fälle, Studies on History, Band 21, 2011, s. 112. Manche kritisierten, dass die Vergangenheitsbewältigungsaktivitäten durch den

bei den Anträgen geltenden Ansatz auf einzelne „opferorientierte" Wahrheitsermittlungen und finanzielle bzw. symbolische Entschädigungs- und Rehabilitierungsfragen reduziert wurden (siehe dazu Kim Yeong-soo, Vergangenheitsaufarbeitung und Strategien des Staates, Studies on History, Band 21, 2011, s. 157). Als Gründe, warum weniger Anträge als erwartet eingereicht wurden, werden folgende genannt: 1. die gesetzliche Frist von einem Jahr für Antragsstellung war zu kurz. 2. Aufgrund mangelhafter Öffentlichkeitsarbeiten wie durch den öffentlichen Rundfunk während der Antragseinreichungszeit war die Existenz der Kommission nur wenigen Menschen bekannt. 3. Viele der Opfer, die von der Existenz der Kommission wussten, verzichteten aus noch anhaltendem Misstrauen oder Angst vor staatlichen Einrichtungen auf die Antragsstellung (siehe dazu Kim Sang-sook, Aktuelle Lage und zukünftige Aufgaben der Wahrheitsermittlung bezüglich des Massakers an Zivilisten vor und nach dem Koreakrieg - mit Fokus auf die Aktivitäten der Kommission für Wahrheit und Aussöhnung, Journal of Memory & Vision, Band 27, 2012, s. 135.

23 Die Tatsache, dass 78% - 354 Fälle - von den als nicht ermittelbar befundenen 454 Fällen in der zweiten Jahreshälfte 2010 entschieden wurden, belege, dass nicht nur der Mangel an Beweismitteln, sondern - selbst beim Vorhandensein ausreichender Beweismittel - auch der Wechsel der Ausrichtung bei der Wahrheitsermittlung durch die Besetzung der Kommission mit regierungsnahen Persönlichkeiten wie dem Vorsitzenden Lee Yeong-jo unter der Regierung von Lee Myungg-bak zur Unmöglichkeit der Ermittlung oder zur Abweisung geführt haben (siehe dazu Kim Sang-sook, Revision des Gesetzes für Wahrheit und Aussöhnung und Aufgaben der Zweiten Kommission für Wahrheit und Aussöhnung, Issue & Review on Democracy, Band 51, 2021, s. 5).

24 Für eine gesamtheitliche Bewertung der Umsetzung der von der Kommission für Wahrheit und Aussöhnung gemachten Empfehlungen siehe Han Seong-hoon, Vergangenheitsbewältigung und Realisierung der Demokratie mit Fokus auf die Aktivitäten der Kommission und die Transitional Justice der Empfehlungen, History Review, Band 93, 2010.

25 Kim Sang-sook, Revision des Gesetzes für Wahrheit und Aussöhnung und Aufgaben der Zweiten Kommission für Wahrheit und Aussöhnung, Issue & Review on Democracy, Band 51, 2021, s. 5f.; Hwang Hyeon-sook, ebd. s. 70ff. Als wesentlicher Grund für die niedrige Umsetzungsrate der Empfehlungen zu Wiederaufnahmeverfahren oder Abbitte im Vergleich zu Empfehlungen zu Gedenkaktivitäten werden der niedrige Status der Kommission im System der staatlichen Organisationen und unklar definierte Regelungen über die Rechtsverbindlichkeit der Ermittlungen bzw. Empfehlungen der Kommission genannt (siehe dazu Jung Keun-sik, Wahrheitsermittlung und Aussöhnung - wie weit sind wir gekommen? Bilanzierung der Aktivitäten der Kommission für Wahrheit und Aussöhnung, Hwanghae Review, Nr. 67, 2010, s. 109f.). Für Kritik an der Durchführung von Folgemaßnahmen unter der Regierung von Lee Myeong-bak siehe Kim Dong-choon, Koreakrieg und Massaker: Krieg gegen die Erinnerungen daran - mit Fokus auf die Aktivitäten der Kommission für Wahrheit und Aussöhnung, Informationsmaterial der internationalen Konferenz des 4.3.-Forschungsinstituts Jeju, 2013, s. 120ff. und Kim Dong-choon, Das ist ein Krieg gegen das Gedächtnis, Sakyejul, 2013; Choi Jeong-gi, Gedächtniskrieg im Zuge der Vergangenheitsbewältigung und Herausforderungen

der Transitional Justice - mit Fokus auf Entschädigungen bezüglich der Gwangju-Demokratisierungsbewegung und das Trauma der Opfer, Studies on Regional Communities, Band 14 Nr. 2, 2006, s. 3ff.

26 Kim Sang-sook, ebd. s. 4f.: „Die Hauptaufgaben der Kommission bezüglich der Wahrheitsermittlung waren: 1. Anerkennung der Schäden einzelner Opfer, 2. strukturelle Wahrheitsermittlung durch historische Rekonstruktion der Entwicklung des Ereignisses, 3. Feststellung staatlicher Verantwortlichkeiten durch Analyse von Kommando- bzw. Befehlssystem bei der Tat. Diese drei Ebenen hängen miteinander zusammen, aber das Objekt, die Methode, die Dauer und das erforderliche Ergebnis jeweiliger Ermittlungen sind unterschiedlich. Obwohl die Ermittlungen auf den einzelnen Ebenen auf unterschiedlichen Ansätzen basierend durchgeführt werden sollten, ließ die Kommission einzelne Ermittler alle Ebenen eines Falles durcharbeiten und die Ergebnisse in einem Ermittlungsbericht einzelner Fälle zusammenfassen. Da damals kaum Untersuchungsergebnisse über Ereignisse an verschiedenen Orten existierten und die Kommission selbst zahlreichen Beschränkungen wie Ermittlungsfrist, begrenzter Ermittlungsbefugnis und unkooperativem Verhalten einschlägiger Einrichtungen ausgesetzt war, könnte man sagen, dass die Kommission keine andere Wahl hatte. Doch Tatsache ist, dass es für eine historische und strukturelle Wahrheitsermittlung unzureichend war und es auch an Ermittlungen mangelte, die zur Klärung des Befehlssystems beim Massaker beigetragen hätten." Zwischen den Mitarbeitern der Kommission wurde nicht genügend kommuniziert bzw. kooperiert und auch die nötige Expertise war nicht in ausreichendem Maße vorhanden, so dass wichtige Ermittlungsarbeiten nicht gleichmäßig verteilt, sondern auf einige Mitarbeiter konzentriert wurden (siehe dazu Jung Keun-sik, Wahrheitsermittlung und Aussöhnung - wie weit sind wir gekommen? Bilanzierung der Aktivitäten der Kommission für Wahrheit und Aussöhnung, Hwanghae Review, Nr. 67, 2010, s. 98).

27 Obwohl die Erste Wahrheitskommission dank der Aktivitäten der Zivilgesellschaft zur Gesetzgebung zustande gekommen war, wurden Bürgerinitiativen in der Phase der systematisierten Aktivitäten der Kommission nach ihrer Gründung nicht berücksichtigt und deshalb konnten sie keine konkreten Strategien und Stärken entwickeln, und Opfer und Hinterbliebene, die eine wichtige Säule der Bewegung für Vergangenheitsbewältigung bildeten, wurden zu einfachen Interessengruppen oder Antragstellern (siehe dazu Kim Sang-sook, ebd. s. 6).

28 Jung Keun-sik, Wahrheitsermittlung und Aussöhnung - wie weit sind wir gekommen? Bilanzierung der Aktivitäten der Kommission für Wahrheit und Aussöhnung, Hwanghae Review, Nr. 67, 2010, s. 110f.

29 Zum Begriff der „Transitional Justice" siehe Lee Jae-seung, Definition der Transitional Justice, Law and Society, Band 22, 2002, s. 47ff.; Lee Yeong-jae, Forschung über Wesen und Formen der Transitional Justice, Journal of Demoncracy and Human Rights, Band 12 Nr. 1, 2012, s. 121ff. Zur Definition von Transitional Justice im Zusammenhang mit der 5·18-Demokratisierungsbewegung siehe Jung Keun-sik, Erfolge und Grenzen der Demokratisierungsbewegung vom Mai: zwischen Vergangenheitsbewältigung und Transitional Justice, Economy and Society, 2020, s. 12ff.

30 Jung Keun-sik, Wahrheitsermittlung und Aussöhnung - wie weit sind wir gekommen? Bilanzi-

erung der Aktivitäten der Kommission für Wahrheit und Aussöhnung, Hwanghae Review, Nr. 67, 2010, s. 95.

31 Han Hong-gu, Vergangenheitsbewältigung und Debatten über die Vergangenheit unter der Regierung von Lee Myeong-bak, History and Reality, Nr. 69, 2009.

32 Jung Keun-sik, Wahrheitsermittlung und Aussöhnung - wie weit sind wir gekommen? Bilanzierung der Aktivitäten der Kommission für Wahrheit und Aussöhnung, Hwanghae Review, Nr. 67, 2010, s. 95. Anstatt „Ausgleich von vergangenen Angelegenheiten" solle der Begriff „Vergangenheitsausgleich" angewendet werden, denn die Vergangenheit sei bereits „vergangen" - und könne daher nicht wieder rückgängig gemacht werden. Untaten aus der Vergangenheit befinden sich jedoch immer noch in einer einflussreichen Position innerhalb der politischen Gesellschaft, und solange die Opfer noch leben, muss der Fall auf irgendeine Weise abgeschlossen werden, damit Beziehungen aufgebaut werden können bzw. die öffentliche Ordnung richtig funktionieren kann (siehe dazu Kim Dong-choon, Charakteristik und Ausrichtung der Vergangenheitsbewältigung in Korea, Democratic Society and Policy Studies, Nr. 8, 2005, s. 23.

33 Manche sind der Meinung, dass der Staat im Falle eines Verbrechens gegen die Menschlichkeit nicht auf Grundlage der Verjährungsfrist argumentieren dürfe (siehe dazu Im Sang-hyeok, Entschädigung des Staates für Opfer des Geochang-Massakers: Analyse von legislativen und juristischen Lösungsansätzen: Urteile über einschlägige Fälle und Argument des Fristverjährungsablaufes, Law and Society, Band 27, 2004, s. 177.

34 Oberster Gerichtshof, Urteil vom 9.12.1994, Aktenzeichen: 93DA27604. Zu den vier Formen siehe Lee Beom-gyun, Kriterien zur Beurteilung der Verjährungseinrede als Verstoß gegen den Grundsatz von Treu und Glauben und Machtmissbrauch, Erläuterungen über Urteile des Obersten Gerichtshofes, Nr. 54, 2006, s. 22ff. Zur Gliederung des Grundsatzes von Treu und Glauben in vier Formen siehe Kang Woo-chan, Genehmigung des Fristbeginns bei der Verjährungseinrede des Staates zur Verjährung und Prüfung des Verstoßes gegen den Grundsatz von Treu und Glauben, Legal Circles, Band 55 Nr. 2, 2009, s. 268f.; Kim Sang-hoon, Rechtsgrundsatz zur Beschränkung der Einrede der Verjährung seitens des Staates bei Entschädigungsklage zur Vergangenheitsbewältigung - Gültigkeitsprüfung von u.a. Urteil des Obersten Gerichtshofes vom 12.12.2013, Aktenzeichen 2013DA201844, Private Law Review, Band 22, The Korean Association of Private Law, 2014, s. 35f.; Kim Sang-hoon, Genehmigung der Einrede der Verjährung im Falle einer Entschädigungsklage des im Wiederaufnahmeverfahren freigesprochenen Klägers, Erläuterungen über Urteile des Obersten Gerichtshofes, Nr. 97 (2. Halbjahr 2013), Supreme Court Library of Korea, 2014, s. 17f.; Nam Hyo-soon, Forschung über den Missbrauch der Verjährung des Entschädigungsanspruches für Schäden durch gesetzeswidrige Handlungen japanischer Unternehmen während der Zwangsrekrutierungszeit, Legal Science, Band 54 Nr. 3, The SNU Law Research Institute, 2013, s. 410f.; Park Jun-yong, Entscheidung zur Wahrheitsermittlung und Klage auf staatliche Entschädigung gemäß dem Rahmengesetz für Wahrheit und Aussöhnung, Studies on Jurisdiction, Band 25, Busan Jurisdiction Research Association, 2014, s. 377f.; Lee Yeong-chang, Einrede der Verjährung bei Klagen auf Ersatz von durch gesetzeswidrige Taten entstandene Schäden - mit Fokus auf Fälle

der Vergangenheitsbewältigung - Legislative Probleme des Zivilprozesses, Band 22, Association for Judicial Administration Association, 2013, s. 357; Lee Yeong-chang, Tatsachenfeststellung in Fällen der Vergangenheitsbewältigung und Frage der Verjährung, Erläuterungen über Urteile des Obersten Gerichtshofes, Nr. 95 (1. Halbjahr 2013), Supreme Court Library of Korea, 2013, s. 440.; Choi Chang-ho, Yoo Jin, Jeon Seong-hwan, Kritische Bewertung über Missbrauch des Arguments der Verjährung seitens des Gerichts in Fällen der Vergangenheitsbewältigung, Legal Circles, Band 686, Korean Lawyers Association, 2013, s. 50f., Han Sam-in, Cha Yeong-min, Einrede der Verjährung seitens des Staates und der Grundsatz von Treu und Glauben - mit Fokus auf Urteil des Obersten Gerichtshofes vom 16.5.2013, Aktenzeichen: 2012DA202819, Arguments on Laws, Stand 43, Law Research Institute of Kyungpook National University, 2013, s. 143; Hong Gwan-pyo, Verjährung in Fällen der Vergangenheitsbewältigung und der Grundsatz von Treu und Glauben - mit Fokus auf Stellungsänderung von Urteilen des Obersten Gerichtshofes tes zur Verjährung und Prüfung des Verstoßes gegen Grundsatz von Treu und Glauben, Legal Circles, Band 713, Korean Lawyers Association, 2016, s. 123-126; Cho Yong-hwan, Opfer der Vergangenheit und Gesetze - Anwendung der Verjährungsfrist im Falle einer schwerwiegenden Menschenrechtsverletzung, Law Review, Band 1, Editorial Board of Seoul National University, 2010, s. 19f. (Hier wurde die erste Kategorie in Fälle, bei denen der Schuldner vor der Verjährung „eine Rechtsausübung des Gläubigers oder Hemmung der Verjährung unmöglich gemacht bzw. schwerwiegend behindert hat" und in Fälle, bei denen der Gläubiger „durch bestimmte Handlungen den Schuldner hat glauben lassen, dass eine Rechtsausübung oder Hemmung der Verjährungsfrist unnötig sei", aufgeteilt - somit werden insgesamt fünf Kategorien vorgeschlagen).

35 Lee Ju-hyeon, Möglichkeit zur Ablehnung des Arguments der Verjährung des Schuldners auf Grundlage vom Grundsatz von Treu und Glauben im Falle des Vorliegens eines tatsächlichen Grundes, der die aus objektiver Sicht gesehene Rechtsausübung des Gläubigers behindert, Erläuterungen über Urteile des Obersten Gerichtshofes, Nr. 42, 2003, s. 577ff.

36 Wenn aber der Staat basierend auf seiner überlegenen Position die Rechtsausübung des Opfers von Menschenrechtsverletzung aus objektiver Sicht gesehen unmöglich gemacht hat - könnte das dann nicht bedeuten, dass der Zeitpunkt im Sinne des Art. 155 Abs. 1, „zu dem eine Rechtsausübung möglich wäre", noch nicht eingetreten ist? In mehreren Urteilen wurde diese Ansicht vertreten, z.B. Urteil des Obersten Gerichtshofes vom 13.7.1993, Aktenzeichen: 92DA39822; Urteil des Obersten Gerichtshofes vom 27.4.2001, Aktenzeichen: 200000DA31168; Urteil des Obersten Gerichtshofes vom 11.2.2003, Aktenzeichen 99DA66427; Urteil des Obersten Gerichtshofes vom 8.4.2003, Aktenzeichen 2002DA63957; Urteil des Obersten Gerichtshofes vom 26.1.2006, Aktenzeichen 2004DA19104, etc.

37 Bei diesem Urteil wurde auch die Beweiskraft der Entscheidung der Kommission für Wahrheit und Aussöhnung evaluiert, wobei die Mehrheit sie als einen „Beweis" anerkannte und eine gesonderte Beweisuntersuchung für erforderlich hielt. Manche kritisierten, dass dieses Urteil das Ziel des Gesetzes für Wahrheit und Aussöhnung und das Konzept der Kommission nicht berücksichtige und letztendlich den Fall wieder zum Zeitpunkt vor der Wahrheitsermittlung rückgängig gemacht habe. Bezüglich dieses Urteils wäre es sinnvoll,

die Mindermeinung der Oberrichter Lee In-bok, Lee Sang-hoon, Kim Yong-deok und Oberrichterin Kim So-yeong besonders zu betonen: „Wenn das Opfer mit der Entscheidung der Wahrheitsermittlung der Kommission als Beweis eine Klage auf Entschädigung für durch gesetzeswidrige Taten eines Staatsbeamten entstandene Schäden gegen den Staat erhebt, besitzt die Entscheidung der Kommission den Wert eines äußerst zuverlässigen Beweises, so lange kein Fall vorliegt, in dem es aufgrund eines schwerwiegenden und eindeutigen Fehlers am Inhalt, etc. an der Beweiskraft per se mangelt, und deshalb ist es sinnvoll, das Vorhandensein der Ursache für die Entstehung der Verantwortlichkeit für gesetzeswidrige Handlung des Staatsbeamten durch die Vorlegung der Entscheidung der Kommission als Beweis des Klägers als bestätigt zu erachten. In diesem Fall liegt die Gegenbeweispflicht beim Staat, der die Entscheidung der Kommission leugnet und behauptet, die Taten nicht begangen zu haben. Das heißt, die Notwendigkeit für einen zusätzlichen Nachweis seitens des Gläubigers für das Vorliegen von Tatsachen gemäß dem Inhalt der Wahrheitsermittlungsentscheidung ergibt sich nur, wenn der Staat konkrete Gründe für die Inkorrektheit des Inhaltes der Wahrheitsermittlungsentscheidung sowie den Gegennachweis dafür vorbringt und die Glaubwürdigkeit der Entscheidung ausreichend in Zweifel zieht. Wenn der Staat nicht in dem Maße gegennachweisen kann, darf man es nicht wagen, die Beweiskraft der Wahrheitsermittlungsentscheidung zu verneinen und davon abweichende Tatsachen anzuerkennen."

38 Der Oberste Gerichtshof erklärte: „(···) da der Staat erklärte, durch den Erlass des Gesetzes für Wahrheit und Aussöhnung die Jahrzehnte zurückliegenden Tatsachen erneut zu klären und Entschädigungsmaßnahmen für die Opfer und ihre Hinterbliebenen zu ergreifen, über die konkreten Umsetzungsmethoden jedoch keinerlei Beschränkungen definierte, muss die Erklärung so verstanden werden, dass der Staat letztendlich das Beschreiten des Rechtsweges des Opfers durch eine Schadensersatzklage als eine Form der Forderung nach staatlicher Entschädigung zustimmt. Rechtlich gesehen ergibt sich daraus, dass der Staat damit verkündet hat, in konkreten Prozessen zu unterlassen, mit der Verjährungseinrede die Forderung nach Entschädigung abzulehnen." Doch die Frage ist, ob die Opfer, die sich bei allen Prozessen gegen den Staat die Einrede der Verjährung anhören mussten, tatsächlich dieser Absicht des Staates vertraut haben - vielleicht 2002 oder kurz danach, als die Kommission für suspekte Todesfälle, die Vorgängerkommission der Kommission für Wahrheit und Aussöhnung, einige Fälle geklärt hatte und die Hinterbliebenen begannen, Klage zu erheben. Doch unter den Klägern, die mit den von der Kommission für Wahrheit und Aussöhnung ermittelten Fällen im Zusammenhang standen, gab es sicherlich niemanden, der nicht mit der konsequenten Haltung des Staates zur Verjährung vertraut war, die bei den Prozessen bezüglich der suspekten Todesfälle begann.

39 Wäre es dann nicht angemessen, zu behaupten, dass das Verhalten des Staates - zuerst so zu tun, als ob er dem Rechtsweg des Opfers zustimmen und nicht auf der Verjährung pochen würde, danach aber doch darauf zu bestehen - gegen das Verbot widersprüchlichen Handelns und eine Irreführung sei und das Argument des Staates daher unzulässig sei? Siehe dazu Tsche Kwang-jun, Verantwortlichkeit des Staates für Menschenrechtsverletzungen: Anspruch auf Verjährung und Grundsatz von Treu und Glauben - Eine Abhandlung mit Fokus

auf dem Plenumsbeschluss des Obersten Gerichtshofs 2012DA202819 vom 16. Mai 2013, Kyung Hee Law Journal, Band 51 Nr. 2, 2016.

40 Als repräsentatives Beispiel dafür kann das Verfahren zum Tongyeong-Massaker genannt werden. Das Gericht Erster Instanz ließ basierend auf objektiven Hinderungsgründen und Schutzbedürftigkeit des Gläubigers das Argument der Verjährung nicht zu (Urteil des Zentralen Bezirksgerichts Seoul vom 1.5.2013, Aktenzeichen: 2012가합526022), doch nach dem Urteil des Obersten Gerichtshofes entschied das Oberlandesgericht Seoul im Berufungsverfahren das Argument der Verjährung darauf basierend als unzulässig, dass der Schuldner durch bestimmte Handlungen den Gläubiger glauben ließ, sich nicht auf das Argument der Verjährung berufen zu wollen. (Urteil des Oberlandesgerichts Seoul vom 20.12.2013, Aktenzeichen: 2013NA2009206).

41 Die erste Wahrheitsermittlungsentscheidung der Kommission für Wahrheit und Aussöhnung wurde erst am 17. April 2007 gefällt, siehe dazu Kommission zur Vergangenheitsbewältigung für Wahrheit und Aussöhnung, Gesamtbericht I der Kommission für Wahrheit und Aussöhnung, Kommission zur Vergangenheitsbewältigung für Wahrheit und Aussöhnung, 2010, S. 229ff.

42 Dieselbe Ansicht vertrat auch Hong Gwan-pyo, Ablauf der Verjährungsfrist in Fällen der Vergangenheitsbewältigung und der Grundsatz von Treu und Glauben-mit Fokus auf Änderung der von Urteilen des Obersten Gerichtshofes, Genehmigung des Fristbeginns bei der Verjährungseinrede des Staates und Prüfung des Verstoßes gegen Grundsatz von Treu und Glauben, *Legal Circles*, Band 713, Korean Lawyers Association, 2016, S. 149-151: „Es wurde anerkannt, dass ein besonderer Umstand vorliegt, unter dem man darauf vertrauen kann, dass der Staat nicht auf der Verjährung basierend auf dem Erlöschen des Anspruchs bestehen würde, doch da dies auf Annahmen bzw. Vermutungen beruht, stimmt es nicht mit der substantiellen Wahrheit überein. Was mit der Wahrheit übereinstimmt, ist eher, dass die Regierung der Koreanischen Republik den Opfern oder Hinterbliebenen gegenüber nie den Eindruck erweckt hatte, in Entschädigungsklagen nicht auf Verjährung zu bestehen, und dass auch die Opfer oder Hinterbliebenen sich nie darauf verlassen hatten bzw. es erwartet hatten. War es denn jemals vorgekommen, dass die koreanische Regierung bei Prozessen zur Entschädigung bezüglich der Vergangenheitsbewältigungsfälle bereits beim ersten Gerichtsverfahren ihre Verantwortlichkeit für die Taten aus der Vergangenheit bekannte und auf ihren Vorteil durch die Verjährung verzichtete? (···) Die Annahme, dass die Hinterbliebenen zum Zeitpunkt der Wahrheitsermittlung vom 6. April 2009 plötzlich und ohne besondere Gründe vom Nichtbestehen auf Verjährung seitens der Regierung ausgegangen seien, obwohl in anderen Entschädigungsklagen infolge einzelner Wahrheitsermittlungen die Einrede der Verjährung ununterbrochen vorgebracht worden war, ist absolut sinnlos."

43 Tsche Kwang-jun, Verantwortlichkeit des Staates für Menschenrechtsverletzungen: Anspruch auf Verjährung und Grundsatz von Treu und Glauben-mit Fokus auf dem Plenumsbeschluss des Obersten Gerichtshofs 2012DA202819 vom 16. Mai 2013, Kyung Hee Law Journal, Band 51 Nr. 2, 2016.

44 Für die Meinung, dass nicht nur aus der Sicht des Zivilrechts, sondern auch aus der Sicht

der Grundrechtsgarantie für das Volk oder aus dogmatischer Sicht das Argument der Verjährung nicht zulässig sei, siehe Song Gi-choon, Falsche Spionageanschuldigungen und die Möglichkeit auf Klageerhebung auf staatliche Entschädigung für Gerichtsurteile, Studies on Constitutions, Band 13 Nr. 1, Wissenschaftskonferenz in Korea der International Conference on Constitutions, 2007, s. 85ff; Lee Deok-yeon, Kommentare zur Entscheidung des koreanischen Obersten Gerichtshofs zum Geochang-Massaker (2004DA33469 vom 29.5.2008) - Unter Berücksichtigung der strukturellen Analogie zwischen militärischem Operationskonzept im Geochang-Massaker und der auf dem „Dogma der Subsumtion" basierender Rechtstheorie, Justice, Nr. 129, Korean Society of Law, 2012, s. 297ff; Kim Chang-rok, Spezial - Wissenschaftskonferenz zum 30. Todestag von Professor Tsche Jong-gil: Vergangenheitsbewältigung und Verjährungsfrist, Public Interests and Human Rights, Band 1 Nr. 1, Human Rights Law Center, Seoul National University, 2004.

45 Welche Rückschlüsse können nun aus der Position der Vereinten Nationen, die Verjährungsfrist im Falle einer schwerwiegenden Menschenrechtsverletzung basierend auf den UN-Grundsätzen bei zivilrechtlichen Entschädigungsklagen nicht anzuwenden, gezogen werden? Wäre eine solche Position überhaupt möglich, wenn der Staat wie jedwedes Individuum behandelt worden wäre?

46 Urteil des Verfassungsgerichts vom 24.12.1997, Aktenzeichen: 96hunma172-173 (Konsolidierung).

47 Zu psychischen Problemen, die die Hinterbliebenen überwinden mussten, siehe Jeong Won-ok, Die Trauerstrategien der Hinterbliebenen der Opfer von suspekten Todesfällen - Leben mit dem Geist des Verstorbenen, Journal of Democracy and Human Rights, Band 12 Nr. 3, 5·18 Institute of Chonnam University, 2012, s. 235ff.

48 In Hong Seong-kyun (Lockerung des objektiven Maßstabes zum Beginn der Verjährung - mit Fokus auf „objektive Feststellbarkeit" laut Urteilen des Obersten Gerichtshofes, Journal of Comparative Private Law, Band 25 Nr. 4, 2018, s. 1361ff.) wird erklärt, dass die Anwendung üblicher Dauer der Hemmung der Verjährung ungerecht sei, da der Grund zur Hemmung der Verjährung weder beim Gläubiger noch beim Schuldner liegt, während die vier Gründe zur Beschränkung des Arguments der Verjährung gemäß dem Grundsatz von Treu und Glauben gewissermaßen durch den Schuldner verursacht werden. Ähnlich betonte Kim Jae-wan (Verjährung des Entschädigungsanspruchs bei Sonderverbrechen im Rahmen staatlicher Gewalttaten-kritische Analyse des Urteils im Berufungsverfahren zum Geochang-Massaker (Urteil des Oberlandesgerichts Busan vom 7.5.2004, Aktenzeichen: 2001NA15255), Human Rights and Justice, Nr. 368, Korean Bar Association, 2007, s. 75-77) die Besonderheit der Beziehung zwischen Staat und Volk und vertrat die Ansicht, dass es durchaus akzeptabel sei, den Grundsatz von Treu und Glauben nicht anzuwenden, nur weil der Staat der Beschuldigte ist, doch ohne jegliche Berücksichtigung von speziellen Charakteristiken des gefragten Anspruchs und Umständen, unter denen die Verjährungsfrist abgelaufen ist, könne die Gültigkeit der Anwendung des Grundsatzes von Treu und Glauben nicht bestimmt werden.

49 Tsche Kwang-jun, Verantwortlichkeit des Staates für Menschenrechtsverletzungen: Einrede der Verjährung und Grundsatz von Treu und Glauben - mit Fokus auf dem Plenumsbeschluss

des Obersten Gerichtshofs 2012DA202819 vom 16. Mai 2013, Kyung Hee Law Journal, Band 51 Nr. 2, 2016.

50 Urteil des Verfassungsgerichts vom 30.8.2018, Aktenzeichen: 2014hunba148, 162, 219, 466; 2015hunba50, 440 (Konsolidierung); 2014hunba223, 290; 2016hunba419 (Konsolidierung).

51 Näheres zur Entscheidung des Verfassungsgerichts siehe Hong Gwan-pyo, Entschädigungsanspruch gegenüber dem Staat und Verjährungsfrist-mit Fokus auf Fälle zur Vergangenheitsbewältigung, Chonnam Law Review, Band 39 Nr. 2, 2019; Song Deok-soo, Aktuelle Rechtslage der so genannten Fälle zur Vergangenheitsbewältigung, The Law Review, Band 25 Nr. 1, 2020; Park Bo-yeong, Anwendung der Verjährungsfrist in Fällen zur Vergangenheitsbewältigung-auf Basis der Entscheidung des Verfassungsgerichts vom 30.8.2018, Aktenzeichen: 2014hunba148 (Konsolidierung), Justice, Band 173, 2019.

52 Art. 2 Abs. 1, 3 und 4 des Rahmengesetzes für Wahrheit und Aussöhnung.

53 Noch vor dieser Entscheidung des Verfassungsgerichts existierten Ansichten, dass Staat und Individuen unterschiedlich behandelt werden sollten, siehe Tsche Kwang-jun, Verantwortlichkeit des Staates für Menschenrechtsverletzungen. Einrede der Verjährung und Grundsatz von Treu und Glauben - mit Fokus auf dem Plenumsbeschluss des Obersten Gerichtshofs 2012DA202819 vom 16. Mai 2013, Kyung Hee Law Journal, Band 51 Nr. 2, 2016.

54 Dies deutet darauf hin, dass Fälle mit dem Staat als Täter anders behandelt werden müssen als jene mit individuellen Tätern. Dazu siehe Tsche Kwang-jun, ebd.

55 Das ist eine Zusammenfassung der herrschenden Meinung. Drei Richter beharrten auf dem Standpunkt, dass die Kläger des genannten Falles zur Diskussion über die Interpretation und Anwendung der zu Urteilsgegenständen gehörenden Regeln eine Verfassungsbeschwerde eingereicht hatten, sodass es beim Verfahren nicht um die Verfassungskonformität der Gesetzesregelungen per se, sondern um die Anerkennung bzw. Beurteilung von Tatbeständen als Grundlage des Prozesses oder die Interpretation bzw. Anwendung des Gerichts bezüglich der einfachen Miteinbeziehung bzw. Anwendung von Gesetzesregelungen oder Verfahrensergebnissen in einzelnen bzw. konkreten Fällen geht. Folglich solle die Beschwerde im Sinne des Art. 68 Abs. 1 des Verfassungsgerichtsgesetzes nicht zugelassen, sondern als unzulässig abgewiesen werden.

56 Chefredakteur Kwak Yoon-jik, Kommentare zum Bürgerlichen Gesetzbuch-Grundregel (3) (geschrieben von Yoon Jin-soo), Park Yeong Sa, 1992, s. 390-392. Das Argument, dass die Verjährung im Falle mangelnder Beweisfähigkeit als Rechtsschutz fungiere, kann nicht als unabhängige Daseinsberechtigung für die Verjährung genannt werden, da die Verjährung selbst in Fällen mit ausreichenden Beweisen angewendet wird. Auch die Begründung mit der Restriktion für fahrlässige Rechtsausübung ist nicht plausibel genug, da ein Rechtsentzug aufgrund der Nichtausübung von Rechten von vornherein nicht zustande kommen kann, weil dem Gläubiger die Rechtsausübung nicht als gesetzliche Pflicht auferlegt wird. Das heißt, die plausibelste Begründung für die Verjährung scheint die Stärkung der Rechtssicherheit, also die „Stabilisierung" wechselhafter Rechtslagen zu sein. Siehe dazu Kwon Yeong-jun, Verjährungsfrist und Grundsatz von Treu und Glauben, Studies on Property Law, Band 26 Nr. 1, 2009, s. 10 und Kim Tae-bong, Entschädigungsklagen für Menschenrechtsverletzungen

staatlicher Einrichtungen und Rechtsgrundsätze zur Beschränkung der Verjährungseinrede, Chonnam Law Review, Band 35 Nr. 2, 12.2015, s. 210.

57 Der lateinische Grundsatz „ius vigilantibus scriptum est" bedeutet wörtlich: „Das Recht ist für die Wachsamen geschrieben". Es ist jedoch zu bezweifeln, ob man über die Opfer vergangener staatlicher Gewalttaten, die ununterbrochen nach Wahrheitsfindung verlangten, behaupten könnte, dass sie jemals nicht wachsam gewesen seien.

58 Kim Tae-bong, ebd., s. 224.

59 Urteil des Oberlandesgerichts Seoul vom 14.2.2006, Aktenzeichen: 2005NA27906. Näheres zum Urteil siehe Kim Pyeong-woo, Einrede der Verjährung und Grundsatz von Treu und Glauben - mit Fokus auf de, Urteil im Fall von Professor Tsche Chong-kil [Urteil des Oberlandesgerichts Seoul, Aktenzeichen: 2005NA27906 Schadensersatz (sonstiges)], Sogang Law Journal, Band 8, 2006; Lee Kwang-taek, Der Ehemalige Ermittler des KCIA Cha Cheol-kwon lügt über 47 Dinge, Shindonga, 6.2002; Yoo Bong-in, Erinnerungen und Ermittlung von suspekten Todesfällen - mit Fokus auf die Ermittlung zum Fall des Professors Tsche Jong-gil, Journal of Memory & Vision, Band 4, Korea Democracy Foundation, 2003.

60 Näheres siehe Lee Jae-seung, Verjährung und Grundsatz von Treu und Glauben bei Fällen von Massentötung, Democratic Legal Studies, Nr. 53. Democratic Legal Studies Association, 2013.

61 Zur Vergleichsanalyse mit sonstigen ähnlichen Regelungen unter dem Gesichtspunkt der Dauer, Wirkung, etc. sowie zum Wesen der Verjährung siehe Piekenbrock, Andreas, Befristung, Verjährung, Verschweigung und Verwirkung, Mohr Siebeck: Tübingen, 2006.

62 Tsche Kwang-jun, Verantwortlichkeit des Staates für Menschenrechtsverletzungen: Einrede der Verjährung und Grundsatz von Treu und Glauben - mit Fokus auf dem Plenumsbeschluss des Obersten Gerichtshofs 2012DA202819 vom 16. Mai 2013, Kyung Hee Law Journal, Band 51 Nr. 2, 2016.

63 Nach der Entscheidung des Verfassungsgerichts wurden in mehreren Fällen zugunsten des Opfers von staatlichen Gewalttaten aus der Vergangenheit entschieden. Für Beispiele solcher Fälle siehe Song Deok-soo, ebd. s. 52ff.

64 Zur Vereinfachung wird bei der Kategorisierung die „Massentötung von Zivilisten" von den „allgemeinen Menschenrechtsverletzungen" differenziert, doch gerade die „Massentötung von Zivilisten" ist das repräsentativste Beispiel für „Menschenrechtsverletzung". Zur Zusammenfassung von Menschenrechtsverletzungen aus der Vergangenheit und einschlägigen Präzedenzfällen siehe Kim Tae-bong, Entschädigungsklagen für Menschenrechtsverletzungen staatlicher Einrichtungen und Rechtsgrundsätze zur Beschränkung der Einrede der Verjährung, Chonnam Law Review, Institute for Legal Studies of Chonnam National University, Band 35 Nr. 2, 2015, s. 193ff.

65 Zur Heilung von Traumata der Opfer siehe Jeong Ho-gi, Studie über den Heilungsprozess von Traumata und seine Wirkung, Journal of Memory & Vision, Nr. 20, 2009.

66 Hayner sagte über Entschädigung (reparation), dass dabei alle möglichen Maßnahmen, d.h. neben den Maßnahmen zur Wiederherstellung des Zustandes vor der Schadensentstehung wie Restitution (restitution), Schadensersatz (compensation), Rehabilitierung (rehabilitation)

im gesetzlichen, medizinischen und psychologischen Bereich sowie Abbitte (satisfaction) auch Maßnahmen zur Wiederholungsvermeidung umfassen solle (Priscilla B. Hayner, Unspeakable Truths: Facing the Challenge of Truth Commissions, Routledge: London 2002, s. 171). In den meisten Fällen wird die Entschädigung in ähnlichem Sinne verstanden, siehe dazu u. a. Martha Minow, Between Vengence and Forgiveness, Beacon Press: Boston, Massachusetts 1998, s. 9ff.; A. James McAdams, Transitional Justice and the Rule of Law in New Democracies, University of Notre Dame Press: Notre Dame 2001. Zur kritischen Analyse von Entschädigungsregelungen in Korea siehe Lee Yeong-jae, Kritische Analyse von Entschädigungsregelungen für staatliche Gewalttaten aus der Vergangenheit-mit Fokus auf Vergleichsanalyse von Schadensersatz und staatlicher Entschädigung für Opfer des Gwangju-Aufstands bzw. der Demokratisierungsbewegung, Journal of Memory & Vision, Band 23, Korea Democracy Foundation, 2010, s. 199ff. In Korea kann das Kim Keun-tae Memorial Healing Center als ein repräsentatives Beispiel in Bezug auf Wiedergutmachung genannt werden. Es bemüht sich um die Heilung von psychischen Traumata der Opfer, indem es den Opfern von Menschenrechtsverletzungen Heilungs-und Rehabilitierungsprogramme anbietet, Forschung zu den Schäden und zum Heilungsprozess der Opfer staatlicher Gewalttaten betreibt, Gesetzgebungsprozesse zur Ausmerzung von Folter und Machtmissbrauch sowie Entschädigung initiiert, Solidaritätsfonds für Opfer und Hinterbliebene staatlicher Gewalttaten stiftet und Kooperationsprojekte zum Ausmerzen von Folter mit den Vereinten Nationen und internationalen Privatvereinen betreibt-das sind Aktivitäten, die eigentlich von der Regierung unternommen werden sollten. All das hätte in der Anfangsphase, in der die Vergangenheitsbewältigung beschlossen wurde, berücksichtigt werden müssen.

67 Die Besonderheiten deutscher Erinnerungskultur sind: 1. Bei den Maßnahmen zur Erinnerungskultur spielen nicht der Staat oder die Politik, sondern gesellschaftliche Organisationen eine führende Rolle; 2. die Aktivitäten zur Erinnerungskultur werden von der nächsten und weiteren Generationen weitergeführt; 3. ihre Form wird über historische Dokumentation und Beweissammlung hinaus gehend in unterschiedlichste Kulturmedien diversifiziert. Siehe dazu Tak Seon-mi, Erinnerungskultur im posttraumatischen Zeitalter - Streitpunkte und Implikationen, Journal of German Literature, Band 44, 2009, s. 472.

68 Jan Assmann, Das kulturelle Gedächtnis: Schrift, Erinnerung und politische Identität in frühen Hochkulturen, Verlag C. H. Beck, München, 1992; Aleida Assmann, Der lange Schatten der Vergangenheit: Erinnerungskultur und Geschichtspolitik, Verlag C. H. Beck, München, 2006. Jan Assmann habe sich 1986 bei der Lektüre der Werke von Maurice Halbwachs wie der Entdecker eines Kontinents gefühlt und dabei beschlossen, vor dem Hintergrund der Ermordung Halbwachs, durch das Nazi-Regime die Geschichte der Täter und Opfer durch Gedächtnis zu erforschen. Halbwachs war ein französischer Soziologe und Philosoph, der als Erster den Begriff „kollektives Gedächtnis (collective memory)" vorstellte. Als er sich über die Festnahme seines Schwiegervaters beschwerte, wurde er von der Gestapo verhaftet und starb im Februar 1945 im KZ Buchenwald. Bereits 1925 veröffentlichte er ein Werk zum Thema kollektives Gedächtnis (Les Travaux de L'Année Sociologique, Paris, F. Alcan, 1925), welches 1952 unter dem Titel Les cadres sociaux de la mémoire (Paris, Presses Universitaires de France) wiederveröffentlicht und ins Englische übersetzt wurde (Halbwachs, Maurice, On collective memory, The University of Chicago Press, 1992).

69 Siehe Webseite der Stiftung Topographie des Terrors, https://www.gedenkstaetten-uebersicht.de/.

70 Siehe https://www.gedenkstaetten-uebersicht.de/.

71 Zurzeit wird das Projekt vom Aktiven Museum e. V. durchgeführt (https://www. aktives-museum.de/aktuelles/).

72 Für Erläuterungen zu dem Projekt in koreanischer Sprache siehe Lee Hong-kyeong, Neue Tendenzen in der Holocaust-Erinnerungskultur in Deutschland - Studie über das „Stolpersteine-Projekt", Koreanische Zeitschrift für Germanistik, Band 146, 2018.

73 Jeon Jin-seong, Vergangenheit spricht über Erinnerung, Humanist, 2005, s. 220ff.

74 Aleida Assmann, Erinnerungsräume, C. H. Beck 1999, s. 375ff.

75 Siehe Jeon Jin-seong, ebd. s. 223-224.

76 In Art. 40 des Rahmengesetzes wird der Begriff „Stiftung zur Erforschung vergangener Angelegenheiten" verwendet, doch die „Erforschung vergangener Angelegenheiten" kann nur als einer von vielen Zwecken der „Stiftung zur Vergangenheitsbewältigung" gesehen werden. Demzufolge wird hier der Begriff „Stiftung zur Vergangenheitsbewältigung" verwendet. In Lee Cheol et al. wurde erklärt, dass die Stiftung als eine gemeinnützige Sondergesellschaft mit Basis auf staatlicher Unterstützung gegründet werden sollte, damit Aktivitäten zur Vergangenheitsbewältigung und zukunftsorientierte Projekte langfristig angelegt ausgeführt werden können (Abschlussbericht zur Forschung über die Errichtung bzw. Führung von Verbundstiftung zur Vergangenheitsbewältigung, Ergebnisse der Forschung im Auftrag des Ministeriums für Verwaltung und Sicherheit, 2017, s. 141).

77 Hanna Arendt, ins Koreanische übersetzt von Lee Jin-woo, Human Condition, 2. Aufl., Hangilsa, 2019.

78 Siehe Tsche Kwang Jun, Erinnerung, Verantwortung und Zukunft-Klärung der Menschenrechtsverletzungen durch staatliche Gewalttaten und die Rolle der Kunst, South that Never Sleeps, Association for Commemoration of 4.3.-Jeju-Uprising, Jeju Museum of Art, 2018.

79 Woo Jeong-a, Kunst für die Hinterbliebenen, Humanist, 2015, s. 32

80 Woo Jeong-a, ebd., s. 33.

81 https://www.krzysztofwodiczko.com/my-wish, lezter Zugriff am 17.8.2022.

82 Shin Chaeki, Erinnerungen an den Krieg- (Counter) Monument - Projekt von Wodiczko, Journal of Contemporary Art History, 39, 2016, s. 86.

83 Der Kulturraum [81+] wurde erstmals 2018 vom Lee Han Yeol Memorial Museum vorgeschlagen (Siehe dazu Tsche Kwang Jun, ebd.). Walter Kohl, älteste Sohn des ehemaligen Bundeskanzlers Helmut Kohl, der zufällig davon erfuhr, benannte seine Ausstellungseinrichtung zu [Raum 81+] um und trug 2019 eine Fotografie-Ausstellung über die 5·18.-Demokratisierungsbewegung in Kwang-ju aus. Die Produktion und Anbringung der [81+]-Kennzeichnungen übernahm der Künstler Ryu Seung-hwan. Siehe dazu Jeong Hee-sang, Wie Professor Tsche sich an seinen Vater erinnert, Sisain, 3.4.2020. (https://www.sisain.co.kr/news/articleView.html?idxno=41596). Zur Ausstellung bezüglich [81+] siehe Information zur Ausstellung Er-

innere 81+, Erinnerungen an die Opfer, Remembrance of the Victims, https://neolook.com/archives/20191007e.

84 Zu Details über die Stiftung siehe Goschler, Constantin (Hrsg.), Die Entschädigung von NS-Zwangsarbeit am Anfang des 21. Jahrhunderts: Die Stiftung ‚Erinnerung' Verantwortung und Zukunft' und ihre Partnerorganisationen, Wallstein, 2012.

85 „Durch die Errichtung der Stiftung könnten viele zusätzliche Aktivitäten unternommen werden wie: Veröffentlichung vom Informationsmaterial für ermittelte Fälle und von Aussagensammlung von Tätern oder Opfern; Untersuchung von psychischen Schäden der Hinterbliebenen und Führung von öffentlichen Diskussionen; Ermutigung zur Aussöhnung durch die Teilnahme von Tätern bei öffentlichen Diskussionen; Literarisierung bzw. Verfilmung von Fällen; Produktion vom Bildungsmaterial für Schüler; Errichtung von Besuchs-oder Erforschungspfad an Orten der Menschenrechtsverletzung; Zusammenarbeit mit Opfern im Ausland.", Kim Dong-choon, Verspätete Wahrheitsermittlung, noch mehr verspätete Folgemaßnahmen-Aufgaben zum Abschließenden der Aktivitäten der Kommission für Wahrheit und Aussöhnung, History Review, Band 100, 2012, s. 211 212. In Jung Keun-sik et al. (Maßnahmen zur Aussöhnung und Gedenken sowie Errichtung der Stiftung zur Forschung über vergangene Angelegenheiten, Ergebnisse der Forschung im Auftrag des Ministeriums für Verwaltung und Sicherheit, 2009, s. 184f.) werden folgende vorläufige Namen als Bezeichnung für die Stiftung folgendes vorgeschlagen: 1. Stiftung für Verantwortung, Aussöhnung und Zukunft; 2. Stiftung für Wahrheit und Aussöhnung; 3. Stiftung für Forschungen über Vergangene Angelegenheiten.

한국과 독일의 **과거청산과 기억문화**

Vergangenheitsbewältigung und Erinnerungskultur in Deutschland und Korea

초판 1쇄 인쇄 2022년 11월 30일
초판 1쇄 발행 2022년 12월 15일

지은이 라스 베르크마이어, 멜라니 보노, 박경규, 사비네 하이저, 알렉산더 렌너, 정근식, 최광준, 하네스 모슬러
펴낸이 한균태
책임 편집 윤민혜
디자인 김민경

펴낸곳 경희대학교 출판문화원
주소 서울시 동대문구 경희대로 26
전화 02-961-0106~8
팩스 02-961-0291
설립 1960년 9월 16일 제5-8호
등록 1977년 11월 8일 제6-5호
홈페이지 www.khupress.com
전자우편 press@khu.ac.kr

ISBN 978-89-8222-738-7 93300

* 이 책에 사용된 이미지는 모두 저작권자의 동의를 얻어 수록하였거나, 공공저작물로 무료 사용이 가능한 이미지입니다.
* 책 내용 관련 문의: 저자 최광준(asgard@khu.ac.kr)